中国工程院院士
是国家设立的工程科学技术方面的最高学术称号,为终身荣誉。

中国工程院院士传记

刘人怀自传

刘人怀 著

科学出版社

人民出版社

内 容 简 介

刘人怀是我国板壳结构理论与应用研究开拓者之一。同时，在中国管理科学理论和应用研究方面也有突出成就。

1958 年，他参加了我国第一颗东方红人造地球卫星的科研工作。60 多年来，他见证了我国航空航天和力学学科的蓬勃发展。在叶开沅先生的指导下，他进入了力学的 20 世纪前沿领域：板壳非线性理论的研究。首先，创立了优美的修正迭代法，解决了扁球壳非线性稳定世界难题。接着，又解决了波纹圆板非线性弯曲世界难题。此外，还对厚板壳弯曲理论进行了系列研究，攻克了石油化工机械、桥梁工程设计中的世界难题。研究的路越走越远。他同时担任大学校长、经济管理学院院长等职务，在中国管理理论与实践方面，也有许多深入研究和令人感动的故事。

他的回忆平实、朴素，这本书叙述了刘人怀院士的一生经历，是广大科技工作者、高等学校师生了解我国科技、教育发展历史难得的读物。

图书在版编目（CIP）数据

刘人怀自传 / 刘人怀著 . —北京：科学出版社，2023.8
（中国工程院院士传记）
ISBN 978-7-03-075903-0

Ⅰ.①刘⋯ Ⅱ.①刘⋯ Ⅲ.①刘人怀–自传 Ⅳ.①K826.16

中国国家版本馆 CIP 数据核字（2023）第 109825 号

责任编辑：陈会迎 / 责任校对：贾娜娜
责任印制：赵 博 / 封面设计：有道设计

科 学 出 版 社 出版
北京东黄城根北街 16 号
邮政编码：100717
http://www.sciencep.com

涿州市般润文化传播有限公司印刷
科学出版社发行 各地新华书店经销

*

2023 年 8 月第 一 版 开本：720×1000 1/16
2025 年 1 月第三次印刷 印张：47 3/4 插页：6
字数：588 000
定价：198.00 元
（如有印装质量问题，我社负责调换）

刘人怀　中国工程院院士

1963年4月19日，兰州大学数学力学系力学专业1963届同学毕业合影，前排中：叶开沅先生，后排左1：刘人怀

1979年12月，在合肥中国科学技术大学家中伏案写作

1981年3月，获得洪堡研究基金，到西德哥廷根歌德学院学习德语，摄于学院大门前

1985年10月，在上海举行的国际非线性力学大会上做学术报告留影

1999年10月1日，在新中国成立50周年北京天安门国庆观礼台上观礼留影

1958年8月，我读大学离开广汉时与父亲和母亲的合影。
后排左起：长兄、长嫂，婴儿为外甥女

1967年春节，刘人怀与诸凤鸣结婚

1983年4月，留学回国，全家相聚在长城

1983年8月3日，父亲八十大寿时，两个儿子同爷爷合影

2006年11月，全家在广州团聚，三代同堂

2008年8月，与次子在北京观看奥运会开幕式

2018年2月，全家在杭州团聚

2019年5月15日，在广州共青团纪念五四运动100周年青春故事会上，与孙女一起应邀在会上发言

中国工程院院士传记丛书

编撰出版工作领导小组

顾　　问：宋　健　徐匡迪　周　济
组　　长：李晓红
副组长：钟志华　蒋茂凝　邓秀新　辛广伟
成　　员：陈建峰　梁晓捷　徐　进　唐海英
　　　　　丁养兵　李冬梅

编辑和审稿委员会

主　　任：钟志华　蒋茂凝　邓秀新
副主任：陈鹏鸣　徐　进
成　　员：葛能全　唐海英　吴晓东　黎青山
　　　　　赵　千　常军乾　侯　春

编辑出版办公室

主　　任：赵　千
成　　员：侯　春　张丽四　龙明灵　张　健
　　　　　方鹤婷　姬　学　高　祥　何朝辉
　　　　　宗玉生　张　松　王小文　张秉瑜
　　　　　丁　宁　聂淑琴

总　　序

20世纪是中华民族千载难逢的伟大时代。千百万先烈前贤用鲜血和生命争得了百年巨变、民族复兴，推翻了帝制，肇始了共和，击败了外侮，建立了新中国，独立于世界，赢得了尊严，不再受辱。改革开放，经济腾飞，科教兴国，生产力大发展，告别了饥寒，实现了小康。工业化雷鸣电掣，现代化指日可待。巨潮洪流，不容阻抑。

忆百年前之清末，从慈禧太后到满朝文武开始感到科学技术的重要，办"洋务"，派留学，改教育。但时机瞬逝，清廷被辛亥革命推翻。五四运动，民情激昂，吁求"德、赛"升堂，民主治国，科教兴邦。接踵而来的，是18年内战、14年抗日和4年解放战争。恃科学救国的青年学子，负笈留学或寒窗苦读，多数未遇机会，辜负了碧血丹心。

1928年6月9日，蔡元培主持建立了中国近代第一个国立综合科研机构——中央研究院，设理化实业研究所、地质研究所、社会科学研究所和观象台4个研究机构，标志着国家建制科研机构的诞生。20年后，1948年3月26日遴选出81位院士（理工53位，人文28位），几乎都是20世纪初留学海外、卓有成就的科学家。

中国科技事业的大发展是在新中国成立以后。1949年11月1日成立了中国科学院，郭沫若任院长。1950—1960年有2500多名留学海外的科学家、工程师回到祖国，成为大规模发展中国科技事业的第一批领导骨干。国家按计划向苏联、东欧各国派遣1.8万名各类科技人员留学，全都按期回国，成为建立科研和现代工业的骨干力量。高等学校从新中国成立初期的200所增加到600多所，年招生增至28万人。到21世纪初，高等学校有2263所，年招生600多万人，科技人力总资源量超过5000万人，具有大学本科以上学历的科技人才达1600万人，已接近最发达国家水平。

新中国成立60多年来，从一穷二白成长为科技大国。年产钢铁从1949年的15万吨增加到2011年的粗钢6.8亿吨、钢材8.8亿吨，几乎是8个最发达国家（G8）总年产量的两倍，20世纪50年代钢铁超英赶美的梦想终于成真。水泥年产20亿吨，超过全世界其他国家总产量。中国已是粮、棉、肉、蛋、水产、化肥等世界第一生产大国，保障了13亿多人口的食品和穿衣安全。制造业、土木、水利、电力、交通、运输、电子通信、超级计算机等领域正迅速逼近世界前沿。"两弹一星"、高峡平湖、南水北调、高公高铁、航空航天等伟大工程的成功实施，无可争议地表明了中国科技事业的进步。

党的十一届三中全会以后，实行改革开放，全国工作转向以经济建设为中心。加速实现工业化是当务之急。大规模社会性基础设施建设，大科学工程、国防工程等是工业化社会的命脉，是数十年、上百年才能完成的任务。中国科学院张光斗、王大珩、师昌绪、张维、侯祥麟、罗沛霖等学部委员（院士）认为，为了顺利完成中华民族这项历史性任务，必须提高工程科学的地位，加速培养更多的工程科技人才。中国科学院原设的技术科学部已不能满足工程科学发展的时代需要。他们于1992年致书党中央、国务院，建议建立"中国工程科学技术院"，选举那些在工程科学中做出重大的、创造性成就和贡献、热爱祖国、学风正派的科学家和工程师为院士，授予终身荣誉，赋予科研和建设任务，请他们指导学科发展，培养人才，对国家重大工程科学问题提出咨询建议。中央接受了他们的建议，于 1993 年决定建立中国工程院，聘请 30 名中国科学院院士和遴选 66 名院士共 96 名为中国工程院首批院士。1994 年 6 月 3 日，召开了中国工程院成立大会，选举朱光亚院士为首任院长。中国工程院成立后，全体院士紧密团结全国工程科技界共同奋斗，在各条战线上都发挥了重要作用，做出了新的贡献。

中国的现代科技事业起步比欧美落后了 200 年，虽然在 20 世纪有了巨大进步，但与发达国家相比，还有较大差距。祖国的工业化、现代化建设，任重道远，还需要有数代人的持续奋斗才能完成。况且，世界在进步，科学无止境，社会无终态。欲把中国建设成科技强国，屹立于世界，必须接续培养造就数代以千万计的优秀科学家和工程师，服膺接力，担当使命，开拓创新，更立新功。

中国工程院决定组织出版《中国工程院院士传记》丛书，以记录他们对祖国和社会的丰功伟绩，传承他们治学为人的高尚品德、开拓创新的科学精神。他们是科技战线的功臣、民族振兴的脊梁。我们相信，这套传记的出版，能为史书增添新章，成为史乘中宝贵的科学财富，俾后人传承前贤筚路蓝缕的创业勇气、魄力和为国家、人民舍身奋斗的奉献精神。这就是中国前进的路。

宋健

2012 年 6 月

目　　录

上篇　迎着光明　奋力向前

第一章　家世渊源 ……………………………………（003）
　第一节　我的家世 …………………………………（005）
　第二节　我的祖父 …………………………………（007）
　第三节　我的父亲 …………………………………（010）
　第四节　我的母亲 …………………………………（012）
　第五节　我的兄姐 …………………………………（015）

第二章　幼年生活 ……………………………………（021）
　第一节　孩提苦楚 …………………………………（023）
　第二节　开蒙读书 …………………………………（025）

第三章　天府教育 ……………………………………（029）
　第一节　欢乐少年 …………………………………（031）
　第二节　笃志好学 …………………………………（033）

第四章　留苏预科 ……………………………………（037）
　第一节　坚持进步 …………………………………（039）
　第二节　艰难升学 …………………………………（044）

第五章　黄河之滨 ……………………………………（047）
　第一节　绝地求生 …………………………………（049）

第二节	地球卫星	(053)
第三节	红专旗手	(055)
第四节	再涉科研	(058)
第五节	敢挑重担	(060)
第六节	名师指引	(063)

第六章 初为人师 (067)
第一节	兰大助教	(069)
第二节	三篇论文	(072)
第三节	再遇野狼	(075)

第七章 十年磨难 (079)
第一节	跌入深渊	(081)
第二节	喜结良缘	(083)
第三节	下乡为农	(085)
第四节	下厂为工	(089)
第五节	重整旗鼓	(090)
第六节	再接再厉	(093)
第七节	起死回生	(097)
第八节	艰难岁月	(101)
第九节	砥砺前行	(104)

第八章 春天来临 (109)
第一节	苦尽甘来	(111)
第二节	声名渐起	(117)
第三节	洪堡学者	(122)

第九章 留学生涯 (127)
| 第一节 | 先当学生 | (129) |

第二节	追求卓越	（133）
第三节	西德见闻	（141）
第四节	校园生活	（147）

第十章　时代机遇……（155）
第一节	四世同堂	（157）
第二节	升任教授	（162）
第三节	省长顾问	（165）

第十一章　黄浦江畔……（169）
第一节	承担重任	（171）
第二节	夯实基础	（177）
第三节	迎难而上	（179）
第四节	领导关怀	（186）
第五节	赴加科研	（190）
第六节	七五攻关	（194）
第七节	浦东开发	（202）
第八节	十佳丈夫	（207）
第九节	离沪赴穗	（210）

中篇　坚持创新　追求卓越

第十二章　珠江水畔……（215）
第一节	从零开始	（217）
第二节	工商管理	（221）
第三节	建力学所	（223）

第十三章　改革创新……（225）
第一节	敢于担责	（227）

第二节　取消补考 …………………………………（228）
　　第三节　三重评估 …………………………………（230）
　　第四节　标准学分 …………………………………（232）
　　第五节　三语两课 …………………………………（234）
　　第六节　加强基础 …………………………………（236）
　　第七节　改善设施 …………………………………（239）
　　第八节　零的突破 …………………………………（242）
　　第九节　文科基地 …………………………………（247）
　　第十节　华文学院 …………………………………（249）
　　第十一节　中旅学院 ………………………………（251）
　　第十二节　教育学院 ………………………………（253）
　　第十三节　外事活动 ………………………………（256）

第十四章　勇攀高峰 ……………………………………（261）
　　第一节　赴德科研 …………………………………（263）
　　第二节　获侨办奖 …………………………………（265）
　　第三节　生活锻炼 …………………………………（268）

第十五章　211大学 ……………………………………（271）
　　第一节　担任校长 …………………………………（273）
　　第二节　运筹帷幄 …………………………………（278）
　　第三节　飞上枝头 …………………………………（283）
　　第四节　九十校庆 …………………………………（285）

第十六章　管理创新 ……………………………………（291）
　　第一节　发展战略 …………………………………（293）
　　第二节　有三颗"心" ………………………………（296）
　　第三节　三个观念 …………………………………（298）
　　第四节　三条原则 …………………………………（301）

- 第五节　三种方法 …………………………………（303）
- 第六节　绩效考核 …………………………………（307）
- 第七节　财务改革 …………………………………（313）
- 第八节　改革深化 …………………………………（316）
- 第九节　共建医院 …………………………………（319）
- 第十节　校园建设 …………………………………（322）

第十七章　勇挑重任 …………………………………（325）
- 第一节　进董事会 …………………………………（327）
- 第二节　兼任书记 …………………………………（330）
- 第三节　从严治党 …………………………………（331）

第十八章　211建设 ……………………………………（339）
- 第一节　建设项目 …………………………………（341）
- 第二节　立项论证 …………………………………（349）

第十九章　新建学院 …………………………………（351）
- 第一节　珠海学院 …………………………………（353）
- 第二节　管理学院 …………………………………（362）
- 第三节　生科学院 …………………………………（364）

第二十章　面向世界 …………………………………（367）
- 第一节　面向海外 …………………………………（369）
- 第二节　面向港澳 …………………………………（383）
- 第三节　面向台湾 …………………………………（390）

第二十一章　辛勤奉献 ………………………………（395）
- 第一节　刻苦钻研 …………………………………（397）
- 第二节　荣膺院士 …………………………………（400）

第二十二章　世纪篇章 ………………………………（405）

  第一节 五十国庆 …………………………………（407）
  第二节 百校聚会 …………………………………（409）
  第三节 211检查 …………………………………（412）
  第四节 迎千禧年 …………………………………（414）
  第五节 再任校长 …………………………………（416）
  第六节 院士大会 …………………………………（419）
  第七节 院士书系 …………………………………（421）
  第八节 双部院士 …………………………………（423）

第二十三章 深化管理 …………………………………（429）
  第一节 办新学院 …………………………………（431）
  第二节 建新专业 …………………………………（435）
  第三节 改革措施 …………………………………（437）

下篇 埋头苦干 继续奉献

第二十四章 执着奋进 …………………………………（449）
  第一节 九五校庆 …………………………………（451）
  第二节 211验收 …………………………………（460）
  第三节 "十五"211 ………………………………（462）

第二十五章 境外访问 …………………………………（467）
  第一节 海外访问 …………………………………（469）
  第二节 港澳访问 …………………………………（493）

第二十六章 重大事记 …………………………………（503）
  第一节 领导关怀 …………………………………（505）
  第二节 名书问世 …………………………………（509）
  第三节 委员建议 …………………………………（513）

第四节　国际论坛 …………………………………（528）
　第五节　泛珠三角 …………………………………（530）
　第六节　信息调研 …………………………………（536）
　第七节　特种邮票 …………………………………（541）
　第八节　亚大田赛 …………………………………（543）

第二十七章　继续向前 …………………………………（551）
　第一节　勤做学问 …………………………………（553）
　第二节　乐于创新 …………………………………（558）

第二十八章　愉快告别 …………………………………（563）
　第一节　百年校庆 …………………………………（565）
　第二节　成事艰难 …………………………………（566）
　第三节　卸任校长 …………………………………（568）

第二十九章　任重道远 …………………………………（585）
　第一节　工程力学 …………………………………（587）
　第二节　部实验室 …………………………………（592）
　第三节　奉献管科 …………………………………（596）
　第四节　从教50年 …………………………………（600）

第三十章　勇毅前行 ……………………………………（603）
　第一节　领导接见 …………………………………（605）
　第二节　力学论坛 …………………………………（607）
　第三节　澳门体验 …………………………………（610）
　第四节　两岸交流 …………………………………（614）
　第五节　中国管理 …………………………………（618）
　第六节　答大师问 …………………………………（624）
　第七节　百年追梦 …………………………………（628）
　第八节　参事建言 …………………………………（633）

第三十一章　敢想敢干 ……………………………………（647）
第一节　东水西调 ………………………………（649）
第二节　地效翼船 ………………………………（654）
第三节　城市矿产 ………………………………（659）

第三十二章　义不容辞 ……………………………………（667）
第一节　院士中心 ………………………………（669）
第二节　院士联合 ………………………………（673）
第三节　湾区联盟 ………………………………（686）

附录一　大事年表 …………………………………………（689）
附录二　主要论文著作目录 ………………………………（723）
后记 …………………………………………………………（745）

上篇

迎着光明　奋力向前

第一章
家世淵源

第一节　我的家世

1940年7月20日夜晚,我出生在四川省新繁县繁江镇(现为成都市新都区新繁街道)西街117号长乐店,距离成都市30公里。

我的出生地位于有"天府之国"美誉的川西平原核心地区,是"上五县"(温江、郫县、崇宁、新繁、灌县)之一。按1950年数据,全县人口10万,面积225平方公里,是四川省最小的县。自秦朝李冰父子兴建都江堰水利工程以来,"水旱从人,不知饥馑",没有水灾,没有旱灾,没有虫灾,全部农田是自流灌溉的水田,土壤是肥沃的黑土,气候温和,是世界上罕见的富饶区域。

1952年12月摄于四川省新繁县,刚入初中读书,时年12岁。这也是人生中的第一张照片

我们家是一个书香门第,也是一个教师之家。我的曾祖父、祖父、父亲、自己、儿子都是教师,亲属中更不乏教师,有大学、中学、小学、幼儿园老师,还有大学校长、中学校长、小学校长、幼儿园园长。

我们家来自新繁县崇义桥地区刘家村刘氏的长房,一贯秉承"耕读传家久,诗书继世长"。在我们这一支刘氏家族的宗谱中,明确列出十六条家训,要求子孙后代必须遵守。这十六条是:①孝父母；②友兄弟；③勤耕织；④崇节俭；⑤课读书；⑥肃闺训；⑦敦忠厚；⑧重庭谊；⑨守谱牒（未经合谱，嫁娶不得相混）；⑩防止异姓乱宗；⑪阴阳两宅水、树保护；⑫子嗣必须是同宗之人；⑬祭扫祖坟；⑭春秋祭拜祠堂，子孙均要参加；⑮对专于读书而未耕种者资助白银50两，对乡试中试者资助进京差旅费200两，中会试者奖励300两，中殿试者500两；⑯族中有人中试后，学生在每次考试时应捐给祠堂白银50两，知县每年应捐给祠堂白银200两。

显而易见，这份家族祖训，体现了家庭的教育理念，重视读书，重视品行修养，重视传承优良传统。因此，从明朝中叶起，新繁县崇义桥地区刘家村刘氏长房一支中出现进士、举人、监生、廪生、秀才；新中国成立后，更涌现出院士、教授、博士、硕士、学士等诸多人才。

1994年冬，在四川省成都市新繁镇故居前留影

我是刘家村刘氏长房一支第十六世子孙。刘氏家族庞大且古老，源远流长。刘家村这一小支的一世祖名叫刘廷训，在明朝嘉靖年间（公元1551年）于此地务农，勤俭持家，由于特别节俭，吃饭以稀为主，被大家称呼为"刘汤汤"。由于明末的战乱，家谱丢失，无法知道我们来源于哪里，一说来自彭城（即江苏徐州市），一说来自蜀川。

二世祖刘节是明朝举人，其弟刘选是武举人。十世祖刘志安，名方泰，是清朝进士。十一世祖刘沛兴和十二世祖刘宗浚都是监生。我的曾祖父，十三世祖刘声远24岁考中举人，可惜不久即病故。

第二节 我的祖父

我的祖父刘立元，号良，12岁入学为秀才，随即补为廪生，被誉称为"成都神童"。后逐渐受进步思想影响，1903年20岁时，为寻求救国之道而赴日本留学，是日本东京振武学校第一届中国留学生，学骑术。从1890年到清朝灭亡，我国派往日本留学的大部分是学军事的留学生，其中几百人进入东京振武学校读书，相当一部分是日后活跃在中国军政界的知名人物，如蔡锷、陈独秀、欧阳予倩、吴玉章、唐继尧、程潜、李烈钧、孙传芳、孙武、阎锡山、黄郛、蒋介石、张群、何应钦、杨宇霆等。在日本期间，祖父加入中国同盟会，按照中国同盟会的十六字革命宗旨"驱除鞑虏，恢复中华，创立民国，平均地权"，参加孙中山先生领导的民主革命活动，将头上的辫子剪去以明决心。1905年岁末毕业回国，被政府任命为候补知县，但他喜欢做老师，先后在四川法政学堂、四川省高等工业专科学堂和东文学堂任教，直至1911年辛亥革命。辛亥革命推翻了清王朝统治，当时他在民国四川军政府工作，并兼任《天民报》主笔。1913年任泸州观察使裴钢的秘书，后被任命为富顺县知事。祖父不喜官场恶习，便辞官而去。1915年7月20日患伤寒急病不幸逝世，年仅32岁。他的记忆力特别强，能背诵《红楼梦》许多内容。去日本留学习武后，不仅学会了日语，也颇善骑术，能站在马背上驰驱。祖父工书善诗，今存遗著《师子庵主人集》和《青鞋布袜词》，存诗词54首，主线是反对清王朝统治和帝国主义侵略，表现了民主革命思想和爱国主义精神，义气凛然，掷地有声。诗集第一页盖有"振大汉之天声"的长方印。这颗印反映了祖父反对清王朝的决心和内心的民族意识。师子，兽名，古人"狮子"亦称为"师子"。19世纪帝国主义势力入侵我国后，志士仁人常以狮吼喻我民族的觉醒，以狮子庵主人为笔名，即含此意。例如，他在1903年创作的五言诗《将之日本留别同学诸友》中，写道：

少年志天下，梁肉非所谋。

就是说年轻人应以天下为己任，不能去追求生活享受。

诗中又云：

世运厄阳九，欃枪无时休。
蜿蜿黑烟间，轮舶来异洲。
我无文明器，焉能制强求。
我无尺寸柄，空抱杞人忧。

这是说国家正处于厄运之中，不吉祥的彗星（即欃枪）的出现没有停止过。黑烟滚滚，外国的轮舶不断驶来。在这种情况下，我们没有"文明器"等现代装备，怎能制止列强索取？我们也没有"尺寸柄"等稍许倚仗，只能像杞人一样忧天。

1904年，祖父写给祖母黄淑芳的一首《寄内》五言诗中云：

掷去头上巾，来执车中矛。
列营贺兰山，饮马黄河流。
提我三尺刀，力斩仇人头。
虽斩仇人头，志在犹有忧。
安得炮千斤，轰破黑龙洲。
拔去仇人旗，树我汉旌旒。

这里黑龙洲指满洲。"轰破黑龙洲",意指推翻清王朝的统治。这些诗句何等壮烈,感情何等炽烈!作为后辈,从诗集迸发的思想火花中,受到深深的教育。

祖父的留学经历和爱国情怀,给我们整个家庭带来了积极的影响,在书香门第基础上增加了现代化和革命化的色彩。我小时候,祖母和父母亲,以及哥哥姐姐们都不断地以祖父作为偶像来教育我。我读他的遗作,看到他写字的砚台,听着他从日本带回来的留声机播放着的音乐,以祖父为榜样来要求自己。

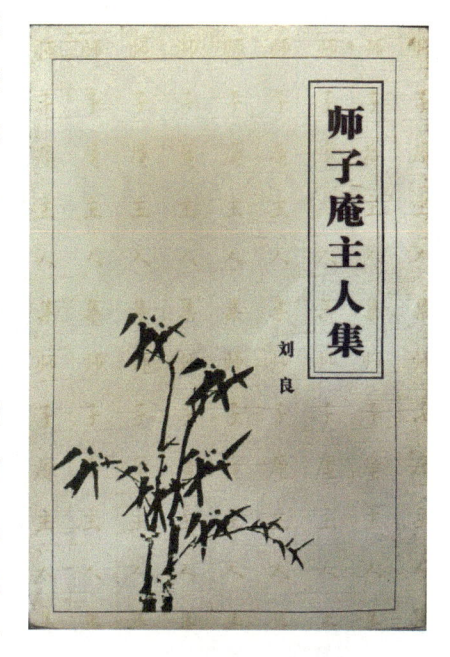

祖父的遗作

第一章 家世渊源

第三节　我的父亲

1971年1月26日，父亲摄于广汉家中

　　父亲刘嘉名，又名伯言，是长子，祖父去世时，他年仅12岁。秉承神童祖父的遗传，记忆力特别强。1921年考入成都名校石室中学，是第34班的学生。此校历史长达两千年，世所未有。他在读书时，于1924年在国共合作时期参加中国国民党。为了挑起家庭经济重担，1925年初毕业后即回新繁县小学任教，以后又任新繁县中学老师。回新繁时，兼任国民党新繁县党部常委，书记是叶松石。叶松石是国民党左派，与共产党人友好交往，他也主张"打土豪，分田地"，于是，惹翻了国民党的右派。1927年，蒋介石上台反共清共后，将叶松石暗杀于新繁南门外，这成为震惊新繁县的大事件。我们家院门外也被贴上"打倒共产党刘伯言"的标语，遭遇通缉。父亲孤立无援，被迫连夜逃离新繁，前往成都，从此脱离国民党。1937年七七事变，抗日战争全面爆发。国难当头，他与好友骆湘浦一起投笔从戎，主动加入川军，任连队文书，奔赴抗日前线，在江西和湖南打日本鬼子，惨烈的战斗将他们这支川军打败打散。我父亲只身一人于1938年11月12日来到长沙，当天深夜凌晨2时，恰遇抗日战争三大惨案之一的"长沙大火",目睹了这场大火惊心动魄的惨景,他甩掉身上的包袱,从火街火巷中逃出长沙城。随后,在川湘交界区域,又被土匪绑架,因身无分文,土匪准备把他杀掉。他悲愤地叫喊:"我好冤枉啊!"土匪的二头目是四川人,听见他说的四川话,念他是同乡,把他放了。父亲又逃过一劫。

1939年回到家中,在家住了一段时间,经朋友介绍,到自流井盐务局工作。1948年返回新繁,在新繁中学(仅设初中部)任语文和英文老师,还担任语文教研组组长。由于记忆力好,又喜欢看书,知识广博,上课时旁征博引,幽默诙谐,深受学生欢迎,课后也十分关爱学生。1955年秋天,因业务优秀,又升任广汉师范学校教师,同样受到学生的爱戴,最后还被选为广汉县政协委员。

第四节　我 的 母 亲

母亲杨家贞，又名晴岚，生于1904年，也出身于书香门第家庭。她的父亲杨升之，清末秀才，曾在四川江油县当县丞，后教私塾。母亲曾随父读私塾三年，粗通文墨，写字端正，勤劳一生，性情温和，品行善良，持家有方，受人敬仰，被儿女们敬称为"伟大的母亲"。

母亲三岁时被缠脚，她说："缠脚好像受刑，非常痛苦，长长的裹脚布紧紧地缠在脚上不能走路，每天坐在椅子上哭，最后脚背和脚趾完全变形。"辛亥革命成功后，外祖父参加了大脚会，母亲的脚才得到解放，但已成为尖尖小脚，小腿也变得很细，走路受到影响。

1971年1月26日，母亲摄于广汉家中

母亲个子高挑，身高1.6米，年轻时是个美女，被乡里人称为"粉炭花"。她和父亲结婚后，一共生育了五子二女七个孩子，我是最小的一个。祖父去世后，祖母将成都市中心大有巷的家搬到新繁县繁江镇东街，靠近她的娘家。那时，全家人一起生活，由祖母管家。抗日战争爆发后，全家经济急剧下降，变成了无房无地的穷人。这时，父亲在外闯荡，母亲独自承担抚育七个孩子的重任。每天天还没亮,她就起床煮饭。照料孩子们去上学,然后做家务,一天很少空闲。她从不言累苦,从不发脾气,从不打骂儿女,因此我们兄弟姐妹的性格都很温和善良。

为了解决家庭经济困难,母亲把家中稍微值钱的东西都拿去典当了。日子仍过不下去,恰好大姐刘人慧此时已满18岁,1940年17岁时考入成都光华大学财会系(现为西南财经大学),读书很费钱,母亲经叔祖父刘立乾帮忙,让她在读二年级时就出嫁了,以便减轻家庭经济负担。大哥刘人恺和二哥刘人恕初中毕业后都去读全免费的成都高等工业专科学校。三哥刘人慰小学毕业后,母亲就让他去当铺做学徒。三哥仍想读书,考入四川大学附属中学,拿到了全额奖学金,免学费包吃住,才未去当学徒。

母亲为人大度大方,小县城每隔一天就"赶场",有集市。乡下的亲戚熟人来赶场,就到我家休息吃饭,母亲都热情地、毫无怨言地接待。记得有一位廖姆姆因为抗日战争,带着子女从东北逃到四川,在街上和母亲相遇闲谈,以后也成了我家餐桌上的客人。廖姆姆的女儿廖纪蓉后来是国家海政文工团演员。

母亲为人善良,见到有困难的就无私地帮忙支持。父亲的学生有困难,她马上出面帮忙,我小时候,常见到她拿出衣服、被褥送给困难学生。

1942年,大哥和二哥为养家糊口供养我们,终止在成都高等工业专科学校的学习,因私自停学要罚款,故半夜翻墙跑出校园,大哥考上成都邮电局的职位,从事分拣信件的工作;二哥考上国际电台报务员训练班,做报务员的工作。他们省吃俭用,将所剩工资全都交给母亲补贴家用,母亲肩上的担子才减轻了。

长期的磨炼,使母亲更加精明能干。旧社会国家的经济一团糟,通货膨胀严重,货币贬值很快,母亲拿到哥哥们的汇款后,马上赶到市场,全部买成米和油。家中特地买了两个大米柜,一个大油缸。要用钱时，就把米、油卖出一部分换钱作家用。这样不仅保证生活，还能赚一点钱。在母亲的精心运筹下，我家的生活好转了。

  母亲勤劳坚强，她身上体现着传统的中华文化道德情操和品质。她的爱是博大的、明智的，她不分男女，疼爱所有的子女，更不分贫穷贵贱，平等地对待成家之后的子女。最难能可贵是，在贫穷中仍能坚持让我们七个兄弟姐妹都上学读书，都健康成长，这在旧社会是罕有的事。1981年10月11日，母亲在四川广汉县花市街黄家柯5号家中因患糖尿病去世，享年78岁。三哥写的悼词："生得勤苦，活得安详。"道出了我们兄弟姐妹的心声。此时，我正在当时的西德（联邦德国）鲁尔大学留学，未能在最后时刻泣别，成为我永久的遗憾！

第五节　我的兄姐

大姐刘人慧结婚后，勤劳一生，终身都在成都邮电局工作。

大哥刘人恺于1939年因成绩优异，入读父亲就读过的石室中学初中第71班。为了养家，他中断全免费的成都高等工业专科学校的学业，提前工作，供养我们生活读书。解放后，由于他工作出色，被派往资中县球溪河邮电局任局长，之后又任四川阿坝藏族羌族自治州绰斯甲县邮电局局长、州邮电局科长等职。为照顾年迈的父母亲，1973年又调回到广汉县邮电局工作。为了照顾全家，他直到

1984年4月27日，与兄姐合影。左起：刘人恪、刘人怡、刘人恺、刘人慧、刘人怀、刘人慰

1958年33岁时才结婚。大哥一生,平凡却不平庸,虽艰难,却执着追求,永不言休;明事理,担责任,度量大似海。他始终保持乐观向上的心态,勤勤恳恳,任劳任怨,为邮电事业做出了应有的贡献,也为我们全家尽到了责任。我还记得在我6岁时,为了治疗我长期发烧的疾病,他牵着我的小手,在成都大街上去华西医院照X光诊断的场景,真是"长兄如父"。

二哥刘人恕不只聪明,手也很巧,还会打毛线背心。由于家贫,早早就担起养家的责任。1942年,才15岁便开始在国际电台工作,任职一生。先任报务员,接着任工程师,后任企划处长。1949年到台湾,曾代表台湾出席世界电报电脑化、世界电信卫星及国际海缆建设的会议,直至1987年退休。退休后第二天,正巧赶上1987年台湾开放与大陆来往,他马上返回大陆探亲。可惜的是,父母亲均已过世,他只能到坟前拜祭。他的两个儿女均在美国留学,后来移民美国旧金山市。他的儿子刘翰才是计算机软件专家,几年前,被华为公司聘为专家来深圳工作。

1981年10月5日,在西德汉堡与二哥相拥相会

三哥刘人慰自幼喜爱国学，吟诗绘画喝酒，无一不体现传统文人本色。在1948年，因成绩优异被川大附中保送到四川大学中文系读书。入学后不久，于1949年4月加入中国共产党领导的地下组织，是民协骨干成员，他还介绍后来曾任四川省省长和河南省委书记的杨析综参加了民协。他从参加共产党地下组织起，就把新繁县城我们家作为基地，贮藏革命宣传资料，准备迎接解放军进城的旗帜和印章，召开小型会议，组织欢迎解放军入城活动。父母亲支持，小姐姐刘人怡、四哥刘人恪都参加了工作。1949年12月26日和27日，新繁和成都先后解放，他没有回川大读书，而是去参加"清匪反霸""减租退押""土地革命"等革命工作；1953年，才满23岁，任双流中学校长，后又调任新都师范学校校长、大邑县安仁中学校长、大邑县教师进修学校校长，接着又任大邑县文教局长、大邑县委宣传部副部长、大邑县志总编辑，1990年离休。三哥年轻时，不仅为成都、新繁的和平解放事业做了贡献，而且在教育岗位上对办好全国知名的安仁中学尽了力。后来又从事大邑县志的组织编写工作，其编写的《大邑县志》全国有名，同行都到大邑来取经。

　　三哥写了416首诗词，无论是咏人、咏物、咏景都真诚乐观，展现出他热爱生活、热爱人生、热爱祖国、热爱世界的高尚精神面貌。1978年我国召开全国科学大会时，他写了《进军》的五言诗称赞：

　　　　三军号正鸣，国子尽尖兵。
　　　　为举千秋业，因挥万丈缨。
　　　　琢磨同苦战，奋勇效长征。
　　　　捷报彤彤展，张张献北京。

　　2005年，他从报上看到两院院士评出2004年我国十大科技成果时，他随即写诗歌咏：

> 春光熠熠笑声连，十大辉煌奏凯旋。
> 电脑运行奔抖擞，卫星探测舞翩跹。
> 秦山核电千秋颂，西部能源万里传。
> 喜听鸡声鸣不已，神舟六号即飞天。

自我记事起，在家里就见不到大姐、大哥和二哥，他们都出外学习和工作。三哥见得多，他又出色，对我直接关心、帮助多，因此，我自小就将他作为我学习的榜样。

小姐姐刘人怡一辈子与我相聚最多，照顾我特别多。她性格好，善良可亲，多才多艺，擅长文学和音乐。年轻时，曾应邀在四川省人民广播电台独唱歌曲，只可惜没有人专门指导，无法向前发展。初中毕业后，考入成都师范学校幼师班，毕业后分到成都市第三幼儿园任老师，后任副园长，荣获成都市先进工作者奖励。这间幼儿园从20世纪50年代开始即成为四川省有名的幼儿园。后又调任成都市东城区教育局分管全区幼儿教育工作。现已年过八十，依然活跃在成都幼儿教育战线，还在当幼儿园顾问。

四哥刘人恪仅比我大近四岁，自小聪明活泼，爱好很多，绘画、雕刻、唱歌、演戏样样一学就会。自我记事起，他一直照顾我，带着我上学和游玩。成人后，对我关怀、指导颇多。1949年12月26日，新繁县和平解放，解放军团指挥部设在我们家里。由于他的活跃和多才多艺，字写得端正，会写文章，又能刻印章，解放军领导很喜欢他，主动邀他入伍，他非常乐意，尽管母亲认为他太小，才13岁，还在读初中二年级，也只好支持他。1950年3月，他加入中国人民解放军，任西南军区独立第一师第一团政治处宣传员，15岁升为正排级军官。在朝鲜战争停战前夕，成为中国人民志愿军炮兵33师干部助理员，参加抗美援朝赴朝作战，在著名的上甘岭战役等战斗中，多次荣立战功，被誉为"炮兵小英雄"。1958年返回北京，在解放军炮34师任职，1965年从师营建办公室上尉秘书岗位转业至四川省内江县粮食局任股长。1974年调入河北保定电影胶片厂，曾任分厂副厂长。

我的兄姐们读书时都成绩优良，品行很好，走向社会后都在各自的岗位上努力工作，为了国家的强大和富强拼命做贡献，正如我的大哥在他90岁生日之际讲的一句发自内心的话：我为生在这样的家庭感到幸福和自豪！他道出了我们兄弟姐妹的心声。

第二章
幼年生活

第一节　孩提苦楚

　　我出生时，正是我们国家最贫弱的战乱时代，也是我们家书香门第最没落之时，全靠典当家里的旧物来维持全家10人，包括祖母、母亲、二婶、哥哥、姐姐和我的生活。那时，新繁县尚无西医院，请来的接生婆左手又有点颤抖，为我接生时，把我母亲弄伤了，当晚就患产褥热，持续发高烧40多天。没有母乳，市场上也无牛奶，祖母和姐姐哥哥们就用大米汤喂我，真是不容易，婴儿时期全是靠米汤喂养长大。因此我小时候身体很弱，发育迟缓，二岁才学走路、学说话。我要喝水时，抱着家里的大茶壶，吃力地说出"吃，吃，吃，吃茶！"出生时，父亲远在自流井工作，就由祖母来给我取名字。她很有文化修养，就用《四书》中的"人怀仰之"语句中的前二字作为我的名字，既符合刘家"人"字辈排行，又符合前面六个哥哥姐姐姓名中第三个字带"心"的要求。这一名字取得好，既有意义，且在全国也未见重名。

　　因为家中人口多，经济非常困难，无法维持生活。出生不久，母亲万般无奈，打算将我卖给一个小地主，以换取3斗米（即48公斤大米）度过家庭经济难关。此事让舅舅杨家序知道了，他马上跑来劝阻，母亲也不忍心，我才未被卖掉。

　　1941年初，因经济困难，在祖母的安排下，母亲带着八岁的小姐姐、五岁的四哥和我去自流井找父亲。那时交通不发达，长途汽车又旧又烂，沿途经常熄火抛锚，到了资中就没法开动了。我母亲只好去搭"黄鱼车"。一个小脚女人拖着三个小孩和行李，跑来跑去找"黄鱼"，小姐姐和四哥都吓哭了。后来，在好心人的帮助下，把我们抱上装货的车厢。由于坐的是"黄鱼车"，每到一个关口，我们母子四人带着行李均要下车，躲避检查，步行过关再上车，甚是麻烦。总算到了自流井找到父亲，由于经济困难，父亲对母亲和三个孩子的到来也不太顾得上，因此过了几个月，母亲就带着我们回老家了。

　　回到新繁后，恰好舅舅带着全家去金堂县赵家渡行医，母亲马上将他原来向地主李可畏租种的新繁县东门外有1.5公里路远的一亩[①]多水田转租下来，自己耕种。母亲带着小姐姐、四哥和我住在乡下种地，夏天种水稻，冬天种油菜花。生活异常艰苦，我又生病发烧了，而且高烧不退，病得奄奄一息，周围邻居见此状况，以为已没救了，劝我母亲赶快将我扔了。母亲不忍心，连夜背着我赶回城里家中。幸而祖母懂点中医知识，见此情况，马上给我服了四分之一颗牛黄清心丸，不一会儿，我睁开眼睛活过来了，算是又逃过一难。

---

① 1亩≈666.67平方米。

第二节 开蒙读书

近2岁时，我开始记事。祖母、母亲和蔼可亲，哥姐们成天哄着我开心。尽管家里极为贫穷，但温暖的气氛弥漫全家。每天晚上，他们轮流给我讲故事，培育我健康成长。

县城中的家宅，是祖母向娘家亲戚用2石米（即320公斤大米）作为押金租用的房子，所以我家虽穷，居住却很宽敞。门前有一个大院坝，中央有一颗核桃树，每年结满核桃，我们常去捡核桃，用石头砸开来吃。大院坝之东面是我们家，祖母在门前种了一棵小桃树，每年春天开满粉红色的桃花，十分美丽。

屋子中央的堂屋，供奉着祖先牌位，哥哥姐姐们常在这里给我讲述祖父的故事。旁边还放着祖父留学时从日本带回的留声机，他们有时就放音乐给我听，我还记得有一张唱片，专门放笑声的，从头到尾全是各种笑声。

旁边有一客房，兼做书房用，有书籍和杂志。我从小就去翻阅，自小养成读书特别是读小说的习惯。近3岁时，母亲就教我读《三字经》，这是我启蒙的读物，在小姐姐和四哥的帮助下，反复念"人之初，性本善……"。

在乡下住了近3年，每周也要返回城中住一两天。乡下房子后门外，是竹林，我在竹林下玩耍，在竹林旁的小河旁玩水。妈妈种地时，我在地边田埂上玩小草和泥巴。认识了水稻、油菜、小麦等作物以及鲫鱼、鲤鱼、小虾和蜜蜂。

　　1942年底大哥和二哥工作后，家里的经济有点好转。母亲便在我快四岁之时搬回城里。她家务十分忙，就把我送到幼稚园，我去了一个星期，很不习惯，天天哭泣，只好作罢，不去幼稚园了。正好我满四岁了，就让小姐姐带着我去新繁县繁江镇第二小学读书。这是一所女子小学，但低年级可接受男生，而且小姐姐正在读该校高年级。读第一册（即小学一年级第一学期）时，语文第一节课文："来来来，来上学，大家来上学。"至今仍深深地铭刻在我的脑海里。那时，我自理能力很差，上了厕所后，还要跑到小姐姐的教室门口去叫她擦屁股。

　　读了半年书，四哥已经八岁多了，母亲便叫他带着我去他上学的新繁县繁江镇第一小学读书，仍读第一册。哪晓得，书读了没有几天，眼睛感染了急性结膜炎，到处求医，拖了半年才治好。我的第一册用了一年半时间才完成。读第三册时，又高烧不止，因当时无抗菌素，病情拖了大半年才好。好在读第三册时，碰到一位好老师支泽上先生，她鼓励我参加新繁县1947年全县小学竞考比赛，我考中全县第一名，获得做玩具用的蜡光纸和一支美国进口棒球糖的奖励。这是我一生第一次获奖。读第五册时，再获1948年全县小学竞考比赛第一名。

　　从读小学第一册开始，我念书认真，兴趣足，每学期成绩都能保持全班第一。那时，学校允许罚不听话的学生，用戒尺打手掌、打屁股。每间教室的后面都放着一张长条桌子，供打学生屁股用。几乎每堂课，都会有学生被打。由于我年龄小听话，成绩又好，老师都很喜欢我，因此我从未挨过责罚和鞭打。这样一来，在读第六册时，引起班上几个调皮学生的忌妒，一次课后他们中的一个来打我，我奋起反抗，用一只手掌撑在对方的脸上，终于将他打败了。这是我小时候，亦是平生唯一一次与别人打架。此后，他们也不敢再惹我了。家庭教育，使我不管在何种场合，无论何种情况，都不与人打架和吵架，不说脏话，保持了一辈子，只有这一次例外。

我家旁边的东湖公园，是全国仅有的两处保存完好的唐代古典人文园林之一，建园早于苏州园林，是一千三百多年前唐代名相、政治家、诗人李德裕任新繁县令时所开凿，有湖有山，很美丽，课后我常去玩耍。城外有很多小河流，我们常去玩水抓鱼，十分有趣。

小时候，母亲有时会带我去成都市看病或看望三祖父，或去姐姐家帮着带孩子。因此，我在小时候对大城市成都已有一些印象。然而30公里的路途，常有土匪出没，使人担惊受怕。

抗战时，我们家乡虽是后方，但日本飞机也来轰炸，扔炸弹。我们国家太弱，几乎无空中的反击力量，日本飞机飞得很低，甚至能看见鬼子飞行员的人头。靠着全国人民齐心协力、艰苦奋斗，终于在1945年8月15日战胜了日本。我还记得新繁县全城老百姓上街举行提灯游行庆祝的欢乐情景。

抗战胜利后不久，国民党腐败，还要打内战，弄得民不聊生，老百姓困苦不堪。国家经济一团糟，物价飞涨，钞票变来变去，一会儿用金圆券，然后又用银圆券。解放前最后一年，市面上的纸币等于废纸，改用清朝时用的银圆和硬币。最后，连硬币也不用了，回到远古时期的办法，市场上以物易物，交换各自需要的物品。我陪着母亲上街买东西，母亲用大米去换对方的物品，用盛一合米的小木盒来量多少米（1升等于10合，1合盛160克大米）。人民生活过得多难啊！

旧社会时，我们国家太贫弱了。飞机、汽车都不能制造，市场上稍微重要一点的东西，都要带"洋"字。每天用火烧饭、点灯，要用火柴，那时叫"洋火"。1949年有一段时间，市场上洋火脱销，大家改用古代办法，用两片石头来碰撞取火。蜡烛叫"洋蜡"；煤油叫"洋油"；手工织的布叫土布，很少用，其他的布都叫"洋布"；

打的伞叫"洋伞";人力车叫"洋车";喝的酒,好一点的,都叫"洋酒";用的铁钉叫"洋钉"。那时候,我们国家被人瞧不起,贬称为"东亚病夫",受日本和帝国主义欺凌。我小时候多希望我们的祖国强大啊!

  三哥参加了党的地下工作。1949年下半年成都发生国民党镇压共产党革命者的九眼桥事件后,组织上让他返回新繁县组织群众迎接解放军进城,我们家于是成了地下党的基地,我也受到了强烈的感染。斗争十分尖锐,国民党胡宗南的败军30万人从北而来,欲经过新繁,好在驻在新繁县城的黄益民军长带领川军严守城市,不让他们进城。最后,黄益民军长与刘文辉、邓锡侯一起和平起义,使新繁县和成都市能和平解放。

  1949年12月26日,是一个好日子,也是毛泽东主席56岁生日,我们新繁和平解放了,大地一片光明。那时,我正好9岁,正在读小学第七册(即小学四年级第一学期)。

  我在旧社会,未穿过一件新衣服,全是穿哥哥姐姐长高后剩下的衣服。从未照过一张照片。从未买过一个玩具。在我们家,常常吃红、白萝卜等便宜蔬菜。吃的东西基本是素食。连酱油、醋都很少见,仅用盐和泡菜调味。生活很艰苦。

第三章
天府教育

第一节　欢　乐　少　年

新繁县城解放那一天，我按照哥哥们的嘱咐，举着红旗，到县城东门外大道上去迎接解放军进城，九位解放军战士骑着高头大马威风凛凛首先进城。当天晚上，解放军团政治部领导和几位部下就住在我们家，一间卧房和一大间客厅用来办公和生活。母亲和三哥、小姐姐、四哥帮着他们干活，他们也很喜欢和我玩耍。很快，三哥有任务离开了家。过了三个月，四哥参加了解放军，新繁县委组织部进驻我们家，我们便迁到东街宋家巷居住。

此时，父亲在新繁中学教书，兼任语文教研组组长，除教语文课外，还教英语课，工作忙碌。我们家所在的半边街居民委员会成立，母亲人缘好，善良公正，被大家选为居民委员会妇女委员。那时候居委会任务多，搞减租退押、清匪反霸、土地改革、划定成分。白天晚上都要开会，每月还要值班守卫县上的粮仓，母亲十分喜欢公益工作，认真负责。

这时，晚上的活动，我都跟着妈妈参加，目睹了解放初期基层的政治活动。小姐姐到成都读书去了，家中只剩下父母亲、我和小外甥女王梦华四个人。母亲因工作无法抽身时，就由我来做饭。所以我从十岁起，就开始做饭。我向妈妈学做饭，也在街摊边看别人怎样做饭，慢慢地学会了。我还记得我做的第一顿饭是大米饭、凉拌豆腐干带花生米和米汤。以至于长大后在西德留学时，被报纸上报道为"教授级的厨师"。

经过三榜定案，我们家因为无房无地，全靠教师工资为生，被评为城市贫民，后改填为职员。

在小学里，因为成绩优秀、遵守纪律、尊重老师、友爱同学，我被选为班级委员、班长，最后还被选为小学学生会副主席。小学的赵尚宜校长很喜欢我，一次在东嶽庙里召开全县群众大会，上千人参加，她让我代表全县少年儿童去讲话。我自己起草了讲话稿，经老师修改后，到会上宣读。到了讲台上，见到了那么多大人，我吓坏了，小腿一直在颤抖，但还是坚持讲完话。这是我人生第一次在广播筒前讲话，真是开了眼界。

周末和假期，我还常常参加学校或街道居委会组织的各种配合国家和地方任务的宣传活动，敲锣打鼓，扭秧歌，踩高跷，呼口号，十分热闹。

我家院子里住着一位开明绅士周荃叔，他当时任温江专区副专员，特别喜欢小孩子。有一次，他当着我们一群孩子，指着我对大家说："人怀长大后一定大有出息。"这句鼓励的话语令我终生努力向前。

第二节　笃志好学

1952年7月，我在新繁县繁江镇第一小学第69班毕业了。我十分崇拜三哥，决心模仿他，便约了四个同学，他们的年龄都比我大点儿，我们一起前往位于成都三瓦窑的四川大学附属中学报考初中。出发那天，赶上倾盆大雨。我们冒着雨步行前往，走了大半天，约35公里，终于到了该校报名，考生一千多人。接着参加了两天考试。发榜时，录取了一百多人，是用大纸贴在墙壁上，供大家参看。我们看了又看，从头看到尾，未发现我们五个人的名字，心里很失落。这时我注意到录取新生的前十人中有一个名字有点像我的名字，只是"人怀"两字都错了一点，就怀疑是否是名字写错了，便试探性地去找川大附中的教务部门，果然是他们的疏忽把我的名字搞错了，他们立即搬来长梯子，将榜上的错字改掉了！那时真是高兴啊，同学们也向我祝贺。

我回到家中马上将喜讯向父母亲报告，他们既高兴又担心我太小无法住校学习，特别是母亲想要我在父亲任教的新繁第一初级中学读书，于是我又参加了该校升学考试，成绩优秀，也被录取。1952年9月1日，我进入第27班二组，即1955级二班读书。新繁第一初中也是一所办学历史悠久的中学，起源于1764年创办的繁江书院。进校后，先后得到几位好老师，包括从小学升调来的校学生部门负责人赵尚宜、校教导处主任刘曼丽、班主任张先模和王菊云、钟石均、庹瑶廷等老师的关怀和培养。同时，班上的詹友桂、刘廷玉等同学帮助我，让我得以顺利健康地成长。

父亲在一年级第一学期时，为我们班级讲授英语课，他讲课细致、生动、幽默，同学们非常喜欢听。可惜，第二学期，全国中学都停止了英语课，令我终生觉得遗憾。

在老师的教育下，在第一学期结束时，我因"操行成绩均属优良"获得学校奖励，还获得全校讲演比赛优胜奖。此后，我每学期的学业成绩，都保持全班第一。

1952年12月9日，我光荣地参加了中国少年儿童队（1953年改名为中国少年先锋队），是班级第一批队员，先任小队长，接着任中队旗手、大队委员，后来任全校大队长。我担任学生干部工作，很认真负责，得到校领导和老师、同学的认可。1953年和1954年八一建军节时，我两次被推选为四川省慰问荣誉军人代表团成员，代表全省少年儿童，在省长的带领下，前往新繁县龙藏寺四川省荣誉军人疗养院慰问红军、解放军、志愿军受伤疗养的英雄们。他们的英雄

1953年，四川省新繁县第一初级中学五五级二班少先队小队队员合影。前排中：张先模，后排中：刘人怀

故事感染了我，鼓励了我，使我终生难忘。我还参加在东湖公园举行的全县少先队的篝火晚会，代表全县少先队员率先点燃篝火。记得点火时，我太紧张了，最后靠老师帮忙才点燃了篝火。1954年7月20日，是我14岁生日，当天学校领导特别召开了新民主主义青年团的支部大会，大家一致赞成，让我从青年的第一天起就成为青年团员。当时，我感动得热泪盈眶。

然而事后不久，因为我有二哥的"海外关系"，学校团委特将此事向新繁县团委申报，接着又向温江专区团地委申报，最后，团地委作了"再考验一段时间吸收入团"的批示。直至1955年7月，我初中毕业时入团的事情都未批下来。接着在毕业前，学校保送我免试直升新都中学高中部，哪知到升学考试前，学校通知我，因我的"海外关系"未能得到上级批准。两次意外的打击使我少小的心灵受到极大的伤害，但我也未曾有怨言，仍继续保持积极向上的心态，用更严格的标准要求自己。

初中毕业后，1955年8月，我的父亲因工作表现好，升为广汉师范学校教师。我们家也搬离了新繁。对于故乡新繁县，我一直热爱、怀念。记得1957年3月16日，我还写诗《歌唱家乡》二首：

  我的家乡叫新繁，
  那里是一片好平原，
  稻米、麦子和油菜，
  样样都齐全。

  小桥流水淙淙声，
  丛丛竹林四季青，
  东湖上面船穿梭，
  梅花树上鸟齐鸣。

1955年6月，新繁县第一初级中学五五级二班全班同学毕业合影。二排右8：刘曼丽，三排右11：刘人怀

第四章
留苏预科

第一节 坚持进步

在初中升高中的考试中，由于成绩优秀，我被四川省温江专区的温江中学留苏预备班录取，毕业后，将由国家直接送到苏联去留学。能像祖父一样出国留学，拿到入学通知书后，我特别高兴。

1958年6月，温江中学五八级一班（四川省留苏预备班）全班同学毕业合影，二排右4：张光汉，右5：徐承福，右2：刘栋梁，四排右3：刘人怀

1955年8月底，我从新繁县城背着背包，徒步出发，经过郫县，花了一天时间，走了近四十公里路，来到温江中学报到。那时，仿

苏式教学楼刚修好不久，学校设施很好。

入校后，我在温江中学高五八级一班读书，被选为班委，先当文体委员，接着又改任学习委员，最后一年又做班长。三年中，学习成绩一直是全班第一。我要感谢张光汉校长和俄语翻译出身的班主任徐承福、班主任刘栋梁、学生工作干部牟启玉、数学老师钟石均、音乐老师庹瑶廷等师长，他们的教育培养使我高中阶段无论是德育还是智育上都获得了长足的进步。几位好同学吴天成、黎秉昌、汪泽福等也给予了我很多帮助。我的百米跑成绩一直很差，一般都在16秒左右。全校100米赛跑冠军黎秉昌同学热心地鼓励我，带着我跑，终于使我的百米赛跑成绩提高到13.7秒。同时，我也主动帮助同学。许多同学学数学有困难，经常问我，我全都耐心答复。那时我经济条件比较好，每月三哥寄给我10元生活费，而我的主要花费是每月交给学校伙食费3.72元。学校的伙食不错，每顿饭两菜一汤，每周至少有一次肉；在外面饭馆吃一碗馄饨也才3分钱。所以，我的余钱较多，我学习母亲乐于助人的品格，见到班上出身贫寒的同学有经济困难，常主动伸出援手，资助他们几元钱，让他们渡过难关。

1956年春夏之交，全国暴发流行性感冒，我们班级50多人中在一周之内竟有40多人发烧患病，我带领同学们想办法渡过难关。后来学校无法对付这场灾难，宣布提前放暑假，让大家离校回家，才解决了这一困难。

到校后，我马上向青年团组织再次递交了入团申请。不久，在一天傍晚团支书找我谈话，对我说，经上级指示，你由于台湾的"海外关系"，政审不合格，终生不能入团，没资格入团。听完这一指示后，我感到很难过，没想到我这样一个要求进步的少年会受到这样的打击。但我仍然不灰心，向团支书表示，要永远以青年团员的标准要求自己，做一名优秀青年。

1956年元旦，我写了如下歌颂社会主义祖国的诗句：

  武汉长江大铁桥正积极地施工，
  天兰铁路正迅速向前伸延，
  简阳出现高级社，
  喜讯、捷报雪片一样传来，
  飞过草原、
  高山、
  河流、
  海洋，
  来到朝鲜前线，
  来到正在起锚的海船上，
  来到边疆的哨所，
  来到工厂的车间，
  来到欢乐的学校。
  兴奋的字句，
  不断打动六亿人的心弦，
  十二亿只手结成一只钢铁的巨手，
  这巨手在积极建造社会主义！

  出乎意料，奇迹出现了！经过努力，1956年11月13日，学校突然批准我加入青年团。今天想来，仍然感到好辛苦，入个团比别人难。当时入团可不像现在这么容易，一个班级仅几个团员。我很感谢组织的培养、老师们的关怀和同学们的帮助。

  入团不久，中国新民主主义青年团改名为中国共产主义青年团。为此，我在1957年4月10日写下题为《作真正的共青团员》的诗作：

祖国的心脏,
　　向四面八方
发射强有力的无线电波。
帕米尔高原上的守卫者,
驶向上海轮船上的海员,
兴安岭森林的伐木工人,
　　西沙群岛的渔民,
　　静等在收音机旁,
听你那明朗的声音。
多少人同我一样,
　　在会客室附近
　　等候邮递员来到。

我们得到青年团将改名
　　为共青团的消息,
脸蛋笑得像鲜红的石榴。
我们得到这可喜的消息,
　　浑身变得更坚强有力。
年轻人向我们祝贺,
红领巾为我们歌唱。
为了做真正的共青团员,
　　为了接替先辈的重担,
我们跨着长长的步子,
在勇敢攀登科学高峰。

　　1957年5月21日,我又在青年团改名为共青团后写下《献给组织——亲爱的母亲!》一首诗:

您，
英雄的母亲，
二千三百万孩子偎在您身旁，
吮吸您的甜蜜的乳液。

您，
比亲生的母亲还可亲，
孩子们下地后，
您塑造了他们美丽的灵魂。

您，
用闪光的诗句，
刻在孩子们的脑子里，
使他们真挚地热爱创造世界的劳动人民。

您，
用您的火光，
照亮了孩子们的心灵，
使他们的青春更加美丽。

您，
熬过了一个又一个的艰苦岁月，
度过了一个又一个的革命时期，
您永远是先锋队，万年常青。

您，
按照党的新的命令，
高举着共产主义大旗，
领着孩子们永远向灯塔靠近，靠近！

第二节　艰难升学

在留苏预备班读书,俄语学习任务特别重。学校安排曾当过翻译的徐承福老师教我们,他发音很准,俄语流利,讲课认真。我也很努力学俄语,哪晓得头两节课就遇上麻烦了。俄语的颤音"p"的发音,太难了。徐老师当面对我说,看你这样子,永远都发不出来这个音。我就天天练,花了一周时间,终于发出了这个颤音。

读书时,我十分认真。首先做到在课堂上能专心听讲,然后做好每天的课外作业。做几何、代数习题时,我常常在做好一题后,再想办法用第二种方法做此题,让思维更加敏捷。

1958年夏天,我以全班第一的成绩毕业了。正等着出发去苏联留学,张光汉校长找我谈话,他说:"人怀,我们好喜欢你,你学习好,工作又好,又是留苏班的班长,我们好想你去留学,但是上级没批准,说你有台湾的"海外关系",政治审查不合格,你不能去苏联留学了。学校又想办法,在国内保送你直升名牌大学,免试保送你到成都电讯工程学院(现名电子科技大学)学习遥控专业,上面也不批准。你就直接去参加高考吧。"他又对我说:"国家搞'向科学大进军'的发展战略,你应该报读理工科专业。"校长的话像是晴天霹雳,让我的留学"美梦"一下子破灭了,心里万分灰心,又一次"打击"来临。但校长一直对我很好,重视我,我也不好埋怨,学校已经很尽力了。通知我的时候,离高考只有三天,我已经来不及复习功课。20世纪50年代的高考录取率很低，不到百分之一，全国大学、专科学校仅录取10万人，而且还要集中到省会成都市去考试。温江县离成都22公里，我带着全班同学走路到成都，住在成都工学院。我因为是班长，还要给全班50多个同学弄好宿舍，买好饭票，为大家服务，把大家安顿好都半夜了。考前，我就没时间复习功课。

考试时，大家都守秩序，很紧张。记得我座位前面隔一个位子的女生，在第二场考试时晕倒了，被立即送出去抢救，后来听说未抢救过来，过世了。虽然我未复习功课，但我仍然认真对待高考。尽管我与祖父、父亲一样喜欢文科，但我听从张光汉校长的意见。国家在1956年提出"向科学大进军"的号召，我决定报考理工类专业。鉴于自己政审条件不合格，填入学专业志愿时都报离政治远一点的如数学这类专业。

兰州大学数学专业录取了我，拿到录取通知书时，我还是很高兴的，但也有点失落，因为这是我的第七个志愿，前六个志愿，如北京大学、清华大学、四川大学等都没录取我，我未能上自己理想的大学，去了最偏远的一所大学，也不是时髦专业。

我在留苏预备班的成绩是第一名。考入兰州大学时，是全校新生584人的第一名，我的平均成绩是89.7分。这个成绩是可以读北大、清华的，只是我的"政治条件"不好，才失去了机会。

当年8月下旬，我到温江中学去办离校手续。先从广汉县坐火车到成都，然后从成都步行到温江，恰遇当地暴发一种来势凶猛的传染病，患者发高烧，淋巴结肿大，咯血，甚至在短期内死亡。当时怀疑是鼠疫，后来专家论证是钩端螺旋体病，因而封锁了疫区，公路封闭，不让我去温江县城。我陈述了要升学迁户口的理由，他们才放行。每走1公里，就有医务人员给我全身消毒，整整22公里，就这样站站消毒，终于到达了温江县城。那时商店全部关闭，像死城一般，好在学校内还有一个值班人员，给我办好了户口迁移手续。

第五章
黄河之滨

第一节　绝地求生

由于夏天连降大雨，山洪暴发，将修好不久的宝成铁路冲断了几处，火车被迫停运。学校9月1日开学，我只好打电报请假。直到9月1日才通第一辆火车，我买票挤上车，连座位也没有。经过两天两夜的行程，终于在9月3号下午抵达兰州火车站。到达兰州大学时已是下午4点钟，高年级同学热情欢迎我，给我端来一盆洗脸水。我一看，吓了一跳，完全是一盆带泥沙的黄河水。俗话说，"一石水，六担泥"。这怎么能洗脸呢？那个时候我才知道兰州没有自来水厂，还在喝黄河水。在黄河水里要加点明矾，沉淀以后把水倒出来才能使用。相比之下，我们家乡的水多好啊，兰州太艰苦了。

第二天参加校内劳动，我们就修操场。兰州大学原来的校址在城里，新校区在郊区东岗，操场还没有弄好。劳动了两天，9月6号就参加甘肃省的引洮工程劳动。

甘肃以干旱闻名，特别是东部和中部地区，土地广袤，河流稀少，水源匮乏。以定西为代表的中部地区自古"苦瘠甲天下""十年九旱""水比油贵"是这里的真实写照。

为了改变这种面貌，在全国"大跃进"的形势下，甘肃省委提出"苦战三年，改变甘肃面貌"的伟大号召，提出了引洮工程，并在1958年6月17号正式动工。这项工程计划从甘肃南部岷县境内的洮河古城水库（海拔2264米）引水，通过通渭县华家岭（海拔2040米），到达庆阳董志塬（海拔1000米）。沿途多是崇山峻岭，地形复杂，工程十分艰巨。引洮工程计划总干渠长1400多公里，支干渠14条，长2500公里，共计4000公里，年引水量28亿立方米。这项工程是当时甘肃省史无前例的水利工程，更是当时轰动全国的"共产主义工程"。实际上，由于技术、经济条件的限制，再加上"大跃进"时期"左"的思想影响，这项工程是一个典型的失败工程。

9月6日下午2点多钟，我们就从兰州火车站坐火车到引洮工地去，去的是我们数学系、中文系和历史系的400多名师生。这个火车站也是新的，才竣工不久，我们排着队在站台上等车，突然几只狼就在我们队伍前跑过。当时兰州是甘肃省会，是40万人口的城市，狼在城里跑，把我们南方的学生吓坏了。狼怕人多，就跑掉了。

我们乘坐装货的列车去工地。在路上，带队的老师跟我们讲，甘肃的狼多，要注意防狼，还教我们防狼的知识，让我终身受用。狼的特点是铜头，脑袋特结实，却是麻杆腿。我记住狼有两怕：怕火、怕绳子。我们在定西县西边的马河镇火车站下车，步行两小时后，在傍晚时刻到达一个小山顶上。一路上没有见到一个农民。我们三个系的学生被分到几个地方去住，相距很远。我们班60个同学，住在一个小得仅有一间房子的庙宇里。庙里有一个神龛，下面是平地。当时我们班长是陈广才同学，我是副班长，到工地后，又兼任了安全委员。我和陈广才班长商量，先让十几位女同学住在条件较好的神龛上，神龛下面平地全部住男同学，我和他就住门口。我从小就有这种认识，当干部一定要吃苦在前，让同学们住好一点。我们守在门边上，一直被风吹着，条件最差的地方是班干部所在的位置。

吃了干粮后，由于疲乏，大家很快就睡觉了。大约在半夜两点钟，来自甘肃的高怀一同学突然发病了，口吐白沫，拼命地喊叫，我一下子就醒了。因为我小时候也见过一些世面，觉得他患的病是癫痫，俗称羊角风，应该马上找医生救治。我们系来时配了一个医生，但他住在公社，离我们住地有10多公里山路。我想，自己是安全委员，找医生应该是分内的事。于是，我就跟班长商量，大家累了一天，很辛苦，还是由我一个人去找医生吧。

我带了一只手电筒和一根木棍，走了几公里羊肠小道般的山路，沿途无人烟。我也是第一次在山区走山路，不太会走，在山路上踩滑了，一下子从山坡上滑到坡底下去了，有十多米深。好在是黄土高原，没有石头，全是土，所以没有跌伤。那时也年轻灵活，爬起来又接着走。走了大概一半的路程，遇到一条约3米宽的小溪流，水约一脚深。这时突然看到小溪对岸有两只狼，把我吓坏了，三魂掉了两魂，一时不知如何是好。从小就知道狼是非常凶恶的动物，要吃人！过去只在书本上读到过，也就是当天下午才在火车站台上第一次看到狼。我突然想起当天老师的教导，狼怕火和绳子，我赶快把手电筒对着狼，用灯光当火，两只狼看到以后就不动了，眼睛瞪大对着我，反射着阴森森的光，令人毛骨悚然。狼和狗外表最大的区别就是尾巴。狼的尾巴向下，狗的尾巴朝上。我一看尾巴是向下的，真是狼，马上命令自己镇定下来。它们不动，我也不动。它们眼睛瞪着我，我也瞪着它们。这时候不能跑，跑就会完蛋。狼害怕绳子，我又没带绳子，想一想，裤腰带可以代替，于是轻轻放下右手中的棍子，换成自己的皮带，用皮带当绳子，我右手拽着皮带轻轻甩动，左手拿着手电筒对准两只狼。我身体固定不动，整整与狼对峙了半小时之久，最后两只狼失落地朝右边走了。等看不见狼时，我才过小溪，继续前行。走到公社已经是凌晨4点多钟，找到医生返回来天已经亮了，高怀一同学终于得到了救治。

我们在工地上劳动了半个月，劳动强度很大，基本上是挖土、抬土。半个月后，我们班同学将一个山头削平了。工作量那么大，最后也没引上水来，整个工程失败了。但对我来说，是一次很大的锻炼，体验了西北的艰苦：第一次吃小米杂粮，第一次参加这样繁重的体力劳动，还经历了狼的考验。以前总是听说，人碰到狼，一般是人被狼吃掉。幸好我能镇静应对，正确应用老师传授的知识逃过了一劫，这是我进大学受到的第一次考验。

第二节 地球卫星

1958年9月21日，我从引洮上山工地返回校园，立即和同学们一起投入到"大跃进"建设中。不但参加大炼钢铁工程，捡废铁送给土高炉炼钢，而且参加除四害运动，消灭老鼠、苍蝇、蚊子和麻雀。今天回忆起来，真是感慨不已。

这时，数学系共青团总支改选，我被选为宣传委员，肩上担子更重了。由此让我碰到了两位好领导，一位是校党委宣传部部长崔乃夫（后任民政部部长），另一位是负责全系学生工作的薛玉庸老师，他们做事认真、耐心，令我受益匪浅。

同时，大学开始上课了。第一学期开了两门数学课程："数学分析"和"几何代数"。教数学分析的是陈文塬老师，这门课是数学专业的核心基础课程。陈老师教学认真，水平很高，是我入学后碰到的第一位优秀老师，他是我们数学系的四位权威老师（陈文塬、陈庆益、濮德潜、叶开沅）之一，这门课的学习使我打下了坚实的数学基础。

1957年10月4日，苏联成功地把世界第一颗绕地球运行的人造卫星送入轨道，开创了人类迈向太空的新纪元，震惊世界！当时，我在温江中学读书，亲眼看到这颗人造地球卫星飞过我们的上空。在1958年5月17日中共八大二次会议上，毛主席指示："我们也要搞人造卫星。"于是，中央在1958年秋天启动了"581工程"，开始了我国第一颗东方红人造地球卫星的研制工作。兰州市由于地理位置重要，成为我国西部的科学城，兰州大学也被选为"581工程"的一个承担任务单位。十分幸运的是，学校领导选我做研制组的组长，组员为我们班的两位分别来自上海和重庆的优秀同学：周永良和余庆余。下达任务时，领导讲了这一科研任务的重要性，并指出这是绝密任务，要保密。于是，我签下了保密纪律遵守保证书，领取了我的五位数字的保密代号，开始了我人生第一项科研课题的研究工作。

我们的研制组没有老师，我们自己又未学过火箭、卫星方面的知识。我也不能向领导诉苦，那时只觉得，听党的话，去干就行了。我们开始悄悄搜集有关这一问题的资料，在研究经费不多的情况下，采用纸做火箭。经过一年多的钻研，我们的努力获得了成功，用纸做的火箭被发射后，能够稳定爬升到高空。

1960年夏天，学校领导找我谈话，表扬认可我们的研究工作，希望我今后继续从事这项工作，为此保送我到西北工业大学进修火箭、卫星有关业务。过了几天，学校通知我，鉴于我的二哥在台湾，西北工业大学认为我政审不合格，不同意接受我去该校进修。我特别热爱的、做了快两年的有关火箭和卫星的科研任务也就突然结束了，心里十分失落。

我国的人造卫星研制工作在20世纪我国重大科研工程技术成就中，排在25项中的第一项"两弹一星"中，可见这一工作的重要性。我有幸在18岁时，就开始做创新、做科研，并有机会参与这一重大课题的研究，对我的锻炼极大。让我明白了，科学研究对国家发展的重大意义，点燃了我这一辈子热爱科研的心火！

第三节 红专旗手

1959年1月底，北京大学党委书记兼第一副校长江隆基同志调任兰州大学校长。他是我国杰出的教育家，早在1927年6月，就加入中国共产党，1929年留学日本，1931年又留学德国柏林大学经济系。由于他的领导水平高，兰州大学迅速成为全国重点大学。我在一年级读书时碰到这样一位杰出的教育家当校长，感到十分有幸。他从北京带来七位老师、干部，其中之一是我国力学泰斗钱伟长先生的大弟子，中国第一个力学专业（1952年创立的北京大学力学专业）的五位创始人之一的叶开沅先生。他们的到来，使兰大成为名校，使力学专业创建，这是我的福气，使我终身受益。

到兰州大学读书后，我继续要求进步。不仅认真学习，而且做好组织交给我的各项工作。1958年12月底，我向数学系党支部提出入党申请。出乎我的意料，仅仅两个半月，1959年3月13日，党支部批准我加入中国共产党，介绍人是薛玉庸老师和张伯玉学长。为此，我无比高兴，并下定决心，一定严格要求自己，做合格的共产党员！在50年代，入党要求非常严格，党员非常少，连我在内，全系400多位师生中仅13位党员。之所以说出乎意料，是因为我申请入团时太艰难了。

1959年7月8日，《兰州大学》校报刊登了一篇表扬文章《加强党的领导，壮大党的队伍，一年来我校党组织有很大发展》。文章说:"一年来,我校党的领导加强了,党在学校的领导地位巩固了,党的队伍壮大了。在党的领导下,一年来我校共发展了四十多名新党员,他们都是从历次运动和工作学习中涌现出来的积极分子,是经过党的长期培养教育,确已具备了党员条件之后被接收入党的。"文章举了四个例子,我是第一个:"如数学系支部今年接收的刘人怀同志,在班上工作中既能坚持原则,又能联系群众,正确地向群众宣传解释党的政策。在增产节约运动中,他能以身作则,带动全班劳动种菜,节约粮食,在学习上也能刻苦钻研,除正课学习之外,还能坚持系统的政治学习,在入党前后学完了《论共产党员的修养》等书。"

1959年10月1日,国庆十周年,共青团兰大委员会授予"红专旗手"称号的奖状

1959年10月1日,新中国成立十周年大庆,共青团兰州大学委员会召开全校学生大会,对我进行表彰:刘人怀同志一贯坚持红专方向,革命干劲十足,成绩优良,特在建国十周年之际,授予红专旗手称号。我当时非常激动,感谢组织的信任,决心永远听党的话,跟着党走,做更多的贡献。

这一年,全国人民代表大会常务委员会副委员长、西藏自治区代主任委员班禅额尔德尼·确吉坚赞来兰州参观访问,住在学校旁边的兰州饭店。省委省政府在中苏友好馆安排晚会欢迎他,我作为学生代表陪同观看演出,有幸开了眼界。

1960年1月23日,中国共产党兰州大学第一次代表大会隆重召开,我被校党委选为列席代表,全程出席大会,感到十分光荣。

1960年1月,中共兰州大学第一次代表大会数学系代表小组合影,前排左1:薛玉庸,左4:张伯玉,后排左1:刘人怀

1960年3月13日,我按期转为中共正式党员,不久被选为党小组长,负责58级和59级两个年级的学生工作。此时,数学系已改名为数学力学系,增设了力学和计算数学专业,因此59级学生要多一些。那时,学校未设专职学生工作干部,因此我既要读好书,在全年级保持第一的学习成绩,又要做好一百多名学生的管理工作,非常忙,但我从未叫过苦。

1960年,中共兰州大学委员会和兰州大学校务委员会因我的学习和工作的优秀表现,授予我兰州大学一九六〇年先进工作者的称号。

第四节 再涉科研

20世纪50年代后期，我国数学泰斗华罗庚先生为让高深的数学理论应用于实际，提出了优选法。优选法是以数学原理为指导，合理安排试验，以尽可能少的试验次数找到生产和科学实验中最优方案的科学方法。从数学上讲，就是寻找函数极值的较快、较精确的计算方法。

1960年9月，系领导为让我们理论联系实践，安排我们年级60名学生到农村实习，由我领队，去陇西县文峰人民公社推广华罗庚先生的优选法。这是我一生中第二次搞科学研究，对我锻炼很大，我受益挺多。

除了60名学生外，还有几位数学老师。出发前，大家先学习了优选法内容。到了陇西县文峰人民公社后，将全年级60人分为10个组，每个组负责一个生产大队。我住在文峰镇，每天去下面大队，检查工作进展情况。经过近一个月努力，我们将全公社几万亩的土地进行分析归类后，做出了高产量的全公社农业生产种植规划。通过这一项目的工作，让我体会到科学研究成果应用的重要性，体会到发挥科研课题组成员积极性的重要性，特别是，让我更了解中国农村的现状和困难。

当时，正值国家经济困难时期。我在公社食堂吃饭，一顿饭是两个小玉米棒和一碗莲花菜清汤，肚子饿得咕咕叫，我还要坚持每天走几十里路去各个大队检查工作。有时，我也会去食堂帮厨，看到莲花菜从地里收回后，也不清洗，直接放进锅里煮，因此很不干净，我不久就泻肚子。我带着病，边走路边闹肚子，也要坚持工作。工作之苦，饥饿之苦，患病之苦，都咬着牙挺过来了，总算圆满完成了这一次科研成果推广任务。

1960年9月，在甘肃省陇西县文峰人民公社主持推广优选法课题，与公社干部合影。右三：刘人怀

第五节 敢挑重担

1960年夏天，学校决定，为了早出力学和计算数学专业人才，特将我们58级数学专业60位同学分成三个专业，其中9位同学到固体力学专业，6位同学到计算数学专业。我被分到固体力学专业（属机密专业），成了兰州大学固体力学专业第一班学生，也是全国除北京大学外最早的固体力学专业学生，心里特别高兴。

同年7月，学校让我代表兰州大学到四川省招生，我为此得到了一次特别的锻炼。到成都市后，住进成都饭店。第一天早点，居然吃到了一个鸡蛋，这也是那一年吃到的第一个鸡蛋。1960年是中国经济最困难的年份，兰州市给我们大学生一个月的定量是26斤粮食，其中60%是细粮，40%是杂粮。为了让饭量大的同学度过饥饿的困难，尽管自己也饿得很凶，我仍然带头减少定量，每月贡献2斤粮食支援同学，自己一个月只吃24斤粮食。那一年，在学校学生食堂饭菜中，我们连一点荤菜都没有见过。所以在成都能吃到一个鸡蛋，让我着实兴奋了一下。

我按上级规定，在成都认真为兰州大学挑选合格新生，这个过程让我体会到高校招生工作的特殊重要性。

这一年开学后，学校学习清华大学设置学生政治辅导员管理学生政治思想的经验，决定让我边读书边工作，延长一年毕业，担任数学力学系60级学生政治辅导员，并发给工资。我认真按照党组织的指示完成了工作，但学校还是忘了给我发工资。最后，我仍然照常按五年学制毕业。

1961年10月，我被选为校学生会主席，当时全校大学生3000多人，身上的责任顿时加重，一直到我大学毕业才交班。校学生会共有27名委员，任务繁多，主要是为大家服好务。我们每年要为全校同学安排几场著名科学家的科学报告会，如曾请来我国著名生物学家、复旦大学谈家桢教授来校讲遗传学问题。每周六晚上，要为全校组织一场舞会，让师生们在经济生活困难时期，有一个度过困难、放松的地方。组织学校文工团、足球队、篮球队、排球队、乒乓球队和田径队，参加学校和甘肃省的各种文娱演出和体育比赛。为了激发大学生的爱国热情，我发起组织了兰州地区七所高校（兰州大学、兰州医学院、甘肃工业大学、甘肃师范大学、兰州铁道学院、西北民族学院、兰州教育学院）学生会，联合纪念著名的"一二·九"抗日救国爱国运动二十七周年。1962年12月8日，纪念晚会在西北民族学院礼堂隆重举行，由我担任大会主席，开得十分成功。

我以校学生会主席的身份，参加了兰州大学校务委员会会议，直接感受到学校的管理氛围。由于工作的关系，江隆基校长和我谈过几次话，给我留下十分深刻的印象。他的领导风格和领导力，使得兰州大学办学质量迅速提升，成为教育部重点大学，名扬国内。同时，我还认识了很优秀的林迪生副校长和甄华副校长，他们也直接帮助和指导我的工作。

1962年底，学校授予我优秀学生的光荣称号。

1962年1月，兰州大学第十六届学生会全体委员合影，后排左2：刘人怀

第六节 名师指引

1960年9月以后，我从数学专业转为固体力学专业。1955年，国际著名力学家钱学森先生归国，让力学这一名词响亮全国学术界。当时在中国"三钱"（钱学森，钱伟长，钱三强）享誉全国，三人中竟有两位是力学家。所以我在读中学时，就对力学很向往。大学时代因缘而成为固体力学专业学生，让我十分兴奋。我孜孜不倦地汲取新的专业知识，学习成绩始终保持领先。可惜的是，因当时学校经济困难，力学实验室一直未建立起来，使得我一直只能学习力学理论，未有机会做一次力学实验。

五年级第一学期，我们盼望已久的著名板壳力学家叶开沅先生终于亲自为我们班讲授"板壳理论"课程。板壳力学是现代固体力学中特别引人注目的一个分支，尽管世界上的物体千变万化，具有各种各样的形状，但是，最常见的物体都是平板和壳体，其外形特点是厚度比其余两个方向尺寸在数量级上小得多。平分物体厚度的分界面称为中面。若中面是平面，则称此物体为平板；若中面是曲面，则称此物体为壳体。由于厚度小、重量轻、耗材料少和性能好，板壳成为具有优良特性的结构元件，不仅广泛应用于各种工程结构作为最基本和最主要的构件，而且在自然界和日常生活中也很常见。一百多年来，人们逐渐认识到板壳结构的优越性，几乎在世界上一切工程部门如航空、航天、航海、建筑、机械、石油化工、水利、仪器仪表、交通等工程设计中都得到了应用，其重要性十分突出。"板壳理论"课程就是讲授在外力作用下平板和壳体所产生的应力和变形的一门科学，变形包括弯曲、稳定和振动。应力和变形过大时，板壳结构就会被破坏。"板壳理论"课程除了讲板壳线性力学问题外，也讲了一点板壳非线性力学的问题。由于近代科学技术的飞跃发展，板壳非线性力学已成为20世纪国际上固体力学研究的一个最活跃的领域，备受人们关注。目前最关注的是板壳几何非线性问题，亦即板壳在大位移情况下的非线性力学问题。我十分喜欢这门课程，叶先生的讲课深入浅出，非常生动，为我未来从事板壳力学的研究打下了坚实的基础。学期结束前，他又为我们班九个人分别列出毕业论文题目，让我们进入力学科研之门，这也是我在大学生时期从事的第三次科学研究，影响了我一生。

叶先生为我和刘法炎同学开出的题目是《球面扁薄圆壳的稳定性问题》。这是固体力学最活跃的板壳非线性力学领域中的前沿问题，是世界难题。这个问题事关航空工程、航海工程、自动控制、精密仪器等工程问题的解决，很有理论与现实意义。接着，1963年2月，按照叶先生的亲自安排，我们到北京小黄庄中国建筑科学研究院结构研究室进行毕业实习。这个单位是中国建筑工程的顶尖研究部门。我很幸运，结构研究室的主任、著名的建筑工程大师何广乾先生亲自担任我的实习指导老师，他的热情和高水平的专业指导，让我参加了当时北京正进行的一处扭壳屋盖的设计计算，受益良多。同时，叶先生还邀请著名力学家胡海昌先生（后任中国科学院院士）给我们作学术报告，开阔我们的视野。

实习了一个月后，叶先生为了我们做好毕业论文，又安排我们住进北京大学第39斋学生宿舍。这让我体验了北大学生成长的校园环境。我们每天先去全国最大图书馆北京图书馆查文献，是手工查阅，一本一本刊物阅读。我们发现，这个问题的代表性学术论文的作者是冯·卡门（von Kármán）和钱学森先生。冯·卡门被誉称为美国宇航之父，是钱学森先生的博士指导老师。钱伟长先生在多伦多大学获得博士学位后，也在冯·卡门指导下从事科学研究。1939年，冯·卡门和钱学森把《外压力作用下球壳的屈曲》论文发表在美国的《航空科学杂志》（J.Aero.Sci）上。这篇论文发表后，被评价为20世纪前沿学科非线性力学领域划时代的论文。早在1910年，冯·卡门就发表了板壳非线性力学的第一篇论文，给出了薄板大变形的静力平衡方程，开启了非线性力学的新纪元。但是，由于非线性数学的巨大困难，进展异常缓慢，找不到比较精确的解答。到了1939年，冯·卡门和钱学森在扁球壳领域才有了突破。然而，数学困难太大，以至于他们的文章有一些问题仍未得到解决。文章发表后又过了二十多年，仍无大的进展。叶先生竟然选择这样一个世界科学前沿难题给我们做，说明他水平高，高瞻远瞩，又相信我们，敢把这个题目交给我们大学本科生做。这就是老师的水平和对我们的期待与关爱，给我们攀登科学高峰创新的机会和锻炼。

了解了这个题目的背景后，按照叶先生的指导，我们使用幂级数方法来求解扁薄球壳稳定性问题非线性微分方程组。有时，为了计算，我们还到中国人民大学计算机房使用手摇计算机进行计算。经过公式推导，我们给出了临界荷载的解析公式。但是计算量太大，未能算出数值结果。本科毕业论文终于在当年6月底完成，返回兰州大学后顺利进行了毕业论文答辩。

五年的本科学习，遇到了名校长和名导师，内容丰富而多彩，为我的未来打下了坚实的基础。

ness
第六章
初为人师

第一节 兰大助教

1963年7月，我以全班学业第一的成绩毕业了。这时，解放军总部来了一位军官，约我谈话，说挑中我，欢迎我去解放军308部队工作。我当时特别高兴，参加解放军多光荣啊！随即，系党总支书记找我谈话，批评我有个人主义，不应该答应解放军的要求，应该服从组织，不应该有个人志愿。系领导的话，对一个学生来说，就是"圣旨"。于是，在填毕业志愿时，就没填任何个人志愿，只填了服从组织安排。今天看起来，这大概正好符合系领导的意愿，他们就是希望我留校任教。就这样，同年8月，我毕业留校，成了兰州大学数学力学系力学教研室的一名助教，走上了高校教师的岗位。

教研室主任潘朝艳先生分配给我的工作任务，首先是担任叶开沅先生的教学助手，在他讲授"板壳理论"课程时，为学生辅导答疑，改学生作业，带学生实习。其次，又让我担任固体力学专业63级学生的政治辅导员。

从此，我更有机会接受叶先生的直接指导，能经常去叶先生家请教。叶先生也十分喜欢我，有时，还留下我与他和师母葛诒禔（随母姓）一起吃晚饭。葛老师在兰大附中任教，她是晚清洋务运动重臣张之洞的孙女。葛老师还拿出张之洞19世纪出访欧洲带回的漂亮菱形酒杯让我们饮酒。1963年10月，叶先生让我出差去北京时，到清华大学照澜院16号，拜会祖师爷钱伟长先生。钱先生亲切地为我指导扁薄球壳非线性稳定问题的研究要点，让我直接感受到大师的睿智，也让我以后有更多机会聆听钱先生的教诲。

1965年7月26日，兰州大学数学力学系1960级力学专业学生毕业合影，二排左6是江隆基校长，左4是崔乃夫教务长，左1是刘人怀

1964年，叶先生为迅速提升我的教学能力，让我编写"扁壳理论"讲义，走上讲台给同学们上课。这在当时，是一件罕见的事情。1964年和1965年，又让我两次直接指导10多位同学做本科毕业论文，为我带领科研团队、做好科研工作增长见识和经验。

两年内，我带学生们先后两次去北京中国建筑科学研究院结构研究室进行毕业实习；先后两次与同学们一起去兰州电机厂和兰州农机厂参加劳动。1965年在兰州农机厂，我和同学们一起抬一个沉重的汽车底盘时，有一位同学嫌重，抬起时松了手，弄得底盘掉下来，恰好压在了我的左脚背处，两个脚趾当场被轧断，顿时疼痛万分。大家立即送我去附近的甘肃省中医院骨科诊治，这次生病让我拄着拐杖生活了近半年之久。尽管这样，我仍未请假休息，坚持在工厂带领学生完成了生产劳动任务。

1965年中，我还带领学生去甘肃河西走廊实习，中间徒步经过一沙漠时，遇到龙卷风，我临危不惧，用力学重力原理，立即叫几十位同学手拉手，组成一体，增加重力，集体趴在沙漠中，防止龙卷风把同学吹走，避免了伤亡。

连续两届学生学习"板壳理论"课，都是叶先生主讲，我做辅导老师，而且两届同学的毕业论文都由叶先生和我负责指导，题目都是板壳非线性力学内容。我们对工作的负责态度，感染了学生们，使他们对这门课程十分热爱。1965年元旦，60级力学毕业班男生宿舍贴出了一副对联："熟读板壳一本经，红专大道奔前程。"引起广大学生热烈共鸣。

第二节 三篇论文

留校任教后，由于我在大学期间做过三次科研，加之爱读书，让我认识到科研是人类社会进步的首要力量，也是国家和民族复兴的首要动力，所以我特别喜欢科研。因此尽管当时大多数老师都不搞科研，而我则在完成教学和政治辅导员工作以后，把剩下的时间都用到科学研究上。鉴于本科毕业论文使用的幂级数方法烦冗，数值计算无法进行，我便探索用其他方法来解决问题。持续查阅资料，找出前人处理非线性板壳力学的方法，如摄动法、逐次逼近法、伽辽金方法、里兹方法等，分析它们各自的优劣之处，反复进行比较试验。经过半年的努力，我将钱伟长先生的摄动法和逐次逼近法的优点融合在一起，提出了简捷而精确的修正迭代方法，经试用后，效果很好。我将此情况向叶先生请教，得到了他的嘉许，他将此方法命名为修正迭代法。此法后被国际力学界誉为"美妙无比的一种新的迭代方法"。我用修正迭代法完成了"在对称线布载荷作用下的圆底扁薄球壳的非线性稳定问题"和"圆底扁薄球壳在边缘力矩作用下的非线性稳定问题"的公式推导，分别给出了解析解，并请我的四个学生李思来、平庆元、张传智和徐一帆帮我进行数值计算。其方法较前人更加简单，结果更加精确，在世界上第一次做到了理论结果与实验值相吻合，叶先生十分高兴。由于当时不能到外国发表文章，便寄给当时国内的顶级学术期刊《科学通报》。1965年该刊第2期发表了我们的两篇文章，此时我才24岁。在叶先生的指导下，成功地涉猎板壳非线性力学前沿领域。

与此同时，我还独自研究了更为困难的开孔扁薄球壳的非线性稳定性问题，这是世界上关于开孔扁球壳非线性稳定性的第一篇学术论文，我写出了文章《在内边缘均布力矩作用下中心开孔圆底扁球壳的非线性稳定问题》。寄出稿件前，将叶先生列为第一作者，我是第二作者，呈请叶先生同意。他谢绝了，说他未参加，只应该写我的名字。由此，我感受到老师优良的学术道德和对我的关爱。这篇我独立署名的论文发表在《科学通报》1965年第3期。3篇学术论文的发表，在学术界引起了很大反响。这两期刊物同时还刊登了著名科学家们，如华罗庚、林巧稚、汪猷、戴元本、张香桐等的论文，我初出茅庐也能忝列其中，给了我很大的鼓励。

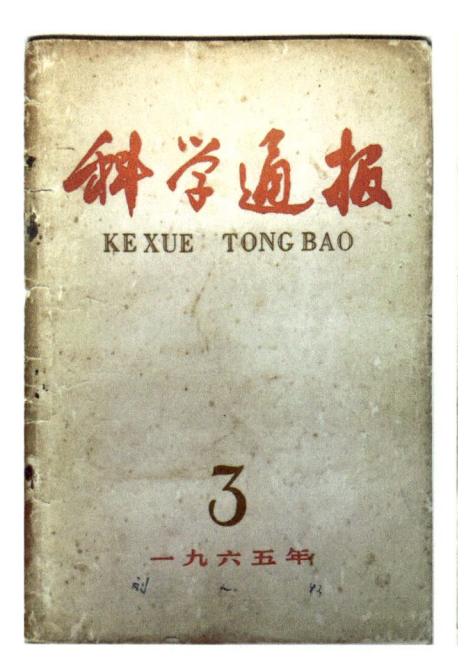

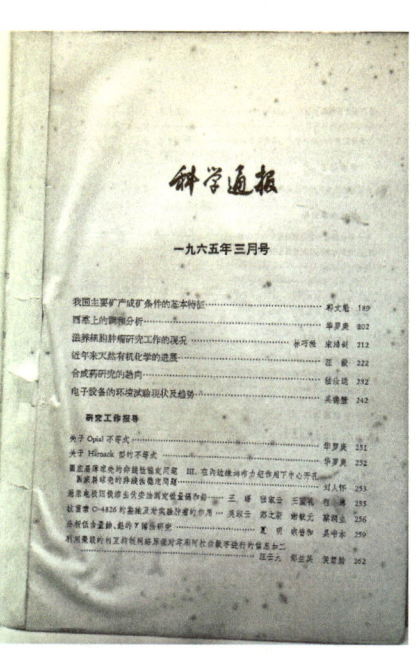

1965年，国家顶级学术期刊《科学通报》1965年第3期发表我的论文，这是该期刊的封面和目录

从1962年底开始，我跟随叶先生从事板壳非线性力学前沿科学问题中的单层板壳非线性力学领域研究，至1965年初已获得很好的成果，这些成果是我从事的薄板壳非线性力学研究方向的第一类工作。这些努力和探索使我走上了正确的科研道路。从此，我便继续向前，由简到繁，由小到大，由易到难，不仅做理论性问题研究，也做工程问题探索。

第三节　再 遇 野 狼

　　1965年8月，学校通知我下半年去参加农村社会主义教育运动，接受锻炼。我先随带队领导、现代物理系党总支刘众语书记去甘肃省定西县联系，预做安排。当时，定西县是定西地区的首府，这座县城生活艰苦，饮水严重缺乏。城中的老百姓全喝苦水，来源于富含矿物质的天然降水，尝起来与中药汤一样苦。9月1日，学校几十位教职工到达，被分到了下面几个公社。我被分到葛家岔公社葛家岔大队岘口梁生产队，任工作组长。队里仅我一位工作队员，因为我不懂当地语言，为我配了一位临洮县知识青年谢忠福做翻译。我负责检查生产队干部四清（清工分、清账目、清仓库和清财物）问题，因此要发动农民向生产队领导提意见，并进行整改。除了生产队的重任外，我还任葛家岔生产大队社教工作组领导小组成员。成员为3人，组长是一位县公安局赵局长，另一位成员是解放军一位团政委，他们两人住在大队部，仅我一人住在离大队部有3公里山路的生产队。葛家岔大队有10多个生产队，每个生产队都派了社教工作队员。岘口梁生产队有14户农民，几乎每一户农民住一个山头。他们大多将山顶削平一半，一半留下挖窑洞，洞内再修炕作为睡觉的地方。窑洞外，有一片小平地，可以养猪、养鸡。这里的猪是放养的，没有猪圈。大多农民均到山沟里阴面地方的坑内取水饮用，这种水为深褐色，像中药汤一样苦，被称为苦水。当地降雨量很少，仅几十毫米。由于淡水极其缺乏，这里的农民不洗脸，不洗衣服，可以说，是水比油还贵的地方。生产队内仅有几户稍微富裕一点的家庭在院子内打了一口旱井，将每年院子里的雨水收集起来，这在当地被称为甜水。山地很多，每位劳动力的平均田地有十几亩，但由于全靠天降雨，故庄稼收获量很少，每亩地如果播下20斤种子，仅能收获40斤而已。

社教工作队规定，我们队员必须遵守纪律，只能住在雇农和贫下中农家中，轮流派饭，一天伙食费交0.40元钱。这里是山区，野狼很多，每天晚上都能听到狼的嚎叫，为此，每户农民均养一种狼和狗杂交而生的狼狗，高大而凶猛，非常灵敏，忠实地守护自己的主人。

到达这个生产队的第一天，已是上午11点多了，住进一位姓李的贫农家中，安顿好床铺后，正好是吃午饭的时间。我坐上炕，刚要吃饭，主人家养的大狼狗扑到我面前，要攻击我，把我吓了一跳，不知如何对付。主人见状，马上大声喊了它，它便不咬我。同时，主人家又叫我拿吃的喂它。此后每顿饭我都给它食物，三天后，这条凶猛的狼狗就对我十分友好。我出门时，它跟我几百米远，让它返回时，它即听话走了。等我回住处时，几十步外，它就能听到我的脚步声，马上出门迎接我。

我认真按上级指示完成社教工作任务，并与农民一起下地劳动，向他们学习。在这个生产队，我还发展两位优秀年轻人魏如清和魏如元加入了中国共产党，使党组织对当地的领导得以加强。

生活十分艰苦，我去了五个月时间，未洗过脸，未洗过衣服，喝的全是苦水，吃的基本上只有土豆。由于缺水，土豆也不洗，带着泥土在锅里煮。煮好后，剥去带土的皮，蘸着盐巴吃。第一天夜里衣服就染上虱子，皮肤成天发痒。对这样的生活，我也未叫过苦。这是一生中，我见过的最困难的地方。我的一位朋友，去的时候带着一个当时很时髦的小半导体收音机。当地农民从未接触过外面的世界，看到这个收音机时，竟疑惑："你们怎么把人缩小后放在里面，什么时候放他们出来吃饭？"当时，公社所在地刚修通公路，来了一辆大卡车，满街的狗都去围着汽车狂吠。一位社教工作队员形容说，这里是"狗咬汽车猪游街"。

这年11月的一天晚上11点多钟，我参加大队领导小组会议后，沿小路步行穿山越岭回岘口梁生产队住地。那天夜色较黑，仅有一点微弱的月光。走到中途，在一条仅有一米宽的小道上，突然发现七八米远的路上向我走来一条野狼，我顿时吓蒙了，不知如何是好。我脑子里忽然回忆起七年前我独自遇到两条野狼的情景。于是，立即镇定下来，马上停止前进，如法炮制上一次对付的方法。首先举起左手，用手电筒的光对准它，然后快速而不露声色地将腰上的皮带拿下来，举起右手抖动皮带。野狼也停止前进，伫立不动，瞪着眼睛对着我。僵持了半个钟头后，野狼往下坡跑了。我心里好高兴啊，再一次用火和绳子战胜了野狼，证明了这个方法的有效。事后，我将此事告诉老乡们，他们夸奖我："我们这儿的狼不吃好人。刘老师，你是好人，狼不会吃你！"

1965年1月，我完成了任务，受了一场教育，未叫过一声苦，离开岘口梁生产队回到学校。在工作中我始终坚持实事求是的精神，与社员们相处得很好。离开时，全队社员们欢送我，送给我最珍贵的礼物：一头高大的狼狗，我非常感动，婉谢了他们的好意。

第七章
十年磨难

第一节 跌入深渊

　　1966年2月，叶开沅先生和63级力学专业学生下乡锻炼，作为叶先生助手和该班的政治辅导员，系里派我与他们一起去甘肃省榆中县马坡公社参加农村社会主义教育运动，我任公社社教工作队办公室机要秘书、工作队共青团团委书记兼队部机关团支部书记。副系主任高炳兰和学生政治辅导员连廷贵也参加了这次社教工作，此外还有地方上的领导和干部。我住在队部，既要经常下到基层检查工作，又要去县里取文件。公社离县城20公里山路，有时骑自行车往返。骑车下山时，由于路窄又陡，速度快，十分惊险。

　　5月中旬，"文化大革命"开始了。5月下旬，高校掀起了运动高潮。6月27日下午，工作队所在的地方，公社大院子里突然贴了许多张造反派学生写的打倒我的大字报。我从学校表扬的红专旗手，一下子变为"走白专道路的反革命修正主义苗子"。同时，又给我戴上两顶黑帽子："大走资派江隆基的孝子贤孙""大右派钱伟长的徒子徒孙"。我在院子里看了大字报，没有任何事实，全是标题，全是帽子，着实吓了一大跳。两三个小时后，社教工作队领导即宣布免去我的职务，接受群众批斗！我马上就成了"牛鬼蛇神"，被关起来。我戴着"反革命修正主义苗子"的帽子轮流被批斗，精神和肉体受尽了折磨和侮辱。被斗的其他时间，则要劳动改造。

当了两个月"牛鬼蛇神",我仍坚信组织会纠正错误,同时我要求自己不能丢掉诚实的本性,决不为减轻处罚,而出卖校系领导和叶先生。8月初,社教工作队无法工作,便在8月中旬解散了,我们返回到学校。隔了两个月,社教工作队给我寄来平反通知书,说批斗我搞错了,为我平反。但是,当了"牛鬼蛇神"后,已成为学校的另类。十年里我只能是靠边站。

第二节 喜结良缘

1964年夏天,甘肃省中医院诸凤鸣同志考入兰州大学业余大学汉语言文学本科专业,偶然的机会让我们相识。她是上海人,出身于中医世家,高祖父诸介福是御医,擅长妇科;曾祖父诸香泉、祖父诸步阶和叔祖父陈小宝(原姓诸,后随母姓)、父亲诸斗星也都是上海名医。她自幼受父亲家教,擅长中医针灸。在1957年反右派运动中,她的父亲因与邻居闲谈涉及苏联问题而被错划为右派(1980年获得平反),她作为右派分子之女而受到牵连,因此在读完兰州卫生学校后,不能继续升学而留在兰州工作。她要求进步,工作认真负责,成为甘肃省级机关学习毛主席著作积极分子,受到表扬,医院团委也批准她入团。我和她恋爱后,按当时规则,我马上请示党支部给予同意批准。组织派人到她的医院调查后,通知我,因为她父亲是右派分子,故不同意我们谈恋爱。收到组织的意见,我想不通。

不久,我当了"牛鬼蛇神",也是被打倒之列,境况比她还不如。1967年初,我所在的大学里党组织已瘫痪,无人管理。她所在的甘肃省中医院畅家巷门诊部还在正常工作,还有领导,我们向她的领导申请结婚,马上得到批准。然后到兰州市东岗区民政局办理结婚登记。哪知,民政局经造反派冲击后早已关门不办公。我们请示医院领导,同意我们结婚,以后再补开结婚证。

1967年春节前，我们未办任何仪式结婚了。在那个特殊的年代，没有举行婚宴，只在门口和窗口上贴了一个囍字，床上叠放四条被子。就是这样放四条被子，还挨了领导批评。婚房就在她的医院家属院，她的单身住处，与她合住的一位年轻同事搬出来，让我们有了婚房。一个月后，我们才办理了正式的结婚证。

我在大灾难后结了婚，有了家庭温暖，非常高兴。特别是在那个年代，心情特别不好，只有在家里她帮助我，开导我，关心我，让我感受到快乐。同时，我又特别喜欢科学研究，尽管造反派批评我，但我坚信，科研成果对祖国有利，对人民有利。她非常支持我，在我不被允许做科研的时期，帮我看门放哨，让我偷偷进行科研工作，为我后来的科学研究成果立下了汗马功劳。

第三节　下 乡 为 农

　　1966年8月下旬回校后，红卫兵组织兴起壮大，各种"战斗队"铺天盖地。而我因曾当过"牛鬼蛇神"，而受到排挤，未参加"战斗队"，仅仅看看大字报而已。当时，我对"打倒走资派"等做法感到不解和不满，想不通为什么大部分领导都是坏蛋。但慑于强大的势潮，我不敢公开表示自己的看法，仅对家里人和几个朋友表达过自己的忧虑。

　　1966年10月下旬，有一个机会出外参加全国学生大串联。我原想去北京天安门广场见识一下毛主席接见红卫兵大会，哪知造反派不允许，我只好与几位老师一起南下去成都、重庆、贵阳、昆明等地看大字报。在成都时，偶遇北京大学力学专业的王敏中老师，一见如故，便相约同行一起串联，最后竟成了终身朋友。11月中旬，突然宣布结束大串联活动，我们便坐火车经杭州、上海后，回到兰州。沿途看到国家社会经济生活陷入混乱，对"文化大革命"更是无法理解。

　　面对如此环境，我心中甚不满意，却不敢公开反对，因而想了一个方法，既不积极参与，也不公开顶碰，以免再落入"牛棚"。只花少量时间去表面应付，将大部分时间留给自己做科研。尽管造反派批判我为"白专"，但我心底认为，他们错了！在那种条件下做科研，既不得名，又不得利，纯粹是希望用科技来强国，从长远看，是没有错的。我坚信这一点！于是，我便躲在家里，冒着风险，悄悄地做板壳非线性力学问题的研究工作。我爱人非常支持我，保护我，鼓励我在科研的道路上踽踽前行。

1968年初，全国高校搞"复课闹革命"，学生们回到课堂学习。造反派安排我为力学专业1963级学生讲授"弹性力学"课程。旧的教材已被批为"封资修"，不能再用。我立即编写"弹性力学"讲义，边编边讲。这是当老师五年以来，第一次获得机会为学生系统讲授一门课。那时候，学习环境很差，学生们读书不认真，我也没法严格管理。但我自己，讲课仍然是非常认真。

当年10月，国家号召"知识青年到农村去接受贫下中农再教育"。学校组织五七干部营，近千名教职员工，到泾川县黑河公社插队落户。我被分在公社东边的第一个生产队，即马槽生产队当农民。我还被任命为班长，为9位教师服务。这里山上树多，生态很好，每天可看到狐狸在田野上奔跑，空中飞翔的老鹰会瞬间降到地面抓小鸡。但是，全村的人都患大骨节病，男人的身高均在1.5米以下，境况甚是可怜。地方偏远，离县城40多公里，生活十分艰苦。

我们10个老师被安排在一家农民的土炕上睡觉，因当地人矮，炕较小，我身高1.78米，无法像当地人那样，头睡在炕沿边，脚靠着墙壁，只好反过来，头靠近墙壁，脚靠炕沿，半个腿悬吊在外面睡觉，相当辛苦。因为我是从"牛棚"出来的改造对象，也不敢提要求改善住宿条件。艰苦的一周后，终于让生产队长发现了，他关怀我，让我搬到生产队部存放杂物的一个炕上去睡觉，可以独占一个炕，睡在炕的对角线上，才解决了睡觉的困难。

我们认真向农民学习。每天一早，集合在一起，在念完一段毛主席语录后，才在贫下中农家中用早餐。然后与农民一起下地劳动，直至傍晚才收工，吃得很差，劳动繁重。有两次我还被营部派出去搞政审调查，先后去了平凉县和庆阳县。曾在平凉城西9公里处崆峒山下公社调研，完成任务后已是下午4点，在公社干部介绍后，我怀着好奇的心情只身一人爬上空无一人的山顶。最后20多米又无道路，我是攀爬树根上了山顶。山顶上的庙宇全部被打坏，一间房顶也没有，一片积雪覆盖着残垣断壁，十分凄凉。

我在劳动中，发现当地缺医少药，农民生病后，周围找不到医生，全是凑合着吃一点草药对付。因我爱人的关系，耳闻目睹，学到了一些医学知识，便自动地当起赤脚医生，给周围的生病农民诊断开药，效果很好，受到农民的欢迎，大家尊称我为"刘大夫"。

一天深夜，我在睡梦中被叫醒，要我去为一个突然发病昏过去的农民治病。我赶快起床赶去生产队储藏粮食处，当时一大堆人，围着一个二十多岁的青年男子，病人已经痛得昏迷过去。我没有任何医疗诊断器械，全是用中医办法，用手和眼来诊断。经过诊断，病人患的是疝气病，肠子已掉进睾丸中，睾丸肿成一个大球。开始时，我用按摩推拿方法企图将肠推回到腹部去，哪知毫无效果。这种病，只能用外科手术复位。这儿离公社卫生院近15公里路，那儿只有两三个卫生员，毫无外科手术条件。去县城，又有40多公里远，仅有普通小道，没有汽车运输，抬着病人去县医院要花一天时间，也救不了病人。此时，我开动脑子，死马当活马医，利用力学的重力原理，有了一个大胆的想法。我叫大家把病人倒立起来，头朝下，脚朝上。半小时后，我发现球状的睾丸在减小。一个多小时后，睾丸中的肠子全部退回到腹部，病人活过来了，发出了声音，救了一条人命，我高兴极了。周围的十几个农民齐声叫喊："刘大夫是神医！"接着，我用布条给他包紧下部，让他卧床休息。然后给他家属讲，到城里药店去买一条疝气带，每天带上，可防止病情复发。有条件时，去县城医院做手术，彻底防止再发病。

此后，不仅马槽生产队的农民找我治病，其他生产队的农民也来找我治病。我热情地为农民服务，几乎是一位"全科医生"，病人来者不拒。几个月里，因为从未见过接生之事，故我只谢绝了一位难产的农妇。我治病全是免费，有时还掏一点钱帮他们买药。由于治病缺乏消毒条件没有防护措施，我被传染上了甲肝，身体更加瘦弱，直至第二年五月返回兰州后才诊断出来进行治疗。

第二年年初，我被抽调到公社所在的兰州大学五七干部营部当秘书，负责营部的一些日常工作。当时，物理系的李发伸老师（后任兰州大学校长），也到营部当秘书，我们俩住一间房子，原来就相识，这时更相近了，成了志同道合的好朋友。

1969年5月，整党建党运动开始了。我离开泾川县返回兰州大学参加整党运动。

第四节　下　厂　为　工

　　回到兰州大学后，我立即参加了整党运动。我已三年未参加党组织的活动了。造反派把我放到力学专业1969级学生中去接受批评、教育。大多数学生对我很好，同意我进行党员登记。只有个别极左的学生对我上纲上线，批判我跟着走资派和反动学术权威，走"白专道路"，甚至当众污蔑我发表的科研学术论文还不如擦屁股纸。我无言可答。造反派不放过我，第一批恢复党员组织生活的名单中没有我的名字，给我专门办学习班，进行批判。直到七月，我才恢复党员组织生活。接着，领导让我到兰州汽车修配厂当工人，向工人阶级学习，进一步接受思想改造。

　　我在工厂中，虚心向工人师傅学习，请教如何做人做事。每天与工人师傅一起，做汽车装修工作，思想压力减小了，但总觉得这不是自己的长远工作，心里苦闷不已，不知何时是尽头。

第五节　重整旗鼓

那时，全国高校甚乱，处于无组织状态。中央文化革命小组决定向高校派出中国人民解放军毛泽东思想宣传队（简称军宣队）来管治学校。1969年9月，学校突然通知我从工厂返校听取军宣队领导指示。兰州大学的军宣队来自酒泉卫星发射中心的守卫部队，队长是该部队副政委。系军宣队队长找我谈话，说有件事情与我搞板壳力学业务相近，系内除叶先生外仅有我一人从事过相关研究，故要我立即去兰州石油化工机器厂二分厂（简称兰石二分厂），帮助该厂试制"9091"产品的研制工作。兰石厂是一个制造石油钻采和炼油设备的大厂，是新中国156项工程之一，在全国石油化工机械工厂中排行第一。得到这个任务后，心里很高兴。尽管不懂这种产品知识，但我愿意去尝试。我已经4年未公开进行科学研究了，身处在"乱世"，有了做正常科研的机会，绝对是意外之喜。我立即赶到工厂，找到二分厂技术科贾志杰科长。他曾留学苏联，回国后到兰石厂工作（后来曾任湖北省委书记）。他欢迎我去帮忙，拿出图纸讲问题。我未学过制图课程，看不懂工程图纸，也听不懂他讲的问题，便请他带我去看实物。原来，他在"抓革命、促生产"政策的指引下，希望为我们国家炼油工业试制急切需要的关键设备，即第一台生产航空煤油和润滑油的铂重整装置反应器。此前，他曾访问过古巴炼油厂，见过世界领先水平的美国制造的铂重整装置反应器，回国后便希望仿制。他花了几百万元试制了六台新产品，准备提供给兰州炼油厂、北京炼油厂和南京炼油厂使用。哪知产品制造出来后，原来80个大气压力的设计压力达不到，仅能达到60个大气压力，为此四处求救。最后，任务落在我这个青年教师的手里。此前，我只从事板壳力学的基础理论研究，未接触过压力容器，可以说一窍不通。我听了贾科长的介绍后，发现问题出在铂重整装置反应器的椭球形封头上，在开孔处存在应力集中问题。这个产品是高温（设计温度为300℃）中压（设计压力为80公斤/厘米^2）的容器，长10.729米，直径1.8米，封头厚度为60毫米，封头中心开了一个直径为423毫米的大孔，并接了一根变厚度的厚壁管件，另外还开了4个小孔。我没有学过压力容器理论，但喜爱创新，毫无惧怕之心，当场便将贾科长的课题任务接了下来。我要求给我一些时间对这个难题进行理论研究，算出数值结果提供给他们使用。此后，我日日夜夜思考、努力，每天去兰石二分厂上班。考虑到自己的偏"黑"的身份，就主动要求，半天做课题研究工作，半天向工人阶级学习，接受改造，参加二分厂车间劳动。在车间劳动中，做过电焊工、装配工和车工等工作，虚心向工人师傅学习，同工人师傅交朋友，与他们的关系很好。

为了做好这个课题，我回到学校，到系资料室和图书馆查阅科技文献。我仅学过薄壁球壳和圆柱壳的理论，未学过薄壁椭球壳理论、厚壁圆柱壳理论和厚壁变厚度圆锥壳理论。资料室和图书馆久未开门，管理员专为我开了门，查了几天，查不到解决这一问题的任何前人工作。

此前，我曾阅读过苏联学者诺沃日洛夫（B. B. Novoranlov）的著作《薄壳理论》，书中曾给出薄壁椭球壳弯曲理论的微分方程组和解析解。但是，对于壳中心开孔处的厚壁圆柱壳与厚壁变厚度锥壳组成的接管却找不到现成的厚壁壳体弯曲理论来研究，而且，也无法同时对有5个孔洞的薄壁椭球壳体进行研究。为此，我从理论上进行了世界上第一次尝试，保证重点，突出核心问题，忽略次要因素，采用以下简化方法求解问题：①由于4个小孔洞离中心较远，对壳体中央影响较小，故将有5个孔洞的薄壁椭球壳体简化成仅有一个中心大孔的壳体；②由于厚壁变厚度锥壳体离中心孔较远，对壳体中央影响较小，故将中心孔处的厚壁管简化成一个等厚的半无限长的厚壁圆柱壳体；③考虑到临时创建厚壁圆柱形壳体弯曲理论的困难，我提出了一个较简单的实用的厚壁圆柱壳弯曲理论；④考虑到封头与筒体连接处距封头中心大孔较远，略去下边缘条件对大孔附近的影响。然后，建立了椭球封头和厚壁圆柱接管的基本方程，给出了椭球封头与接管的连接条件，求解了这个数学问题，计算出封头孔洞附近的应力。最后，进行了设计压力下的产品的常温水压试验，最大应力理论值与试验值符合，说明了我的计算结果的正确性。为此，建议在壳中央大孔边缘再粘贴一块厚达32毫米的20CrMo9合金钢增强板，仅少许花费1万多元，反应器就能正常工作了。我们挽救了6台差点报废的试制产品，经过5个月的努力，中国第一台铂重整装置反应器试制成功了！为了保证数值计算和试验验证的工作，系里派来我的学生陈山林帮我进行数值计算，派来做事认真的实验室主任王廷栋老师帮我做试验。

  贾科长对我的工作非常满意，并对我发出盛情邀请，厂里有许多力学问题，希望我留下来继续研究。我将此事向军宣队领导汇报，他们说，工人阶级欢迎的知识分子，他们坚决支持，同意我留在厂里继续搞科学研究。从此，我便与压力容器研究结下了不解之缘，伴随终生。

第六节　再 接 再 厉

我在兰石二分厂做的第二项科研工作，就是我国第一台大型高压尿素合成塔底部球形封头开孔的应力计算。大型尿素合成塔是生产优质化肥尿素的关键设备，高达28.295米，直径1.594米，设计压力220公斤/厘米^2，是我国农业方面的急需设备之一。1970年，兰石二分厂将荷兰世界王牌产品尿素合成塔的产品结构进行大胆革新，试制了具有先进水平的我国第一台大型高压尿素合成塔。但是，在新的尿素合成塔底部球形封头上，采用的是直接开孔加补强的方法。即是说，在一厚达97毫米的球壳的直径为145毫米孔洞边缘，需要焊接一块厚达80毫米的补强圈。这样做的结果，造成焊接工作量大，操作条件恶劣，而且产品质量得不到保证。若预热温度不够，焊接稍不注意，封头就会产生裂纹。针对这种情况，提出了是否能去掉补强圈的问题。显而易见，这是一个压力容器工程难题，需要从理论上探索。尿素合成塔底部球形封头是厚壁球壳，但没有现成的厚壁球壳弯曲理论对它进行研究。为了解决工厂的急需问题，我像解决第一个问题一样，创建了简单而实用的厚壁球壳弯曲理论，对此问题建立了基本方程，求得了解析解，算出了数值结果，并进行了试验验证。理论值与试验值完全一致，证实了去掉补强圈的意见是可取的，为我国第一台大型高压尿素合成塔试制成功做出了贡献。在这一项工作中又得到了陈山林和王廷栋两位老师的支持和帮助。

接着，国家第一机械工业部和化学工业部组成了我国第一台高压聚乙烯反应器联合设计小组，兰石厂和兰州石油化工机械研究所承担了任务。此前国内生产聚乙烯，大多采用管式反应器生产，产量较小，无法满足国内需求。因此，高压聚乙烯反应器的试制具有重大意义。该反应器是超高压容器，筒长3.5米，直径444.5毫米，厚度279毫米，设计压力2300个大气压。世界上的王牌产品是英国制造的高压聚乙烯反应器。产品试制成功后，将是我国自己制造的最高压力容器。由于工程的需要，在反应器的厚壁筒体上需要开几个径向孔洞，其中一个大孔直径达51毫米，这会产生应力集中问题，对研制产生了极大困难。就我所知，国际上尚无这方面的理论研究。任务交给我之后，我花了一个月时间，查阅文献资料，理不出一点头绪，毫无办法开展工作。焦虑使得我的双眼红肿发炎，以至于到兰州医学院第二附属医院进行手术治疗。也许是苦心感动了上苍，得到了冥冥神助，我在某天夜里似睡非睡地思考厚壁筒体开孔时，突然想到了解决办法，采用高等数学中复变函数方法，给出了问题的解析解，为反应器研制提供了可靠数据。

同时，该厂又试制我国第一台大型换热分离氨组合设备，塔高28.467米。若按西德专利标准设计，其中承受320个大气压力的水冷却器圆形管板直径为700毫米、厚达230毫米，开有745个小孔洞，每个孔洞中还插上长长的圆管，而我国当时没有一家工厂具备此管板的生产能力。国际上又没有厚管板理论，若按照常用的乌班诺夫斯基的薄管板公式进行近似计算，则结果偏于保守，更无法试制。经过一段时间苦苦思索后，我在国际上创立了第一个高压固定式热交换器厚管板理论，给出了设计公式，并经过了试验验证，将管板厚度从230毫米减薄到190毫米，使产品试制又一次成功。由于数值计算量大，系里派来我的老师们，包括程昌钧、陈庆益、陈文峨、张建国等来帮助我，让我感动不已。同时，我又研究了三角垫密封圈的弯曲问题，给出了很精确的计算公式。

上述产品的试制成功在社会上产生了积极影响，《人民日报》和《甘肃通讯》分别做了相关报道，但报道中只稍带提到我，如《甘肃通讯》1972年第1期在一篇兰州石油化工机器厂的调查报告中说："他们请一个大学数学系的同志帮助计算了数据，找到科学根据。"好在贾志杰科长一直表扬我。特别是兰州大学军宣队领导对我的表现非常满意，破天荒地决定让学校为我出一期《科技专刊》，整本刊物都用我的文章，这在"文化大革命"时期是罕见的，也许是全国高校第一次。由于高压聚乙烯反应器的试验尚未完成，我将前面其他成果整理成三篇文章，每一篇文章的作者均写成"兰州大学赴兰石厂小分队"。军宣队领导很实际，将作者全部改为我的名字。同时，我手中有一篇已经进行了七年之久的《波纹圆板的特征关系式》文章，此文与航空精密仪表有关，为了让它早见天日，为祖国所用，

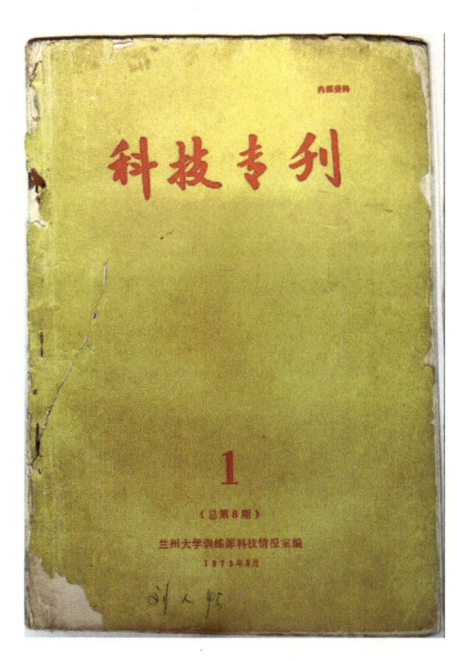

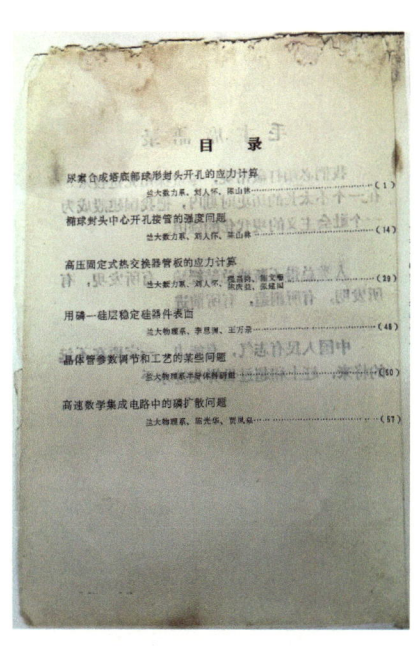

1973年5月，兰州大学出版的《科技专刊》第1期封面和目录

我一并交给军宣队领导，希望放在兰州大学《科技专刊》上发表。他们同意，但遭到系里造反派的刁难，理由竟污蔑为"理论脱离实际"，使这一篇好文章未能发表。但为了出版，临时又增加了其他老师的文章，才使兰州大学《科技专刊》终于印出来了。

在兰石二分厂的一年多时间里，虽然任务艰巨，但在"文化大革命"的混乱年代里，能在厚壁板壳力学和薄板壳线性力学方向做一点研究，能在自己钟爱的科研上又干一点事，能为国家贡献一点自己的力量，让我感到难得的快乐。

第七节　起死回生

1970年12月，系里通知我返回学校参加军事拉练，在外步行近一个月。一天晚上抵达海拔3670米的榆中县马衔山脚下，吃过晚饭睡下后，由于高原反应，我始终睡不着，只觉得枕头都在振动，我去找随队医生，他诊断后，说我的心跳太快，每分钟竟跳动一百四十多次。第二天早晨，随队医生见我的心率依然很快，决定不让我翻山越岭继续拉练，而让我乘学校的收容车走山脚下的公路到下一站。哪知到下一站后，造反派们便放出"刘人怀怕死，不敢爬马衔山！"的话来，在那个极左时代，我只好忍耐无言以对。隔了两年，我奉命去酒泉调研高校招生，又遇到高海拔的情况，心动过快之症状再次发生，酒泉市医院为我下了诊断结论，患窦性心动过速，此病伴随我一生。

1971年2月底，我感冒发高烧，体温高达39℃。系里的领导已换成工宣队，脾气很凶，不让我请病假，要我立即到学校新办的一条山农场去劳动改造三个月。全校第一批30人，我是其中之一。带着病去了一条山农场。农场在景泰县包兰铁路一条山车站附近十多公里，属河西走廊东端，位于腾格里沙漠边缘。农场没有水源，两三天去一次火车站，在火车带来的水箱里取水，再驾着驴车拉水回农场。我们每天在烈日下打土坯造房子，或翻地造农田，劳动强度很大。强烈的紫外线使我皮肤过敏了，脸和手背肿起来了，并发低烧，又无医生治病，领导也不批准我回兰州治病，坚持到满三个月，总算返回兰州。

我立即去兰州医学院第一附属医院看病，医生让我马上住院治病。我住进一个有十多个病人的大病房，每天给我打针治疗，一种药无效后，又换另一种药。总之每天有护士给我打针。由于我对青霉素药物过敏，每天在护士打针时，我都会留意，提醒她不要给我打错针。那时，每天注射时，均是护士端着一个大盘子，盘内装不同针药，打针时仅换针头不换针身，很容易搞错。尽管我每次提醒，护士有时还嫌我啰唆，可还是发生了不幸事件。有一天，一位护士粗心地将打青霉素的针头打在了我的皮肤上，我立即发生青霉素过敏。好在我有一定的医学知识，几秒钟后感到异常，立即呼救，医生马上进行了正确的脱敏抢救治疗，我昏睡了大半天才醒来。我治疗阳光过敏低烧近一个月，病情毫无改变。主治医生束手无策后居然采取了一个不负责任的办法，让我吃了一点激素药物，暂时退了烧，骗我说已退烧治愈，让我马上出院回家。回家后的当天下午，我又发烧了。接着，又找其他医院治疗，连爱人所在的甘肃省中医院在内，听了我的病情叙述后，都拒绝我住院治疗。只好待在家中，由爱人的中医朋友开中药治疗。病越治越重，连肠子也过敏了，腹部长了一个肿块，不断变大，疼痛难忍，只好靠打杜冷丁针药止疼。

爱人四处求人帮忙，当年9月中旬，总算找到我爱人的老领导甘肃省人民医院的高韦舟院长，得到他的帮助，同意我马上入院治疗。这所医院是当时全省最好的医院，就在兰州大学旁边。我十分高兴能住院治疗，认为只要动外科手术，将腹中的肿块去掉，我的病就治愈了。

年轻的外科主任医生非常热情，对我进行了详细的检查。特别是还进行了腹部探查，经医院化验后，认定我腹中的肿块是结肠癌。

这把爱人吓坏了。她将此事向我的领导汇报了，学校里的同事、朋友都认为我没救了。医生也担心我会死在手术台上。为了使我免受惊吓，她和医生都未将此情况告诉我。医生为我做了手术。做手术前，按当时做事的规则，我还和医生、护士一块念毛主席语录："下定决心，不怕牺牲，排除万难，去争取胜利。"念完以后，实行了局部麻痹，然后做手术。当时，因病危，医生还将我爱人叫进手术室看治疗。我当时因为未戴眼镜，没有发现她。做手术前，称了一下体重，我已经瘦到40公斤，完全是皮包骨。

手术从下午1点钟做到4点多钟，切掉了我腹内右边10厘米直径大的一个肿瘤。为了未来的安全起见，防止癌扩散，进行了腹内的广泛切除。切掉了长达60多厘米的升结肠，把完好的阑尾也切掉了，将腹腔进行了清扫，清理出的东西整整装了一盆。在缝合腹部前，才让我爱人离开手术室。

哪知此时，我腹内有液体渗出，经检查，是右侧输尿管遭到误伤被切断了。但是，这位主刀的主任医生连接不上输尿管，只好向泌尿科医生求助。这在当时是一个难度大的手术，整个省人民医院，仅有老科主任一人会此手术。当时，老科主任正被作为"反动学术权威"打倒，在医院做清洁工，扫地改造。将他请到手术室，已是下午6点钟。对我进行全身麻醉后，施行了输尿管吻接手术。晚上8点多钟，也就是七个多钟头的手术后，我才回到病房。

我们教研室的同事们对我很好，每天派来6个人，每八小时有两个人轮流协助我爱人护理我。爱人和我均不知发生医疗手术事故之事。过了一周，省人民医院一位认识我爱人的年轻医生告诉她，手术中发生了严重医疗事故，误伤了输尿管。于是，她向医院求证，果然如此。我们考虑到医院的特殊性，医生是好人要救我的命，心急失手，出差错，所以我们未对医生提意见，也未要求医院做任何赔偿。住医院近一个月，我出院回到家中。

爱人将我的腹部切下的肿瘤标本送到兰州军区陆军总院检查，否定了结肠癌的诊断，认为是良性肿瘤，这时我才知道病情的真相。为了将事情得到进一步确认，爱人还将我的腹部肿瘤标本送到上海肿瘤医院检查，又一次得到确认，否定了癌症之说，真是九死一生，全家人都轻松了。

第八节 艰难岁月

在医院待了近一个月后，回家养病。此时，由于输尿管受伤的关系，天天尿血，长达三年之久。不久，我的腹部伤口鼓出来，异常疼痛，又住医院进行手术治疗。接着，在原手术部位又发生肠梗阻，疼痛难忍，马上又住院治病。这个病以后每年都会突然发生一次，直至近五年才少发了。由于输尿管受伤的关系，渐渐地引起鞘膜积液，使睾丸肿大，又做了一次鞘膜手术。几年之内，兰州的几家大医院，包括兰州医学院第二附属医院、兰州军区陆军总院、甘肃省中医院、甘肃省工人医院等都去住院治病过，真正成了一个"病秧子"，在兰州大学全校闻名。那时，兰州的物质生活很差，每人每月26斤粮食，粗粮占40%，肉油很少。这对我的身体恢复太不利了，于是，我向学校打报告，要求调到南方去工作，领导始终不予批准。

自1967年初成家以来，1968年6月生下长子刘泽衍，1972年12月生下次子刘泽寰。家庭人口多了，经济开销大大增加。同时，还要赡养双方父母。特别是岳父在"文革"中一再被批斗，剥夺了行医挣钱养家的工作，十几口人之家无分文进账，全靠变卖家中物品和我们寄钱养活。每月领到工资后，首先将我们的一半工资寄给父母。那时，我每月工资为65.52元，爱人工资48.88元。从1963年工作开始，直至1977年底，我的工资一直未变过，经济负担十分沉重，日子过得异常清苦。好在爱人所在的甘肃省中医院畅家巷门诊部成立了一个互助会，我们每月都求助于互助会，借钱度日，是门诊部职工中有名的穷人。

生次子时，正值严冬，每天气温都在零下15℃左右。爱人是用剖腹产方式提早半个多月生下孩子，由于医院手术室温度低，患了感冒、咳嗽发烧，她很痛苦，我也无钱买点营养品来给她滋补。孩子出生当天，母亲无乳，市场上又无任何牛奶、奶粉出售，连我自己在抗战时期出生时喝的大米汤也没有。我想不出办法喂养婴儿，急得六神无主。最后，想到暑假时从上海带回的一包豆浆粉，用它才暂时为孩子的食品解了围。喝豆浆太寒了，这给孩子带来了终生肠胃不好的毛病，我的心里至今不安。

由于穷，家中只生了一个小煤炉，热水很少。孩子用的尿布多，只好每天数次到院子中共用的水龙头下去洗涤。天寒地冻，把我的双手冻得疼痛难忍，靠咬着牙忍受。生活过得实在艰苦，自己身体也很差，别无他法，只好忍耐。

为了改善孩子的营养条件，吃点好东西。我让一位司机朋友从农村买来10只下蛋母鸡，圈养在住房厨房墙外的窄天井里。每天我到菜市场捡一大包丢弃的菜叶回家，并托人从粮食仓库买一点带粮食的垃圾回来，用这些东西喂养母鸡，每天能捡获五枚鸡蛋，保证了孩子的营养。

结婚后，为方便爱人上班，我就住在她们医院的家属院。每天要到兰州大学上班，便决定买一部自行车，但无钱买。我向教研室潘朝艳主任求助，她大方地借给我80元，我用这钱买了一部旧的永久牌自行车。有一天中午从学校回家时，路过东方红广场，突然车胎爆了，我便去修车铺补胎。补好后修理费要付0.80元，我搜遍全身，仅有0.79元。为了1分钱，我只好厚着脸皮，求修理铺师傅，能否拿车走，下午来补交1分钱。好在师傅通情达理，让我下午补交1分钱。这真是1分钱难死英雄汉！那时，家里经济太困难了！

屋漏偏是逢阴雨。爱人是右派之女，医院里的造反派领导经常刁难她。清理阶级队伍中，领导找她谈话，说她身体不好，出身也不好，决定让她辞职回家。那时，岳父岳母一家经济生活全靠我们支持，如果没有她的工资，真不知道会怎么样。为此，我硬着头皮去求她们医院的军宣队代表。凑巧的是，军宣队代表恰好来自兰州军区陆军总院，曾在我们系当过军宣队代表，人很善良，了解我的情况，这才取消了让我爱人退职回家的决定。

第九节　砥砺前行

在爱人的精心照顾下，身体健康逐步好转。从1972年夏天起，我开始带病工作。

1972年秋天，第一批工农兵学员进校读书。从那时起，直到1978年初，我一直给他们上课。我先后编写了"材料力学"和"板壳力学"讲义，为学生讲授这两门课。同时，还带学生去陕西和山西实习。工农兵学员读书很用功，但进校时的文化水平相差太大，有的是高中水平，有的是小学水平。还有少数民族学生，汉语都说不清楚，所以我们教学很困难。

与此同时，我又开始去兰石二分厂，继续做压力容器的科研工作。有一天，该厂技术科一位年轻人悄悄告诉我，在我未去厂的一年内，发生了一件大事。他们厂为前几年完成的压力容器新产品感到特别高兴，在杭州举行的全国化工机械系统交流会上做典型介绍。哪知，作完报告后，引来一位号称全国换热器权威、来自上海医药工业设计院总工程师的当场责难，说刘人怀的高压固定式热交换器厚管板的研究有十多个错误。兰石厂作报告的人对我的数学公式不懂，哑口无言，只好以"失败"告终。回到兰州后，又不敢告诉我。我了解情况后，想问那位权威谈的具体意见，因是技术问题，他们也说不出来。我便说，希望能当面听取他的意见，以便修正。兰石厂听取我的意见后，借助于1972年8月31日至9月7日在兰州友谊饭店召开全国换热器技术经验交流会的机会,将那位权威请到场,并在9月2日下午为我专门开了强度组会议进行专题讨论,请他当面给我提意见。殊不知,这位权威在我的面前,当着大家说对我的研究没有意见,让人啼笑皆非。其实,事前我曾反复思考我的研究有无错误,结果没有找出任何问题,所以我的心里是有底的。这项工作是在国际上创建了第一个列管式热交换器厚管板弯曲理论,解决了一个世界难题,既有理论意义,又有实际价值。

接着,该厂试制我国直径最大的加氢反应器。20世纪70年代以来,在石油炼制工业中,由于加氢裂化的新工艺优点甚多,故在国内外受到极大重视。实现加氢裂化的关键设备是加氢反应器,属于大型高温高压厚壁容器,操作条件相当恶劣,所以在设计时特别慎重。这台试制产品,长26米,直径2.1米,工作压力220个大气压。这一反应器采用了两项新技术:封头开大孔(直径800毫米)和筒体采用双层热套箍制造。这两项技术都没有现成理论可供使用。我便创建了实用的双层厚壁圆柱壳弯曲理论,与以前创建的厚壁球壳弯曲理论一起,为这台加氢反应器设计提供了可靠的公式和数据,使产品试制成功。同时,我还研究了双锥密封结构的问题,给出了比现有的捷克法公式更精确的计算公式。由此,我整理成一篇文章《加氢反应器顶部厚壁壳体的应力分析》,发表在《化工炼油机械通讯》1975年第6期。另一篇文章《双层套箍式厚壁压力容器环沟部位的应力状态》发表在《兰州大学学报》1977年第4期。

1974年,国家第一机械工业部和燃料化学工业部共同筹建我国最大的洛阳500万吨/年炼油厂。该厂的减压塔高34米,直径10米,壁厚2.6厘米,操作重量480吨,拟将塔座支撑于该塔下端φ6.4米处。如此大型的塔器,在负压操作的情况下,这种支承方式引起的应力相当复杂,而当时的设计规范和通常的工程方法已不适于该塔的强度和稳定设计。兰石二分厂又将这项研究工作交给我做。我采用组合壳体理论给出了减压塔的应力公式,对减压塔锥段的稳定性给出了设计数据,使设计制造获得成功。同时,我的文章《在轴向压力与均匀外压力共同作用下薄壁截头圆锥形壳的稳定性》发表在《兰州大学学报》1975年第2期。我和王凯的文章《500万吨/年常减压装置减压塔下端部分壳体的应力分析》发表在《压力容器》1975年第3期。

  1972年,部分科技刊物复刊,"文革"前全国唯一的力学和数学学术刊物《力学学报》《数学学报》分别更名为《力学》《数学的实践与认识》。两个学报的编辑部都到兰州大学征稿。众所周知,那个阶段能潜心进行学术研究的是凤毛麟角。学校工宣队便要我投稿。我想这次是"文革"中全国第一次专门征集学术文章,考虑再三,给上面两个刊物各投一篇稿件。我将上次兰州大学《科技专刊》拒载的文章《波纹圆板的特征关系式》投给《力学》杂志,把新写的《高压固定式热交换器管板的应力计算——复变元圆柱函数的应用》

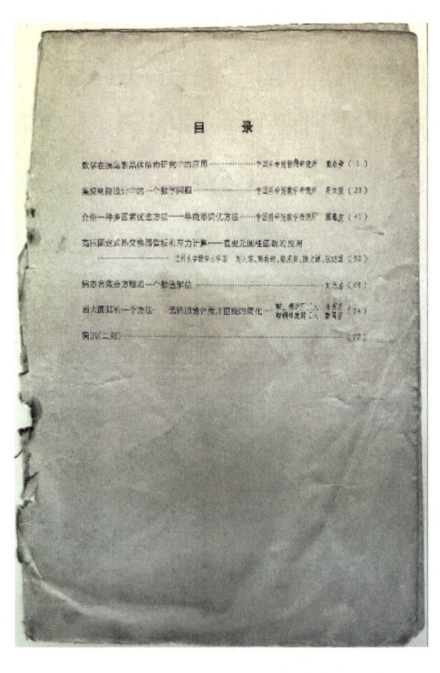

"文革"中第一本数学学术期刊,《数学的实践与认识》1973年第1期的封面和目录

文章投给了《数学的实践与认识》。第二篇文章很快在《数学的实践与认识》1973年第1期上发表。但第一篇文章，尽管接到期刊编辑部通知，放在该刊创刊号上发表，但实际上未能面世。那个年代，我已经被搞怕了，也不敢再去询问不发表缘由，只好不了了之。

1975年，铁道部第一设计院委托我对当时中国最高的铁路大桥——陕西白水河铁路大桥近100米高的桥墩进行理论计算，我又创建厚壁变厚度锥壳弯曲理论，完成了这一有工程意义的科研项目的任务。

第八章
春天来临

第一节　苦尽甘来

1963年8月在兰州大学任教后,我除了跟着叶开沅先生继续做壳体非线性稳定性方面的理论性科研工作外,还想进行有工程意义的课题研究。在完成系里交办的任务后,我便自己掏钱,经常乘坐公共汽车在兰州市的大中型工厂中访问。那时,国家将兰州命名为科学城,设有许多领域的大中型工厂。有一天,我到位于兰州市黄河北面的135厂进行访问,该厂是一家绝密工厂,是国家重要的156项工程之一,专门生产航空精密仪表,对外的名称叫万里机电厂。该厂的技术科设在工厂大门外,我谈了我的想法后,他们很感兴趣,便向我说,美帝国主义经常派U2和P2V飞机侵入我国领空进行侦察。P2V是由美国洛克希德公司设计制造的电子侦察机,装有螺旋桨和喷气两种发动机以及世界上最先进的多种电子设备。该机续航时间长达15小时,航程达5000多公里。它可以利用雷达盲区,隐蔽性极强,非常适宜夜间低空飞行。即使被发现,用喷气机截机,它便改用螺旋桨,可在300米以下的高度飞行,有时可低至几十米,喷气机拿它没办法。使用螺旋桨飞机来截机,也不行。它有全景搜索雷达,能在400～900米的高度,清楚地判断10公里以内的地形,也就是说,它可以沿着山沟飞行,机动性强,一般螺旋桨飞机则难以做到。从20世纪50年代到60年代初,多次入侵我国侦察,猖狂一时。进入大陆共84架次,平均每月2次。解放军高炮部队想尽办法，1961年11月6日终于在辽宁省庄河县击落一架P2V低空侦察机。这种飞机上有一个测量高度的精密仪表，其核心元件是一个锯齿形波纹圆板。他们工厂接到仿制任务，但无从下手。我是一个初出茅庐的小伙儿，胆大，敢于搞创新之事，而且这种圆板正是我搞板壳理论研究的对象，尽管过去未学过，只要工厂需要，我就做这种圆板的研究。于是，我就马上答应下来，待我回校请示批准后再正式接这个任务。

波纹圆板

回校后，我立即向教研室党支部书记请示汇报此事，不幸的是，立即招来他的严厉批评：你刚当老师，任务很重，怎么去干外单位的事，并给我扣上一顶"不务正业"的帽子。没有办法得到领导批准，我只好作罢。回头思考后，又觉得这是一个有关我们国家航空工业的重要事情，意义重大，值得探索，作为一名科研教师，有义务承担这项任务。考虑到大学老师不是每天固定上班的干部，只要我完成了学校分配的任务，剩余的时间由自己掌握，故我决定将此问题作为业余科研课题来对待，但135厂那边就不能办任何手续了。

从此，我就抽时间查阅这个问题的科技文献。那年10月去北京公差时，我还去首都图书馆查文献资料。经过几个月的了解，发现这个问题极有研究价值。

波纹圆板在精密仪器的灵敏弹性元件中占有首要地位之一，起着很重要的作用。然而，这种弹性元件的理论研究至今还很不充分，造成这种状况的主要原因是波纹圆板本身形状复杂，参数很多，特别是大挠度非线性微分方程在数学上求解极其困难。

第一位研究者是苏联科学院巴诺夫（D. Y. Panov）院士，他于1941年在俄文《应用数学和力学》杂志上发表了论文，但未得满意的结果。接着，1945年，苏联的费奥多谢夫（V. I. Feodosev）院士又进行了尝试，使用伽辽金方法处理了问题，但其解答与实验值的误差还有39.0%之多，无法满足设计制造的要求。然后，1955年，苏联的安德列娃（L. E. Andryewar）院士改换途径，采用各向异性圆板大挠度方程进行研究，仍采用伽辽金方法处理，处理的范围扩展了，但结果的精确度仍然不高。同年，日本的赤坂隆教授改用能量法进行研究，获得了类似的结果。根据文献检索，全世界仅有这四位学者对此问题进行了研究，而我国还无人开展这方面的工作。我于是断定，这个问题从理论和实际角度上都值得花力气探索。

从那时起，我就开始利用业余时间思考这个问题。这个问题的关键之处是如何求解非线性微分方程组，也是整个板壳非线性力学面临的问题。我按照苏联费奥多谢夫院士的途径走，求解波纹圆板的大挠度方程。同时，我又让1960级力学专业陈山林等同学在做毕业论文时帮我进行数值计算。遗憾的是，我们算出的数值结果与前面学者研究结果的精确度相似，研究没有进展。

我并没有灰心，但是不巧的是，这已经是1965年9月，我下乡参加农村社教工作去了。从此，直到1966年冬天，我都没有时间再做这项课题研究，但心中却常常挂念此事。

1966年夏天，在"文化大革命"初期挨批斗后，仍未磨灭我搞科研的兴趣。到了第二年初，我看清这一运动的混乱，便开始搞地下科研工作，躲在家里继续偷偷进行这项研究。条件很差，没有手摇计算机，只好靠手算，大量的数值计算，用掉成堆的纸张。终于在1968年4月，采用各向异性圆板的大挠度方程，使用自己提出的修正迭代法，给出了解析解的数值结果，不仅公式简单适用，而且精确度高，与实验值十分吻合，误差仅为0.90%，较前人的结果误差39.0%大大提高，完全可以供精密仪表波纹圆板元件设计使用。这是国际上第一次对波纹圆板的特征关系给出圆满的解答，但全国当时无期刊可以公开发表。等到兰州大学《科技专刊》和《力学》杂志出版机会时，又遭造反派压制扼杀。

  1976年10月6日，党中央一举粉碎了"四人帮"，党和国家获得了新生！我感到无比的高兴，苦难的日子总算熬到头了。我和朋友们奔走相告，同声庆祝这大好喜事！

  在这一时期，我的好运也来了，系工宣队队长换成兰石二分厂的周师傅，他认识我，十分了解我在该厂的工作和为人。他主动找我谈话，告诉我，《力学》杂志编辑部已经多次给系里来信，要求出具我的政治身份证明，但系里造反派领导采用压制战术，始终不给回答，致使我的学术论文《波纹圆板的特征关系式》不能发表。他说，你是优秀老师，应该让你发表论文。此时，正好学校又派来一位领导，张映怀同志，他原在校团委工作。在我任校学生会主席时，已同他熟悉。他也支持周师傅的意见，于是系的证明立即寄给杂志编辑部。我感谢他们的帮助。这篇论文终于在"文化大革命"结束后，《力学》杂志恢复原名称《力学学报》后的第1期发表，此时已是1978年1月，距这项工作开始时间已整整十四年多。看到这期刊物时，真是喜极而泣！这是我从事板壳非线性力学问题研究中开展第二个领域：波纹板壳非线性力学问题研究的第一个成果。

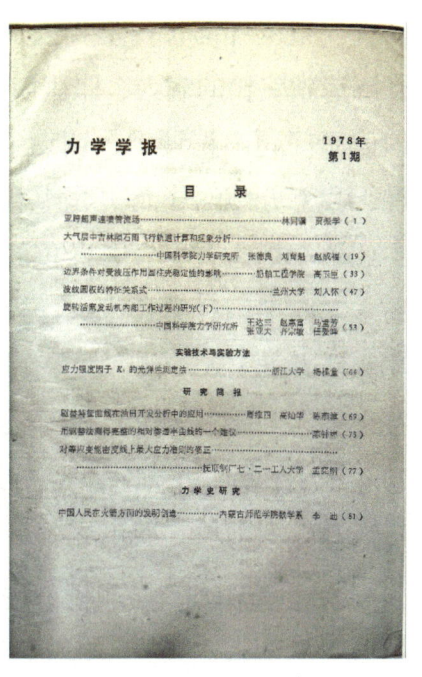

"文化大革命"后,《力学学报》1978年第1期封面和目录

1977年,我在中心开孔扁球壳非线性稳定问题领域,又朝前迈了一步,研究了较1965年更困难的问题:边缘承受线布载荷,文章发表在《力学》1977年第3期。

1978年3月18日,党中央、国务院在北京隆重召开了全国科学大会,表彰了先进集体和先进科技工作者。我在甘肃省也被提名要参加这次大会,但又遭到系造反派领导反对而未成行。

我申请调动工作的事5年来一直没有下文。"文化大革命"后,一些老干部重新回到校领导班子。凑巧的是,我从1958年进校就认识并熟悉的老领导崔乃夫同志再度当了校领导,是校革委会副主任。1978年初,在他即将被他的老领导、民政部程子华部长调到北京前夕,他对我说:"人怀,我要去北京工作了,同意你调走。"在他的关怀下,学校向省教育厅申报,最后还要甘肃省组织部部长审批。省委组织部部长曾是我爱人的师傅、著名中医师、甘肃省中医院张涛清副院长的病人,张副院长亲自为我讲明情况,才得到批准。我因健康问题申请调动,调动工作太困难了,整整5年申请才得以批准,我万分感谢崔乃夫先生和张涛清先生的关怀。离校前,教研室主任潘朝艳为我召开了隆重的欢送会,系领导也出场讲话。潘主任还主动向中国科学技术大学近代力学系常务副主任、她的老同学朱兆祥先生(1955年钱学森大师回国时,中央曾派他到香港专程迎接)写了一封推荐信,希望今后多多对我关照,让我感动不已。1978年3月中旬,我离开了兰州大学,调到中科大任教。

  离开兰州前夕,我的老师叶开沅先生终于被释放出狱。按过去的规则,他应回到兰州大学工作。学校原本想让他回数学力学系工作,但系里的造反派领导坚决拒绝他回系。学校在左右为难之下,找到我。我立即写了一封证明信,认为叶先生是有学问的老师,应该回系安排工作。在这样的情况下,叶先生才得以回到数学力学系,先被安排在系资料室,后才回到力学教研室任教。

第二节　声 名 渐 起

　　离开兰州大学时，考虑到20年的学习和工作的教训，觉得由一个红专旗手跌落成"牛鬼蛇神"，全是学校中的政治运动所致，故想离开教师职业，到一个科研单位工作为好。加之，"文化大革命"中，我一直从事压力容器领域的科研工作，经我的学生孟昭朋的推荐介绍，第一机械工业部合肥通用机械研究所热情欢迎我去工作。此时，中国科学技术大学的虞孝琪老师，原是兰州大学化学系的学生，得到消息后，主动来劝我，欢迎我到中科大工作，并带我见了近代力学系的领导，他们热情欢迎我到该系任教。恰好我又见到了报上消息，中国科学院召开专门会议，要办好中科大。思考再三，觉得教师职业是自己的专长，故觉得学校工作是正路，便接受中科大近代力学系的热情邀请，到飞行器结构力学教研室任教。当时，中科大校长是中国科学院院长、著名学者郭沫若先生，近代力学系主任是力学泰斗钱学森先生，在他们领导下任教，应该是十分开心的事情。

　　1978年3月中旬，我来到中科大近代力学系任教。由于来到南方，生活较西北好了许多，身体渐渐好起来。到达中科大的当天下午，系总支书记和我谈话，先是夸我科研工作做得好，又是共产党员，欢迎我来任教。但是接着说起我政审不合格，考虑到飞行器结构力学专业是机密专业，今后只能担任基础课老师，不能接触这一领域的科研、教学和实习任务。我的工作热情一下子被浇了一盆凉水，觉得又被打入了另册，心情颇为低落。

考验和机遇马上来临。当时，一位教75级同学"数理方程"的数学系副教授教课不受学生欢迎，被学生轰下讲台。领导找不到老师上课，认为我是兰州大学数学力学系老师，业务好，就叫我去接课。我心里有些抵触，觉得自己虽然最初学的是数学，但现在是力学老师，从未教过数学课，而且"数理方程"又是较难的课，我初来乍到，一下子要教这么难的课程，万一失败了，那在中科大就待不住了。

我以不是数学老师为理由，婉谢了这次教课任务。于是教研室主任先来劝说我，接着系主任又找我谈，系领导谈话之后就是校领导谈话。因为找不到接替的老师，情况的确是很紧急。到了第三天，我心想拖着也是不行，组织交给的任务不接受，在中科大当老师也当不下去。我就硬着头皮接受了任务，拿到"数理方程"讲义后，当天就备课。第二天早上8点钟上课，校领导和老师们都来旁听。8点50分第一堂课结束，全体师生一齐鼓掌，说刘老师上课好，欢迎我这个新老师。我当时还是助教，又是从偏僻的兰州大学来的，对大家的欢迎相当感动。

中科大的教风很好，管理也比别的学校有效率，对于我的教学表现，学校立即做了表彰，不仅在校内，还上报到中国科学院。当时，中国科学院每半个月有个《中国科学院简报》发布，通报全院一百零几个研究所。那一期简报写道："刘人怀助教教课教得好。"因为教学工作得到全院表彰，让我觉得很意外，也很受鼓舞。

同年5月，因为在《力学学报》1978年第1期发表的文章引起关注，我收到国家第一机械工业部仪器仪表局举办的第五届全国仪器仪表弹性元件学术会议的邀请，请我到会作有关波纹圆板非线性弯曲问题的特邀学术报告。当年12月18日至27日，学术会议在上海科学会堂召开。此前，由于"文革"的缘故，已经10多年未开学术会议了。这次与会代表有100多人，来自全国20多个省（市）。我在20日上午的大会上作了《波纹圆板的特征关系式》这一报告，解决了精密仪表弹性元件的一个世界性难题，引起很大反响。力学泰斗钱伟长和老师叶开沅也到会作了特邀报告。《文汇报》1978年12月30日第1版报道了我们三人的论文都达到国际水平的消息："弹性元件在仪器仪表、航天航海、石油化工、原子能工程等许多领域中得到应用，在我国现代化建设中具有重要的作用，钱伟长轴对称圆环壳的复变方程和轴对称细环壳的精确解、叶开沅圆底扁球壳的振动问题、刘人怀波纹圆板的特征方程等论文，在弹性力学的板壳理论方面达到了国际水平。对于波纹板壳的精确解析方法，长期以来，国际上没有很好解决。钱伟长教授等在这次会议上提出的一部分论文，采用了我国独特的弹性板壳求解方法，对几种代表性的结构提出了比较精确的解析解法，对于弹性元件技术的发展有重要的指导意义。"

消息传到中科大校园，正好是党的十一届三中全会公报发布之时，也许这是"文革"后第一次报道该校老师论文达到国际水平的消息，引起全校瞩目，被称为"中科大的一颗明星"。

1979年8月29日，《中国科学院简报》第64期刊登中国科学院《中国科技大学讲师刘人怀在基础理论研究方面取得新成果》文件，通报

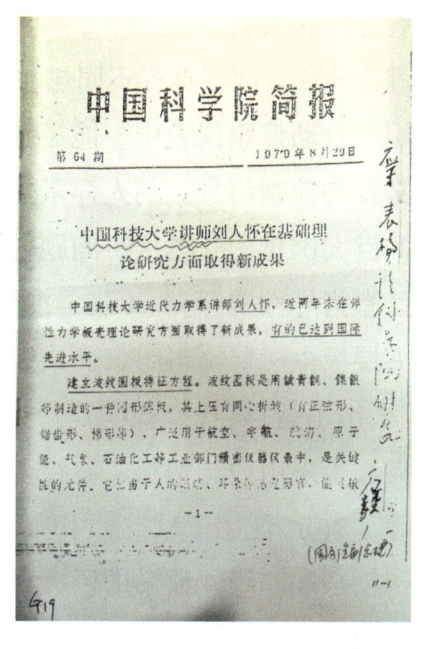

1979年8月29日，中国科学院在《中国科学院简报》第64期发文件表彰。同时国务院方毅副总理亲自批示"应予表扬"

第八章 春天来临

全国表彰。国务院副总理兼中国科学院院长方毅亲笔在文件上批示"应予表扬"。

文件指出："中国科技大学近代力学系讲师刘人怀，近两年来在弹性力学板壳理论研究方面取得了新成果，有的已达到国际先进水平。"文件的第一部分表扬了波纹圆板的成果，接着又表彰了另外三项成果："（一）解决了厚管板的弯曲问题。高压固定式热交换器广泛应用在化工、石油、食品、动力、原子能等工业部门。它的一个关键部件叫管板结构。近30年来，国外对中、低压的固定式热交换器的薄管板理论研究极为重视，但对于更为困难、更为重要的高压厚管板的理论研究却极少研究。目前，国内外只好借用中、低压薄管板理论公式来进行高压厚管板的设计，显然这是不合理的。刘人怀获得了厚管板的精确的理论公式。这项成果在节省资金、钢材等方面将发挥作用。（二）建立了双层金属截头扁锥壳的热稳定性理论公式。两层具有不同热膨胀系数的金属制成的扁圆锥形的壳体，用于自动控制仪表中，能灵敏感受周围温度的变化，从而给仪表以必要的控制信号。刘人怀采用独特的求解方法，克服了非线性数学的巨大困难，获得这一问题的理论公式。此项成果对于仪器仪表设计有指导性的意义。（三）推导出夹层圆板的非线性弯曲理论公式。夹层板由三层材料组合而成，上下两块表面层很薄，材料强度很高（采用不锈钢、铝、玻璃钢、硬塑料等），中间层是一块软而轻的厚夹心（采用泡沫塑料、波纹金属薄片、铝或不锈钢薄片制成的蜂窝等）。它广泛用于航空、宇航和船舶制造等工业部门。由于夹层板结构复杂和非线性数学的巨大困难，国内外对夹层板的非线性弯曲研究极少。刘人怀推导出在边缘力矩作用下夹层圆板的非线性轴对称弯曲的理论方程，采用独特的求解方法，获得了这一问题相当精确的解。"这里，厚管板弯曲问题的文章发表在《化工炼油机械通讯》1980年第4期和《力学学报》1982年第2期，它们属于厚板弯曲理论与工程应用领域，是原创性成果。双层金属截头扁锥壳的热稳定问题的文章发表在《力学学报》1981年第2期，是我在板壳非线性力学问题研究中开拓的第三个领域：双层壳体的非线性力学问题的首次成果，在国际上首次获得。夹层圆板的非线性弯曲的文章发表在《应用数学和力学》中文版1981年第2期和英文版1981年第2期及《中国科学技术大学学报》1980年第2期，是我在板壳非线性力学问题研究中开拓的第四个领域：夹层板壳的非线性力学中的首批成果，也是国际上的第一次。为此，中国科学院和中科大嘉奖我，破格提升我为副教授，我成为全校最年轻的副教授。同时给我提升了三级工资，在当时，全校仅有两人享受此殊荣。新华社记者徐光春（后任河南省委书记）先后在1980年7月16日《合肥晚报》和1980年8月11日《安徽日报》两次刊登我的照片，表扬我的成果达到国际先进水平。国家和人民的表彰和鼓励促使我更加努力地去工作。

第三节　洪堡学者

　　1978年高校进行了1962年以来的第一次职称评审工作，当年11月，我被提升为讲师。算起来，我任助教的时间长达15年之久。1980年10月，学校破格提升我为副教授。我在校内做了一场专场的学术汇报，学校又将我的材料送到外校专家通讯评审，评审专家们特别建议应破格提升为教授。学校将此意见通知近代力学系领导，请系领导复议。那时，学术界论资排辈还比较严重，全系一百余名老师，仅有系主任钱学森先生一人是教授，那些50年代从美国归来的博士还是副教授。系领导关心我，也了解当时的局面，找我谈心："人怀，你太年轻了，当教授你吃不消。"我理解到情况的复杂，同意系领导的意见。可是学校领导仍然希望破格提升我为教授，便让主管职称评审工作的校人事处长同我谈话，希望我个人写一个提升教授的申请，以便学校特批，我只好婉言谢绝了学校的好意。学校于1980年11月19日将提升教授的消息在《安徽日报》报道，标题为《科技用同行评议方法提升教授》，报道称："中国科学技术大学采取同行评议的方法，受到校内外的教师和专家们的称赞和欢迎。他们认为，这种方法有如下的优越性：有利于打破论资排辈的旧框，发现和选拔人才。去年新提升为讲师的近代力学系刘人怀，现年40岁，1963年大学毕业生。近年来发表了二十六篇学术论文。这次同行评议，五名著名力学专家都认为他对非线性板壳理论的研究，'已经达到国际水平，毫无问题可以提升为副教授'。其中三名专家还认为对这位出类拔萃的年轻人，应该越级提升为教授。"看了这篇报道，很多人以为我越级提升了教授，让我感受到了学校各级领导的良苦用心。

但是有时候人不找事，事情不期而来。1978年秋季开学时，教研室举行换届选举。我们教研室教师达42人，是全校教师人数最多的教研室。选举计票后，我得了39票，大家选我任教研室主任。那时我才到中科大半年，这样的选举结果，让我十分意外，也出乎当时的教研室主任的意料，脸色不豫。我心想，主任热情欢迎我来，却一来就顶替了他的职务，这样可不利于团结。于是我发言，表示只愿意做副主任，支持主任的工作。在场的系领导尊重了我的意见，这样，我就担任了飞行器结构力学教研室副主任的职务。除了认真做好教研室管理工作外，我把精力集中在"板壳力学"和"板壳非线性力学"教课任务上，剩余时间继续搞板壳非线性力学课题。

此时，正值国家开始改革开放，学校时有老师被公派出国留学。我有年轻时留学不成功的经历，故未考虑此事。恰好，西德亚历山大·冯·洪堡基金会（Alexander von Humboldt-Stiftung）希望面向中国招聘人才，他们要招世界优秀青年科学家去做科研工作。洪堡基金会由德国科学院创建，成立于1860年，世界著名，其基金由政府支持。邓小平同志亲自关心此事，同意派出留学生去任洪堡学者，而且可以带家属去，这在当时真是破格之举。对方要求有博士学位以上的，但那时我们中国的学位制度还未建立。鉴于这种情况，国家就与德方协商，让有讲师职称以上的学者去，而且头两批由我们国家选拔，从第三批开始才由西德选拔。1980年，在我国派出第一批和第二批洪堡学者近十人后，第一次开始由洪堡基金会的一个由90位科学家组成的委员会遴选。这样一来，全国要先从各重点院校选拔优秀候选人供对方评选，中科大就要挑选业务好的老师。

全校各系一共报了四五十人，我们系推选了我。经过校学术委员会一个月的评审，最终挑选了包括我在内的6名优秀候选者。同时，要求我们把自己发表的学术论文代表作翻译成英文，作为申报附件送到北京。我用了一周时间，日夜加班，翻译了自己以前发表的3篇文章。这是平生第一次搞英文笔译，由于英文基础差，翻译得十分辛苦。译好后，我请教留学美国归来的沈志荣老先生阅改。他阅后，说很好，一字未改退还给我，让我有了信心。全国总共推荐了一百个左右的候选人给西德，经过挑选，洪堡基金会最终选中了8个人。除了来自中科大的我，其他七人分别是：葛修润（后为中国工程院院士）、沈师孔、周龙骧、童哲、刘立人、林隆泽、刘黎。我们八人成为由西德直接遴选的第一批洪堡学者。

由西德挑选的首批中国洪堡学者，于1981年3月赴西德，此证书是由洪堡基金会鲍尔主席签署

除了初中一年级第一学期接触过一点英语，我在中学和大学时，一直学的是俄语。直到大学四年级下学期时，我才抓住了一次

机会，学习了一学期每周4学时的英语课。所以整体说来，我的英语能力一直很差。好在大四那学期时教我英语的是很有才华的吴青老师（著名作家冰心和著名社会学家吴文藻的女儿，后任北京外国语大学教授），让我有了一点基础。大学毕业后，我又抓住一次机会，在校内成人教育部报名读了40小时的夜校的德语。凭着这一点英语和德语知识，使我在与西德洪堡基金会和鲁尔大学的策纳教授（W. Zerna）通信来往期间还算顺利，不用别人帮忙（实际也找不到人帮忙）。出国前，工作多，也未能参加德语培训。离开北京时，中国科学院副院长、科学泰斗钱三强先生亲切接见了我们八个人，给我们鼓励，让我终生难忘。

那年我40岁，正值改革开放初期，距离从留苏预备班毕业已有22年，能到发达的西德留学，实现了我出国留学的梦想！

第九章
留学生涯

第一节　先 当 学 生

西德洪堡基金会安排细致，提前将从香港直飞西德的机票寄给我。将此事报告学校后，学校不同意从香港出国。于是，我又请对方改换从北京起飞的机票。1981年3月3日晚上8点半，我在北京机场乘坐西德汉莎航空公司的飞机，离开祖国去西德留学。

行前，在北京王府井为出国定制了一套西服。那时国家外汇紧缺，组织上特别关照我们8个人，让我们离开祖国时，可以随身携带从银行兑换的5美元现金。没想到坐的大飞机上可以看电影，但使用耳机要收费5.3西德马克，我舍不得使用5美元现金，只好看了一路哑巴电影。经过十多个小时飞行，中途曾在巴基斯坦的卡拉奇短暂停留，到达西德法兰克福机场后，再转乘飞机去汉诺威机场，最后坐火车于第二天下午1点过到达哥廷根火车站，下午2点钟到达歌德学院哥廷根分校。洪堡基金会考虑周到，安排我在那里学习德语，学费和生活费由他们负责，第一个月就给了1000马克。

哥廷根市虽然只有12万人，但世界闻名。它是一个大学城，市区建有一所世界闻名的哥廷根大学，拥有25 000名学生。19世纪末期，哥廷根大学的哥廷根学派声名鹊起，为一百年来世界科学技术发展做出杰出贡献。20世纪世界顶尖科学家爱因斯坦和冯·卡门都是哥廷根学派的传人，被周恩来誉为"三钱"中的两位钱先生都是哥廷根学派传人的弟子：钱学森先生是冯·卡门指导的来自中国的第一位博士生；钱伟长先生是哥廷根学派传人、著名应用数学家辛琪教授（J. L. Synge）指导的来自中国的第一位博士生，也是冯·卡门的助手和学生。我们国家的朱德元帅在1924年赴德国留学时，也是报读的哥廷根大学，学社会学课程。

3月5日，歌德学院举行开学典礼，下午则安排全体新生参观哥廷根大学。整个学校建筑雄伟，校园美丽，让我敬佩，让我难忘。

歌德学院是西德政府专为外国人学习德语的培训学校，它在哥廷根市的校园位于一座以前的贵族府第内。校内共有来自45个国家的180名学生，其中来自美国和日本的学生比较多。报到当天，见到分别来自上海和北京的李朝义（后为中国科学院院士）和刘筱琇同学。我在初级班读书，全班同学13人，来自中国、日本、越南、马来西亚、孟加拉国、印度、叙利亚、约旦、土耳其、澳大利亚、新西兰等国家，其中来自土耳其的学生有3名。除我年龄较大，其他均是20岁左右的年轻人。

我们班的老师名叫胡格（Huge），工作热情认真，第一次课就从教语句开始。幸好我学过一点德语，否则连字母都不认识，怎么会念语句？学习的过程也相当辛苦，只有每天从早到晚、从课堂到自习都认真学习，才能走在全班前列。这使我在读了近半年的德语后，能与人对话，阅读报纸、书籍。回顾国内外语的学习，消耗时间多，效果却不佳，值得我们外语教学借鉴改进。

两个月为一学期。在第二学期时，教德语的老师叫若加拉（Rogalla），工作很认真。第一次课时，她叫我们学生自我介绍。我介绍自己时，说来自中华人民共和国。大家均不知道我们的国名，于是老师帮忙解释，说世界上有两个中国，一个大中国，一个小中国。我马上举手声明，只有一个中国，台湾只是一个省，属于中华人民共和国。老师表示同意我的意见，谢谢我的纠正。

德语老师很敬业，就连学院的门卫也让我敬佩。他五十岁左右，身兼数职，既是门卫，又是收发、传达和修理。每天从早到晚，都在门口值班，如果你房间电灯坏了，打一个电话通知，他几分钟就会来修好。特别是他每个月还要往大门柱的底下注油，以使门开关利索。工作这样自觉、敬业，体现了德国人的责任精神。

我一生喜欢读书，到哥廷根后，每周去哥廷根大学图书馆借书、看书。它的中文图书馆藏书很丰富。

我富含好奇心，甚至有一天休息日，我在大街一个十字路口附近，按五分钟计看经过我面前人的穿着，发现百多个人的穿着没有两个人是相同的，这让我对西德人的生活水平和社会面貌有了进一步的认识。

在学习中，学校安排了一些有意义的活动，包括校内音乐会，歌舞表演。特别是一场周末白天的露天歌舞表演，让我非常吃惊。表演那天，正好大雪飞舞，寒冷异常，按我们中国人的习惯，应该是换到室内演出。哪知德国的演员，穿着很单薄，照例为我们在室外演出，这让我认识了德国人的坚韧精神。

第一学期快结束时，学校安排我们去东德（民主德国）魏玛旅行，参观第二次世界大战时纳粹德国的布痕瓦尔德集中营。很多人在这里被残杀，集中营内陈列着人皮灯罩和人皮工艺品，让我直接感受到了德国法西斯的残酷。此次行程中，我们也去参观了世界大文豪歌德和席勒的故居和公墓。

我还受邀请参加了一场哥廷根大学的音乐会，由一位钢琴师和一位小提琴师分别演奏莫扎特的经典作品。台下坐着的都是该校教授，我来自中国，被邀请坐在台上。校长为感谢教授们的工作，每年都会举办专场音乐会感谢大家。教授们西装笔挺到场，场内文雅、安静，让我体会到在西德任大学教授的光荣和自豪。

最后一学期时，我还参加了去汉堡市的旅游。参观了著名的汉堡港，还乘轮船出海，五小时后抵达一个免税小岛黑尔戈兰岛，见到了浩瀚的北海。在船上还遇到国际著名力学家、希腊亚里士多德大学钢结构研究所所长帕纳格奥托朴洛斯教授（P. D. Panagiotopoulos）和他的夫人，同他相谈甚欢，一见如故，成为好友。

我的身体较差，离开兰州到合肥时，身高1.78米，体重却只有54公斤，十分瘦弱。过了3年，身体才有了明显的好转，离开合肥到西德时体重增加到58公斤。在歌德学院生活后，每天吃得饱，营养好，一个月后，我的体重快速增加到71公斤，几乎每天长1斤肉，身体变得正常健康了。

我原本打算学习两个学期的德语后，便到鲁尔大学开始科研工作。因为国家允许我们带爱人、孩子出国，洪堡基金会积极支持。但我爱人的护照一下没办下来。我一直等到8月27日读完第三学期德语后，才无奈离开歌德学院去鲁尔大学工作。

第二节 追求卓越

8月27日中午，我离开歌德学院，乘火车来到波鸿市。当天，得到同济大学项海帆和陈鸿鑫两位老师的帮忙，住进歌德大街15号布瑞辰女士（Bröschen）家中的会客厅内。会客厅比较大，装饰华丽。布瑞辰女士是游泳教练员，出租一间房给我居住。同济大学和鲁尔大学是姊妹学校，每年同济大学都要派出10位老师来这里进修。当时，他们看了我的居所后，都说很豪华。这一幢公寓住着许多人家。当天晚上，我见许多人看望布瑞辰女士，以为她家有什么喜事。晚上10时过后，我顺便练习自己的德语，好奇地问房东家有什么喜事。她的回答让我大吃一惊，说是因为教授住进她家，让她家蓬荜生辉。当天，她在一楼进口的房号上添加了刘人怀教授的名牌，为此，使全楼的人都吃惊！这让我体会到"教授"二字在西德的分量，理解了西德是何等尊重人才。

鲁尔大学位于西德地区波鸿市，是西德的一所著名大学。第二天早晨，我就去该校结构工程研究所工作。所长是策纳教授，我原来与他不认识，是应洪堡基金会要求，要有一位科学家邀请，我才临时抱佛脚，在图书馆资料中查到他搞板壳力学研究，即写信给他，希望到他的研究所工作。他马上答应，热情邀请我以洪堡学者身份担任客座教授。他作为洪堡基金会委托的监护人，支持我进行板壳非线性理论研究工作。他是西德顶级的权威力学专家，从事板壳力学研究，其名著《弹性力学》畅销世界。他也是欧洲顶级力学科学家，是鲁尔大学工学领域的权威。由于地位特殊，他每个星期只来工作半天，其余时间均在校外自己开设的设计研究所工作。他创建并亲自管理三个设计研究所，除了一所设在汉诺威市外，另外两所都在波鸿市：一个专门涉及核电站审核（他是西德核电站总设计师），另一个则从事预应力隧道设计。三个设计研究所共有员工近200人。

我能在如此知名的科学家的指导下工作，真是三生有幸，使我目睹了世界一流力学家的工作，让我有极佳的学习机会。

当天上午，策纳教授就接见我。他生于1916年，已是65岁的老人，短小精干。他用德语同我讲话，语速快，我没太听懂，他马上看出来，又改用英语，我勉勉强强弄清他的话。他首先欢迎我到他的研究所工作，希望我在科研中要多多使用计算机。其次，因为他很忙，今后将由他的助手施吕特根博士（Schnütgen）同我联系。我将自己要做的科研工作向他做了汇报，他表示同意。他的秘书穆蕾（Möller）将我带到4楼的第35号房间，房间很大，20多平方米，有一侧全是玻璃窗，十分明亮。

每天早上8点半钟，我来到这间专属办公室上班，按照我对洪堡基金会写的报告，进行自选题目的科学研究。波鸿市位于北纬51.5°、东经7.3°，纬度相似于我国最北的黑龙江漠河（北纬53.5°）南面不远之地，因此，天亮偏晚一点。每天刚到办公室时，天还黑着，我把室内灯光全开通，等到10点钟时，天才大亮，我才关灯工作，这是我在国内从小养成的节约习惯。来了几天，一次恰好10点过，穆蕾来到我的办公室，立即将灯光开关打开，让我在更明亮的环境下工作，叫我以后不用关灯，我十分惊讶！事后，我进行了一点小调研：我的办公室就我一个人工作，全室800瓦灯光照明；大的学生阶梯教室，供100多人上课，照明灯光达万瓦。由此，我注意到，与我国情况相反，西德的知识分子们大多不戴眼镜，他们的眼睛健康，视力好。而我们国家由于工业落后，一直特别强调节约用电，从家庭到单位都用低瓦数灯泡照明，很多家庭里一间房子仅用8瓦灯，所以知识分子大多戴眼镜。我自己就是因高中时缺电灯而成了近视眼。

不久，策纳教授亲自带我去参观卡尔卡尔市的克拉夫特维克核电站。此核电站位于莱茵河畔，正在建设中。工厂占地16万平方米，发电量为300万千瓦，仅用一台汽轮机组，造价15亿马克。建成后，发电成本仅是火力发电的五十分之一。由于西德的核电站多，全国电力供应充足，故经济发展迅速，电价便宜，人民的视力健康。

他还安排我去参观哈明克尔镇的一间预制件工厂，有120名工人，这种工厂全西德有4个。后来又去法兰克福市参观一幢高层建筑工地，现场总人数50人，一半以上是外国人，施工要一年，建筑面积27 535平方米，造价15 918 750马克，楼高8层。

1982年7月，在西德旺腾市与鲁尔大学结构研究所同事合影。前排右3：策纳所长，左2：刘人怀

我还参观过学校内的建筑工程结构实验室，旁听过策纳教授的博士生毕业论文答辩，参加了研究所的所有工作和节日聚会，接受过策纳教授和他的助手的宴请，感受到西德鲁尔大学教授尽职尽责的精神。

从来到鲁尔大学第一天开始，我就努力进行科研工作。首先是将已着手十六年并完成大部分工作的双层金属旋转扁壳的非线性热稳定问题进行最后计算和整理。此项研究内容新颖，是国际上第一次解决这一难题的工作。双层金属旋转扁壳是精密仪表中一种重要的热敏弹性元件，被用于自动控制仪表。这类元件具有一种特性，在均匀加热的情况下，由于两层金属的热膨胀系数不同，将产生弯曲，以至于发生跳跃现象，自动控制仪表便应用这一特性作为控制信号。过去，苏联科学家巴诺夫院士及维垂克（W. H. Witrick）、格里果留克（E. I. Grigolyuk）、罗祖道等学者研究过其中一类双层金属扁球壳，但是，所获结果尚不能令人满意。对于另一类双层金属扁锥壳，由于非线性数学困难，尚未有人研究。我建立了双层金属旋转扁壳的非线性热稳定性的一般理论，应用叶先生和我提出的修正迭代法，给出了相当精确的解析解，且公式简单，易于工程设计时应用。我历经千辛万苦，终于将上述工作整理成一篇英文论文。我将"监护人"策纳先生列为第一作者，自己为第二作者，向他汇报，请他修改文章。一周后，他对我说，他看不懂我的论文。他再叫一位来自土耳其大学的进修教授蒙刚（Mungan）审阅，结果也未提出什么意见。因为我从事的是壳体非线性力学的研究，而他们做的是壳体线性力学的研究，问题相当不同。于是，他对我说他不能作为作者写在文章上。这让我见识了西德教授对待科学研究的诚实风格。

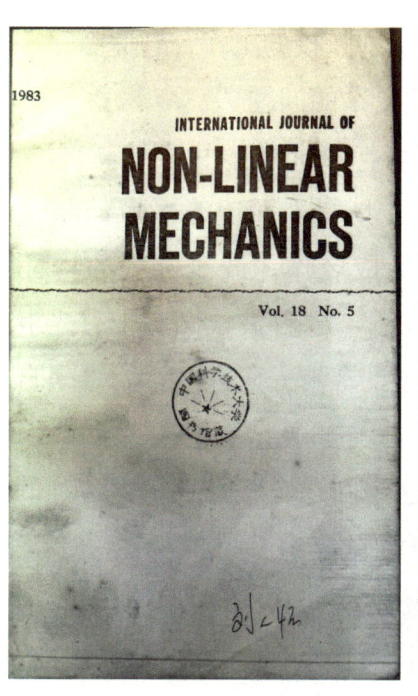

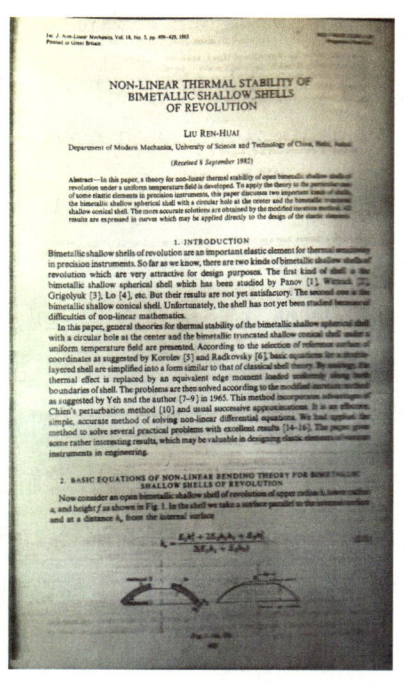

国际英文权威期刊《国际非线性力学学报》1983年第5期封面和发表的文章

考虑到文章的创新性，像大学毕业时将人生最先做好的论文投到国内权威学报《科学通报》一样，我决定将出国后的第一篇论文投到我们这一领域的国际权威学报《国际非线性力学学报》（International Journal of Non-Linear Mechanics）上去发表。投稿十分顺利，立即被录用了，发表在该刊1983年第5期上，这也是国内力学学者第一次在该刊发表文章。

该刊主编，国际著名力学家、美国科学院院士、美国麻省理工学院教授纳什（W. A. Nash）于1983年11月3日来信，将评阅人对上面文章的评语告诉了我。三位评阅人对我的文章均给了高度评价：①"刘人怀的论文开创了双层金属球形壳体稳定性分析的新领域。"②"刘人怀教授使用了一种优美的数学方法，解决了固体力学中一个复杂的问题。这项工作是原创性的，完全值得在任何一个好学报上发表。"③ "我仔细地审核了刘教授的工作，它完全正确，十分有意义。应该祝贺他解决了如此复杂的问题。"

看到这个结果，真没有辜负十六年的心血，由衷地高兴。

接着，我又写了第二篇论文《具有平面边缘区域的波纹圆板的大挠度问题》。这篇文章是我的成名作《波纹圆板的特征关系式》的后续研究，是难度更大的工作。这种波纹圆板带有光滑中心和平面边缘区域，其大挠度问题还没有被人研究过，困难来自非线性微分方程数目多以及波纹圆板本身的复杂形状。为克服这些困难，我仍然使用修正迭代法求解这个问题，获得了相当精确的解析解。文章寄给国际著名的固体力学权威刊物《固体力学汇刊》(*Solid Mechanics Archives*)，很快便发表在该刊1984年第4期上。1985年12月7日，策纳教授来信，"我要祝贺您获得这一十分优秀和内容丰富的成果"。该刊在1986年曾对10年来发表的文章进行公开评论，表扬了最优秀的12篇论文，我的这篇论文位居第5位，并且是唯一一篇中国学者的论文。

在此基础上，我继续研究了波纹圆板中难度更大的问题，一个是中心载荷作用下具有光滑中心的波纹圆板的大挠度问题，这个问题困难度非常大且尚无人研究；另一个是集中载荷作用下具有硬中心的波纹环形板的大挠度问题，这个问题虽然由苏联安德列娃和日本赤坂隆分别用伽辽金法和能量法研究过，但结果未能令人满意。我仍然用各向异性圆板的非线性弯曲理论来进行分析，并用修正迭代法来求解，获得很精确的解析解。所写的文章分别发表在国际权威刊物《国际非线性力学学报》1984年第5期和国内顶级学术期刊《中国科学》1984年A辑英文版第6期和中文版第3期。这也是我在《中国科学》发表的第一篇论文。

1982年底，应国际著名力学家、希腊亚里士多德大学钢结构研究所所长帕纳格奥托朴洛斯教授的邀请前往该校讲学，我于是将上面的第一篇和第二篇论文内容在发表前提前介绍给大家。事后，他写信给中科大校长，感谢我的讲学，又对我的学术报告给予了高度评价："这些工作能够体现当代国际板壳理论领域里科学工作现状的最高水平。"

1982年12月，在希腊亚里士多德大学讲学，于著名力学家帕纳格奥托朴洛斯教授家中做客留影

最后，我还在夹层圆板的非线性弯曲领域做了进一步研究，讨论了难度更大的国际上尚未有人研究的对称线布载荷作用下夹层圆板的非线性弯曲问题，使用钱伟长先生的摄动法和赫维赛德（Heaviside）函数，克服了非线性微分方程和载荷的不连续分布的困难，获得了较精确的解析解。所写的文章发表在我的老师叶开沅先生主编的1987年英文著作《应用力学进展》(*Progress in Applied Mechanics*)中，著作由荷兰著名的马提勒斯·尼霍夫出版社（Martinus Nijhoff Publishers）出版。

在西德鲁尔大学结构研究所工作了一年半的时间，我十分珍惜这个来之不易的机会，所以，夜以继日，集中精力做科研工作，查资料，推公式，上计算机进行数值计算，终于完成了上述五篇英文论文，受到国际重视和称赞，以此作为向祖国人民的汇报。

在我出国期间，中科大近代力学系通知我一个喜讯：在我出国后中国科学院要评选科技奖，是"文革"后中国科学院第一次成果奖励。系里立即帮助我整理弹性元件理论研究的成果，该成果获得1982年中国科学院重大科技成果奖二等奖。这是我一生中获得的第一个科技奖励，十二万分喜悦，深深感到学校对我的关爱。我马上写信回复感谢大家，并把所获奖金全捐赠给学校用于教育事业。

第三节　西德见闻

洪堡基金会为洪堡学者提供了充分发挥个人能力从事科学研究的机会和条件，他们对洪堡学者的要求只有一条，在获得成果发表论文时，需要注明得到洪堡基金会的资助。每年，有100位左右来自世界各国的优秀青年科学家在西德从事科学研究，为全世界培养了许多人才。洪堡基金会不仅提供经费，安排德语学习，组织活动让大家了解认识西德，关心大家的工作和生活，且不用汇报自己的工作，全靠学者的自觉，管理十分宽松，让我体会颇深。

我在歌德学院分校读书时，洪堡基金会曾在5月21日安排了一次在当地的洪堡学者的短途旅行，带我们参观了美丽的疗养城市巴德索登市，并游览了一座古老的宫殿，增加了我对西德的了解。

1981年11月5日，洪堡基金会在布朗士崴市召开新洪堡学者会议，洪堡基金会主席鲍尔教授（W. Paul）讲话，热情欢迎大家来西德做科研工作，并同大家一起合影。然后大家又参观了当地有几百年历史的藏书非常丰富的图书馆，晚上还听了一场音乐会。

1982年5月3日至23日，洪堡基金会为新洪堡学者20多人安排了一次环游西德的旅行，让我们全面地认识一下西德。

1981年11月，在西德波恩洪堡基金会招待会，与洪堡基金会主席鲍尔（右4）合影，右5是刘人怀

第一天来到波罗的海边的卢贝克市，美丽的海滨给我留下了深刻的印象。接着，游览了西德的第一大城市西柏林和东德的首都东柏林，看了第二次世界大战的遗址，又看了东西柏林之间的柏林墙和洪堡大学。在洪堡大学参观时，了解到世界上那些最早创办的大学都是教学型的大学，直到19世纪中叶，洪堡先生（A. von Humboldt）在全世界大学中第一个提出要将科研作为大学办校的核心内容，由此大学才有了今日教学与科研并重的双中心角色。然后，又去了戈斯拉尔市、哥廷根市、邦布尔克市、汉诺威市，游览市区，参观教堂。特别是在邦布尔克市附近舍尔布市参观一座名叫罗森萨尔瓷器厂时，让我长了见识。工厂制造食用瓷器杯、盘，在生产线末端两边各坐着一个女工人。她们两人负责检查产品的质量，发现产品不符合要求，哪怕是一点点瑕疵，她们也会立即将产品扔在地上打坏，仅允许质量完全合格的产品走出厂门。我突然明白了，什么叫质量，什么叫品牌，什么叫德国制造，难怪西德的产品能畅销

世界。记得那时，在我们国家，大家非常节约，喜欢买便宜的二等品、三等品、等外品，特别是在大城市排长队购买次品。这就是管理上的差距，应该向德国人学习。

接着，又去了著名的纽伦堡市，第二次世界大战结束之后曾在此进行了对纳粹德国战犯的纽伦堡审判。我们参观了一个非常著名的皇帝城堡，它建在城市的最高处，有着长长的红色斜屋顶，是纽伦堡的标志，历代帝王都会到这儿度假。

随后又参观了一座小的旅游城市罗森巴克市，这里有一些古迹。接着又去了西德南方的一座大城市慕尼黑市，参观了巴伐利亚国王宫殿、花园，奥林匹克运动场，英国花园。晚上又听了一场海顿音乐会，海顿是著名音乐家贝多芬的老师。

离开慕尼黑后，一直往南，来到美丽的艾布塞湖畔，其位于阿尔卑斯山在西德境内的最高峰附近。高峰海拔2964米，湖边海拔1000米。因有心动过速的毛病，我没有去登山，只是在风景很好的湖边游玩。随后，来到埃塔尔市和维市参观了两座非常豪华的教堂和一座国王的行宫。到达旺根市，沿途风景很好，草地很多。

继而乘轮渡，越过博登湖来到西德和瑞士交界的康斯坦茨市。经过我的请求，海关同意让我临时到瑞士游玩近一小时。边境两边城市街道境况相同，都很整齐，只是瑞士的商品较西德更贵一些。

在博登湖边，我还参观了斯普林根自来水厂，抽水管在离岸400米外，放在水下60米深处，离湖底还有10米。博登湖面海拔394米，自来水厂将湖水吸到800米高的斯普林根山顶，然后将水输送到周围200公里内的地区，斯图加特市的一半自来水来自于此，水质相当纯净。

然后来到弗莱堡市，市区不大，但挺热闹。经过弗罗伊登施塔特县，来到阿德尔塞蒙镇，该镇有500位居民，镇长带着我们参观当地的监狱、中学和市容。中学建设得很整齐、美丽，居民住宅很好。

接着到了奥斯特尔布尔肯镇,镇长十分热情,宴请我们,又举行舞会。随后又带领我们参观了一座阿德尔斯(Adels)男爵府,非常壮观。之后,我们来到海德堡市,参观了一座建于1794年的皇宫,这座皇宫很大,雄伟,漂亮,花园也很好。

5月20日下午4时,来到著名的特里尔市,这里是共产主义思想的创始人、伟大导师马克思的故乡。住宿安排好后,我立即步行到布吕肯大街10号去拜谒马克思的故居。这是一座三层楼房,每层有4间房。楼房正在维修,将暂时关闭一年。我只好在大楼前照了几张相片留念。

然后,沿着莫塞尔河来到科布伦茨市,参观了以前德意志各公国举行联合会议成立德意志帝国的遗址。接着,便到达西德首都波恩,洪堡基金会总部设立在这里。晚上6时,洪堡基金会副秘书长倍尔倍里希博士(T. Berberich)为我们举行了欢迎酒会。他告诉我们,由于很多申请者超过40岁,1982年在中国仅录取了2名洪堡学者,我觉得很遗憾。最后,又参观了哥德思贝儿克城堡和科隆市著名的大教堂,于5月23日返回到波鸿市。整个旅行,洪堡基金会安排得细致周到。让我亲眼看到,从西德的北部到中部和南部,山川美丽、树木葱绿、城市整洁漂亮,给我留下深刻印象。

7月5日,385名新洪堡学者齐聚波恩。当天下午5时,洪堡基金会举行年会,秘书长普费奋博士(H. Pfeiffer)致欢迎词,然后放映了关于洪堡生平的电影。19世纪,洪堡在世界上极负盛名,是公认的近代地理学的奠基人,同时在气象学、地球物理学、海洋学方面也有许多建树。

第二日上午在波恩大学礼堂开会。洪堡基金会鲍尔主席致欢迎词,接着由美国李普曼教授(Leppmann)作"歌德和洪堡"的报告。

1982年7月，在西德波恩洪堡基金会年会上，与世界各国洪堡研究会员合影。
前右4：刘人怀

下午3点，在波恩市哈默尔斯密特村西德总统别墅官邸接受卡斯滕斯（K. Carstens）总统接见。他讲了十多分钟话，表示对洪堡学者们的欢迎。然后一一接见大家。我是第一位被接见的洪堡学者，他十分和蔼，紧紧握住我的手。我先向他问好，接着他对我说，他将在今年10月去中国访问，问我那时回中国没有？我说还没有。他说了一些对中国友好的话，让我感到喜悦兴奋，谈话持续了好几分钟。

1982年7月6日，在西德首都波恩总统别墅，受到卡斯滕斯总统接见

第九章 留学生涯

当天晚上，洪堡基金会鲍尔主席举行招待会欢迎大家。第二天，又安排我们坐上游船，在莱茵河上游览了一天，沿途风景十分美丽。在游船上，我拿到西德的《总报》(General-Anzeiger)报纸，见到西德卡斯滕斯总统与我握手的大照片刊登在报纸上，令我十分高兴，终生难忘。

第四节 校园生活

在鲁尔大学工作了近两年时间,遇到了来自大陆、台湾以及海外华侨的进修学者和留学生30余人,如郭仲衡(后为中国科学院院士,北京大学)、项海帆(后为中国工程院院士,同济大学)、陆大道(后为中国科学院院士,中国科学院地理研究所)、胡四一(后任水利部副部长,华东水利学院)、李发伸(后任兰州大学校长)、郁明阳(英国华侨)等,大家经常聚会,互相切磋,讨论留学中遇到的问题,渐渐地形成一个共识,应该建立一个留学生会来团结帮助大家,使大家都能圆满完成进修和留学任务。我们先组建了一个筹委会,经鲁尔大学外事处同意,然后在1982年10月22日,正式成立波鸿鲁尔大学中国同学联合会,首批会员58人,大家选我担任首任会长,郁明阳任副会长,李发伸任司库,胡四一志愿来当我的秘书。担任这样一个职务,我感到很荣幸,但也觉得相当难做,既要对内,也要对外,还要对上。

我做事一向很公正和认真务实,对担任的社会工作职务也一样处理。为同学服务,义不容辞;对学校和中国驻德大使馆的指示,认真负责办理;遇到留学生发生困难时,尽量相助;对不会做饭炒菜的同志,手把手教;对有病的同志,帮助就地或回国治疗。

10月15日,我们怀着崇敬的心情组织了35名留学生去波鸿附近的巴尔门市瞻仰共产主义思想的创始人、伟大导师恩格斯的故居。

我在留言簿上写下内心深处迸出的一句话:"学习伟大的共产主义战士恩格斯!"。恩格斯故居实际上是他父亲的住宅,很整齐、漂亮,可惜的是他诞生的房屋在二战时被毁坏,现在立了一个纪念碑作为纪念。

中秋节之前,几位台湾同学对我讲,他们离开家乡几年了,从来没有吃过月饼,十分想念。那时,西德城市里,几乎没有中国的商品。至于月饼,更是从未见过。我考虑中秋节对中华民族的重要性,觉得应满足台湾同学的渴望。从十岁开始,我便开始做饭,成家后又学会做北方面食和炒菜。为此,花了三天时间,经过研究试验,终于做成了月饼,并请工科同学用废罐头盒子做模子,在月饼表面烙上"中秋快乐"字样。中秋之夜,请几十位会员来吃月饼,配上德国啤酒,共庆中秋节来临。吃完离开时,每人还带上几块月饼。大家都夸月饼做得好!通过这样的活动,使得台湾同胞、侨胞和大陆同胞更加团结友好,更加热爱祖国,更加热爱中华民族!

1983年1月,在西德波鸿鲁尔大学宴会厅,鲁尔大学中国同学联合会举行答谢宴会,作为主席致辞(站立者),前排左2起:伊普森校长、策纳教授

1983年1月26日，波鸿鲁尔大学中国同学联合会在校内举行春节庆祝活动，借此感谢学校领导和导师的辛勤指导。伊普森校长（Ipsen）、三位副校长、学校有关部门领导出席，会员们的导师和导师夫人以及波鸿市的企业家和会员们近100人参加。招待来宾的菜都是中国菜，全是我们自己做的！共计8个热炒菜，4个冷盘菜，另外还有馄饨、小笼包、八宝饭和水果羹。事前，我策划方案。许多留学生不会做饭，我便教大家如何洗涤、如何切、如何上灶，主要的菜则由我亲自做。同时，我还要在餐厅致辞，感谢校长和教授们的辛勤指导帮助。庆祝会开得很成功。伊普森校长和教授们一致赞扬我们的菜做得很好吃，比中国北京饭店的还好吃。第二天，《鲁尔消息报》报道了这一消息，说我在板壳非线性力学领域拥有令人瞩目的建树，同时又会做中国菜，可称为"教授级厨师"。

　　1982年3月，中国科学院力学研究所所长郑哲敏院士来到鲁尔大学，我组织同志们接待。郑先生是钱学森先生指导的第一位博士生，我们十分敬仰他，听取了他的指导。

　　7月8日，应我国驻西德大使馆张彤大使邀请，我们几个洪堡学者去波恩的我国大使馆参加欢迎会。到了大使馆，我倍感亲切，觉得像是回到了祖国，回到了家一样。首先，阮参赞讲话，对我们留学生寄予厚望，希望做好研究工作，为祖国效力。然后，张彤大使宴请了我们，给我们关怀和鼓励。

　　10月30日，中国科学院卢嘉锡院长在我国驻西德大使馆接见了我，鼓励我好好做科研工作。接见时，著名的数学家吴文俊院士也在场。

　　12月8日，伊普森校长专门宴请我，赞扬我为学校做了有益的事。

　　1983年1月7日，伊普森校长再次接见我。我先汇报了留学生联合会的工作，然后请他参加春节庆祝会，他愉快地接受了邀请。

伊普森校长叙述了对中国的情谊，两年前曾访问同济大学，与同济大学结成姊妹学校，赠送该校一台电子计算机。同时，访问过北京、上海、杭州和广州。他很喜欢与我们国家交往，希望以后再去中国访问。该校外事处负责中国学生事务主管的热赫女士（Seher）代表学校对我郑重表示，鲁尔大学很喜欢与我交往，感谢我的工作，邀请我继续留在鲁尔大学工作，并衷心希望我的夫人也能来鲁尔大学陪伴我。我万分感谢鲁尔大学对我的关照，但我必须返回祖国工作，便婉谢了鲁尔大学的好意。

鲁尔大学外事处对留学生的工作认真负责，非常关爱，不仅让大家了解西德，也要大家认识欧洲。1982年3月22日，组织留学生去法国旅行，39位留学生参加，其中中国留学生约占一半。我也参加了，希望借机会了解一下法国。我们一路乘坐旅游车，经过比利时，到达巴黎市。我们先游览了市容，这里让人极富印象。接着陆续参观访问了巴黎大学海洋生物研究所、联合国教科文组织大楼、第一次世界大战贡比涅森林德国战败投降签字地点以及第二次世界大战博物馆。4天的旅行组织得十分有趣，让我体验到了西德人对战争的反思和西方人对旅游的热爱。

一年后，3月13日，学校又组织留学生去瑞士旅行，26位留学生参加，其中中国人有9个人。瑞士是中立国家，我也想去看看。到达瑞士后，先到巴塞尔市，当天夜里，正逢基督教大斋期的前夜，街上一队一队敲鼓吹笛的人在行进，声音大而刺耳，人们特别兴奋，他们的信教之诚给我留下了深刻的记忆。第二天到达首都伯尔尼，较巴塞尔热闹。我们游览了市容，这里小巧而整齐。当天下午2点，又去瑞士议会参观。正值议会开会，我们就在旁听席上就座。先是议长讲话，宣布当天讨论的议题。接着，由政府财政部部长和外交部部长汇报工作。然后又举行了新议员宣誓仪式。台上很庄严，但台下相当乱，议员们到会稀稀拉拉，进进出出，许多议员在走廊上谈天，无人管理。瑞士是由三大党派联合执政，会议使用德、法两种语言，议员中有一名来自瑞士的共产党。议员们随意发言，有的十分尖锐，但政府领导人仍然笑容满面。这让我第一次见识到了西方议会开会状况。

当天晚上，参加外国游客首次到达瑞士的迎接晚餐，全部菜都是干酪，每盘干酪是不同颜色，五颜六色，几十种，让人叹为观止。可惜的是，我接受不了干酪这种食品，一点也不能吃。由于我太顽固，主持人只能叫了一份鸡肉面食给我充饥。晚餐时大家都要去向女主持人敬酒，并行贴面礼，让我看到瑞士人欢迎外国人的热情和疯狂，整个晚餐给我留下了不可磨灭的印象。

第三天，我们到日内瓦市参观联合国日内瓦总部。总部大楼很大，有1300多个房间，共有职工5000多人，其中中国科就有50余人。我们先参观了会议厅，总部的艾森先生（Eassen）给我们介绍了总部联合国组织的机构与任务，并接受了提问。接着，联合国欧洲经济委员会布里都先生（Bredow）接见了我们，他先介绍情况，然后进行了讨论。随后，又见了西德裁军代表团瑞尔先生（Röhr），他介绍了裁军方面的国际形势，讲话中提到台湾时，将台湾与中国大陆并列，称为两个国家。我立即举手发言，指出他的错误，申明台湾是中国的一个省，不是一个国家。他当场承认了他的错误，向我致歉。第四天，又去访问世界知识产权组织总部，巴尔特斯先生（Bartels）向我们介绍了国际专利的情况，让我第一次认识到专利对一个国家的重要性。过去在国内，我对此几乎一无所知。在总部进门的大厅内，有一个玻璃柜，展览着一颗来自月球的小炭石，有3厘米×4厘米大，呈银灰色，是美国人从月球带回的岩石，让我开了眼界。我因年轻时参加过有关我国第一颗东方红人造地球卫星项目的研究工作，见了这颗岩石，倍感兴奋，希望我们中国人有一天也能登上月球取回同样的东西。接着，我们又去世界卫生组织访问，萨托瑞斯先生（Satorius）向我们介绍了该组织的情况，接受了我们的提问。当天下午，我们又去参观了国际著名的欧洲核子研究组织（CERN）。该组织有科研人员3000人，来自北京中国科学院高能物理研究所的谢一岗同志亲自给我们讲解。该组织有一个巨大的加速器群，共有七个加速器，组成世界三大加速器之一，另外两个在美国芝加哥和苏联莫斯科。该组织当时正在建造一个更大的长达27公里的地下环形加速器，横跨瑞士和法国。我们参观了实验室，体会颇深，想到当时中国的加速器，相比之下太小了，要赶上世界先进水平，还有很长、很艰苦的征途。

第四天我们游览了日内瓦市，特别是日内瓦湖，十分美丽，号称世界第一的巨大的喷水池能喷水140米高，令人难忘。第五天，去游览了阿尔卑斯山在瑞士境内的最高峰，即少女峰，高达4158米。我因心动过速之病，无法登山。只好在山下滑雪处游览，观看人们滑雪运动。这是我平生第一次看滑雪，觉得很有趣。第六天，来到卢塞恩市，它被称为瑞士最美丽的旅游城市，我们在维尔瓦兹特湖泛舟游览，令人流连忘返。第七天，参观了当地古冰川遗迹，面积为15米×15米，让我大开眼界。接着，前往苏黎世市，参观著名的苏黎世联邦理工学院，这是伟大的科学家爱因斯坦的母校。我们穿过波登湖，回到西德米尔斯布克市。第八天，游览市区，参观了一个旧德意志选帝侯的府第。接着，来到乌尔姆市，参观一座教堂，教堂塔的高度达到161米，是西德第一高塔。当晚返回波鸿市。整个旅行，让我对世界上一个中立国家有了具体的认识。同时，增加了对联合国组织、世界卫生组织、世界知识产权组织总部、欧洲核子研究组织的认识，增强了振兴中华民族的信心。

1982年底，我趁去希腊讲学的机会，在回程路上，又访问了南斯拉夫、意大利、奥地利，进一步增强了对欧洲的认识。

在留学期间，巧遇校友李发伸同志也来鲁尔大学进修。我在兰州大学任学生会主席时就认识他，和我是四川同乡。他在物理系读书，比我高一年级。我留校任教时，又和他同住在一字楼宿舍内。在下乡当农民时，又同任五七干部营部秘书，住同一间房。李发伸同志是个正直善良的人，早在兰州大学时，就向我表达过强烈的入党愿望，让我记忆犹新。再次见到他，他又向我表达了入党的愿望。我将此事向我国驻西德大使馆领导汇报，经我介绍，得到大使馆的破例批准，他光荣加入了中国共产党。能在国外发展这样一名优秀党员，我感到特别高兴。他回国后，很有成绩，后来担任兰州大学的校长，带领兰州大学走向辉煌。

留学中遇到一些台湾同胞，他们与我相处得很好，大家来往交流时也向他们表达了愿台湾早日回归祖国的期望。由于当时台湾当局未解严，海峡两岸人民还不能正常往来，因此在国外也可能遇到特务，面临被策反甚至被绑架的危险，我自己就亲身经历过一次。1982年下半年，一位来自台湾"中山科学院"的教授，还兼任台湾科技规划委员会顾问，就是一个带有特殊任务的人。在一次交谈中，他主动向我表示，受台湾"外交部"姓沈的"副部长"的托付，要我叛逃去台湾，因我在西德有了些名气，他们相中了我。我当场严词拒绝，并在当天谈话后立即乘火车赶往波恩，向我国大使馆汇报此事并提交了书面报告，得到使馆领导的肯定。同时，我也向我们联合会的几位党员同志包括张世远、梁勇、周恒祥、张晶、陆培德等同志通报了此事，要大家提高警惕。由于我们国家当时在西德影响较小，遇到心怀叵测的人，自己要小心注意，防止被人利用。

1982年8月1日傍晚6时，我在兰州患病留下的后遗症肠梗阻突然发作了，疼痛难忍。我先用按摩方法，但是无效。心想应该去医院治疗，但又不会讲这种病的德文单词，于是忍着疼痛查字典，而《德汉字典》又放在学校办公室，只好查身边的《汉英字典》，将与病痛等有关的英文单词写在一张纸上，并请住在附近德语讲得比我好的胡四一同志来帮忙。一时找不到出租车，胡四一只好陪我坐有轨电车去波鸿市中心的伊利沙伯医院，到医院后，已是深夜10点钟。值班医生马上为我看病，我的英文纸条发挥了用场，他知道病情后立即按西德医院规则，要为我先做透视等检查，并说要等第二天医生上班后再做治疗。我疼痛难忍，便反复要求医生用我在国内治疗此病的灌肠方法治疗，终于说服了他。他对我说，这是第一次听病人的意见治病。第一次，灌肠液少，不起作用；又做第二次，灌了500毫升液体，这才起效了，此时已是晚上12点。第二天早晨，上班医生来看我，要对我再做检查，我说不用了，请求出院，他们很不理解。经我再三申请，才同意我出院回家。出院时，仅签一个名字即可，无须付任何钱，连早餐和中餐钱也不用付，医疗费包括挂号费均在医疗保险费中扣除，这让我体会了一次西德医疗保险福利制度的好处。回到驻地后，朋友络绎不绝来慰问我，让我体会到同胞的爱心。

  在西德留学了两年多，完成了学习任务，见识了世界。我回国心切，谢绝了继续留下的邀请，终于在1983年4月17日，告别鲁尔大学，在朋友们热情欢送下，离开西德飞回万分想念的祖国和家。

第十章
时代机遇

第一节 四世同堂

1983年4月17日，从杜塞尔多夫乘坐汉莎航空飞机，经法兰克福和印度新德里，于4月18日回到首都北京。踏上祖国的土地，万分高兴。我爱人、两个儿子以及我的四哥一起前来接我。在中科大北京玉泉招待所住下后，四哥首先代表全家告诉我母亲因糖尿病病重已在1981年10月11日去世的悲痛消息。当时，全家商量，考虑我出国留学不易，是祖父留学后全家第二个留学的人，太珍贵了，就一致决定先对我隐瞒，等我回国时再告诉我，以便让我安心留学。我理解全家的好心，但身为母亲特别关爱的幺儿，我不能在她离开时最后尽孝，伤心欲绝。

回到合肥学校后，首先向系领导汇报出国留学的工作情况。考虑到当时学校的科研设备落后，便从西德买价值近万元的一台夏普微计算机和一台兄弟牌英文打字机送给学校，感谢学校对我的关爱。

1985年，我荣获中科大"先进工作者"称号。次年，因"波纹圆板和双金属扁壳的非线性弯曲理论"的研究再获"中国科学院科技进步奖三等奖"。

在这期间，我获得中国科学院科学基金项目，进行"夹层结构的非线性理论"的研究。夹层板壳是一种新型构件，由一块厚夹心和两块薄表层所构成。由于这种构件具有高刚度和轻重量的优良特性，故在航天、航空、造船、建筑和包装等工程中得到了广泛应用。

过去，由于夹层结构的复杂和非线性数学的困难，绝大多数研究均限于线性理论分析，关于非线性分析的论文如凤毛麟角，无法满足工程设计的需要。为此，从20世纪70年代末开始，我对夹层圆板的非线性弯曲进行了研究，获得了对这一问题当时最先进的成果，但均将夹层圆板的表板假设为薄膜，而忽略了表板的抗弯刚度。鉴于此，我创立了修正幂级数方法，得到了均布载荷作用下、具有滑动固定边界条件、计及表板抗弯刚度的夹层圆板大挠度问题的解。这是国际上首次得到的解析解。我和我的学生朱高秋的论文发表在《应用数学和力学》1989年中文版第12期和英文版第12期。

同时，还在《中国科学》A辑中文版1985年第6期和英文版第9期发表了《在复合载荷作用下波纹环形板的非线性弯曲》论文，继续推进我前面在这一领域的研究。

大型储油罐网格顶盖

这时，中国石化总公司北京设计院金维昂工程师委托我做大型储油罐网格顶盖的稳定设计计算，让我发现板壳非线性力学领域一类很有意义的课题，我以前从未遇到过。这是我从事板壳非线性力学研究中进行的第五个领域。网壳结构是用较短的构件沿着一个曲面有规律地布置而组成的一种空间构架，目前有单层和双层两类网壳结构形式。我们遇到的是单层方形网格扁球壳，基底的直径和顶盖的曲率半径相同，为28米。每根肋条具有相同的矩形管状横截面，长为100毫米，宽为60毫米，厚为5毫米。肋条的设置情况是相邻两根平行肋条之间对壳顶点而言的夹角仅为2.5°。另外，壳上覆盖了4毫米厚的钢材蒙皮。由于网格数量大，且是不连续的壳面，一直无人研究过此种壳体的非线性稳定性，是世界性的难题。网格壳体由于具有消耗材料少、自重轻、结构刚度大、覆盖空间大等显著的优良特性，所以越来越广泛地应用在大跨度建筑等工程中，如大会议厅、博物馆、展览馆、飞机库、车站、超级市场、旅馆、雷达穹顶、储油罐等。甚至在医疗器械中，也开始采用它作为患者支气管和血管中的网状支架，为挽救生命起到了重要作用。经过分析研究，我采用等效连续的方法，创立了方形网格扁球壳大挠度分析理论，用变分原理得到了承受均匀分布载荷作用下石油储罐的方形网格顶盖的非线性边值问题，使用修正迭代法获得了临界载荷相当精确的解析解，在世界上首次为石化工业储油罐网格顶盖设计提出了科学依据。到后来才知道，整个过程里面其实还有一场隐含的竞赛。在我进行研究的同时，委托方考虑到我年轻，对我不放心，又同时请一位著名大学的名教授开展同一课题的研究，他采用有限元法进行数值计算。我用解析方法求解给出结果在先，等他的数值计算结果出来时，委托方发现两个结果差别甚大，只好做了一个工程试验。试验结果出来后，与我给出的结果吻合，委托方才用我的结果进行工程设计，并悄悄将情况告诉我，一个不公开的竞赛才告结束。我又一次闯过难关，取得了胜利。

1985年，应钱伟长先生的邀请，参加他创办的第一届国际非线性力学会议。会议于10月28日至31日在上海举行。美国工程院院士、《国际非线性力学学报》主编纳什教授，苏联科学院院长谢道夫院士（L. I. Sedov），希腊亚里士多德大学帕纳格奥托朴洛斯教授，英国纽卡斯尔大学教授、皇家学会会员杰弗里（A. Jeffery），日本学士院近藤一夫院士等22个国家的80多位国际非线性力学专家与国内200多位学者一起光临盛会，场面非常隆重。我也是平生第一次参加这样高层次大型国际非线性力学领域的学术会议，还担任了第二分会场的主席，深感荣幸。在会上，我作了《在均布荷载和中心集中荷载联合作用下波纹圆板的非线性弯曲》的学术报告，获得大家一致好评，并载入会议论文集。28日晚上，时任上海市市长江泽民同志在衡山饭店设宴欢迎大家。第二天晚上，会议在上海展览馆举行招待会，主持招待会的黄用宾同志向大家宣布，请大会主席钱伟长先生出场，紧接着再请他的大弟子叶开沅先生站在钱先生左边。然后，出乎我的意料，主持人又叫我出场，作为叶先生的大弟子，站在叶先生左边，最后再把我的大弟子朱高秋叫出来，站在我的左边。我们四人以钱伟长先生为首站成一排，在国内外几百名非线性力学学者面前，作为学术界祖孙四代人同台亮相。美国纳什院士致辞，热烈祝贺钱伟长先生学术四世同堂。四世同堂成为会议佳话，全场代表热烈鼓掌致以敬意。

《上海科技报》于1985年11月2日以《国际力学界的一次盛会——国际非线性力学会议侧记》为题报道了此事："我国对柔韧板壳大变形问题的研究，在国际上处于领先地位。这次钱伟长教授与他的三代学生同聚科学会堂，在会上传为佳话。钱伟长的学生，兰州大学的叶开沅教授，在会上作了柔韧结构部件研究在中国的进展报告，许多国际著名专家都给予好评，认为中国在这方面的研究居于国际先进水平。叶的学生、四十五岁的中国科学技术大学近代力学系副主任刘人怀教授，也在会上介绍了自己的研究成果。刘的学生朱高秋是中国科学技术大学84级硕士研究生，今年二十二岁，是这次高水平国际学术会议中最年轻的代表。最近，他已考取今年度王宽诚教育基金留学生，即将出国深造。"

纳什先生到会，也让我特别高兴。虽然我和他通过几次信，到这次会议才第一次见面相识，他对我特别欣赏和友好。会议最后一天上午，他因事要提前离开上海，无法完成大会闭幕式前要作的大会特邀报告。离会前，他请我代他作大会报告，我受宠若惊，接受了他的委托。我拿着他预先准备的演讲稿，回到房间一看，只能算是一份演讲提纲，简练到语句也不甚连贯。我有点傻眼，只有中午两个小时的准备时间，我的英文又很差，也来不及请人帮忙，只好硬着头皮，费尽心思，替纳什院士用英文做完了大会报告。好在没有出错，也没有引起笑话，总算完成了纳什院士的委托。

第二节　升任教授

　　回到学校后，我继续从事以前的教学工作，为本科生讲授"板壳理论"课程，为研究生讲授"板壳非线性理论"课程。我讲课时，注意由浅入深，由表及里，并结合自己从事的科研工作，向同学们讲授力学理论的应用问题，深受同学们的欢迎。

　　1984年夏天学校举行中科大学生毕业典礼，我代表全校教师在会上发言，鼓励学生不辜负学校的培养和期望，要在祖国四个现代化事业中奉献力量。

　　从1984年秋天起，学校让我担任固体力学硕士学位指导教师，我招的第一个学生就是朱高秋同学。他学习好，又在全国王宽诚教育基金会100多位考生的考试中名列第一，我将他推荐给美国马萨诸塞州立大学纳什院士攻读博士学位。

　　1980年，全国招收第一批博士生，我也被学校列为博士生导师，让我招生。考虑到即将去西德留学，无法具体指导博士生了，便要求等回国后再招。哪知道回国后，政策变了，博士生导师要由国务院学位委员会审批，这样一来我就不能招博士生了。由于从1962年到1978年国家都未进行过职称评审，过去几年来全国的职称晋升非常火热，于是，教育部在1983年下令全国高校暂停职称晋升工作，我正赶上这时回国，故升任教授一事也无法解决。学校对我十分关心，于1984年把我作为特殊情况，特别提拔。经中国科学院批准，1985年7月，我成为中科大最年轻的教授。

同时，近代力学系领导班子换届，钱学森先生不再担任系主任，改由中国科学院力学研究所著名力学家谈镐生院士任系主任，周光泉同志任常务副主任，我和庄礼贤同志任副系主任，我们相处甚好。此外，我还担任《中国科学技术大学学报》副主编和校学术委员会委员等职。

1985年8月7日，我与朱兆祥先生、王礼立同志等联名发起创办安徽省力学学会，获上级批准成立，我被选为副理事长。过了一个月，因他两人调往宁波大学，我便又担任代理事长。不久，中国力学学会通知我们，要举行换届选举，让我们推荐一位理事候选人。我召集常务理事会，让大家推荐。同志们都推荐我去当中国力学学会理事，考虑到我将调离中科大，我便谢绝大家的好意，改选其他同志担任。这一年，我还被珠海市人民政府聘为第一届咨询委员，科学出版社也聘我为《应用数学和力学》编委。

因为正处于改革开放初期，全国欣欣向荣，特别是新成立的几个经济特区更是走在前列。珠海市梁广大市长欢迎我到珠海特区去工作，派出人事局局长于1984年7月来我家，邀请我担任副市长和科技局局长，筹办珠海大学，若学校不同意，还可以不要人事关系被调去。海南行署雷宇主任也派出人事局局长来找我，邀请我去海南筹办海南大学。恰恰这时，上海工业大学校长钱伟长先生经过深思熟虑也专程来合肥到我家中，热情邀请我尽快到他身边工作，做他的助手，帮助他把上海工业大学办好。中科大党委副书记宋天顺也找我谈话，告诉我学校打算提拔我担任中科大副校长。我一直都在学校学习和工作，非常热爱教师职业，此前任教研室副主任和系副主任，也都是上级任命和群众推选的业务领导岗位，还从来没想过要做行政领导工作，突然面对这样多的邀请，弄得我不知如何是好。思索再三，我决定听从祖师爷钱先生的召唤，到上海工业大学工作，协助他把学校管理好。当时，中科大坚决不同意我调离学校。钱伟长先生便请上海市市长汪道涵帮忙，汪市长很尽力。最后，经中共中央组织部副部长王照华亲自帮助，先后发了三次调令，中国科学院才在1986年初同意我调离学校去上海工业大学工作。离校时，教研室为我开了热情的欢送会，感谢我的工作，并宣布今后我仍是中科大的教授。学校校长和党委宋天顺副书记主动来参加欢送会，热情致辞，表达了中科大对我一贯的关爱之情，让我深深感动。

在中科大任教8年，让我深刻感受到这所学校的办校实力和特色。那时全国都很关注它，每年各省的高考状元几乎都到中科大上学读书。但因地处合肥，离中心城市较远，办学还是受到影响。改革开放后，中国科学院几百位学部委员曾签名要求中央同意把中科大迁回北京，遗憾的是未能实现。于是，我在调离前，想感恩学校对我一直以来的关爱照顾，便与钱伟长先生商量，得到先生同意和支持，让中科大与中国最大城市上海结上关系，逐步将学校中心迁往上海，以更好地发挥和展示中科大的活力。第一方案是将上海工业大学与中科大合并，作为中科大在上海的校区；第二方案是依托上海工业大学先在上海新办中科大上海研究生院，然后再往前发展。对此，中科大领导和上海市政府都积极支持和努力，但因未得有关方面同意，最终未能实现，成为遗憾。

第三节　省长顾问

1984年初,安徽省副省长杨纪珂(曾任中国致公党常务副主席)请我做他的省长顾问,帮他做一些工作。他是中科大数学系的老师,50年代从美国留学归来,在数学系很有名。我到中科大任教后曾在家属院三号楼104室居住,他当时住204室,我和他是上下楼邻居关系,因而开始认识和熟悉。他当副省长后,还到我家来做客过。由于这层关系,我也乐意给他做顾问,帮他出主意,完成一些技术性的咨询工作。我曾随他参加省政府的厅局长会议,陪他到下面视察,或者替他到一些会议上讲话。这使我第一次接触我们国家省级政府的管理工作。

同年8月7日至13日,受杨副省长委托,我代他出席由安徽省计划委员会主持的皖南旅游区发展规划座谈会,会议在黄山举行。主持会议的是省计委副主任兼安徽省旅游局局长王胜才同志,参加会议的有省直有关部门,徽州、安庆、宣城行署,芜湖、黄山市计委以及皖南地区部分县的同志共五十余人。座谈会开始时,我代表杨副省长讲了话后,王胜才局长即席请我讲讲旅游方面的问题。我只好当面申明,我是力学专业的教师,对旅游一窍不通,为满足局长的盛情邀请,我硬着头皮,在毫无准备的前提下,当场介绍了一下我在欧洲旅游的见闻。我介绍了西德、法国、瑞士、意大利、梵蒂冈、希腊、南斯拉夫、奥地利、比利时等国家的旅游业情况,特别是对几个著名旅游城市，如巴黎、日内瓦、柏林、维也纳、罗马、威尼斯、雅典进行了介绍，讲了巴黎的埃菲尔铁塔、卢浮宫、塞纳河、巴黎圣母院、凯旋门、香榭丽舍大街、凡尔赛宫；日内瓦的日内瓦湖和大喷泉；柏林的国会大厦、柏林墙、勃兰登堡门、波茨坦广场、菩提树下大街、洪堡大学；维也纳的霍夫堡皇宫、国家歌剧院、美泉宫、圣斯特凡大教堂；罗马的斗兽场、特莱维喷泉、梵蒂冈、圣彼得大教堂、古罗马广场、威尼斯广场、真理之口；威尼斯的圣马可广场、叹息桥、总督府、大运河；雅典的卫城帕特农神庙、奥林匹亚宙斯神庙、古安哥拉遗址、国家考古博物馆等。我同时根据我的经历，还强调了旅行社、导游、景点特色、旅游酒店的重要性。我讲了两小时，大家都未出过国，且信息闭塞，听了很感兴趣。会后，王局长直接问我，安徽省旅游应该怎么搞？我答得很简单：安徽旅游资源很丰富，应该大抓旅游业建设，古话说得好，黄山归来不看山！黄山就是安徽最好的旅游资源。首先应从黄山旅游战略规划做起，把黄山旅游区建设好。同时打造好黄山旅游交通，除公路和铁路外，还应建黄山机场，设立安徽航空公司。他听了后，很满意，并向上级汇报，得到了省委黄璜书记、王郁昭省长同意。随即进行黄山旅游规划，我也参加了。我还参与了安徽航空公司和黄山机场的筹建，并与美国一个投资公司谈判，弄到两架波音737飞机。但是申请报到北京后，未获批准，因为我们国家当时还不允许建地方航空公司。最后这件事只有黄山规划和建设成功了，让我有点安慰。

同年7月，受杨副省长所托，前往厦门大学，为田昭武校长筹办该校工学院出谋划策。厦大是中国一所名校，办工学院很有意义。我依据国内外高校工科专业的情况，再按国家经济发展态势，为厦大工科进行筹划。

这年5月，为促进安徽经济发展，由杨副省长发起，得到上海市、安徽省、山东省、福建省、江西省、湖南省的大力支持，成立安徽远东工程咨询公司，他自己担任董事长兼总经理，请我任副总经理，很快又让我代替他任总经理。我自己的科研工作很多，还要兼任这种企业管理性质的工作，十分忙碌。但这是省政府办的公司，我认为是奉献，所以不拿一分钱工资。杨副省长希望我全职投身企业管理工作，给我讲了"鱼和熊掌不可兼得"的道理。但我心里舍不得丢掉我的学术研究，坚持在完成学校工作的前提下，尽力把总经理的工作做好。

当总经理期间，还有两件事让我感到遗憾：第一件是考虑到安徽电力短缺，我们想在安徽建立一座核电站。那时，浙江秦山核电站和广东大亚湾核电站也刚刚起步。我在西德留学时，接触过核电站，有深刻印象。在国际上，西德的核电搞得最安全。当时，奥地利建立了一座75万千瓦核电站，用的是西德设备，因对核废料的处理有分歧，为议会否决。原造价为10亿马克（约7.2亿元人民币），拍卖只需要1亿马克（约0.72亿元人民币）。菲律宾总统马科斯夫人原想要，但因菲律宾政府反对而未办成。我觉得相比秦山核电站和大亚湾核电站，太便宜了，而且西德的核电站设备又安全，故觉得建在安徽很合适。我们将核电站选在繁昌县，靠近芜湖市。此事报请国务院有关部门后，未获批准。第二件是经过科学调查分析，安徽洪泽湖附近定远县一带地下可能蕴藏石油。我们国家太缺石油了，所以我们就想开采石油。考虑到安徽省经济力量不行，便与一家美国公司谈判。我们的要求是，在开采前，全部设备经费均由对方负责，开采成功后，第一年收益对半分，然后逐年减少对方分成，8年后由我方完全接管。对方同意后，我们将开采石油之事报到国务院有关部门，又遭否决。

在总经理岗位上，我总结出一个管理工作的宝贵经验：在权力范围内做事，才能成功。

第十一章
黄浦江畔

第一节 承担重任

在钱伟长先生热情邀请下，我于1986年2月14日来到上海工业大学任教，成为全校8位教授之一，且是最年轻的教授。6月28日，市政府将江泽民市长（后任中共中央总书记、中华人民共和国主席）亲自签发的上海工业大学副校长任命书颁发给我，让我协助钱伟长先生管理学校。7月12日，学校举行教职工大会，郑令德书记宣读了关于我的任命。接着钱伟长校长发表讲话，向大家介绍了我的学术成就和工作能力，是一位将要就任中科大副校长的教授，为把上海工业大学办成一流大学，专门被请来到学校任职。随后，我简短致辞，感谢上海市和学校的厚爱与信任，一定要在校党委和钱校长的领导下，把工作做好，不辜负大家的期望。

我给自己设定了两个要求：从担任副校长之日开始，要把精力用在行政管理岗位上，一定按党和国家要求依法行使职权，不整人、不害人，公正做事。在上班时间，除学校的教学任务外，不搞自己的学术研究。同时，保持廉洁，决不搞以权谋私，全心全意为师生服务。简而言之，对个人的要求，就是"多做好事，多做善事，不做坏事。"

既然做管理工作，就应该自觉地学习一些管理理论，以便科学管理自己所分管的工作。

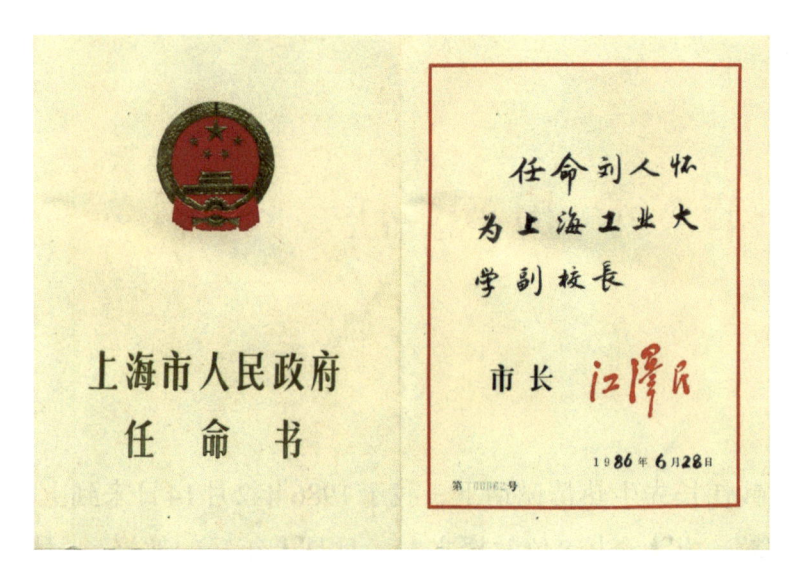

1986年6月，被上海市人民政府任命为上海工业大学副校长，任命书由江泽民市长签字

在大学领导岗位工作，就必须先弄清楚办大学的意义。高等教育是为国家培养社会主义事业的接班人，让学生们在德智体方面都能全面发展。为此，就要管好教学、科研、为社会服务三个方面的工作。上海工业大学是上海市政府直接管理的排在第一位的大学，工科较强但学校办得一般。钱先生到校任职后，决心在上海市委和市政府领导下，团结广大师生员工，共同努力，尽快把学校办成一流学校。

钱先生"自强不息"的办学精神和"拆四堵墙"的办学思想，深深地影响着我，让我们要走在高等教育改革的前沿。他的改革举措，在上海乃至全国都引起强烈的反响。他所拆的第一堵墙就是学校和社会之间的墙，以适应经济建设和科学技术高速发展的需要，这样才能密切联系社会和工厂企业并为之服务。第二堵墙是校内各系、各专业、各部门之间的墙，现代科学技术的生长点都是跨学科的，具有交叉学科的特点，为此必须努力打通这些学科之间的人为界限，拓宽专业，以适应现代科学技术发展的趋势。第三堵墙是教育与科研之间的墙，高校既是教学中心也是科研中心，倡导教师在教学工作的同时进行科研工作。第四堵墙是"教"与"学"之间的墙，那种认为学生只有通过老师"教"才能"学"的传统教育思想，应该废除。"教"虽有指导作用，"学"才是内在因素，高校应该把学生培养成有自学能力的人，使其在工作中能不断学习新知识，面对新条件能解决问题。

自从1963年10月到北京清华大学照澜院16号第一次拜会钱先生后，许多年来我又陆陆续续多次见过钱先生，他的科学思想和教育思想一直影响着我。现在，到了钱先生身边做助手，是多么好的进一步学习的机会！特别是在钱先生于1987年4月担任全国政协副主席后，他更加忙碌了，我的任务随之也加重。我既要完成行政助手之责，又要完成业务助手之责，协助先生带好固体力学博士生，完成交给的科研课题。我到北京出差，首先要去先生家，看望先生和师母。他们每次往来上海，我都去机场接送，有时我还陪先生去出差。先生和师母来学校，他们都住学校乐乎楼招待所二楼，我常去汇报工作，聆听指导。晚上，我还有时带爱人和孩子去看望他们。有一次，聊天高兴，我看了一下手表，已快到凌晨2时了，赶快向先生和师母告辞，哪知招待所服务员已睡觉了，大门已锁，先生和师母亲自将一楼过道的窗子打开，让我和爱人从窗口爬出去，离开招待所，这事让我感动，一直难忘。

钱先生对我讲，因他北京的工作多，来学校时间少，让我多帮助他，尽快将上海工业大学办成一流高校，办成国家重点大学。遵循钱先生的思想，我愿意全力以赴去做好分配给我的工作。

学校党委照顾我，最初给我分配的担子相对较轻，除了担任经济管理学院首任院长和联系上海市应用数学和力学研究所两项工作以外，只需分管全校研究生教育。其他三位副校长徐匡迪（后任全国政协副主席、中国工程院院长）、方明伦和龚应荣分管任务比我重，工作更加辛苦。三位副校长经常帮助我，大家在工作上配合得很好。

研究生教育在高校中是教育结构中的最高层次，特别重要，它要为我国社会主义事业培养具有科学研究、教学工作和工程技术工作能力的专门人才。上海工业大学从1979年开始招收研究生，于1982年取得硕士学位授权点资格，学校设研究生科对全校研究生工作进行管理。1983年，钱伟长先生来校任校长，由他亲自申请，学校于1985年获得固体力学博士学位授权点资格。于是，学校研究生科升格为研究生处。此时，我校拥有博士学位专业授权点1个（固体力学），硕士学位专业授权点17个（机械制造、钢铁冶金、工业自动化、计算机应用等），博士指导教师1人，硕士指导教师77人，每年招收博士生4人、硕士生135人。经过调研后，了解到学校的研究生教育已有一定基础，但存在两个问题，即生源不足和博士点太少。为此，我在研究生管理工作中，重点抓存在的两个问题。研究生处处长刘慰俭教授工作认真负责，我同他一起首先重视研究生招生宣传与组织教育，不久即有很好的效果，报考我校的研究生显著增多，生源质量也很好。同时，在钱先生关怀下，在1987年就成立校博士点申报领导小组，我任组长。经过大家从上到下一起努力，在国务院学位委员会1990年第四批博士学位授权学科、专业以及博士指导教师申报中，大获全胜，全校增加了两个博士学位授权学科——机械学和电力传动及其自动化；增加了4位博士生指导教师——徐匡迪（钢铁冶金）、张直明（机械学）、陈伯时（电力传动及其自动化）、刘人怀（固体力学）。同时，学校还增加了一个硕士学位授权学科：管理工程，使经济管理学院研究生学位点取得零的突破。1991年6月，学校在博士后流动站的申报中，获得零的突破，固体力学专业成为全校第一个博士后流动站。至此，全校的博士后站学科有1个，博士学科有3个，硕士学科有18个，硕士点已基本覆盖全校各系。1990年，全校有12个系，24个本科专业。博士生14人，硕士生333人。在我任期内，学校仅接受过一次上级对研究生工作的评估。1989年12月至1990年1月，上海市高教局组织有关高等学校和科研机构的专家对上海市计算机科学与技术学科的硕士学位授予质量进行评估，我校排名第3，仅次于复旦大学和上海交通大学。对我校给予了很好的评价："上海工业大学从学校到系的领导，重视研究生的管理和教学工作：①政治思想工作好，组织措施落实，导师教书育人，研究生精神状态好，思想好；②有明确培养方案，能因材施教，培养出有一定理论水平并重视实际的人才；③重视管理工作，制定了20多个文件；④培养条件好，师资力量强，设备、图书齐全，能提供较好的物质条件；⑤达到了培养目标。"

钱先生来校第二年，1984年11月1日，学校成立上海市应用数学和力学研究所，这是由国家科委批准的二级研究所，钱先生亲自兼任研究所所长。研究所挂牌之时，我应邀来上海参加了庆祝会，并被聘为兼职教授。钱先生的学生潘立宙先生任副所长，大事由钱先生做主，具体工作由潘先生主持。我来校工作后，因自己的学术工作属于研究所，便在这里指导研究生、讲课、做科学研究，对研究所的情况比较了解。潘先生做事认真负责，我就在学术工作方面多干活、多支持。研究所发展很快，声名远播，为上海工业大学赢来一片赞扬声。1985年，在钱先生亲自领导下，研究所在固体力学学科，为上海工业大学获得第一个博士学位授权点资格。接着，1991年，又在这一学科为学校获得第一个博士后流动站。研究所不断引进人才，已有10位教授，5位副教授，讲师36人。5年中，共承担了45项研究课题，科研经费125万元。共招收了博士生28人，硕士生31人，获得博士学位的有16人。总共发表了192篇论文，其中在国外和国内一级刊物上发表的有86篇，出版专著10本，译著3本。获得国家和省部级奖励13项，其中国家发明奖2项，国家科学技术进步奖1项。

钱先生来校后，一心要把上海工业大学办成高水平大学，故想采取与其他学校合并的办法来加快进程。钱先生让我去上海科技大学和上海第二医科大学，拜访郭本瑜校长和王振义校长，探讨学校合并事宜，他们都很赞成。知道了这个提议后，当时的上海大学也很愿意加入。由于学校合并这样的事在那时是罕见的，还需要上级严格审议和批准，所以等我到1991年底调离上海去广州时，还未办好合并手续，直到1994年5月27日，才合并成功。从此，新的上海大学创建。比较可惜的是，原来谈好的上海第二医科大学未合并进来，又成为一件憾事。

1986年10月，到学生宿舍看望学生们，前右1为刘人怀

1987年7月，在上海新客站工地上，带领上海工业大学师生一起劳动。后排左3：刘人怀

第二节　夯实基础

1988年秋天，龚应荣副校长调离学校，前往上海出版印刷专科学校任校长。党委郑令德书记便将他分管的基建和后勤工作交给我做。于是，我的职责更加繁重。

基建和后勤工作是大学教育事业的基础和保障，相当繁杂，不易做好。对我说来，这方面的经验很少，更加不易。我首先到这两个部门调研，了解全校基建和后勤状况。在总体上维持现状的情况下，我决定先对领导和师生们反映的急需问题给予解决。随后，再理顺关系，将这方面的工作全面向前推进。

此时，学校校园增加了北面一小块土地，急需进行用于改善学校教学和科研用房的综合楼，即行健楼的基建工作。钱先生对我讲，工程太慢了，要尽早施工。我立即抓紧此项工作，与基建处和建筑设计院同志一起努力，不到1个月即开始此楼的基建施工。大楼建筑面积21 913平方米，用了两年的时间，建成了校内最高最大的楼房，使学校教育条件得到很大的改善。同时，还建成了新图书馆楼、留学生楼、学生二食堂、上海市应用数学与力学研究所楼及其风洞实验室、广中路教职工住宅、广中路绿化带工程、体育馆看台等工程，使学校增加了近5万平方米建筑面积，全校总共用房达到20万平方米，使学校的办学条件和师生员工的生活条件得到了显著改善。

学校的后勤工作范围很宽，有十几个工作部门九十多种工种，直接为教学、科研和师生员工服务，解除大家后顾之忧。我与诸海明总务长、唐维克处长一起，齐心协力，深入基层，了解问题，认真研究，区别轻重，认真做好总务工作。

首先，确定后勤工作在学校内的位置，即它是为教学、科研和师生员工的生活服务的。然后，动员这一方面的有关领导和职工认真做好自己的本职工作，同时，不准搞以权谋私。由于大家努力，从1990年到1991年，学校后勤先后获得上海市政府多次奖励，如上海市花园单位、上海市卫生先进单位、上海市节粮标兵单位、上海市公民义务献血先进集体、上海市高校优秀锅炉房等。我们的工作，使领导放心、群众满意。大家一致称赞后勤同志们的干劲和工作效果：从校门开始，校园里有很多草地、树木和雕塑，令人瞩目；更新教室、实验室设备，给师生们提供满意的教学环境；办好食堂，让学生和教职工食得其所；办好幼儿园和托儿所，让老师们无后顾之忧；搞好校园卫生和医务室，更加重视师生员工的生活环境和健康保护。办好招待所——钱先生题写为"乐乎楼"，中外来宾均赞赏；管好交通科，保证学校的公务用车和安全。总之，为了做好学校的后勤工作，我花了很多心血，给学校的后勤工作带来了新的变化，为学校的发展打一个好的基础，使学校的后勤工作在上海市高校中走到了前列。

第三节　迎难而上

1985年3月5日，上海工业大学经济管理学院经上海市人民政府批准成立，这是我国改革开放后最早建立的管理学院之一。它的前身是上海机械学院冶金分院，于1978年由上海机械学院、上海市冶金局、闸北区政府三方联合创办，属上海市冶金局主管，1980年更名为"上海工业大学分校"。经济管理学院仅设企业管理工程系一个系和企业管理一个专业，注重管理专业的建设。学院设在市中心恒丰路313号，远离校本部，校园面积5613平方米，建筑面积7135.2平方米。

学院批准成立后，一直未任命院长。直到我来到上海工业大学工作后，钱先生便决定让我去担任首任院长，这可是一个艰巨的任务。在我一生中，这是我工作后第一次担任一个单位"一把手"的职务，而且是首任院长，学院远离校本部，责任非常大。1986年5月20日任命后，我便到学院去做调查研究，听老师、干部和学生的意见，理清办学思路。

改革开放前，我国高校基本未设管理专业，不重视管理人才的培养，这会影响我国经济发展。从1978年改革开放后，管理专业开始创设，受到国家的高度重视和关怀。特别是我在留学后看到发达国家的大学在重视科学技术学科的同时也十分重视管理学科。回国后，在安徽又接触到大学的基层管理、政府的行政管理、旅游管理和公司的企业管理，更感受到管理科学的重要性。因此，当钱先生让我去当经济管理学院首任院长之时，我既紧张又高兴，将面对一个既有很大前景又充满挑战性的任务。

经过我几年的努力，经济管理学院由一个系和一个专业变为三个系（工业管理工程系、工业外贸经济系、会计信息管理系）和四个专业（企业管理、工业外贸、会计学、旅游工程）。

在研究生教育方面，从1983年开始，一年招1名管理信息系统专业研究生，是挂靠同济大学招生。在我的努力下，又在管理工程专业招硕士研究生，一年可招3名研究生，在校研究生达到9名。1986年前，生源不足。报考人数太少，多靠调剂解决。我下了力气，重视这件事，1987年后就发生了很大变化，报考数与招生数的比例达到15∶1左右，研究生论文的质量也得到了专家的肯定和好评。尽管我担任院长，但心里一直将此任务视为行政领导职责，没有产生去任管理专业老师的念头，但一件突发事情，让我改变了原来的想法。担任院长之职才几个月，担任硕士指导老师的副教授突然患病去世了，学院和大学研究生处非常着急，为了在学硕士研究生的培养，急需寻找一位新的导师接任。他们讨论结果，认为应由我来接任，其理由是：①学院现有的两位副教授不是硕导，还不能胜任硕导职责；②我是学院唯一的教授，接任不会引起负面反应，至于业务工作，则选拔几位优秀中青年老师协助我指导。在这种特殊情况下，我听从大家的建议，担任管理学科的硕士生导师。按我个人一辈子做事的性格，既然当了硕导，就应该像模像样。从此，我便开始钻研管理科学业务，不仅指导了管理信息系统和管理工程专业的5名硕士研究生，而且讲"领导科学与领导艺术"和"旅游工程学"等课程，搞科研，承担课题，发表论文，出版专著，走上了管理科学理论与应用研究之路。先后发表了11篇文章，如发表在《国际商务研究》1987年第6期上的《有效利用外资 扩大对外开放》；

《旅游学刊》1990年第2期上的《上海旅游交通的症结与对策研究》等。1990年与助手斯晓夫合作在机械工业出版社出版专著《工业企业管理岗位要素设计》。1991年，又与张包镐、应仁才合作，在百家出版社出版文集《旅游工程原理与实践》。

学院本科教育方面，原来仅设有1个专业，即企业管理专业。为满足国家需要，又增设工业外贸、会计学和旅游工程3个专业，在读本科生达到448人。那时，全国尚无一个大学办旅游专业，我便设立旅游工程教育中心，在1988年创办了旅游工程专业，并招聘到在美国康奈尔大学获得旅游管理学博士学位的汪纯本老师到我们学院任教，他是我国第一位拿到旅游博士学位归国的留学生。我调离学校以后，他又被招聘到中山大学旅游管理系任教。

对本科生培养，首先是把学生思想政治工作放在首位。经常对学生进行思想政治教育，进行理想、道德、情操和纪律教育，进行爱国主义和普法教育。通过建立班主任工作汇报制度和由部分干部教师参加的督导员制度，并根据我院学生无住宿条件实行走读、在校时间少、与社会家庭接触多的特点，采取家庭访问和邀请家长来院座谈等形式互通信息，形成一个学校、家庭齐抓共管的局面。同时，针对学生的思想热点，我们经常邀请担任厂长、经理的校友来院作《大学生成才之路》《怎样当好一名厂长》《企业家应有的责任》等报告，使学生了解社会对人才的需求。通过这一系列教育措施，学生的政治思想素质有了普遍提高。

为了加强对学生的基础理论教育，使之更好地适应上海经济建设和社会主义发展的需要，我们在加强基础理论课、拓宽专业知识和提高实践能力等方面采取了必要的措施。首先，组织教师制订管理学科的教学计划，并根据发展需要及时修订计划，增设各类选修课，总共开设了三十多门选修课。同时，加强学风、校风的建设，树立了良好的学习风气。特别在计算机和外语教学方面成绩显著。

以全国大学英语四级统考为例，我院历年都取得较好的成绩，1987年我院学生及格率为55.5%，超过全国重点高校平均37.2%的及格率，1990年及格率提升到58.9%。同时，我们还重视学生基本素质的提高，积极开展体育活动。尽管我们学院体育场地较小、体育设施简陋，但大家共同努力、克服困难，因地制宜地开展小型多样的体育活动，取得了良好的效果。在校运动会上，我院学生取得了优秀成绩，如长跑、篮球、足球等多次取得校冠军。在1987年、1988年全市高校篮球联赛中，荣获高校冠军，享誉上海。

为适应社会的需要，我们开设了两年制的干部专修科，使工矿企业中的一些中层以上干部通过成人高考后来我们学院脱产学习两年，取得大专学历。实践证明，这些学员具有丰富的实践经验和管理能力，学得好、学得快，掌握了管理理论知识，回企业后马上能用，深受企业欢迎。从我们对专修811班的跟踪调查来看，全班46人毕业后分别担任了企业各级领导，挑起了企业管理的重担。1990年，在学的专修科学生有37人。

根据市总工会的要求，我们还举办了劳模大专班，让获得劳动模范的工人师傅来院脱产学习，掌握管理专业知识，取得大专学历。此事深得社会认可和赞誉。1990年，在校劳模学生有27人。

我们根据社会对管理人才的需求，结合自身的专业特色，为上海市培训了一批高层次的管理人才，赢得社会赞誉。我们试办了企业厂长、经理培训班，每期半年左右，使在职的厂长、经理能学习企业管理知识，提高企业管理水平。我们培训了2354名厂长、经理，他们在全国统考中获得优秀成绩的人数的比例高于全市平均水平。1990年，在学的培训班学生33人。受中共中央组织部和国家教委的委托，我们还承担了培训企业总工程师的任务，培训了310名总工程师。1990年，在学的总工程师37人。他们学习了企业管理理论后，深感对自己未来工作有用。在他们的热情努力下，1988年

7月，成立了上海市总工程师联谊会，大家推我为首任会长。此后，联谊会开展了很多对上海市经济发展有益的活动。1991年底，我调离上海后，大家又请钱伟长先生担任会长。

抓好教学的同时，我还大力抓好科研工作。当时全院大多数教师只搞教学，不搞科研，我就在会上会下推动。学院成立了预测和咨询研究所，由我亲自担任所长，带头搞科研。1986年，我组织出版《上海工业大学经济管理学院汇刊》，将大家近期发表的论文汇总在上面，鼓励老师发表科研文章。第1期，还主要是我的文章。第2期，其他人的文章就开始多起来。1989年，在资金紧张的情况下，我决定从学院经费中拿出5万元作为全院教师的科研基金，目的是推动更多的老师有积极性搞科研，1989年度便有73人次提出了19项科研项目。同时，让系所承接国家和省市的重大科研项目，鼓励老师们动员厂长、经理等校友积极开发横向课题。建院以来，共承接科研项目67项，科研经费达到138.1万元，其中1987年至1989年合计为126.4万元。"崇明县2000年经济、科技、社会发展战略规划研究"和"高技术开发区论证"两个项目均获得1987年上海市科技进步奖二等奖。5年来，在国内和国外一级刊物上发表论文63篇，出版专著12部，译著7部。

师资队伍建设至关重要。开始时，全院教师仅有75人，其中副教授3人，讲师46人。经过5年努力，师资队伍有了很大的发展，教师达到112人，其中教授5人，副教授16人，讲师、工程师71人。同时，聘请兄弟院校、科研单位和社会上学有专长的人才作为兼职教授，通过国际交流的途径，先后请美国、加拿大、英国、荷兰、日本等国家的14批专家教授来院讲学或直接为学生授课，并选派了3名老师在国内、13名老师去国外进修学习，提高学术水平。学院面积小，校舍差，我努力设法改善办学条件。首先用节约开支的办法筹资，在原有8台计算机的基础上，陆续增添了26台计算机，建成了院计算中心。计算中心在教学科研中充分发挥作用，使每个学生上机时间达50小时以上，并承担了17项科研项目。1988年，我们改造了外语语音室，购置了先进的语音设备，使学院的外语教学设施有了改善。同时，完成了北楼的加层，增加了200多平方米的办公用层，缓解了办公用房紧张的局面。最后，用自筹资金建造3376平方米的7层教学楼，大大改善了学院的办学条件。

在关心教职工工作的同时，我也尽力想法改善教职工工作条件和生活环境，尽力办好院食堂和招待所。担任院长的第二天，在全院教职工大会上，我就顺便将老师们所反映的，就过去学院不允许女老师染发、穿裙子、穿高跟鞋上班之事给予答复："改革开放已经8年了，党和国家在发展经济的同时也时时刻刻关心改善人民的生活。女老师上班穿得美丽，是好事。过去大家穿一样的衣服，这不是社会主义的目的。"这个决定深受群众欢迎，从此，全院女教师在穿着上丰富多彩了。但是会后，还是引起个别观念比较顽固的干部的不满，向校党委报告说我搞"资产阶级自由化"。这事现在说起来，会让人好笑，但那时，不仅是上海工业大学经济管理学院，全国很多地方的观念环境都是这样。

经过4年的努力，我于1990年7月17日卸任。在学校党委和钱先生领导下，全院师生共同努力，终于使上海工业大学经济管理学院在全国成为一所知名的学院，无愧于全国创办最早的10个管理学院之一的声誉。

管理科学是新学科，上海设有管理学院的大学都是名牌学校，如复旦大学、上海交通大学、同济大学等学校。院长们经常聚会讨论热点问题，交换管理经验。1988年6月聚会时，大家就一致推选我任上海高校管理学院院长联谊会首任会长，主持会议和平时的联络工作。1986年，怀着促进中国旅游业发展的强烈愿望，在综合分析国内外旅游科学研究工作的基础上，我提出用系统工程学方法来研究旅游，创设一门新兴的综合性学科——旅游工程学。同时，还创办上海旅游工程学会，并担任首任会长。此时，还兼任由中国行为科学学会创办的中国公共关系专业委员会的第一届副主任、上海市技术经济和管理现代化研究会副理事长、上海市旅游协会（学会）首任副会长和上海旅游教育研究会副会长等职。1990年，又被聘为《工厂管理》学术期刊的学术顾问。这说明，我从事经济管理学科领域的工作得到了大家的认可。

1988年4月，上海市派出专家组到学院对本科办学水平进行评估，给出了很好的评价：经济管理学院自开办以来，有了很大的发展，教学很好，很突出。实行多种形式办学，很有特色。

第四节　领　导　关　怀

　　因为我是上海市51所高校最年轻的副校长，且学术成绩优秀，到上海工作后，得到市委市政府的许多关心和爱护。1987年1月27日是春节小年夜，市里通知我傍晚到上海展览中心二楼电影院，陪同中央领导看文艺演出。到达后，才知道是陪同中华人民共和国主席李先念同志看文艺演出。到场陪同的有市委市政府书记、副书记、市长、副市长十余人，加上其他陪同观看的领导，总共二十余人。那天天气很好，19时15分，李先念主席步入会堂，先接见我们。我第一次受到国家主席的接见，心情十分激动。他慈善和蔼，与我握手，问我的名字和职务，十分关心我。受到如此鼓励，让我一生难忘。

　　次年7月3日至12日，上海市政府特地安排我以专家身份到杭州，在上海总工会屏风山疗养院四分院进行休养，对我关怀备至。

　　在上海工作时，市政府每隔两三个月召开一次全市局级干部会议，市委书记江泽民同志（后任中共中央总书记，国家主席）和朱镕基市长（后任国务院总理）都给我们作报告，每次报告都很精彩。朱镕基市长曾就读清华大学1947级，是钱伟长先生的学生。他于1988年5月担任上海市市长后，只要钱先生来上海，一有时间他就以学生身份来上海工业大学拜会钱先生，每次会面都是我陪同，让我近身感受到朱市长尊师的美德。1988年6月28日，他在市局级干部学习报告会上，对全市干部提出三个要求："（1）为政清廉、办事高效、做问心无愧的人民公仆；（2）解放思想、勇于实践、做敢冒风险的改革者；（3）深入基层、善于协调、做解决实际问题的能手。"此后，我一直以此严格要求自己。

1986年10月23日，著名社会学家、人类学家、全国政协副主席费孝通先生（后任全国人民代表大会常委会副委员长）受钱先生邀请来校访问。我受钱先生委派陪同他参观，深切感受到他的社会科学学问之精深，待我们年轻学者也十分和蔼亲切，说话十分有趣。我因家教关系，喜欢文科，故借此机会，向他请教，受益匪浅。

1986年6月15日，中国科学技术大学上海校友会成立。上海市委常委、组织部部长赵启正（后任国务院新闻办公室主任）被选为理事长，我被选为常务副理事长，主持日常工作。上海市委组织部副部长罗世谦（后任上海市委副书记）也被选为副理事长。

1988年9月18日，我和赵启正同志一起去合肥参加中科大校庆30周年活动。校庆期间，中科大校友会成立，我被选为理事。著名物理学家、全国人民代表大会常委会副委员长、中科大原校长严济慈先生主持座谈会，中国科大首任书记郁文（曾任中共中央宣传部常务副部长）和北京市副市长、陈毅元帅之子陈昊苏等到会，我作为中科大校友受邀参加。严校长任校长时，对我关怀备至，我十分感谢。这次相逢，能当面感谢他的关怀，令我十分高兴。我发言，感谢母校的栽培和支持，感谢严校长的关心爱护，我们一定把上海校友会办好，支持母校越办越好、为国争光！

1986年6月，中国科学技术大学上海校友会理事会合影，后排左7：赵启正，前排左2：罗世谦，后排左5：刘人怀

1989年10月5日，我受邀请代表上海工业大学参加中国人民解放军第一军医大学校庆四十周年大会，让我收获不少。庆祝大会9时开始，校长致辞后，请在我身侧的一位坐轮椅的老首长讲话。因老人家年事已高方言难懂，没有把握好时间，会议进程被严重拖后，使时任解放军总后勤部长的赵南起上将（后任全国政协副主席）也未能致辞祝贺。当时礼堂内都是解放军学员，一直端端正正地坐着，没有丝毫交头接耳的现象，会场秩序一点未乱！会后大家共进午餐。我坐在赵南起身边，与将军聊天，说起刚才的见闻，令我很佩服解放军官兵尊敬首长、遵守纪律的精神。在会上，我还结识了我国著名的肝胆外科专家第二军医大学副校长吴孟超教授（后为中国科学院院士）。参加这次校庆会，既让我认识到解放军的纪律严明，又让我意识到要注意管理中的细节问题，小事安排不好也会影响整体成败。

1986年10月，数学泰斗陈省身教授受钱先生之邀来校访问，我参加接待。陈先生是20世纪国际上最伟大的几何学家之一，被称为"微分几何之父"，是美国国家科学院院士，也是中国科学院、法国科学院和意大利国家科学院的院士。1985年他回国在南开大学创办南开数学研究所，这是他一生中创办的第三个数学研究所，前两个是原"中央研究院"数学研究所和美国国家数学科学研究所。他认为，中国数学要在国际上取得应有的地位，成为数学强国，就应建立培养高级数学人才的基地。我的兰州大学校友、中国科学院院士葛墨林就应聘到南开数学研究所做他的助手。葛院士常给我讲陈先生的故事，非常有趣。他这次来到上海工业大学，正值他七十五岁生日，钱先生为他办了一个盛大的生日庆祝晚宴。我端着酒杯向他祝寿时，他神采奕奕，才思敏捷，对我说了一段让我终生难忘的富有温情的一句风趣话："谢谢你的敬酒！刘教授，当你七十五岁时，我一定来为你祝贺敬酒。"1991年6月他又来校访问，也是我接待他。他的聪明智慧给了我很深的印象。

　　我还帮助钱先生接待著名物理学家、美国国家工程院院士田长霖先生，他后来任过美国加利福尼亚大学伯克利分校校长。另外，还有美国无线电传播学会主席、美国国家工程院戴振铎院士等。同他们相见，开阔了我的视野，增长了我的见识。

第五节　赴加科研

在上海工业大学担任领导工作已经两年多了,由于精力投入在行政工作中,故学术工作进展较慢。特别是此前在西德留学时,已注意到复合材料板壳非线性力学领域的进展情况,很想在这一领域有一点作为,却苦于没有足够的时间让我从事此项研究,心里一直挂念。从1983年开始,国际著名复合材料板非线性力学领域的华人学者、加拿大卡尔加里大学贾春元教授一直邀请我到他身边从事一年以上的科学研究,故我向学校领导申请去加拿大进行短期科研,此事得到领导关照并批准后,我便在1988年9月25日去加拿大,开始我的第二次出国留学生涯。

第二天下午5时,贾春元教授的夫人杨晴缄和其博士生许昌时到机场热情迎接我。许昌时还是同济大学徐次达教授的硕士生。在上海时,我也认识徐次达老先生,他很有学问。我住在卡尔加里市北山路1186号。卡尔加里市位于加拿大阿尔伯塔省南部,坐落在著名的落基山脉西侧,是加拿大第四大城市,有70万人,也是加拿大最大的能源中心,世界著名的石油公司都在这里设有分公司。

次日上午,我到卡尔加里大学土木工程系报到,见到了贾春元教授,汇报了我的研究计划。作为访问科学家,申报了加拿大国家科学基金会课题"复合材料层合扁球壳在均布载荷作用下的非线性稳定分析"。

贾教授为我安排了办公室，就在土木工程系的242房。卡尔加里大学是加拿大著名大学，是加拿大排名前七的研究型大学之一，校园美丽，建筑物雄伟。

贾教授在十一国庆节时，请我去他家做客，邀请在卡尔加里大学留学的近20人一起来欢迎我，令我很感动。第二天，我又参加了卡尔加里庆祝我国国庆39周年的大会，到会300多人，会场就在学校内，加中友协的代表也到会上讲话，会议开得非常成功。在远离祖国的异国他乡，庆祝国庆节，真是万分高兴。

1988年10月，与贾春元教授（二排左2）和夫人及留学生们在一起，二排左3刘人怀

这么好的环境，让我有条件开始我的板壳非线性力学研究的第六个领域：复合材料板壳非线性力学的第一个工作。20世纪的飞跃发展，使得复合材料作为一种新材料被引入到航天、航空、造船、机械、建筑、生物医药、体育等部门大量应用。它具有许多优异性能，如比强度高、比刚度大、抗疲劳性能好、减震性能好和材料性能可以设计等。因此，对复合材料本身，特别是做成工程结构中的

板壳构件后的研究，引起了科技界的高度重视。学者们预言，21世纪将成为复合材料时代。

在复合材料板壳力学领域中，显而易见，非线性稳定性属前沿研究领域。特别是，复合材料层合圆柱壳和复合材料层合扁球壳成为国际研究的焦点和难题。由于纤维正交铺层原因，学者们集中讨论较简单的复合材料层合圆柱壳的非线性问题，而对于难度更大的复合材料层合扁球壳的非线性问题，尽管理论和实际意义重大，但由于非线性数学的困难，一直无人触及。我因为研究板壳非线性力学问题已廿多年，有一定的经验，且从未畏惧艰难险阻，故抓住此问题不放，终于利用这段访学时间开始对这一难题的研究。经再次查阅文献，确认国际上尚未有人研究。于是我动手，首先建立了横向剪切变形影响的对称层合圆柱正交异性扁球壳的大挠度理论，得到了这一壳体理论的基本方程。然后，使用我们的修正迭代法，求解了均布压力作用下对称层合圆柱正交异性固定边扁球壳的非线性稳定问题，获得了相当精确的临界载荷的解析解，可直接用于工程设计。

用了一个多月的时间，从早到晚努力，终于在11月中旬将科研问题的理念和求解顺利完成，只差算出数值解，我十分高兴又攻克了一个难题。考虑到自己是上海工业大学的副校长，脱离岗位太久不好，故决定缩短原来的一年留学行期，返国回到自己的工作岗位。贾先生对我的工作大加赞美，再三挽留我，让我继续在他身边工作，我只好婉谢，感谢他为我提供这样好的工作条件，又能与他畅所欲言地交流。

11月22日，我乘飞机返回到祖国，圆满完成科研任务。返回后，我指导的博士研究生吴建成协助我完成了剩下部分的数值计算。最后，这篇论文在我们国家顶级科技刊物《中国科学》1991年中文版A辑第7期和1992年英文版A辑第6期发表了，让我特别高兴。

从此，我就以此为始，在复合材料层合板壳非线性领域里继续扩宽研究范围，开展一个又一个新的研究课题。

在卡尔加里留学期间，我还利用周末，在许昌时博士的陪同下，去班夫国家公园参观，让我第一次接触到国家公园的理念。班夫国家公园是加拿大第一个国家公园，距卡尔加里180公里，有谷地高山、冰原河流、森林草地，堪称世界一流的旅游目的地，游客甚多。我游览了一个瀑布，一个冰碛湖，一个冰川。地势海拔才1878米，我仅穿一件毛衣，一条单裤，未感寒冷，山上的冰川却未融化，风景非常美丽，完全可以媲美欧洲的阿尔卑斯风景区。另一个周末，我们去德兰赫勒市（Drumheller）旁的恐龙博物馆参观，德兰赫勒是距卡尔加里市200多公里的一个小镇，因为在当地发掘到巨量的化石和恐龙骨，所以有"世界恐龙之都"之称。博物馆内设施甚好，内容安排得十分生动活泼。但周围仅此一个建筑，看上去十分孤单，在冬天更显得荒无人烟，全是冰雪。雪地里有一个仅一人用的小厕所，有灯、有水、有厕纸，令人惊讶，可见虽然地处偏僻，但管理得很好。

第六节　七 五 攻 关

1986年，在钱先生的关怀下，我承接了国家"七五"科技攻关第51项子项波纹管与膜片设计项目，我负责理论研究，北京理工大学的樊大钧教授负责做实验论证。

我一直研究波纹膜片的非线性力学问题，所以对项目中的膜片设计项目不太担心，仅是增加了问题的难点，在波纹圆板的边缘增加了一个短的薄圆柱壳。关于膜片设计要求的理论计算，顺利地提前完成。

对于波纹管，我以前未研究过，只知道它是世界非线性力学中的一个大难题。因此，压力很大。波纹管是一种圆柱形的薄壁金属或非金属壳体，沿着圆周有波纹的折皱。它的大小在非常宽阔的范围内变化，其直径小到2毫米，大到10米左右。它在轴向力、内压力、外压力和弯矩的单独或联合作用下，能产生相应的位移。这种功能使波纹管在各种技术领域里有十分广泛的应用，成为液压气压敏感元件、密封元件、热膨胀接头元件和柔性元件，在仪器仪表、自动化系统、国防军工、石油化工、核电站和航天航空

波纹管

等工业部门中得到了重要的应用。

早在1844年，欧洲就有人提出了波纹管的设想。直到1881年，普鲁士的一家工厂才提出了三块波纹板组成的厘式测压计，这是世界上第一支波纹管的雏形。

1903年，英国由于气象工作的需要，终于正式生产了波纹管，有好几种型号，其材料主要是铜和铜合金。此后，波纹管的生产规模逐渐发展起来，其制造技术渐渐趋于成熟。我国在解放以前仅有上海两个厂试制过波纹管，直到80年代末，全国已有500多个制造厂。总产量超过1000万只，产值1.8亿元。目前，波纹管的产值几乎每年都以30%高的速度在增长。以前波纹管多用在仪表上，1985年以后，波纹管的应用领域以惊人的速度急剧扩大，石油、化工、轻工、电子、供热、电力、造船、航空、航天、民用等工业对它们的需要量急剧增大，大大超过了仪表工业的需要。1985年以前，波纹管90%都用于仪表工业，到1988年，这一比例降至30%。波纹管已不再是单纯的仪表元件，而是管件、结构件，成为一种横跨多种工业的独立性产业产品。

我国在波纹管制造领域中存在以下三个问题：①在发达国家，波纹管已趋于普及，但在我国，仍然还处于初期，与发达国家有20年差距；②我国的波纹管工程技术陈旧，生产分散，技术力量弱，产品质量不高；③理论研究与工程实际未能充分结合。

研究波纹管理论的学者很多。

在早期，费里（Feely）于1950年借助一维的梁理论，将波纹管视为梁来研究，这种方法只能给出很粗糙的结果。

接下来，一些学者应用最小势能原理来研究波纹管，如费奥谢多夫（Feodosev）、达尔（Dahl）、特勒（Turner）和福德（Ford）等给出了波纹管的刚度公式等结果，这种方法所给出的结果误差很大。

以前，人们认为波纹管由环形板和圆环壳组成，研究的最大难点是寻求圆环壳的解。于是，学者们采用薄壳线性理论来研究圆环壳。

首先，瑞斯勒（Reissner）和迈斯勒（Meissner）于20世纪初建立了圆环壳一般轴对称问题的基本微分方程组，为波纹管的研究打下了理论基础。随后，特尔克（Törker）、克拉尔（Clar）和诺沃日洛夫（Novoranlov）以前述理论为基础，推导出圆环壳的一个复变量的二阶变系数非齐次常微分方程，他们所得的方程形式各不相同。1979年，钱伟长先生用统一的复变量化过程，分别导出了前面学者的复变量方程，并证明了他们的差异都在拉甫-克希霍夫薄壳假定的容许范围之内。

在圆环壳的线弹性方程求解析解方面，1919年，维斯勒（Wissler）首先用幂级数方法求解了轴对称圆环壳的齐次式。接着，道（Tao）对幂级数解进行了收敛证明。直到1979年，钱伟长先生才纠正了道的错误，澄清了长期以来关于收敛区域的证明。张维等也用幂级数方法研究了细环壳问题。

另外，克拉克（Clark）用渐近积分方法给出了圆环壳方程的渐近解。金森（Jenssen）等继续做了一些改进工作。

在使用三角级数方面，诺沃日洛夫首先给出了圆环壳非齐次微分方程的特解。1979年和1980年，钱伟长先生用这种方法成功地获得了圆环壳的一般解，并证明了解的收敛性，同时，还继续进行了许多有意义的研究。徐志翘、陈山林和特勒等也曾使用这一方法求解。

此外，董明德使用积分变换法求解圆环壳的基本方程，获得了一个新的级数解，但未进行数值计算。

而在使用数值方法求解方面，1981年，谢志诚使用有限元方法给出圆环壳的数值解；布尔加科夫（Bullgakov）、纳乌巴

（Nawooba）等从1962年开始就用有限差分法对波纹管进行数值计算。

限于上述线性理论研究，理论结果始终与实验结果差距甚大，根本无法用于工程设计。于是，学者们便开始用板壳非线性理论来研究波纹管，但是，由于困难太大，进展十分缓慢。

1982年，安德列娃使用差分法得到了波纹管的非线性微分方程的相当复杂的数值解。然后，钱伟长先生在解析方法上迈出了成功的一步，采用非线性分析理论，并使用摄动法处理了波纹管中的环形板，而对圆环壳仍采用原所得的线性理论解。接着，徐志翘采用了钱伟长方法，对变厚度的U型波纹管进行了处理。近期，艾克斯瑞德（Axelrad）采用三角级数方法和摄动法研究波纹管非线性理论，但计算较繁。虽然上述理论研究有了进步，但理论结果与实验值仍存在严重差异。

我承接了攻关项目后，阅读了大量文献，了解到钱先生对这一领域给予了极大的关注，费尽了心血，先后发表了8篇论文；了解到国际上几十年来学者们前仆后继欲攻克这一世界难题的详情；了解到前人波纹管理论研究的不足之处：只考虑了环形板的非线性变形，忽略了重要的圆环壳的非线性变形，且未考虑压缩角和变厚度的影响，将变厚度截头扁锥壳简化为环形板。我纠正了前人的不足之处，将U型波纹管视为圆环壳和变厚度截头扁锥壳的组合，都用非线性理论进行分析，建立了大挠度问题的控制方程，使用钱先生的摄动法来求解，在国际上第一次获得了波纹管整体非线性理论的解析解，其数值结果与实验值完全吻合。攻关课题的完成，彻底解决了国际波纹管领域几十年来的困扰。1990年，鉴定专家意见："该成果在国际上达到了先进水平。中国仪器仪表学会仪表元件学会和沈阳仪表工艺研究所十分重视这一成果，使上海弹性元件厂、西安仪表厂、晨光机械厂、太原仪表厂、四川仪表七厂等应用这一成果的设计软件，实现了最佳设计和优化设计，提高了产品质量和生产能力，带来的直接经济效益达几千万元。"

此后，我还和我的学生王志伟一起，使用积分方程方法，再次研究了U型波纹管，获得了相当精确的解，其解更便于应用。该论文发表在国际著名的《应用力学汇刊》(Archive of Applied Mechanics)2000年第5期。

我的力学教学和科研任务都在上海市应用数学和力学研究所内进行。每年，钱先生招收的固体力学博士学生都由我具体指导，另外，我自己也招收固体力学硕士研究生，身边的研究生最多时可达15人，每年为他们讲授"板壳非线性力学"课程。与研究生们一起从事研究，年轻人的冲劲让人十分愉快。此外，我担任《应用数学和力学》常务编委，承担"应用数学和力学"第48期讲座任务，于1986年6月编写《工程板壳力学》教材，为学员讲课。

早在1980年，中科大就让我担任博士生导师，直接招收博士生，但我过于认真，为怕出国留学影响指导研究生而辞谢。回国后，已开始实行由国家直接审批博士生导师的制度，未赶上申请，加之

1986年10月，作为会议主席在安徽九华山第三届华东固体力学学术会议上作学术报告

又受到工作调动的影响，直到1990年才经国务院学位委员会办公室批准，成为固体力学的博士生指导教师。从此，我才开始招收博士研究生。同时，受中科大研究生院周光泉院长、同济大学翁智远副校长和南京航空航天大学朱剑英校长的邀请，中科大、同济大学和南京航空航天大学也聘请我帮助他们指导博士研究生。

1986年10月，我作为大会主席，在安徽省九华山主持了第三届华东固体力学学术讨论会。翌年，我被选为上海市力学学会第五届理事会常务理事，理事长是上海交通大学党委书记何友声教授（后为中国工程院院士）。接着，1988年，又任中国仪器仪表行业协会传感器分会第一届理事会常务理事。1990年，再任中国力学学会第四届理事会理事。接着，又被选为中国仪器仪表学会仪表元件学会理事长。这一期间，我还任《上海力学》副主编和《仪表技术与传感器》编委会副主任。

在波纹圆板领域，我又朝前迈进了一步，与我的学生李东合作的波纹圆板的非线性弯曲和振动的文章发表在《国际非线性力学学报》1989年第3期，为学术与工程界关于波纹圆板的非线性振动第一次提供了可靠的解析解。

此外，我还承担国家自然科学基金项目"复合材料板壳的非线性理论和计算"，继续前面的工作，对复合材料层合圆板、矩形板和开孔扁球壳进行研究。我和我的学生何陵辉合作的计及高阶影响的复合材料层合矩形板的非线性弯曲的简化理论文章发表在《国际非线性力学学报》1991年第5期，该文所得结果与由三维理论所得结果相当一致。

与此同时，我还承担并完成了上海市高教局科技项目"夹层壳的弯曲、稳定和振动的非线性理论"，我与我的学生朱金福合作的专著《夹层壳非线性理论》于1993年在机械工业出版社出版。我们的论文《夹层壳的非线性理论》在国际著名刊物《应用力学和工程》

（*Applied Mechanics and Engineering*）1997年第2期发表。我与我的学生成振强、李骏分别合作的关于夹层扁球壳和夹层扁锥壳的非线性屈曲和振动的文章发表在《国际非线性力学学报》1995年第1期和第2期。这些成果都是世界上首次发表。专家组鉴定："此项目研究属固体力学前沿领域之一，其成果达到国际领先水平，有重大的理论和实际意义。"

1989年，中国仪器仪表学会仪表元件分会学术会议对我的"开顶单层和双层扁球壳非线性稳定问题的研究"包括1977年《力学》第3期、1988年《应用数学和力学》（中文版）第2期和（英文版）第3期、1989年《固体力学汇刊》（*Solid Mechanics Archives*）第2期关于中心开孔扁球壳非线性稳定问题的4篇文章，以及1981年《中国科学技术大学学报》第1期关于双层扁球壳的非线性稳定性问题的文章，给予"世界上最权威的关于球形扁壳的计算理论"评价。

1986年，我曾完成北京石化设计院课题"新型贮油罐网格顶盖的设计计算"。在此基础上，我与我的学生李东、聂国华、成振强一起认真总结，写成国际上第一篇网格壳非线性理论的论文，发表在《国际非线性力学学报》1991年第5期。至此，我已在这一国际顶尖学术期刊发表了5篇文章。

在这一时期，我在国内外学术期刊上总共发表了27篇板壳非线性力学文章，其中英文论文17篇。另外，1990年还在机械工业出版社出版了《板壳力学》著作。1992年，此书获机械工业出版社优秀图书一等奖。

1989年，"板壳非线性问题的理论与计算"成果获得国家教育委员会科技进步奖二等奖。

由于这些成功，我于1989年获得国务院侨务办公室、中华全国归国华侨联合会"全国优秀归侨、侨眷知识分子"称号。次年,又获得国家人事部"中青年有突出贡献专家"称号。接着,在1991年又获国务院政府特殊津贴奖励。这些荣誉,让我感到党和人民对我的深切关怀和信任,感到责任在加大,激励我继续向前,要更多地为祖国和人民做贡献。

第七节　浦东开发

上海市是国家中心城市、超大城市、经济最发达的城市。在1978年底国家实行改革开放政策后，广东省的经济由于深圳、珠海经济特区的关系一直高速向前发展，而上海的发展步伐相对比较慢。直到江泽民书记和朱镕基市长在上海市主政后，他们运筹帷幄，提出要开发浦东，拉动上海经济发展。恰好，1988年初上海市人民政府科学技术委员会为开发浦东设置了一个重大科研项目："浦东新区建设工程"，交给我负责完成。我作为所长便带领上海工业大学预测咨询研究所于应川等老师们，日夜努力，用近两年的时间，圆满完成了此课题，使上海市的浦东开发有了一个很好的发展规划。1990年，政府宣布成立浦东新区，我们的科研成果供领导参阅使用，为浦东奇迹最终实现奉献了一点力量。

浦东面积1200平方公里，含有两个县和三个区，以农业经济为主，在上海本地人心中一直是一片落后的农村。大家常说"宁要浦西一张床，不要浦东一间房"。因为我爱人的二姐住在浦东东昌路沈家弄，我们每次去看她，都要在南市区小东门码头乘摆渡船过黄浦江在东昌路码头上岸。我爱人的祖父辈住在浦东洋泾，我也曾轮渡过江去看过祖屋。当时，浦东是上海人心中落后的代名词，寂静而荒凉。因此，我接受课题任务时，非常高兴，觉得上海市应该有一个拉动城市高速发展的战略规划，使其能为我们国家做更大的贡献。

我见过欧洲发达国家的情况，体会过珠海经济特区初期发展的环境，现在领导决定开发浦东，就是上海发展的一个良好机遇。

于是，我带领课题组成员，到浦东调研，听取领导、专家和群众的意见，终于写成《上海浦东新区建设工程》课题报告，为市委市政府提供决策参考。

开发浦东是上海经济发展战略的重要组成部分，也是加快发展以上海为中心的区域性外向型经济的重要步骤。各级领导对开发浦东新区十分重视，多次对浦东新区开发做出指示。根据这些指示的精神，经过各方面研究，提出大力开发浦东新区，使之成为对内对外开放的枢纽化、国际化、现代化新市区，要创造条件吸引外资，以老市区支持新区开发。同时，以新区开发改善老市区，尽快地使上海有一个良好的投资、经营和生产的环境，逐步使其成为太平洋西岸最大的经济贸易中心之一。

浦东地处长江口，背靠老市区，面对太平洋，便于建成以出口创汇为导向的外向型经济基地，对外参与国际大循环，吸收外资发展产业，对内则加强横向联系，吸引国内企业来上海参与投资，扩大出口。

当时的国际形势有利于浦东新区开发。世界经济进入一个和平发展的阶段，工业发达国家正在进行产业结构调整，以应对新的挑战。我们应该抓住机会，参与国际分工，吸引外资，改进技术，调整我们的产业，壮大上海的经济。浦东的潜在优势深深吸引着国外投资者，要不误时机地制订和实施开发浦东的计划。由于一些原因，上海错过了几次发展机会，这次再也不能错过了。

浦东开发主要是利用外资，要以高技术产业为开发重点，这是浦东开发建设必须认真贯彻的指导思想。

浦东新区开发要以出口创汇为导向改变产业结构，改善投资环境，改善传统产业，创建新技术产业。除了政策和体制外，上述一切发展一定要以科技进步为基础。当时上海市（含浦东）经济增长主要是依靠劳动力和资金等外延因素的增长，而技术进步的贡献不明显，远落后于工业发达国家。世界经济发展实践证明，科学技术进步将日益成为经济增长的决定因素。如果仍靠扩大外延投入来发展经济，不但无法达到"现代化"和"中心"的目标，还可能拉大与发达国家的差距。

因此，我们提出浦东新区建设中新技术应用与开发的目标：为浦东向外向型经济产业结构转轨服务。为改造传统产业，开创新产业，协调发展第三产业服务。为浦东改善投资环境，完善社会服务系统，促进社会、经济繁荣，达到现代化经济贸易中心的总目标。

项目总报告包括以下四部分内容。

1. 促进浦东向外向型经济的产业结构转换

在我国地区发展战略格局中，沿海地区发展外向型经济，实行经济发展战略转轨。这是浦东经济发展、产业结构转换的指导方针。

所谓外向型经济发展战略，是国家或地区以国际市场的需求为依据，通过出口创汇和利用外资，引进先进设备、技术，引进原料和中间产品；建立和优化以出口产业为主导的产业结构，进一步扩大出口创汇和利用外资，这样周而复始，循环不已，推动本地区经济发展的战略。

浦东地区产业结构要实现以下转换：①产业结构要向外向型转换；②产业结构要向高度化转换；③基础设施必须超前发展；④第三产业协调发展。

产品结构转移是一个长期的多层次过程。要加快技术进步，促进产业结构的转换。要正确处理技术开发与环境保护的关系。要变产业的内向偏向为外向偏向。要制定产业导向政策。要重视扶植出口中大型企业、企业集团的形成和发展。

建议将外高桥工业贸易区作为浦东向外向型经济转轨的突破口，并利用外资引进新技术发展浦东新兴工业。

2. 加快浦东传统工业改造

浦东传统工业中，冶金、造船、石化工业为三大支柱，另外还有建材、机械、家电、纺织等，与浦西相比，设备陈旧、技术落后，经济效益普遍低下，新兴产业极少。

浦东传统工业的改造应在向外向型经济转轨的总目标下，向着提高生产技术水平、提高产品质量水平、增加新产品、节约能源、节约原材料、减少污染等方面努力。并创造条件，孕育新兴产业。

浦东各企业根据不同的特点，可以进行以下形式的改造。

（1）提高现有生产技术水平的改造，即用先进的设备代替陈旧的设备，或者使设备现代化。使原来已有的拳头产品质量提高，经济效益提高。

（2）改变生产行业而进行的改造，即开发新技术、新工艺，提高原有产品质量的同时开发新行业的产品。

此外，还对造船业、石油化工、钢铁工业进行具体分析，并提出了建议。

3. 发展和完善浦东新区社会服务系统

利用外资开发浦东是我们的战略方针。上海吸引外资的成功与否，在于能否形成一个良好的投资环境。为此，应健全三大机制，即优惠政策机制、投资管理机制和社会发育机制，使整个社会系统向现代化开放型转变。

要采取"有限目标、突出重点、分期实施"方针，避免"全面赶超""齐头并进"。选择目前对改善投资环境最关键的所谓"瓶颈"项目，实施重点突破，对于浦东来讲，可选择电信、城市交通、港口建设作为改善的重点项目。最后，对这三个重点项目进行了详细的分析，提出了重要的建议。

4. 建立浦东新区现代化近郊农业

作为一个国际化、枢纽化和现代化的世界第一流的浦东新区的城郊农业，必定是外向型的、现代化的。

浦东原农业结构较为单一，属于以种植业为主体的传统农业。现代农业的特征是：产品商业化，生产专业化，服务社会化，经营集约化，生态良性化，工具机械化，技术科学化。显然，为完成浦东新区发展所赋予的任务，浦东农业应加快由传统农业向现代化农业转变的进程。为此，从下面四个方面来展开浦东农业的发展：①发展设施园艺，生产多品种、高质量蔬菜果品；②发展现代化养殖业，生产高质量的肉、蛋、乳食品；③发展花卉新产业，美化城市，增加创汇；④引进与开发生物工程技术，发展新型农业。

此外，我还完成了上海旅游事业管理局的"上海旅游交通研究"项目，这是上海市第一次系统地讨论了旅游交通问题，受到领导和专家赞赏。1989年以后，为应对国际大环境给经济带来的不利影响，上海市对外经济贸易委员会设立一个应急项目"上海华亭集团旅游宾馆摆脱当前困境的对策研究"，我承担了此课题任务，如期完成，得到领导好评。

刚到上海工作时，正遇上钱先生在完成他领衔的上海市科委项目"崇明县2000年经济、科技、社会发展战略规划研究"，我受聘为顾问，负责具体组织、安排工作，使项目得以高质量按时完成。

由于时代的需要，我走上了中国管理科学研究的道路，并体会到这一学科对国家的重要，我愿意为它奉献终生。

第八节 十佳丈夫

我来到上海工作后，就住在上海工业大学家属院上工新村。全家4口人，我们夫妻都在学校工作，两个孩子都在风华中学读书，长子半年后考入中科大。次子读书的同时，喜爱生物科学，自己动手做实验，不断获市里奖励，生活过得非常幸福。我家属于上工新村居委会管辖范围。我从小时候起，就接触居委会这个基层组织。到上海后，深深感到上海的居委会工作非常实在、细微、有效率，时时都能感到它的作用和影响。每天晚上10时后，就能听到摇铃声，让大家关灯睡觉。平时，住宅周围常有人巡逻，防止小偷盗窃。哪家有困难，居委会干部会上门帮助解决。每周周末，居委会要求每家派人上街清扫公共区域，保持环境清洁。因为孩子上学，爱人身体较差，周末到街上扫地，大多由我完成。作为一个大学副校长，亲自上街扫地，可能比较少见，因而引起大家关注和居委会领导的重视，于是我同上工新村的居委会领导开始熟悉起来。上工新村居民大多是上海工业大学的教职工和家属，住久了互相之间就有了进一步了解。我始终把自己看成普通的老师，加上我一辈子讲真话，不讲假话，做事公正，真心待人，所以，无论走到哪里，都能与大家打成一片，友好相处。

1991年6月，由上海市总工会、《新民晚报》和上海电视台联合组织了"现代好丈夫"评选活动。声势浩大，规模空前，要在10

个月内，在全市10个县10个区三百多万家庭中挑选出10名现代好丈夫，这引起了全社会关注。全市106个区、县、局工会全面发动，居委会开始初评，9万多名丈夫成为初评候选人。上工新村居委会举行居民大会，大家认为我工作出色，关心社会，夫妻恩爱，教子有方，是一位现代好丈夫，便一致推荐我为现代好丈夫的候选人。

然后，在大宁路街道办事处居民大会上，我汇报了自己结婚24年来做丈夫的情况，尽管一路酸甜苦辣，但夫妻恩爱、家庭和睦是核心。经过大会投票，我幸运胜出。接着，在闸北区居民代表大会上，我又被推荐到全市评选。这时，我接到上级通知，调我去广州市到暨南大学任职。我于是找到闸北区区长表示歉意，既然我就要离开上海市，不再是上海市民，因而不宜再作为候选人继续参加现代好丈夫的活动，故请辞去候选人资格，哪知区长热情挽留，认为我是闸北区几名候选人中最有可能胜出的人选。于是我也只好继续参选。

由区、县、局系统一共评出了300名好丈夫，我们一起参加了一次笔试，像年轻时参加高考一样。考试内容不少，有四张卷子，包括填空、问答、作文等题目，我用一个半小时完成了试卷。试后，我进入到100位候选人名单中。然后，由专家们对我们进行面试，内容涉及家庭知识百科、邻里关系处理、事业和家庭事务的协调、孝敬老人、子女教育、特技绝技展示、业余爱好表演等。候选人最后缩小到20名各具代表性的好丈夫，由上海电视台为每人拍摄专题电视片，一人8分钟，在全市电视台播放一周，最后由上海市民通过《新民晚报》的选票自由投票，3万多人参与，终于选出十佳现代好丈夫，我幸运地成为其中之一。前后经过了近一年的激烈拼搏，这个奖得的真不容易。回想过去，从小到大，参加过很多评选，得过很多奖励，但没有哪次比这一次更费时间、费心力。

1992年3月17日，在上海电视一台，举行"海派丈夫之星"的授奖大会。这次活动的组委会主任谢丽娟副市长在会上讲话，对评选活动予以高度评价。上海市总工会主席江荣、《新民晚报》总编辑丁法章等领导到会祝贺。接过谢副市长颁给的上海十佳现代好丈夫荣誉证书，我心里很激动，愿意同大家一起，创造崭新的丈夫形象，更美更好地塑造自己、塑造家庭，志存高远，报效人民。

1989年，上海市精神文明建设活动委员会、中共上海市委宣传部和上海市妇女联合会在上海市开展"五好家庭"活动，在全社会倡导政治思想好、生产工作好，家庭和睦、尊敬老人好，教育子女、计划生育好，移风易俗、勤俭持家好，邻里团结、文明礼貌好。上工新村居委会居民大会一致推荐我们家庭为"五好家庭"。报到上级后，经评选，全上海一共评出了30户"五好家庭"，我的家庭是其中之一。当年5月10日，举行表彰大会。中共上海市委宣传部副部长龚心瀚主持了大会，上海市妇联邢至康主任在大会上讲话，开展"五好家庭"活动，是从广度和深度上促进社会主义精神文明建设。

次年，上海市妇女联合会在全市开展评选"上海好妈妈"活动，全市一共评选了100名，我爱人是其中之一。她于1986年初随我调到学校，经钱先生介绍，加入了中国民主同盟。先后在学校人事处、校民主党派办公室任职，是校民主党派办公室主任。她在单位工作积极，做事认真负责，常获学校奖励；在家中是贤妻良母，认真协助爱人、教育孩子，为街坊邻里称赞。

至此，我们在上海居住了近6年，全家连获"上海市五好家庭""上海好妈妈""上海十佳现代好丈夫"三项荣誉，学校的师生们纷纷夸赞我们家庭，在上海全市300多万家庭中，我们是唯一连获三大奖的家庭。《劳动报》1992年4月26日以《天涯同命鸟》为题报道了我们的故事。

第九节 离沪赴穗

由于我曾被西德洪堡基金会挑选为中国首批洪堡学者，又在国际上连续发表多篇高质量的学术论文，英国剑桥国际人物传记中心（International Biographical Center）于1990年授予我国际荣誉奖和国际学者名人奖，并邀请我出席1991年7月初在加拿大多伦多召开的国际第十八届名人大会。到会后，我见到了同时与会的乌干达奇萨卡（Chisaka）副总统，还会见了大会主席、剑桥国际人物传记中心恩斯特·凯（Ernest Kay）主席，以及美国传记协会易旺思（J. M. Evans）副主席。接着，美国传记协会也授予我国际杰出导师奖和国际终身杰出成就金像奖。在会上，我还遇见我国著名的传记作家郭梅尼女士以及马来西亚著名的华人企业家、南源永芳集团公司董事长姚美良先生。

1991年7月，在加拿大多伦多名人大会上与大会主席、剑桥国际人物传记中心主席恩斯特·凯合影

1991年7月，在加拿大多伦多名人大会上，与出席会议的乌干达副总统奇萨卡交谈

1991年7月，在加拿大多伦多名人大会上与美国纽约传记协会易旺思副主席（左2）合影。左1：刘人怀

7月6日，从加拿大返回上海，便得知国务院侨务办公室廖晖主任（后任全国政协副主席）几天前来上海找我谈话。此前，钱伟长先生曾告诉我，廖晖主任请他推荐一名优秀人才前往中国近代史上第一所华侨大学即暨南大学任校领导，以便把暨南大学建设成一所好大学。钱先生再三思考后决定推荐我去。受了老师的嘱咐，我便于7月8日前往北京，到北京后在国务院侨办附近找不到一家旅馆入住，最后只好住一家地下室旅店。廖晖主任很快接见了我，我也是第一次见他，以前只知道他是国家领导人何香凝之孙、廖承志之子。他讲话清晰、干脆，热情欢迎我到暨南大学担任校领导，并给我看了中共中央为办好暨南大学所发的1983年24号文件，让我了解党中央办好暨南大学的决心。他对我的关爱和期望让我铭记于心。我向他表态，服从组织安排，愿意前往暨南大学工作，绝不辜负组织的厚望。

返校后，我开始做好分管工作的交接，对所指导的研究生进行毕业答辩和安排。

1991年6月8日，举行上海工业大学第四届党代会闭幕式，我是大会执行主席，做了简短发言。党代表们给我持久的雷鸣般的鼓掌，令我感动，群众用无言的掌声挽留我。

8月下旬，我的老毛病肠梗阻又发作了，赶紧住入上海铁路局中心医院治疗。医生又帮我做了一次全面检查。治愈出院后，不久，我又患上了胆结石病，疼痛难忍，再次住入医院治疗。等各方面的事情消停后，学校才告诉我，我的调令已来到学校，因我生病住院，他们未及时告诉我。

1991年11月26日，我离开上海，乘火车去广州暨南大学报到。党委书记郑令德等领导以及我所在单位的朋友们前来热情欢送，让我感慨不已。因为钱先生告诉我，说我的爱人在广州的工作由国务院侨务办公室直接安排，目前尚未安排好，故我是只身一人先去广州。

中篇

坚持创新　追求卓越

第十二章
珠江水畔

第一节 从零开始

1991年11月27日，我来到我国南方最大城市广州的石牌村，暨南大学就在这儿办学。此前，我对暨南大学可以说是一无所知。在1989年荣获"全国优秀归侨、侨眷知识分子"称号后，国务院侨务办公室安排包括我在内的几位获奖专家于1990年3月初去休养旅游，带队的是国务院侨务办公室李铭光司长，我们曾经到过在福建泉州市办学的华侨大学。李司长向我介绍了由国务院侨务办公室直接管理的暨南大学和华侨大学，才在脑海里有了暨南大学这个名字。李司长为人真诚厚道，工作负责。一路下来，我与他相交甚深，他直接向我提出来，希望我到暨南大学工作。我既是归侨、侨眷，又是台属，对他的热情邀请甚是感动。他回京后，曾将此事向领导汇报。未曾想到，一年半以后，我竟然真的到了暨南大学工作。只是，过去未见过她的庐山真面目，也不知她的历史，全校近4000名在职教职工和近2000名离退休教职工我一个也不认识。离开上海时，周围的朋友问我是调到山东济南吗？可见，与我一样，大多数人对暨南大学这个名字十分陌生。可以说，对她的认识，就是零。加上我听不懂一句广东话，真是寸步难行。就这样，咬紧牙关，从零开始，不怕困难，一步一步往前走。

第二天，我就到校行政楼上班，先拜会了周耀明校长和伍国基书记。和他们交谈后才知道，早在8月27日国务院侨务办公室就下达对我的副校长任命。由于当时我生病，并没有通知到我，直到此时，我才知道那么早就有任命书。他们让我分管行政、档案、外事、图书馆工作，联系经济学院。这个分工安排让我颇感意外。据我到校后的初步了解，暨大当时有5458名学生，其中博士生22人，硕士生347人，本科生3919人，专科生888人，预科生125人，护士中专学生157人。学生中包括港澳台生957人，来自25个国家的华侨华人学生118人。全校总计有26个本科专业，48个硕士专业，6个博士专业。加上我，一共才有8位博士生指导教师，而我还是全校唯一一个国家人事部授予的中青年有突出贡献专家和享受国务院政府特殊津贴专家。但是学校给我的分工却没有发挥我的长处，这让我颇为纳闷。我思考再三，觉得虽然这样的分工安排不甚合理，但初来乍到，还是以了解情况、尽快开展工作为上。我也很有信心，相信自己也能干好其他方面的管理工作。于是就不提意见，相忍为公，快乐上岗。

尽管不认识任何一个人，听不懂一句广东话，我想方设法认识这所学校。那个时候，尽管改革开放已十来年了，但这所学校仍很封闭，大家平时讲话基本上是用广东话。领导班子内其他同事之间通常也用广东话交流工作，我经常丈二和尚摸不着头脑。用了一周时间，我大约熟悉了校园的道路和建筑，也接触了一些教师和学生。通过同师生们谈话，让我知道当时广州老百姓称暨南大学是"花花公子"大学。我听后，心里甚不是滋味。从上海来到广州，从上海工业大学来到暨南大学，反差太大了。但是，回去是不行的，退缩不是选择，只能咬紧牙关，挺住，勇敢朝前走。

主管行政就是分管学校办公室。校办既是领导和基层之间的通道，又是部门间的协调者，是服务机构，而且是为领导的科学决策与决策执行服务。弄清楚这一工作的使命，我便对办公室的工作调研，如果发现明显问题，就马上去改正。第一周内，我就发现校印室落后，还在使用70年代以前老掉牙的打字机，打一个字，取一个字模，效率极低。我便马上叫校印室职工换成用计算机打字。很快，就用计算机打文件了，效率大大提高。同时，发现财务处处理会计事务仍在使用传统的算盘，我也叫他们换成计算机处理。当时全校设电话总机房，所有人打电话仍需通过总机房话务员转接，既落后又不方便。我采用国家、学校投资和个人集资相结合的办法，仅投资500万元，便建成新电话总机房，采用程控交换机，大大改善了校内电话通信条件，校内个人安装一部自动电话要较在市邮电局少花一半钱。

我到外事处调研后，发现处长很负责任，但是不懂外语，整个外事处职员中，仅有一个翻译，马马虎虎称职。我对此感到不理解，暨南大学是外向型学校，需要面向世界办学，这样人员配备是应付不了局面的，亟待加强。当时，学校与境外交往较少，境外学生主要来自港澳和东南亚地区。于是，我逐渐努力，慢慢换人，既要安排好原来职工，让他们能继续安心工作，又要引进懂英语的人才。我先把外语系刘渝清老师调来任处长，再引进一些英语人才来当干部，几年后，外事处终于能发挥正常作用。

调研还发现，暨大图书馆面积太小，仅能陈列40万册图书，许多新来的书和杂志都无法上架供师生阅览。我便等待时机，修建新图书馆来改变面貌。档案室存放着许多珍贵文献和藏品，我想找机会发挥其力量。

不久，学校又叫我分管工会，当年底教代会上，我被选为学校工会主席。我与工会专职干部一起，认真听取教职工意见，努力做好服务工作，发挥工会作用，并尽力将附属初中、小学和幼儿园办好。1996年1月5日，我获得中国教育工会广东省委员会"优秀职工之友"荣誉表彰。

1992年9月，罗国民副校长调往广东商学院任校长，校领导便把他分管的后勤和基建工作交给我管理。1991年,经广州市人民政府批准,学校与石牌村签订了复征校园外西边159亩土地的协议,希望建造家属住宅暨南花园。我对暨南花园的修建提出了两条意见:不用与外面单位合作,全部住宅由我们自己建设。考虑到学校财政困难,可先建几栋楼,然后逐步建设,每栋楼只建6层楼。若与外单位合作建10层楼房,则需加装电梯。此建议未获领导同意,成为遗憾。

  1992年中,中共广东省委高等学校工作委员会杜联坚书记找我谈话,要调我去著名香港企业家李嘉诚先生特别支持的汕头大学担任校长。我感谢广东省领导的信任,表示服从组织安排,但国务院侨务办公室领导坚决不同意,故未能调动。

第二节 工商管理

暨大经济学院是一个副厅级学院,院长是副厅级干部。院下面设有7个系:经济学系、商学系、金融学系、经济法学系、会计学系、企业管理系和经济信息管理系,专业涉及经济学、管理学、法学等学科。在整个学校里,经济学院算是很有实力的学院。可惜的是,在学术界,其影响仅在广东省内和港澳地区。

我了解经济学院状况后,首先尊重院领导的意见,以提高办学质量为主,把教学科研和人才培养工作搞好。

1992年夏天,正好碰上热门的工商管理专业硕士(MBA)点的申请。这是为适应改革开放后的经济形势,为培养能胜任工商企业和经济管理工作需要的应用型高层次管理人才,兼具理论与实践相结合,国家按国际模式,开放这一专业的设置。企业管理系何振翔主任十分努力,但学校的申请被国家评审组否决。他立即向我汇报此事,我认为此事重要,应该挽救,便立即找全国MBA委员会负责人郑绍廉教授汇报情况,申诉理由,经过我的努力,获得批准。1993年5月8日,国务院学位委员会、国家教委正式下文批准我校为培养工商管理硕士的第二批试点单位,是全国26所培养工商管理硕士的试点高校之一,也是广东省第一所培养工商管理硕士的高校。此事的成功,对于暨南大学研究生教育的发展和提高,起了重要的促进作用。

这样的大好事情，经济学院领导竟然拒绝承办。而院长和我是同级干部，我作为副校长分工仅是起联系作用，这样的局面弄得我和何振翔教授很尴尬，不知如何是好。好在何振翔教授正好调到学校研究生部任主任，我便建议设立MBA教育中心，挂靠在学校研究生部，这才解决了办学的困难。这样，MBA教育中心便设在南海楼一楼，开始工作。

为了支持工商管理硕士点，我也担任指导老师，直接指导学生。此后，学校的MBA教育越办越好，越做越强。

第三节 建力学所

来到暨南大学后，对于自己的学术工作非常不利。学校没有力学学科，管理学科也插不上手，忍耐了一年。当时，只有我在同济大学指导的两个固体力学专业的博士生王志伟和钟诚在我身边学习。为此，我在1992年下半年，向学校和国务院侨务办公室申请创办研究所。我身边力学专业的人数太少，考虑到我原来学过数学专业，而且力学和数学有紧密关系，决定将数学系的同志们拉进来，一起合作，在征得数学系领导的同意后，便将研究所的名字确定为暨南大学数学力学研究所（后更名为暨南大学应用力学研究所）。

1992年底，国务院侨务办公室直接批准成立暨南大学数学力学研究所。1993年1月13日，学校任命我为数学力学研究所所长，这样，我在暨南大学的学术工作才得以正式开始。

由于暨南大学没有开办力学专业，故无法招收本科、硕士和博士学生。而且，作为学校领导，我应该约束自己，不能利用权力，大办自己所属专业，所以我的学术团队始终很小，直到1993年夏天，我的老师叶开沅先生的关门弟子王璠博士来到我身边，我才有了第一个助手。至1995年底，连我在内，全研究所实际上仅有我们两个人。她是好助手，帮助我建好了力学专业。

从1991年底到1992年底，与在上海工业大学一样，我仅在休息日和晚上从事自己的学术工作。首先，集中精力完成在上海工业大学申报成功的两个科研项目。①1991～1993年国家自然科学基金项目：复合材料板壳的非线性理论和计算。②1991～1993年上海市高等教育局科技项目：夹层壳的弯曲、稳定和振动的非线性理论。全年仅仅在以色列海法市举行的第18届理论和应用力学国际会议上用通信形式发表了一篇我和聂国华用英文写的学术论文《矩形网格扁壳的非线性特征关系式》。同时，指导了上海市应用数学和力学研究所以及同济大学力学系的6名博士生与1名硕士生。

1992年，我先后当选为广东省力学学会副理事长和广东省复合材料学会副理事长。

此外，值得回忆的一件事，是我有机会见到我们中国第一位诺贝尔奖获奖人物理学泰斗杨振宁先生。他在1992年夏天来广州访问，这一年正是他七十大寿，省政府于7月28日在东方宾馆东方厅为他举行生日庆祝宴会。我有幸获邀作陪，近距离目睹了大师的风采，与他亲切谈话。他告诉我，这是他一个多月内在国内吃的第33个生日蛋糕，他非常感谢祖国对他的欢迎。此前，我在中科大工作时，曾见到与杨先生一起获诺贝尔奖的李政道先生，但只是路上相会，未能面谈。见到他们，能聆听大师教诲，是一种幸运，一种鼓舞。此后，我又数次接待过杨振宁先生和他的夫人翁帆女士。

第十三章
改革创新

第一节 敢于担责

1992年下半年，广东省高等教育厅领导找我谈话，要调我到省高等教育厅任常务副厅长，我与以往一样，表示服从组织决定，但请组织安排。事后，我们的主管领导国务院侨务办公室予以否决，不同意我调离暨南大学。

1991年12月和1992年12月先后召开暨南大学教代会第三届第一次和第二次会议，1992年9月又召开中共暨南大学第五次代表大会，三次会议上，有许多代表向学校提出要求和建议，"希望发挥刘人怀教授的优势，让他管理学校的教学和科研工作"。

在上述情况下，国务院侨办领导给予关心，学校领导才于1993年1月下旬召开会议，对领导班子成员工作重新进行分工。在暨南大学1993年3月17日的〔1993〕7号文件《关于学校党政领导重新分工的决定》中，对我的工作给予这样的安排："分管本科、专科、成人教育、预科、研究生理工医科、政治理论课和德育课的教学管理工作及教务处、体育部、外事处、电教中心、现代管理中心、综合档案室。参加筹办旅游学院，与饶芃子副校长共同负责华文学院筹办工作。联系经济学院。"这样，在整个领导班子成员中，让我负责的工作一下子变得最多。对此，我未叫苦，努力去做好这些工作。

首先，我对分管工作领域进行调查研究，了解现状和存在的问题。然后对存在的问题进行研究，提出解决办法。一个又一个创新改革措施得以实施，暨南大学的教风和学风逐渐好转。

第二节　取消补考

　　1993年春天开学后，一天早晨我带领教务处同志们在教学大楼入口处，于上午8点钟第1节课开始后，记录进入大楼上课迟到的本科生人数，当天迟到的学生1800多人，占全校本科学生4199人近一半。接着，又在上午11点站在大楼出口处，记录上课早退的本科生人数，从11时一刻开始，就有学生离开教室不上课了，早下课的学生也不少。

　　我又在这一周，三次随机地到教室去听老师上课。在开课前一分钟从教室后门进入教室，坐在最后一排座位，不让老师和学生注意，以了解老师和学生的课堂教学和学习真实情况。三次听课，发现教室内混乱：学生在课堂上吃东西，进出自由，说悄悄话，趴在桌子上睡觉，认真听课的学生不多。任课老师对学生的上课情况熟视无睹，不闻不问，而且三位任课老师中竟有两位老师不负责任。一位老师在讲台上第一句话是问学生："你们是本科学生还是专科学生？"另一位老师也问学生："我上一节课上到哪儿了？"显然，他们根本未备课就来上课，太不负责任了！暨南大学的教风与学风如此，让我十分震惊！

　　面对课堂教学现状，我继续进行跟踪调查。我问同学们，你们这样上课，期末考试怎么过关呢？他们回答，在期末考试前，看看书，若考不及格，则参加补考。一次补考不行，再参加第二次补考。

第二次补考不行，再参加第三次补考，甚至参加第四次补考。中间，在老师面前去求求情，送点礼，或请老师吃饭，请老师高抬贵手，放学生过关，给60分及格就可以了。而老师这边，若管得过严，不断进行补考，不断出试题，亦十分烦恼，干脆给60分及格就完事了。

这样的教学状况，如何谈教学质量、人才质量，让我万分揪心。难怪广东省和境外许多单位不愿意要暨大的毕业生，根子就在此。经过再三思索，我提出了"取消补考，实行重修"的改革措施来改变这种状况，即一位学生上完一门课，参加期末考试后成绩不及格者，没有补考的机会，下一学期将重修这门课程，既多花时间，又要多交学费。方案提出后，教务处的同志们首先赞成。然后，我将此方案汇报给周耀明校长，他交给校长办公室讨论，得到通过后，在全校向师生们公布，下一学期开始执行。这一过程进行得很顺利。但是，师生们对这一改革重视不够，仍习以为常。许多学生期末考试成绩不及格，甚至全部课程考试不及格。等到1994年春天开学后，许多学生面临交学费重修课程的状况，他们十分不满。在个别学生的煽动下，上千学生呼喊着"打倒重修制！""打倒刘人怀！"的口号，在校园内游行。这种事件又发生在1989年春夏之交的严重风波后仅5年时间内，形势十分严峻，国务院侨务办公室和广东省委、省政府领导十分关心。我面临此种危机，心中却很坦然，我提出的改革措施，目的是改善学风，提高人才培养质量，实在是问心无愧。我向领导解释，领导同意我的看法，支持我的改革措施，并决定，大家上下齐心协力做好学生工作，终于在很短时间内，让校园平静下来。改革措施实行后，学生们只好努力学习。学风逐渐好转，暨南大学的牌子开始亮起来了。

第三节 三重评估

鉴于课堂教学时教师不负责任授课的现象，在征得教务处同意后，我借用欧美高校的惯用方法，向周校长和校长办公会议提出教学评估措施，并得到一致通过：每学期期末，在课程结束前，由教务处直接向学生发一张教学评分表，对主讲课老师的课堂教学质量，包括责任心、教材质量、课堂讲课、作业批改、课外辅导等方面给予评分。学校根据教师得分高低来判断教师授课质量好坏。对获高分者的老师给予表扬，对获低分者给予批评。

第一学期结束后，有的老师提出意见，因为自己教学对学生严格，反而被学生打低分，这种评估不合理。这一意见有一定道理。尽管在我们国家，"严师出高徒"已成为一致赞同的原则，但在实际中，一些学生不喜欢严师而喜欢"好好先生"。于是，我又想出新的一招改革措施，在上一种学生评估方法外，再增加两种评估方法：专家评估和领导评估。这样，我们把这三种评估方法统称为教学的"三重评估"。专家评估，即是由学校聘请40位教学优秀的专家，其中大部分是刚退休的优秀教师，少部分是现职有经验的五十多岁的优秀老师。请他们在学校上课时间内，不提前通知老师和学生，随机进入教室听老师上课，听完课后打分评价教师的教课质量。学校要求每位评估专家每周评估8节课。领导评估，是指校、院、系、室的领导在每一学期内都要随机地到自己任职的单位听老师讲课、评估教学质量，例如校长一学期至少要听4节课，副校长要听8节课。我任副校长时，便选取全校讲课评分最优秀老师和最差老师的课程，以便表扬优秀老师和帮助后进老师。三种评分加起来的平均分就是老师的讲课分数。第二学期前，我们曾做过统计，发现三分之二以上老师讲课获三种评估的得分一致，而对于评估分数差异较大的，则在该学期或下学期想法再请专家、领导去听课，给予最后结果。每位老师所得分数就是个人教学工作的重要指标，也是个人奖金的重要依据。对于优秀者给予表扬奖励，1995年12月，由各院系推荐，经学校教学委员会讨论投票，学校授予10位老师为首届"十佳授课教师"的荣誉称号，在布告栏上张贴他们的大照片，每人提升一级工资，让全校老师向他们学习，向他们看齐。

第四节　标　准　学　分

鉴于学校各院系教学管理混乱，有的专业学生一周上课高达40节，负担沉重；学校每学期长短不一，有时一学期23周，有时一学期20周；暨南大学学生来源广泛，既有海外和港澳台学生，又有内地（大陆）学生，高中毕业的水准不一样，而教学管理却是一个模式。对此，我仔细思索，依据现有的国内外学分制，提出适合暨南大学自身办学特点的教学管理制度，即标准学分制，经学校批准后，于1993年9月起在全校本科学生中推行。

我们把不同学制本科生取得学位必须修满的学分按学期均分。我校有四年、五年、六年三种本科学制，其中五年、六年的分别为境内外医科生学制。以四年制本科为例，即把学生取得学位必须修满160学分按照8学期均分，每个学期的标准学分为20学分，每个学年为40学分。每门课程一学期每周上课1小时，计1学分。

我们将学生所修课程分为两类，即必修课和选修课，前者占总学分的70%，后者占总学分的30%。

每一个学期为20周，其中上课时间16周，复习答疑时间2周，考试时间2周。

每学年放假12周。考虑到我国春节日期与阳历时间的变化，我们编制了十年校历，把春节和元宵节都放在寒假里，保证全校师生员工快快乐乐过好中华民族最重要的节日。

学生每学期可根据本人学业情况少修或多修课程。少于标准学分修读的，仍按学年标准学分缴纳学费，每学期所修课程不得少于15学分。成绩较好和优秀的学生可多修学分，对成绩优秀者，多修学分可按校长免费学分奖励金评选办法免费修读。这样，既防止了学生过分少修学分，保证了教学资源的有效利用，又能控制学生过多修学分，保证学习质量，并可使学有余力或有需要的学生能够根据自己的情况提前或延迟毕业，从而实现真正意义上的弹性学分制。

很快，学校就出现了读书3年拿到本科学位的优秀毕业生，对于达不到160学分的学生，则延期到5年或6年毕业。

显然，标准学分制采取了敢为天下先的改革措施，学生可以自主选择学习进度、自主选择学习时间、自主选择课程、自主选择老师，修满规定的学分后，就可毕业，既可提前毕业，也可推迟毕业，有力地促进了由保姆式教育向现代教育的转变。

第五节　三语两课

考虑到暨南大学要办成"面向海外，面向港澳"的名校，考虑到学生来源国际性和多样性，考虑到我们国家在世界上越来越重要的地位，考虑到香港和澳门即将回归的现实，考虑到互联网的兴起和计算机的重要性，我们十分重视汉语、英语、计算机语言和政治理论课、德育课五门公共课程，简称"三语""两课"。

这五门课程是学校覆盖面最广的课程，是每一位暨大学生都应该学好的课程。抓好这五门课的教学，对于提高人才培养质量，树立暨大在海内外的声誉至关重要。如果从暨大毕业的学生熟练掌握了汉语和英语，以及象征21世纪文明的计算机语言，又拥有良好的品德修养，暨大在海内外肯定会赢得更高的地位。

全校从93级学生开始，本科新生入校后，集中加强中文、英文和计算机基础的学习。第一学期每周课程安排如下：语文2学时，英语12学时，计算机应用基础2学时，德育课2学时，体育2学时。对于境外华人学生的政治理论课，安排学习中国历史文化，让学生们了解中华民族的文明史，形成爱中华文化、爱故乡的优秀品德。对华侨学生和港澳台学生还要加强热爱祖国的教育。如果学生"三语"基础良好，则可申请考试，合格者可允许免修。

鉴于公共英语老师数量缺乏，我们紧急加强招聘工作，增加了40多位老师，解决了师资偏少的困难。同时，加大投入力度，投入

450万元购置了100多台计算机，添置了4套进口WE-7900型语音设备，使大学英语和计算机的教学条件有了很大改善。计算机课达到理论和上机1：1的教学要求。大学英语课增加了192个座位的语音训练设备，可供每人每周在语音室上课增加2节。1994年，同学们参加全国英语四级考试成绩迅速提高，通过率达到67.5%，远超过去的50%以下，其中国内生的通过率为72.9%。1995年，我校在广州地区8所院校的大学生计算机操作竞赛中，夺取了汉字输入和软件设计两个项目的团体冠军。

第六节　加　强　基　础

　　大学生的基础课学习对其一生都有重要的作用。为此，我于1993年提出让教授上基础课的改革措施。教授在学术上造诣深厚，教学经验丰富，由他们开设基础课对本科低年级学生思维空间的开拓，基本知识、基础理论和基本技能的掌握，学习兴趣的激发，乃至积蓄足够的学习后劲，提高整体教学质量，都是十分重要的。经过努力，一年后，教授上本科课程的百分比由原来的18%上升到68.7%，接着又上升到90%以上。

　　我又在全校推广经济学院教师挂牌上课的经验。经济信息管理系和会计系部分课程实施教师挂牌上课，在校内反应热烈。全院一个学期有8个课堂600多名学生自由选课。挂牌上课是完善学分制必然要采取的做法，是实行平等竞争，打破论资排辈，保证良好教学效果的一项措施。它与教授上本科基础课相辅相成。

　　考虑到学校高素质人才偏少的状况，例如全校老师中仅有8个人具有博士学位，故向校长提出，引进200位博士来校任教。此建议得到领导同意。至1995年底，全校教师中有博士学位的老师迅速增加到88人。

　　从1993年开始，我又建议学校采取坚决措施，杜绝考试作弊现象。凡考试作弊的学生一经发现，即当场做出严肃处理，该门课程作零分处理，该生在学业结束时，取消授予学位，如有再犯，则给予开除学籍的处分。严格考试制度，促进了学风的好转，保证了学生的诚实素质，用学生自己的话来说就是"再也不敢掉以轻心了"。同时，学校还对考试命题，考场管理，试卷交印和评阅，成绩登记都做了具体规定，并严格执行。该学期考试作弊大大减少，一个学期只发现了5起考试作弊行为。

这一系列让暨南大学学风迅速好转、学生素质得以提高的创新改革措施，还引起一次新闻大事件。《信息时报》2003年8月11日在头版显著位置以大字标题《作弊学生告倒暨南大学》报道了使我校声誉蒙羞的新闻。周围的人看到后，都说暨南大学做了错事被法院判决了，这在全国是第一次。我作为一校之长，立即找来《信息时报》，仔细阅读，才知事情原委。1995年9月，一位北京学生考入我校医学院临床医学系学习。1996年1月17日上午，他在参加医用物理学考试时夹带资料，被监考老师发现，按学校规定，除该科成绩以零分记外，取消其学业结束时授予学士学位的资格，同时给予记过处分。第二学年，该生再修医用物理学，考试成绩为79分。2001年3月2日，学校认为该生受处分后已作了深刻检查，并有悔改表现，故将记过处分降为警告处分。2001年6月21日，该生取得学校毕业证书，但未取得学士学位。他要求学校授予学士学位未果，便于2002年3月向学校所在地广州市天河区人民法院提起诉讼。天河区人民法院支持学校的处理，驳回了该生的告状。哪知，该生不服，再向广州市中级人民法院上诉，要求法院判令学校补发学位证书，并赔偿交通差旅等费用1万元。广州市中级人民法院以校规与国家规定抵触无效为由，支持该生的说法，判决我们校规不对，要求重新授予其学士学位。我认真阅读了法院判决书，然后立即召集学校学位委员会，进行议决。学校学位委员会是决定学生学位的最高决定机构，大家进行充分讨论后，再次投票，仍然一致赞成过去的决定，认为校规与国家规定相符，不能授予该生学士学位。这个决定维护了学校的声誉，保障了学校的正当权益，使学校的学风进一步好转。一场争执得以顺利了结，全校师生都为学校胜利而高兴。

第七节　改　善　设　施

　　由于学校的争取和国务院侨务办公室的支持，从1992年开始，香港中国旅行社连续5年每年资助我校680万港元用于添置和更新教学与教学管理的设备。从1993年到1994年，学校教学设备固定资产纯增值960万元，等于教学设备固定资产总值增加了20%。由于教学设备改善，已基本上能按照教学大纲要求开出实验。仅1994年，全校就新增实验项目163个，同时实验质量也明显提高。如医学院病理解剖课的学生原使用已老化磨损的显微镜观察组织细胞形态，有时无法分清是病态的细胞还是正常的细胞。现在显微镜更新了，学生反映视野清晰了，对观察的内容可以做出正确判断。又如，我去调研时，发现新闻系广播电视实验室和演播厅的设备太陈旧了，便立即拨款约200万元添补设备，实验室和演播厅焕然一新，在国内各高校新闻系里，一下子走到了前列。

　　过去的教室均以一面黑板由老师用粉笔书写来进行教学，随着计算机的推广应用，我大抓电化教育，得到负责电化教育的杨炳任主任的支持，采用计算机辅助教学，全校教室焕然一新。有功能齐全的多媒体组合教学课室两间；有普通电教课室80间3120个座位；有80间课室安装了投影仪，并备有幻灯和无线扩音系统；有语音实验室19套760个座位；有各类电视教材3841部9683小时。全校273门课程有配套音像教材，教师们都用电教手段上课。发展电化教育意义重大深远，在传统教学中引入现代视听结合的手段进行教学，大大缩短了教学时间，拓宽、深化和丰富了教学内容，提高了教学效果，是教育的一场革命，受到师生们欢迎。教师们利用现代化媒体教学的积极性和热情越来越高，在全国高校中走到了前列，特别是在全国普通高校体育电教中更是突出，全国普通高校体育电教学会挂靠我校，我亲自担任会长。1995年，在全省电化教学评估中，暨南大学取得第一名。同年，在全国普通高校电教会上，暨南大学囊括了全部一等奖三项。

图书馆引进了计算机集成系统，使图书馆的采、编、流通、查询全部电脑化。根据侨校的特点，图书馆1995年成立了华侨华人文献信息中心。

1995年1月，作为项目负责人（主席台右1）主持暨南大学校园计算机网开通仪式，这是广东省第一个接通互联网的高校，罗伟其为助手（主席台右2，后任广东省教育厅厅长）

1993年初，我返回上海家中度寒假时，在上海高校朋友处了解到国际互联网的信息。回校后，立即向校长建议，获得同意，将华侨捐款200万元用于建学校互联网。我立即请计算机科学教授、理工学院吴恭顺院长负责此事。不久，他向我汇报，推荐年轻的数学系副教授罗伟其专门负责此事，我立即支持并同意。罗伟其同志认真负责，圆满完成了任务。1995年12月15日，暨南大学校园网和国际互联网建成开通，成为广东省高等学校教育与科研计算机网实验工程第一批七所高校之一，且为广东省验收的第一所高校。

经过调研，我发现学校各院系在实验室建设中搞"小而全"，重复购置，利用率低。经过重新设计，于1995年将全校130多个实验室合并为47个实验室，有利于实验室建设和发展。同时，还组织编印了《暨南大学实验课程教学大纲》，促进了实验室教学规范化。经过努力，全校实验室课程开课率大大提高，公共基础课实验已100%开出，专业基础实验课已开出96.6%，专业实验课开课率为83%。1995年5月22日至23日，广东省高教厅对我校基础实验室和专业基础实验室进行评估，我校是广东省高校实验室评估中全部合格的第一所高校。

第八节　零　的　突　破

　　学校的核心任务是为社会培养德智体全面发展的人才。我分管体育部工作后，开始关注学生体育素质培养的问题。我自小体弱多病，体育课成绩一直不好，但我对体育的认识是正确的。学校不仅要搞好体育课的教学，而且要积极开展各种各样的体育活动。有条件的话，还应该在某些特定的体育项目上下功夫，在社会上有声誉，以鼓励全校师生，振奋精神，为国家多做贡献。

　　我先到体育部调研，考察学校的体育课教学和体育活动情况，了解到暨南大学在历史上有过辉煌纪录。早在1936年柏林举行的第十一届夏季奥林匹克运动会上，我校就有14名篮球、足球和田径运动员代表国家参加了比赛，这在全国高校中绝无仅有。特别是符保卢同学在撑竿跳高比赛中进入了复赛，这是我国运动员在旧中国参加的三次奥运会中取得的最好成绩。但从1958年在广州办学后，学校体育活动仅限于广东省内，从未离开广东参加其他比赛。

　　于是，我鼓励体育部罗佛佑主任和温石生副主任加强体育管理，争取参加全国性的体育比赛。1993年8月，在我的热情鼓励下，暨南大学第一次派出学生参加在杭州举行的第二届全国大学生田径锦标赛。学生表现不错，取得一枚银牌和男女团体总分第7名的好成绩。我的信心大增，便继续鼓励体育部加强训练。老师和学生认真训练，我也经常去现场看望他们、鼓励他们。

1994年8月19日，我亲自带队，体育部张军老师协助，带领15名运动员参加在山东省济南市山东师范大学举行的第三届全国大学生田径锦标赛。全国参赛高校共82所，有800多名运动员以及中国香港科技大学、日本名古屋商科大学、韩国庆北大学的运动员参加。我校参加了普通高校乙组的比赛。这是我一生第一次参加大型体育比赛，心里十分高兴。

　　全国锦标赛受到党和国家的高度重视，大会主席是中央政治局委员、山东省委书记姜春云同志。20日下午4点半钟，大会举行了隆重的开幕式，姜春云书记讲了话。第二天上午，开始进行比赛。我不断从赛场广播中得到暨南大学运动员获得金牌的好消息，一个上午便得了5枚金牌，真是罕有。获奖的项目是女子200米，女子100米栏和女子4×100米等项目，获奖的运动员是陈震洪、马丽霞、苏月冰和陈映等同学，特别是陈震洪同学还在100米栏的比赛中以十四秒零二的成绩打破了大会十四秒二十的纪录。

　　中午用餐时，我见到参赛的同学们，想看看他们获得的奖牌，一饱眼福。同学们却告诉我，还未领到。这让我纳闷起来，按照体育比赛大会惯例，广播运动员获奖之事时，便随即在现场发奖，今天不知何故有点奇怪！直到下午4时，张军老师急匆匆地跑来向我汇报："大会的主办单位国家教育委员会体育与艺术教育司宣布：因暨南大学采用作弊方法用专业运动员代替普通高校的学生参赛，故向全国高校通报处分暨南大学，取消已获得的金牌奖励，并停赛三年，不得参加全国体育竞赛。"而且，从下午开始，我校学生被禁止参加其他项目的比赛。听到国家教委这个决定，让我如雷轰顶，我一生做事光明磊落，哪会干这种作弊事！我立即冷静下来，先问张军老师，为什么会发生此事？他告诉我，在运动会仅半天比赛中我们学校学生表现突出，连拿5枚金牌，是全国82所参赛高校中的一匹"黑马"。如此表现突出，在参赛三所广东高校（中山大学、华南理工大学、暨南大学）中名列第1，也在全国高校中成为前几名，便有人出于嫉妒，诬告我们。为此，我十分气愤，但马上冷静下来，思索以后决定：①先给学校打电话，立即将15名学生运动员参加国家普通高考为我校录取的档案材料传真寄给我们；②等拿到学生入学档案复印件材料后立即找国家教委体育卫生与艺术教育司领导当面申诉，要求马上撤销对我校的错误处分。等拿到学生入学档案复印件材料，已是下午6点了。我与张军带着材料去找全国大田赛负责人国家教育委员会体育卫生与艺术教育司的领导，哪知他们不在住地。于是，我决定先做群众工作，遍访参加处理我们学校会议的全国高校体育协会理事会的常务理事们，让他们了解我们学校被错误处理的真相，争取他们了解我们学校的实情，同情我们，支持我们，帮我们平反。从晚上7点到凌晨1点，我们拜访了十几位常务理事，总算弄清楚具体情况，是一所参赛高校恶意举报了我们。他们看了我们学生的高考入学材料后，都同情我们，理解我们，支持我们的上诉。

　　直到第二天上午11点20分，我们才找到国家教委体育卫生与艺术教育司的领导，立即面呈申诉书和学生入学材料。两位领导看了我的名片后，了解到我是一位知名学者，在高校领导中管体育是相当罕见。他们一开始仍然责备我们有错，而且把犯错责任归结于张军老师。我用各种事实材料证明我们学校被错误举报的真相，双方激辩了近两个小时，直到下午1点钟，他们终于答应为我们平反，取消原处分决定，为我们学生补发金牌。我又请求，希望在公共场合为我校运动员颁发金牌。当场，他们表示同意，总算为暨南大学争回了荣誉。实际上，事后，仍是在私下为我校学生补发了金牌。考虑到当时学校的弱者地位，也只好无奈接受。回过头看此事，弱者要成为强者，多难啊！与教委体育司的领导谈话后，我又诚恳地邀请他们下学期来我们学校视察，他们愉快地答应了。

从这一次参赛开始，暨南大学一跃成为广东省乃至全国的体育强校。

1994年12月，在广州地区高校第三十一届田径运动会上，暨南大学代表队获得男女团体总分第1名。在70个项目的比赛中，暨大共获得了26枚金牌、14枚银牌和15枚铜牌。这是暨大在广东田径比赛中成绩最好的一次，也是暨大第一次战胜了雄霸广东高校田坛十多年的华南理工大学。

1995年1月，国家教委体育卫生与艺术教育司的领导如约来我们学校视察。他们参观了学校的邵逸夫体育馆等设施，检查了我们体育部的工作，听取了我们的汇报，一致认为，自我分管体育工作以来，学校的体育工作飞跃向前，已成为广东省第一位体育强校。他们表扬我们后，出乎意料，又对我们宣布，批准暨南大学成为全国53所试办高水平运动队的学校，运动项目为田径、羽毛球。1995年5月29日，我们收到了国家教委的正式批文。这是我校在教育部获得的第一个重点学科，是零的突破。当时，我十分激动，感谢教育部体卫司的关怀，感谢校体育部领导和老师们的辛勤工作，感谢学生们的勤奋刻苦。

这一年，我校运动员在全国和国际比赛中表现突出，成绩斐然。

国内比赛方面，1995年4月，在保定举行的全国游泳锦标赛上，陈照星同学获得男子100米仰泳铜牌，4×100米自由泳金牌及4×100米混合泳银牌；5月，在太原举行的全国田径锦标赛上，伍岭梅同学夺得女子三级跳远银牌；8月，在成都举行的第四届全国大学生田径锦标赛上，严雪勤同学获女子三级跳远金牌，胡珍霞同学获女子100米及200米两枚铜牌；9月，在漳州举行的全国武术个人赛上，宋晓鸽同学获女子自选拳铜牌；9月，在长春举行的全国田径冠军赛上，牛鑫同学获女子1500米银牌和女子4×800米接力赛金牌，马丽霞同学获女子200米铜牌和4×100米银牌，胡珍霞同学获

4×100米银牌；10月，在南京举行的全国城市运动会上，伍岭梅同学获女子三级跳远铜牌。

国际比赛方面，1995年7月，在越南胡志明市举行的东南亚田径邀请赛上，严雪勤同学荣获女子跳远和三级跳远两枚金牌；8月，在日本福冈举行的南部中平陆上田径邀请赛上，严雪勤同学夺得女子三级跳远金牌；9月，在印度尼西亚雅加达举行的亚洲田径锦标赛上，曾立志同学夺得男子三级跳远金牌，伍岭梅同学获得女子三级跳远银牌。

在积极推动参加全国和国际的体育比赛的同时，我又推动体育部展开对外交流。既发展了体育事业，又有助于学校国际化发展。

1994年3月，在暨南大学校友总会马友恒会长的支持下，学校主办了"校友总会'会长杯'"高校男子排球赛，南洋理工大学、香港理工学院、香港城市理工学院、澳门大学和暨南大学5所院校参加了比赛。同年6月，又在澳门举行了"校友总会'会长杯'"篮球邀请赛，我校派出了男子、女子篮球队赴澳门参加了比赛。1995年9月，我校又派出游泳队去香港与香港理工大学队进行了对抗赛，在22个项目中夺得16项第一名。

1995年12月24日，我亲自领队由体育部老师协助，带领校乒乓球队12名队员，前往新加坡进行访问，先后与新加坡国立大学、南洋理工大学、义安理工学院、南洋理工学院、淡马锡理工学院、新加坡理工学院等6所高校及新加坡游泳协会的乒乓球队共进行7场对抗赛，取得全胜佳绩，在新加坡引起了轰动。暨南大学新加坡校友会盛碧珠会长盛赞母校的体育水平，为我们在新加坡的全胜祝贺。

第九节　文科基地

1994年，国家教委决定在全国建立一批文科基础学科人才培养和科学研究基地，相当于教育部重点学科。当时，我校无教育部重点学科，基础甚是薄弱。国家教委发出文件后，我校未接到通知，完全蒙在鼓里。我校中文系的学术权威饶芃子教授，也是我在校领导班子内的同事，任副校长，她从中山大学朋友处得到消息后，立即抓住时机，用一星期的时间，赶写出了一份申请报告。然后，她请我代她去国家教委高教司文科处申报。受到同事的委托，我也义不容辞，与中文系魏中林主任一起于11月9日赶往北京。先到国务院侨务办公室向分管我校的李星浩副主任汇报，请求批准后再去国家教委申报。哪知李主任认为我校属国务院侨务办公室管理，不必去申请教育部的学科基地。我便反复讲此事的重要性，磨了两个多小时，总算获得同意。拿到盖了国务院侨务办公室印章的申请书，已是上午11点了，再赶到国家教委，已是11点半了。正好高教司文科处刘凤泰处长等三位正副处长还在办公室，我便马上向他们汇报，请求接受我校的申请。他们三位领导对我们的申请表示爱莫能助，因为评审专家组今天已经开始评审，我们已经错过了申报时间，故表示无法接受申请。见此状，我便解释，因为我校未收到国家教委的文件，是从中山大学得到消息才赶来申请的，请求他们理解。反复说明，磨了又磨，他们都不让步，一直拖到中午2点钟，他们认为我的努力不是为自己，而是为了学校和同事之事，我认真的态度感动了他们，于是对我说"同意接受我们学校的申请书"。由于我校中文系基础好，最后，在强手如林的激烈竞争中，终于获得专家会议评审通过。1995年1月16日，国家教委批准我校中国语言文学学科为"国家文科基础学科人才培养和科学研究基地"。这个文科基地和试办高水平运动队两件事的成功，可看到办事之难，经过艰苦努力，总算能有突破，这是学校在国家教委重点学科零的突破。自此，暨南大学成为全国中国语言文学学科和体育学科的强校。

第十节 华文学院

1993年2月6日14：30，在广州市瘦狗岭广州华侨学生补习学校会议室，国务院侨务办公室廖晖主任召开座谈会。参加会议的有国务院侨务办公室的有关领导、广东省侨务办公室的领导、广州华侨学生补习学校领导以及我校全体校领导和有关部处长，约30余人。我是第一次到这所学校，对它状况基本不了解，加之我又不分管这一方面工作，故坐在离主席台甚远的偏僻位置，没打算发言。廖主任简明扼要地讲了侨办的意见，准备将国务院侨办直接管理和广东省侨办代管的广州华侨补校划归暨南大学管理，征求大家意见，划归后如何办好这所学校。接着，广州华侨补校林敦祥校长做了一个多小时的汇报，向大家介绍这所学校的现状和历史，并表示以后在暨南大学的领导下，将延续一贯的办学方针，继续招收补习中文的华侨学生。他汇报完后，廖主任马上说，现在先请我们侨办的专家刘人怀副校长发言，谈谈意见。我对这所学校过去情况毫无所知，又毫无准备，但被点名发言后，只好站起来，边想边说，简短地用几分钟提出了三点意见：①不认同林校长提出来的加入暨南大学后的办学思路；②既然加入暨南大学，就应该和其他学科一样，培养本科、硕士和博士学生，建议将该校名改为暨南大学华文学院；③考虑到广州华侨学生补习学校200多位教职工的办学水平，应该从暨南大学抽调一些教职工去加强，建议将与华文教育有关的文学院对外汉语系全部18位老师调进华文学院,如果18人太少,可再将学校预科部10多位老师调入。我讲完后,出乎意料,廖主任完全肯定我的发言,说刘校长的意见很好,就照他的意思办。然后,他宣布散会,未让大家继续讨论。他的敏锐和果断让我钦佩,但也给我带来麻烦,一些领导的脸色都不太好看,一句话没说上会议就结束了。这也是因为我在说话做事时不会拐弯抹角,过于直率和认真。

过了几天,在国务院侨务办公室的关心下,学校领导班子开会,调整了我的工作,让我和饶芃子副校长筹办华文学院。

1993年4月27日,国务院侨务办公室正式发文批准筹建暨南大学华文学院,决定撤销广州华侨学生补习学校的建制,将该校连同所属人员、资产并入暨南大学,并在原地组建暨南大学华文学院。然后,就将学校的对外汉语系和预科部迁到华文学院,并在当年招收本科生,随后又招收硕士生和博士生。华文学院设立了汉语系、预科部、培训部、函授部和华文教育研究中心等教学、科研机构,逐渐成为我国对外汉语教学和华文教育的基地,声誉不断提高,影响越来越大,为暨南大学的发展增添了光彩。

第十一节 中旅学院

1978年,国家开始实行改革开放政策,经济形势逐渐好转,旅游事业也开始发展。特别是到了90年代,经济的快速增长更带动了旅游业的迅速发展。当时,我们国家的中国旅行社直接归国务院侨务办公室管理。由于形势发展的需要,国务院侨务办公室廖晖主任于1992年2月16日在深圳华侨城召集会议,专门研究并一致同意在深圳华侨城筹建暨南大学旅游学院。3月28日,我代表暨南大学在深圳华侨城参加筹建领导小组会议,华侨城建设指挥部王谦宁任组长,我任副组长。4月15日,旅游学院筹建领导小组在北京召开会议,廖晖主任亲自主持会议,听取汇报。会后,我组建了旅游学院筹建办公室,由我校和华侨城七位同志组成。考虑到我校经济学院商学系旅游管理教研室很小,仅几个人,我便设想,将他们全部调进深圳旅游学院,作为办院主体力量。这个意见提出后,没想到该教研室老师都反对,对他们劝说、讲理也没起到作用。他们甚至声明,如果硬要调他们去深圳,他们宁可全体辞职。面对这种形势,我只好妥协,仅调年轻老师沈彤一人参加七人工作小组,并答应,学院建成后,即可同意他调走。另外,我又请商学系主任张永安教授参加七人小组,帮我具体负责日常工作。

1993年2月12日,国家教委正式下文批准暨南大学与香港中国旅行社、中国旅行社、深圳特区华侨城、广东中国旅行社和福建中国旅行社5家企业合作在深圳华侨城建设暨南大学中旅学院。这是我们国家首次用校企联合办学的形式在异地办学，建院投资和教学经费由5家企业提供，师资和学院各项管理工作则由暨南大学负责。中旅学院聘任全国政协副主席、暨南大学董事会副董事长霍英东任名誉院长。经我推荐，1994年9月，张永安被任命为首任院长。1995年12月，张永安调回学校任副校长，改由华侨城指挥部主任张克雷任院长，再调经济学院马黎光老师任常务副院长。

1993年7月10日，暨南大学中旅学院在深圳华侨城举行奠基典礼，校园占地3万余平方米，建院工程包括综合大楼、体育活动中心和服务楼各一座，学生宿舍楼2座，总建筑面积3.2万平方米，于1995年全部竣工。

1994年6月19日，中央政治局委员、国务院副总理兼外交部部长钱其琛同志在廖晖主任的陪同下视察了中旅学院。他对中旅学院的筹建给予了好评，令我们很受鼓舞。

在办学方向上，我们和个别参与筹建的合作单位产生分歧，他们坚持学院以后只做在职干部的培训，对此我一直不认同。在廖晖主任的支持下，最后采取了我的建议，办学方向为全日制本科和研究生教育。按廖晖主任的意见，校名确定为暨南大学中旅学院，随即开始公开招聘教师，建立学院的师资队伍。

1994年和1995年中旅学院分别招收了旅游专业本科生38名和37名。1996年3月3日，学院举行首次盛大的开学典礼，那时我已就任暨南大学校长有两个多月了。我请来国家教委计划司李仁和副司长参加典礼。看到亲自参与筹建的我国第一个旅游管理学院终于办成时，我感到非常欣慰。

第十二节　教育学院

开展成人教育，是国家规定的普通高校的基本任务之一，也是我校教育工作不可分割的一个重要组成部分。

第二次世界大战以后，世界性的教育潮流发生了很大的变化。由于科学技术的迅猛发展，信息量的扩大和知识更新速度的加快，传统的"一次性教育"的思想，已越来越不适应传播和学习新知识、新技能以及不断提高人的自身素质和竞争能力的需求，因而逐渐为那种将教育过程贯穿于人的一生的"终身教育"思想所取代。随着一次性教育思想向终身教育思想的转变，也由于科技进步所带来的教育手段、教育方法的创新，传统的、比较单一的和比较刻板的办学形式也向着现代化的、多元的和开放化的方向发展。成人教育在这种变化中可以说是起了一个关键的作用。

自1978年改革开放以来，全国高校共培养了成人教育本、专科毕业生364万人，占全国本专科毕业生的46%，这是十分可喜的成绩，说明成人教育的重要性。

暨南大学成人教育学院是学校5个学院之一，其他4个学院是文学院、理工学院、经济学院和医学院。与其他高校不同，暨南大学既要面向境内办成人教育，也要面向境外办成人教育。当时，院长是彭大火教授，他工作十分认真，很有热情。我向他建议，面对1997年香港回归、1999年澳门回归的现实，我们成人教育学院应该尽量多招港澳学生，为国家培养爱国人才。为了有利于在港澳办学，我向上级建议，将成人教育学院改名为教育学院。此事于1993年9月15日获得国务院侨务办公室批准："根据你校'面向海外、面向港澳'的办学方针，同意你校暨南大学成人教育学院改称为暨南大学教育学院。"

1993年2月，国家教委批准我校举办本科函授教育。于是，暨大教育学院便与香港大学专业进修学院合作，分别在香港和澳门开办了大专起点的社会学专业本科班，很受港澳同胞的欢迎。

翌年，暨大教育学院与澳门业余进修中心合作，在澳门开设了护理专业大专班，为澳门医院培养护理人才。同时，又与香港（中国）骨伤治脊学会合作，在香港举办中医骨伤专业大专班，为香港医院培养中医骨伤科专业人才。

对社会学专业本科班，我和彭院长在港澳组织报考，特别有意面向香港工联会和澳门工联会的主席、副主席和常务理事，以及澳门街坊总会和各街区的负责人，他们过去没有读大学的机会，纷纷踊跃报名，认真准备，许多人都进入教育学院社会学专业读书，他们当中很多后来都成为暨南大学在港澳爱国校友的代表，为港澳顺利回归，做出了贡献。如香港工联会主席郑耀棠先生是社会学专业毕业生，现是香港立法会议员、全国人大代表，毕业后在社会工作中发挥了重要作用。又如澳门工联会正、副理事长均是我校社会学专业毕业生，毕业后好几位被选为澳门立法会议员。这些学生的优良表现，使我校教育学院在社会上具有很好的声誉。1993年6月5日，我亲自参加了澳门社会学本科班的开学典礼。1995年11月19日，我又赴香港，在香港大学礼堂，与王赓武校长一起参加了社会学本科学位授予仪式。

1994年5月28日和1995年6月14日，两次澳门护理大专班开学典礼，我都出席。护理大专班的成功办学，为澳门医护界护士素质和护理水平的提升做出了贡献。在澳门医务界，暨南大学口碑声誉日增，澳门医院的医务人员70%以上来自暨南大学。

1994年9月10日，我参加了香港中医骨伤大专班的开学典礼，为中医在香港的推广做了支持。

1995年11月，在香港大学，暨南大学和香港大学合办的社会行政学和社会学本科学生毕业典礼合影。前排左3起：王赓武、刘人怀、黄旭辉、彭大火

第十三节 外事活动

根据党中央的文件,暨南大学按照"面向海外,面向港澳"方针办学,因此"面向海外"就成了学校办学的头等任务,既要在全世界招收侨生来广州读书,又要使侨生学成后回到居住地成为中国与世界各国联系的纽带。因此,积极开展对外教育和学术交流势在必行。我来到暨南大学后,一直分管外事工作,深感肩上担子重,压力很大。经过一年多熟悉后,1993年4月,我和原副校长医学院李辰教授一起应邀访问日本,拜访了东京华侨总会和大阪华侨总会,受到华侨同胞的欢迎和支持。然后,又同广岛修道大学签署了学术交流协议书,还参观了广岛二战原子弹爆炸遗址。我们还访问了友好学校神户商科大学、姬路工业大学和圣玛丽安娜医科大学。兵库县知事亲自接见我们,欢迎我们到访。这是我负责外事工作后,第一次出国访问,日本教育管理的精益求精给我留下了深刻的印象,参观二战原爆遗址也让我终生难忘。我们既要学习日本高等教育的先进之处,同时也要永远牢记日本近代以来对我们中华民族所犯的战争罪行。只有我们强大起来,才不会遭人欺侮。

我校华侨医院要成为"面向海外,面向港澳"的名医院,就必须迅速提升医疗水平。在了解到柏林夏利特医院帮助我校之后,1993年7月,我陪同周耀明校长访问了两德统一后的德国。我们专程去柏林,拜访弗里德利希女皇基金会干事长哈姆斯坦恩(Hammstein)博士,感谢基金会对我们的一贯支持,同时希望延长合作协议。我们参观了柏林著名的夏利特医院,看望了我校在该医院进修的医生。经过我们的努力,同年12月,柏林卫生局局长、弗里德利希女皇基金会负责人回访暨南大学,双方签订了延长十年交流合作的协议。通过这一合作,我校华侨医院先后有百余人去该院进修,提高了医疗水平。

同年8月,我率团访问新加坡,与义安理工学院签署了两校交流合作协议书。同时参观了新加坡国立大学、华中初级学院和华侨中学,对新加坡高校和中学教育有了一些认识。

1994年6月,美国纽约州立大学古西堡分校皮梯格(Pitig)校长率团16人访问我校,签订了两校交流协议书。10月,在我筹措下,由外事处刘渝清副处长陪同,周耀明校长和伍国基书记率团访问美国,落实暨南大学与纽约州立大学古西堡分校交流协议书的实施细则,同时与密歇根州萨基诺大学、威斯康星大学欧克莱尔分校签订了交流合作协议。

1995年10月,在美国纽约,与纽约州立大学古西堡分校皮梯格校长(左8)及其教职员在一起留影,建立两校友好关系。左7:刘人怀

翌年10月，我率团访问美国，先与罗得岛州约翰逊与威尔士大学勒维（Levy）副校长商谈，友好地签署了两校交流合作协议书。该校另一位副校长恩霍尔特（Anholt）赞扬我的谈判技巧和处事精神："你是一位绅士！"会谈后，勒维副校长还陪同我参观了闻名世界的哈佛大学和麻省理工学院，让我一睹世界名校的风采！此外，我们还参观了著名的威尔士女子大学，这是中华人民共和国名誉主席宋庆龄和著名作家冰心的母校。

接着，代表学校回访纽约州立大学古西堡分校，进一步与对方落实合作科研、互派学生等事宜。同时，看望了在此校进修的刘誉老师和留学的邱玉波、卢子珊、梁莺三位女同学，关心他们的学习和生活情况。借此机会，又参观了联合国、华尔街、世界贸易大厦和纽约股票交易中心，感受了一下世界政治和金融中心的气氛。

然后，我们又去了威斯康星大学欧克莱尔分校访问，该校校长史耐克（Schnack）先生接见了我们，双方进行了亲切友好的会谈，并签署了两校交流合作协议。我看望了在该校留学进修的刘渝清和陈晓景两位老师。访问中，刘老师一直陪同我们，在圣保罗国际机场离别时，依依不舍，流下眼泪。

接着我们又去密歇根州萨基诺大学访问，该校颜善邦副校长和护理学院院长朗济（Lange）与我们亲切会谈，同意扩大合作项目，让我校护士能去该护理学院提升进修，待协议书拟好后，第二年我校校庆90周年时，再来暨南大学签约。

借此机会，我们还去华盛顿拜会了著名国际问题研究专家、我校董事薛君度先生及其夫人黄德华女士。黄德华女士是辛亥革命时期的先驱和领袖黄兴先生的小女儿。我代表学校向他们表达了诚挚的问候，感谢他们对学校的一贯支持。此外，我们还在旧金山拜访了旅美开平同乡会主席关仕龙。接着，又参加了北加利福尼亚州暨南大学校友会的成立大会，我校外事处原副处长周云汉任会长，参加会议的有30多人，华侨同胞和暨南大学校友的热爱祖国和热爱母校之情让我们感动不已！

1995年10月，美国马里兰州，到美国黄兴基金会董事长、哈佛大学教授、暨南大学董事薛君度教授和夫人黄德华家拜访留影。左3起：薛君度、黄德华、刘人怀

1995年10月，在美国旧金山祝贺暨南大学北加利福尼亚州校友会成立留影。中间站立左3：刘人怀

1994年10月，经我和外事处安排，黄旭辉副校长率领暨南大学和华侨大学代表团前往马来西亚访问，举办多场升学讲座，共有2600多人参加，使报名我校的考生大大增加。

1995年2月，我与经济学院韩兆洲副院长等率代表团访问越南胡志明市财政会计大学，该校校长阮清泉曾在云南昆明留学，对我国特别友好，我们草签了两校合作交流意向书。这是改革开放后中国和越南高校之间第一次正式来往，具有十分积极的意义。8月底，阮校长又率团到广州回访，同我们学校签了合作交流意向书。在越南访问时，经阮校长安排，我们专程到越南首都河内市，接受越南共产党中央委员会委员、越南财政部部长接见。晚宴时，这位领导竟说越南一直受到北方国家的侵略，我立即打断他的话，声明我们中国一直是对越南友好的兄弟和朋友，特别是在抗美援越中，帮助越南人民取得胜利。他只好转口认错。

同年8月初，我和周耀明校长去泰国访问了华侨崇圣大学和清迈大学，签订了合作交流协议。会后，我们还拜访了颜开臣董事和丁家骏董事。

在出访时，我们注意调查各国大学教学、科研管理情况，以便学习其优点，使暨南大学办得更好。通过与外国高校建立交流合作关系，提升学校办学层次，扩大暨南大学的国际办学影响，使学校老师和学生更容易、更经济地去国外高校进修和留学，使华侨华人学生更多来暨南大学读书深造，这是办好暨南大学侨校的重要途径。

第十四章
勇攀高峰

第一节 赴德科研

自1991年调到暨南大学工作以来，由于新的环境需要熟悉，学术团队需要重新建立，故自己的学术工作进展缓慢。1993年夏天，忽然再次收到德国洪堡基金会邀请，鉴于我1983年归国后的学术成就突出，基金会邀请我以高级洪堡研究学者身份再赴德国进行科学研究，这是中国洪堡学者中的第一次。惊喜之余，我借工作空当和寒假时，向学校申请再去德国鲁尔大学搞四个月科研。

1993年12月19日离开广州，再次前往德国鲁尔大学。卢文达先生的学生楼建雄到机场接我。到达后，老朋友周恒祥在家中请我吃饭，畅叙衷肠。这次，我住在乌邦街45B号，离学校近，生活方便。由于策纳教授早已退休，便前往鲁尔大学静动力学研究所，在克勒泽西教授（Krätzig）身边工作。我向他汇报了在德国要从事的研究项目"复合材料层合扁壳的非线性稳定与振动问题"，谈了问题的要点，他热情地支持我进行这一国际前沿课题的研究。

由于我熟悉环境，洪堡基金会又给了最好的支持，我得以潜心开展研究。自1991年在《中国科学》发表了复合材料层合扁球壳非线性稳定问题文章以后，我又开始研究难度更大的问题：考虑横向剪切影响的具有夹紧固定外边界和刚性中心的复合材料对称层合圆柱正交异性开顶扁球壳在均布压力作用下的非线性屈曲。这个问题很重要，但难度也更大了，世界上从未有人研究过。我在国内已开始涉足这一问题，但时间太少，进展很慢。在德国的办公室里，无人打扰，可以静心钻研，很快便完成了非线性微分方程的求解，获得了相当精确的临界压力的解析解。接着，我又研究另一世界级新难题：在轴对称分布载荷作用下考虑横向剪切影响的复合材料对称层合圆柱正交异性扁锥壳的非线性屈曲。我建立位移方程、几何方程、物理方程和平衡方程，最后归结为求解非线性微分方程组，使用我们的修正迭代法，获得了相当精确的解析解。我将上述工作写成两篇英文文章：《考虑剪切影响的对称层合圆柱正交异性开顶扁球壳在均布压力作用下的非线性屈曲》《考虑剪切影响的对称层合圆柱正交异性扁锥壳的非线性屈曲》。这两篇文章都送交国际学术权威期刊《国际非线性力学学报》，受到好评，同时发表在1996年31卷1期。

在鲁尔大学工作时，周恒祥、郁明杨和著名汉学家马汉茂教授及其夫人廖天琪等老朋友经常来看我，使我再次赴德科研的日子过得充实愉快。他们还经常回忆十年前我在此生活的情况，都夸我创办波鸿鲁尔大学中国同学联合会之事以及所举办的活动，称现在学会工作已经没有以前那么吸引人了。

为了不影响我的行政工作，在完成两篇英文论文后，我提前半个多月向洪堡基金会和克勒泽西教授告辞，于1994年3月30日提前离开德国回到祖国。

第二节 获侨办奖

从1993年到1995年，由于行政工作繁重，除了利用再次去德国进行科研期间写了两篇文章外，其余力学学术工作都是与自己的学生合作完成的，共发表文章15篇，其中英文文章7篇。有3篇文章分别与邹人朴、成振强和李骏合作，分别是《复合载荷作用下具有刚性中心和光滑边缘的波纹环形板的非线性弯曲》《边缘均布力矩作用下圆底夹层扁球壳的非线性屈曲》《夹层扁锥壳的非线性振动》。它们分别发表在国际顶级权威学术期刊《国际非线性力学学报》的1993年第3期以及1995年第1期和第2期。另外，与朱金福合作，1993年在机械工业出版社出版《夹层壳非线性理论》专著1本。上述工作涉及开顶扁球壳的非线性稳定、波纹板壳的非线性弯曲、网格扁壳的非线性稳定、复合材料层合板壳非线性弯曲、夹层板壳的非线性弯曲、稳定和振动以及管状接头的疲劳寿命等问题，绝大多数成果都是国际首次发表，富有原创性，且能直接应用到工程中。

1994年，黑龙江教育出版社出版了《中国当代科技精华》，以《刘人怀与板壳力学》为标题介绍了我在板壳力学中的开拓性工作，并说道，"骄人的成就使他跻身于'著名力学家'行列，获得'超群出众科学家'的赞誉"。

美国著名力学家努尔（Noor）在国际力学权威评论刊物《应用力学评论》（*Applied Mechanics Reviews*）1996年第3期发表综述文

章《夹层板壳的计算模型》，引述肯定了我的5篇关于夹层板壳非线性分析的文章。因为研究难度大，国际上研究者甚少，我是领先的学者。

我由于在夹层板壳非线性分析中的成果，于1994年获得国务院侨务办公室第一届科技进步奖一等奖。

翌年，我和朱金福合著的《夹层壳非线性理论》获机械工业出版社优秀图书一等奖。我和王志伟合写的《变厚度U型波纹管非线性变形分析》获中国仪器仪表学会仪表元件学会优秀论文一等奖。

另外，我还在《暨南教育》《暨南大学校刊》等报刊上发表了教育管理方面的4篇文章，涉及大学基础教学、侨校特色、成人教育等教育管理问题。

1993年，我被选为兰州大学校友总会副会长和广东省高校价值工程研究会理事长。翌年，又被选为中国力学学会常务理事和中国复合材料学会理事。1995年起，担任暨南大学经济学院《企业管理专业系列教材》编委会顾问、《大经贸》编委和《固体力学学报》编委等职。

1993年以来，我培养了上海工业大学、中国科学技术大学和同济大学的5名固体力学博士生、1名同济大学的固体力学硕士和暨南大学的1名工商管理硕士。

1993年10月10日，我应邀参加在广州番禺举行的国家教育工作会议，巧遇老朋友兰州大学李发伸校长。他从西德鲁尔大学留学返国后，受母校兰州大学重用，于1993年初担任了校长。会议中，他突然拉着我去见国家教委朱开轩主任，当面举荐我，说我工作能力强、学术水平高，希望国家教委将我调回兰州大学代替他任校长，以把兰州大学办得更好。对发伸发自真心的举动，世所罕见！让我感动万分！但我婉谢了他的好意。

翌年8月，湖北大学校长助理吴传喜和人事处王荆沙处长到家中来访问我，转达了湖北省贾志杰省长的问候和邀请，希望我到湖北大学担任校长。自从1978年在兰州与贾志杰同志分别后，再未见面和联系过。我调到中科大、上海工业大学和暨南大学工作之事，他非常了解，期望我去湖北大学做校长，为国家发挥更大的力量。对此，我非常感动，愿意到湖北大学任职，但国务院侨务办公室领导不予批准，故未能成行。

这一年的11月13日，我受黄旭辉副校长委托，前往汕头市南澳岛月亮湾宾馆，参加国务院侨务办公室招生工作座谈会，负责会议的现场管理。宾馆就在大海边，环境十分优美，我住在410房。当天中饭后，我回到房间休息。刚睡了几分钟，就被人叫醒，说有人在海里游泳快要淹死了，需立即前去援救。我迅速起身，几分钟之内，找到酒店负责人，组织了三位游泳救生员，立即跑向海边，跳进大海，将离岸几十米之外的正在海水中挣扎的李崴同志救回岸上。据讲，中饭后，他和几位参加会议的同志到海边散步，李崴对大家说，他要游泳。其他人都不会游泳就未下海，他一人立即就游向大海远处。还没有几分钟，大家看到他似乎叫大家不要等他，但仔细一看，是他不行了，在求救！于是，他们马上跑来找我组织援救。将他救上岸后，见他身体很不好，就安排汽车送他回广州休养。如果不是救援迅速，他很可能就没命了。李崴是省高教厅招生办副主任，是中国国民党革命委员会主要创始人、中央人民政府副主席李济深的外孙。

第三节 生活锻炼

来到广州后,由于听不懂广州话,工作和生活都遇到了很大困难。那时,仅在省一级会议上能听到说普通话,广州市政府及以下的会议,全讲广州话。街上商店也只用广州话。省电视台也全是广州话。我到菜市场买菜,也只好像哑巴一样,用手比画。

因上级未落实我爱人诸凤鸣的工作,她仍在上海工业大学上班。长子刘昊(原名刘泽衍)于1991年夏天在合肥中科大毕业后,先在珠海工作,随即又去新加坡国立大学留学。次子刘泽寰于1991年秋天考入福建泉州华侨大学化工系读书。一家四口人,分散在四个地方,互相不能照顾。只在寒暑假时,我前往上海,或爱人来广州。

我来暨南大学后,先在学校专家楼住了半年多时间,然后搬到家属区苏州苑19栋403室居住。1992年暑假结束时,我去广州火车站送我爱人返上海,只见车站人山人海,交通十分困难。我送她上车后,便乘33路公共汽车回暨南大学。当时广州市区治安情况不佳,我在车上,一个小偷趁机将我衣服口袋中的一袋钥匙偷走了。我当时使用一小皮包装钥匙,小偷误以为是钱包,拿跑了。弄得我下车后,家也不能回。只好请校长办公室一位年轻同志帮忙,从窗户爬进住房,这才解决了困难。我爱人一次乘坐珠海到广州的长途大巴时,打了一个盹,耳朵上的耳环就被人偷掉了。那时,广州治安情况太差了。

  每次我爱人来广州度假，为解决我的后顾之忧，学校的领导都要来当面动员她调到暨南大学工作，以使我们家庭团聚。在这种情况之下，她便在1994年将上海工业大学调动申请书和档案交给暨南大学领导。哪知，过了半年多时间，领导找我谈话，说学校无法安排她的工作，让我们自己想办法在广州市找工作。对此，我爱人很生气。后来珠海市政府人事局领导获悉此事后，问题得到解决，安排她到珠海大学筹建办公室工作。

ly
第十五章
211 大学

第一节 担任校长

1995年12月28日,国务院侨务办公室发文任命我为暨南大学校长。翌年1月4日,在学校学术报告厅,召开了全校副处以上干部大会,国务院侨务办公室刘泽彭副主任宣布了我为暨南大学校长的任命,并期望我带领全校师生员工,同心同德,群策群力,团结奋斗,为把暨南大学办成优良侨校而努力。国务院侨务办公室人事司司长赵阳也讲了话,要求我在国务院侨办直接领导下,把各项工作做好。

此次新任命还宣布了暨大新的领导班子,包括党委书记兼副校长伍国基、副书记关汉夫、副校长兼副书记黄旭辉、副校长张永安、赖江基、蒋述卓、罗伟其。由于暨南大学是实行校长负责制的学校,所以我是领导班子的组长。作为学校第一责任人,我将带领校领导班子,在国务院侨办领导下,完成为海外、港澳台地区培养人才,为国家培养社会主义事业建设者和接班人的双重任务。

我发表了就职讲话,这是一份发自内心的任职宣言。此后十年,我一直是遵照任职宣言而行动,实现了办好学校的梦想。为此,将这份任职讲话全文载在下面:

今天,国务院侨办刘泽彭副主任在此宣读了任命决定,又听了赵阳司长语重心长的讲话,对此,我深深地感谢领导和同志们对我的信任、关怀和支持!

我来暨南大学已经四年多了，在领导和同志们的支持和帮助下，做了一些工作。现在又要承担更重的担子，深感自己能力不够，担子太重，真是诚惶诚恐！

办好一所大学，实在太不容易了。面对这一重担，我只有坚持务实的精神，尽心尽力，鞠躬尽瘁，团结好班子内的全体同事，团结好全校师生员工，将党和人民交给的任务完成好！

我们学校是国内1080所高校中最悠久的学校之一，建校90年来，特别是1978年复办以来，在国务院侨办的直接领导下，我校各方面工作有了许多可喜的进步，取得了许多成就，为国家包括港澳台地区以及各国华侨、华人社会培养了数万人才，在国内外已成为一所有一定影响和知名度的华侨最高学府。

按照"面向海外，面向港澳"的办学方针，我校担负着培养华侨、华人社会以及国家包括港澳台地区的高级专门人才的重要任务。面对这一任务，根据国内外一流大学和我校多年办学过程中积累的办学经验以及形成的办学特色，我们应该积极探索新时期社会主义华侨大学的办学模式，突出教学中心和科研中心，争取在建校100周年（2006年）或稍长一些时间内，将我校建设成中国以及东南亚的著名大学，以至国际有影响的一所大学。

为了达到这个目标，我们需要客观地认识自身的优势和不足。90年发展过程中所形成的我校的特色和优势，概括起来讲有以下五个方面：

1. 有一支较强的教师队伍。教师的质量决定学校的水平。现在，我校1036名教师中有国家级突出贡献专家1人，博士生导师13人，教授134人，副教授325人。

2. 学科比较齐全，是我国第一所拥有医科的综合大学。全校有30个本科专业，50个硕士专业，7个博士专业。我校研究生专业数大约排在全国50名左右。有一个国家教委重点建设的文科基地，是国家教委试办高水平运动队的学校。省部级重点学科11个，省重点课程4门。

3. 拥有一定水平的教学和科研设施，有各类实验室47个，省级重点实验室1个，特别在1995年全省实验室评估中，我校是第一所合格高校；在1995年全省电化教学评估中，也被列为全省第一名；计算机校园网络建成，广东省高教厅即将在本月对我校校园网络进行验收，也是第一所验收学校。获得国家自然科学基金多少是衡量一个学校学术水平高低的重要标准，1995年申报国家自然科学基金项目获准数是1994年的3倍多，命中率在全国高校中排第三位。同时，我们还拥有一座藏书丰富、达130万册的图书馆，一座华侨医院，以及一座现代化的邵逸夫体育馆。

4. 我校的国际性质。我校校友遍布世界五大洲。同时，在港澳台地区有众多校友。这是全国其他高校所没有的自己的特色。仅本学年度，就有19个国家和地区的学生来我校求学，学生来源于五大洲主要国家和地区。

同时，我校与美、英、德、日以及东南亚许多大学有紧密学术交往，从而使我校的学术水平跻身于国际行列。

5. 90年办学中，形成了侨校的办学特色和传统，积累了较丰富的办学经验，特别是校董事会的设置更具特色。我校在国内外已有一定的声誉和影响。

上述优势和特色，正是我们暨大以后进入"211工程"，成为创办著名大学的基础和条件。

与此同时，也应清醒看到，与国内外一流大学相比，与国家对我们的要求相比，我校还存在很大差距和许多困难。主要是：

1. 我校的教育经费偏少，不仅远少于国外知名大学，就连广东省几所大学，如中山大学、华南理工大学、华南师范大学、广东工业大学，我们也比不上。

2. 我校的教风、学风还不够好，有待根本好转。

3. 我校的教育质量、科学研究和管理水平也不够理想，有待进一步提高。

这些差距和困难说明，暨南大学今年要完成"211工程"预审，用较短时间来成为一流大学，任务是十分艰难的，需要我们作艰苦的努力。

按照上述情况，我们应该实行20字方针，即"发挥优势，深化改革，保证重点，改善条件，提高质量"。

发挥优势——就是要发扬暨大90年积累的优良传统，从总体上以较少的经费，获得最好的办学效益。

深化改革——就是继续深化教学、科研、后勤以及管理体制的改革，使学校的发展更能符合客观规律的要求。当前，要研究学校基金分配制度的改革，要把学分制搞得更好，抓专业改革，向应用型专业发展，并采取措施使科研管理有利于学校学术水平的提高，同时，理顺后勤保障系统。

保证重点——就是把有限的人力、物力和财力，用在重点建设和发展关系全局的方面，确保重点学科、重点实验室、重点课程、博士点建设、重点师资，特别是营造使中青年优秀人才脱颖而出的环境和条件，以带动全校各方面的建设和发展。同时，抓好基础课建设，特别是"三语"（汉语、英语、计算机语言）课程，其中首要的是大学英语课程。

改善条件——就是尽最大努力，改善师生员工的工作条件、学习条件和生活条件。首先，搞好校园规划，使校园卫生、文明、美丽，减少校园商业气氛，使暨南园成为读书的校园。同时，使教室、实验室、图书馆条件改善，并抓好学生宿舍和教师住宅的建设。

关心师生员工生活，以便最大限度地调动教职员工的办学积极性。

提高质量——办学质量是学校的生命。因此，我们必须坚持"三严"的办学方针，即从严治校、从严治教、从严治学。努力提高人才质量、科研质量和学校管理水平，坚持法治，不搞人治。

以上是个人的一点初步想法，我上任之时，不烧三把火，只要扎扎实实地工作。我的工作目标就是多方筹措经费，提高学校管理水平，与党委一起，抓住机遇，千方百计，为把暨南大学办成广大华侨、华人、港澳台地区以及国内青年求学的好地方而努力奋斗！

同志们，我衷心希望得到何校长、周校长以及全体老同志的支持，虚心向他们学习宝贵的管理经验。在国务院侨办的领导下，团结全体同志，把工作搞好。我衷心希望全校师生员工加强团结，振奋精神，从我做起，做好本职工作，采用务实精神，一步一个脚印地前进，使暨南大学在本世纪最后的几年中，为祖国的统一大业，为祖国的现代化和繁荣富强，为培养更多更优秀的德智体全面发展的人才，做出我们应做的最大的贡献。

第二节 运筹帷幄

任校长时,正是全国一流高校争上"211工程"重点大学之机,这对学校来说,是头等大事,我全力以赴先抓此项工作。1992年1月底,我返回上海家中过春节。从朋友口中,了解到国家教委正在策划"211工程",期望面向21世纪重点建设100所高校。开学前返校后,我即向领导汇报这一消息。我一生都在高校工作,自50年代末国家搞了27所重点大学后,至今未再搞过。觉得这件事太重要了,机会难得,应尽力争取。直到1995年4月19日,学校才成立了"211工程"领导小组,前任领导担任组长。领导小组下设"211工程"办公室。

1995年11月,经国务院批准,国家计委、国家教委和财政部联合下文《"211工程"总体建设规划》,"211工程"正式启动。我任校长后,先对校领导班子成员进行了分工,我负责学校全面工作,并分管人事和财务工作。我要求各位校领导按"分口分级"和"分层分级"原则,从上而下进行学校的工作管理。这样做管理,改变了过去拖拉、扯皮和不负责任的一些管理状态,有利于团结,有利于责任,有利于效益。

然后,借国务院侨务办公室在北京召开会议之机,于1996年2月中旬,赶到国家教委"211工程"办公室,拜会领导,代表暨南大学递上申请书,请求审核批准暨南大学成为国家"211工程"大学。但是领导拒绝了我们的申请，因为全国100所进入"211工程"大学名单已经选定，暨南大学及其上级主管单位国务院侨务办公室一直都没有到国家教委提出申请，截止时间已过，没有机会了。这个回答，犹如一盆冷水从头浇到脚，让我冷透全身，哑口无言。

在这样的形势下，我校进入国家"211工程"之门已被关闭。只是，我的心不死，还想再搏一搏。

改革开放后，我工作过的中国科学技术大学、上海工业大学以及现在的暨南大学都不是国家教委直接领导的学校，我与国家教委几无工作往来，因此，几乎没有进一步争取的渠道。正在走投无路之际，在"211工程"办公室外走廊上突然巧遇国家教委计划建设司李仁和副司长。似曾相识，问他是不是兰州大学现代物理系李仁和老师，他给予肯定的答复。我高兴地笑了起来，对他讲，我就是兰州大学数学力学系的刘人怀。我们两人自1963年10月在北京出差，第一次偶然相识于教育部大栅栏招待所，友好地相处了一周之后，已有30多年未见面了。两人互诉衷肠，相见甚欢。这时，我才知道他也是国家教委"211工程"领导小组成员兼"211工程"办公室副主任。我想，我们暨南大学的救星出现了。于是，立即将我校申报"211工程"重点大学之事据实禀报，简要汇报了申请的六个理由：

（1）暨南大学历史悠久，已有90年历史，在全国高校历史上排名第7。

（2）办学以来，暨南大学之名"暨南"从未改过，一直是国家华侨最高学府，是侨校，很有特色。

（3）党中央对暨南大学高度重视，关怀备至。1983年曾发24号文要求办好暨南大学，这在新中国高校中，仅此一例。暨南大学设立董事会，现任董事长是全国政协副主席钱伟长先生。

（4）暨南大学直属国务院侨务办公室管理，是其麾下的重点大学，排名第一。

（5）办学90年中，涌现出许多著名人物，培养了许多优秀人才。例如：邓小平同志之弟、湖北省副省长邓垦，暨大1931级学生；江泽民总书记之父，江上青烈士，暨大1931级学生；广东省委第一书记（后任中央政治局常委）陶铸，新中国时期首任校长（1958～1963年）；中央政治局委员、国务院副总理吴学谦，暨大1940级学生；中央政治局委员、国务院副总理李岚清（后任中央政治局常委），暨大1948级学生；新加坡国立大学首任校长、著名侨领陈嘉庚女婿李光前，暨大1908级学生；泰国国会主席许敦茂，暨大1935级学生；全国人大常委会副委员长、全国政协副主席许德珩，暨大1927年教师；全国人大常委会副委员长、中国科学院院士严济慈，暨大1928年教师；著名文学家钱钟书，暨大1945年教师；全国人大常委会副委员长、全国政协副主席，鲁迅之弟周建人，暨大1923年教师；中国科学院院士谭其骧，暨南大学1927级学生；中国工程院院士侯芙生，暨大1943级学生；等等。

（6）暨南大学学科齐全，涵盖文、史、经、管、法、理、工、医学科，共有11个部级重点学科，国家教委2个，国务院侨办9个[文艺学、现代汉语、政治经管学、中国特区经济学、遗传学、水生生物学、眼科学、病理学（实验肿瘤）、中国古典文献学]，现设7个学院，拥有本科专业30个，硕士专业50个，博士专业7个。在校博士生52人，硕士生563人，本科生5377人，专科生2472人，预科生163人，其中境外华侨华人和港澳台学生1982人，来自16个国家和港澳台3个地区。

听完我的汇报，我对学校的一片诚意感动了李仁和同志，他马上对我说，申请合理，接受申请。同时，为使我校最后专家预审工作准备得更完美，他还安排我参加其他高校的"211工程"预审会议。与李仁和同志多年未见，再度碰面，就得到他如此大的支持，当场让我喜极而泣。随后，我又请国务院侨办刘泽彭副主任亲自前往国家教委拜会朱开轩主任和韦钰副主任，表达了国务院侨办对暨南大学申办成为"211工程大学"的支持。经过努力，我们学校获得国家教委批准进入"211工程"重点大学预审名单，被安排在6月中旬进行专家预审。

在"211工程"领导小组的安排下，我担任了四川大学"211工程"预审专家组成员，在当年4月中旬去四川大学参加预审，专家组成员中还有北京师范大学党委书记袁贵仁同志，后来他担任了教育部部长。参加这次专家预审，使我了解预审的方法和程序，获得了我校迎接专家预审的经验。

从北京返校后，我立即召开校领导班子会议，要求大家全力以赴，做好自己分管的工作，迎接"211工程"预审。

3月中旬，召开全校教职工代表大会，向大家讲明学校成为"211工程"重点大学的意义，动员全校师生员工齐心协力，做好本职工作，迎接"211工程"预审。全校师生员工面临这样的大喜事，无不欢欣鼓舞，士气空前高涨，愿意用自己的实际行动迎接这一大喜日子的到来。

那时，校园脏乱。头一年底，广州电视台在新闻报道中还点名批评我校校园脏乱差。为此，我们更换了总务处长，新处长工作热情非常高。特别是园林科长林海认真用心，按我讲的意见，平整道路，空地用草地代替，花草林木要整齐有序。同时，将做过我校建筑工程留在校园内住宿的五家工程队迁出校园，将校中心明湖苑旁的蔬菜食品自由市场停办，将全校建筑物外墙清洁，从校门到办公室、教室、实验室的室内清洁，都做到干净整齐，全校焕然一新。

校领导班子成员分别管好党政各方面的工作，使教学、科研、行政、后勤各方面工作都做好准备，迎接国家教委"211工程"预审专家组的到来。广东省委常委、副省长卢钟鹤十分关心我校的预审准备工作，事前还专门来校视察我校的准备情况。我们编写了《暨南大学"211工程"总体建设规划》和《重点学科建设子项目论证报告》，汇总了学校"211工程"发展战略和建设规划。

第三节 飞上枝头

1996年6月12日至14日，国务院侨办组织专家组对我校申请进入"211工程"进行评审，中国科学院院士、北京师范大学原校长王梓坤教授担任专家组组长，专家组其他成员为：中国工程院院士、中国协和医科大学校长巴德年教授，兰州大学校长李发伸教授，华南师范大学校长管林教授，华侨大学校长庄善裕教授，中国科学技术大学副校长尹鸿钧教授，南开大学副校长朱光华教授，电子科技大学党委书记王明东教授，中山大学生命科学学院黄溢明教授。

12日上午在学校学术会议厅举行了预审开幕式，国务院侨办主任廖晖、副主任刘泽彭、顾问李星浩，广东省委常委、副省长卢钟鹤，广东省委常委、广州市委书记高祀仁，广东省政协副主席李辰，广东省政府副秘书长陈坚，广州市政府副秘书长陈万鹏，国家教委"211"办公室重点建设处副处长郭新立，广东省高教厅、财政厅、省市侨办等单位负责人，专家组全体成员以及学校党政领导等200余人出席了预审开幕式。接着，王梓坤院士组织专家们听取了我所作的暨南大学"211工程"部门预审汇报，了解我校的历史、现状和"211工程"建设规划。同时，审阅了暨南大学的申请材料。然后，考察了经济与管理学科群等12个学科点与图书馆等公共服务体系，召开了学术带头人和学术骨干座谈会。

6月14日上午，王梓坤院士向我们宣读了专家组评审意见，一致认为：“暨南大学已具备'211工程'重点建设的基本条件，同意暨南大学通过'211工程'部门预审。"这时，全场响起热烈掌声，我们万分高兴，暨南大学终于在建校90周年大庆之际实现梦想，成为国家重点大学！在广东省42所高校中，暨南大学一下子就迈进到前三名，让大家刮目相看。最后，我代表全校师生员工感谢王梓坤院士和专家们的辛勤劳动和帮助！

第四节 九 十 校 庆

1996年6月15日，在顺利通过"211工程"部门预审的第二天，我们又迎来了暨南大学建校90周年庆典。真是双喜临门、喜事连连！

首先，党和国家领导人关心我校，祝贺我校校庆90周年，为我校校庆惠赐墨宝[1]：

中共中央总书记、中华人民共和国主席江泽民题词："爱国爱校，团结奋进"；

中央政治局常委、国务院总理李鹏题词："坚持面向海外、面向港澳办学"；

中央政治局常委、全国人大常委会委员长乔石题词："努力办好有特色的华侨最高学府，为统一祖国振兴中华作贡献"；

中央政治局常委、全国政协主席李瑞环题词："发扬爱国传统，致力振兴中华"；

中华人民共和国副主席、暨南大学董事会名誉董事长荣毅仁题词："桃李遍五洲，春风拂四海"；

中央政治局委员、国务院副总理兼外交部部长钱其琛题词："面向海外，面向港澳，培育英才，侨校之光"；

中央政治局委员、国务院副总理李岚清题词："为进一步办好

---

[1] 百年暨南史（1906—2006）.广州：暨南大学出版社，2006：386-387.

新型综合性大学而努力奋斗";

中央政治局委员、国务委员李铁映题词:"桃李花千树,群星耀暨南";

中央政治局委员、广东省委书记谢非题词:"百年树人,质量第一";

全国政协副主席吴学谦题词:"努力办好暨南大学,为统一祖国振兴中华作贡献";

全国政协副主席,暨南大学董事会董事长、名誉校长钱伟长题词:"弘扬中华文化,培育五洲英才";

全国政协副主席、暨南大学董事会副董事长霍英东题词:"侨教之光,桃李芬芳";

全国政协副主席、暨南大学董事会副董事长马万祺题词:"培养英才九十周,暨南传统史良优,春风桃李花千树,秋月繁星耀五洲,继往开来群策力,鸿图再战献新猷,同心同德兴侨校,共谱赓歌创一流";

江泽民、李鹏、乔石等党和国家的主要领导都为我校校庆题词,这种情况在全国高校中可以说是罕见,堪称第一,说明党和国家领导对我们学校多么重视、多么关心!

此外,还有一些领导、著名校友也为校庆90周年惠赐了墨宝:

全国人大常委会委员、暨南大学董事会副董事长曾宪梓题词:"发扬爱国传统,致力振兴中华";

广东省原省长,暨南大学原校长、董事会副董事长梁灵光题词:"春风拂四海,桃李遍五洲";

泰国国会原主席、泰国原副总理许敦茂校友题词:"中华文化摇篮,海外华裔明灯";

新加坡中华总商会原会长、著名侨领陈嘉庚之侄子陈共存校友题词:"为海外华族的教育作出贡献的先驱"。

这些情深意切、褒奖有加的题词，使我们全校师生受到巨大鼓舞和鞭策，促使我要更加努力，不辜负各级领导和校友们对学校的关心爱护和大力支持。

同时，许多领导、校友和朋友也纷纷来电来校祝贺。

中华人民共和国副主席荣毅仁发来贺电，"向全体师生员工表示衷心祝贺"，赞扬暨南大学"为我国华侨教育事业做出巨大贡献，成绩斐然"。全国政协副主席霍英东发来贺电。国家教委发来贺信。德国柏林弗里德利希女皇基金会、日本商科大学，以及我国的香港大学、香港中文大学、澳门大学、澳门中华教育会、华侨大学、广东商学院、广东外语外贸大学，加拿大中国侨校校友联合会、暨南大学美国北加州校友会、暨南大学美国南加州校友会、暨南大学加拿大多伦多校友会、暨南大学马来西亚校友会、暨南大学内地校友会，江西省侨办、福建省侨办、辽宁省侨办、云南省侨办、贵州省侨办等纷纷来信来电祝贺。

建校90周年庆典大会于6月15日上午9：30在学校邵逸夫体育馆隆重举行。全国政协副主席钱伟长和马万祺，全国人大常委会委员曾宪梓，国务院侨办主任廖晖、副主任刘泽彭、顾问李星浩，广东省省长卢瑞华，广东省人大常委会主任朱森林，广东省政协主席郭荣昌，广东省副省长卢钟鹤，广东省人大常委会副主任曾昭科、佀志广、李辰，广东省原省长、暨南大学原校长梁灵光，广东军区副司令员周金喜，"211工程"预审专家组全体成员以及来自美国、加拿大、英国、法国、德国、葡萄牙、哥斯达黎加、日本、新加坡、泰国、马来西亚、越南、菲律宾等国家和港澳台地区以及各省区市的嘉宾、校友、师生等共约6000多人，欢聚一堂，一起庆祝。

在庆祝大会上，我代表学校以《庆九十华诞，建一流大学》为题首先致辞，在国务院侨办直接领导下，学校已通过国家"211工程"专家预审，成功进入国家重点大学之列，这是全校师生员工和校友的大喜事，与今天校庆90周年一起，我们共同庆祝。我代表学校，感谢全校师生员工和校友们的努力，感谢上级领导的关怀和信任，感谢国内外朋友的帮助和支持！在简短回顾了学校的历史和工作成绩后，号召全校师生员工团结拼搏，分步实施"211工程"总体建设规划，争取在2006年百年校庆之际，把暨南大学建设成为一所全国一流，并在海外与港澳台地区有重要影响的社会主义综合性华侨大学。

接着，全国政协副主席，暨南大学董事会董事长、名誉校长钱伟长先生讲话，高度赞扬了暨南大学90年来在海外和港澳台地区培养人才方面取得的成绩，勉励大家进一步坚持国家的改革开放政策和"面向海外，面向港澳"的办学方针，充分发挥董事会的作用，全校师生员工同心同德，团结奋斗，以早日实现"211工程"的奋斗目标。

国务院侨办廖晖主任首先转达了国务院李岚清、钱其琛两位副总理对暨南大学90周年校庆的祝贺，然后殷切希望全体师生员工以90周年校庆和通过国家"211工程"部门预审为新的起点，努力提高办学的整体水平和办学效益，更好地为海外和港澳台地区培养高质量人才。

广东省卢瑞华省长在致辞中充分肯定了暨南大学的工作，并代表广东省委和省政府表示要采取积极的有效措施支持学校的"211工程"建设。

我们学校的姊妹学校之一，美国威斯康星大学欧克莱尔分校副校长米勒（Miller）在大会上发表热情洋溢的演讲，代表该校对暨南大学90周年校庆致以最美好的祝愿。

最后，暨南大学校友总会会长、澳门中华总商会常务理事、澳门国际奥林匹克委员会副主席马有恒代表所有校友在大会上致辞，向母校90周年校庆表示热烈祝贺，号召全世界校友大力支持母校的建设和发展，使母校的办学条件和水平更上一层楼。

当天还举行了建筑面积为12 722平方米的科学馆和2430平方米的校友楼的奠基典礼。这两栋建筑物是前任校领导决策确定的项目，也是我任校长后建设的第一批建筑工程。建设科学馆和校友楼的资金分别需要4800万元和660万元，前者得到曾宪梓先生1000万元捐款，后者得到校友们300多万元捐款。建设科学馆是为了推广科技交流，提升学校的科技创新水平，面向信息科学新时代。科学馆建成后，内设国际学术会议厅、电教实验室、网络实验室。校友楼是校友们向母校90周年校庆献上的贺礼，原计划建在明湖边上，作为校友总会的会所接待各方校友，同时对外营业为学校增加收入。我任校长后，考虑到暨南大学建校办学的艰辛，历史上几度停办复办。为了使社会各界都了解暨南大学，使师生员工热爱学校，使不同时期的校友们认同母校，除了采取改革措施，提高学校办学质量以外，应该建一座校史馆，让大家看到学校过去艰难辉煌的历史，增强对母校的认同感和自豪感，鼓励暨大师生继续奋勇向前！但是，学校很穷，没有建校史馆的经费，正在发愁之时，了解到校友们捐款建校友楼之事。我感谢校友们对学校的支持，认为校友楼既可建成校友总会办公和接待校友之地，还可附带另一功能，将校史馆设在里面，使校友楼发挥更大作用。我同时主张，大学是培养人才之地，不应有商业气氛。因此，将校友楼建在明湖岸边做酒店搞创收，实属不妥。我的建议征得了校友总会的同意，于是，将校友楼改建在了科学馆北边。在此过程中也遇到一些原校领导的反对意见，我也一一耐心说服。校友楼建成后，校史馆随即建好，档案室卢淑君同志非常努力，还从国家历史博物馆找来清朝光绪皇帝于1906年农历十二月二十七日对暨南学堂成立的批件。校友们费尽心思找到国立暨南学校的建筑界碑。展品琳琅满目，很有教育意义。这个校史馆建成后，不仅校内师生员工参观，而且成为我校的一扇窗口，领导和客人来校，首先是参观校史馆。随后，全国许多大学纷纷效仿建校史馆，我们的校史馆在中国大学里居然还是第一家！

此外，为计算机科学系修建的南海楼和两栋学生宿舍——裕华楼和万家乐楼举行了落成剪彩仪式，为校庆增添了更多的欢乐气氛。

6月15日和16日两个晚上，举行了两场大型文艺晚会，庆贺母校90周年校庆。

学校还出版了《暨南校史》、《暨南人》第一集、画册《暨南大学》、《暨南通史》、《校友通讯录》等书籍。

中央电视台《新闻联播》栏目为校庆作了报道，更为校庆活动增加了极大的风采。中央电视台、中央人民广播电台、中国国际广播电台、广东电视台等多家新闻媒体，均对学校90周年校庆进行了详细报道，大大增加了暨南大学在海内外的知名度和美誉度。

自此以后，在广州再也听不到"暨南大学是花花公子大学"的说法了！

ary
第十六章
管理创新

第一节　发展战略

作为一名大学校长，如何把暨南大学的管理工作做好，我从管理理论到实践，探索了一套科学管理大学的办法。管理是科学，也是艺术，我个人的经验是七分科学，三分艺术。我从管理创新着手，先抓学校的发展战略，然后抓各方面的管理改革。

1983年，党中央发布24号文件，确定暨南大学"面向海外，面向港澳"的办学方针，将暨南大学列为"国家重点扶植的大学"，对暨南大学的发展给予了高度重视。1987年，大陆和台湾地区开始人员往来。我任校长后，认真阅读体会中央文件的精神，在原来的"两个面向"的办学方针里加上"台"字，成为"面向海外，面向港澳台"，进一步拓宽了暨南大学的发展方向。

暨南大学是国家向海外华侨华人和港澳台同胞传播中华文化、维系海内外炎黄子孙交往以及中外、内地（大陆）和港澳台交流的一条重要的文化纽带和基地，为了实现台湾回归祖国、收回港澳主权和中华民族伟大复兴，多招侨生和港澳台生，并将其培养成爱国人才，这是暨南大学作为一所侨校义不容辞的首要任务。我们不能把"侨"字丢掉，没有"侨"，学校就将失去特色、失去活力。相反，我们要使"侨"字更加鲜明，侨生、港澳台生要更多。我们要在培养模式、管理工作的各个方面体现侨校特色。学校的每个领导、每个单位都要时刻想到"侨"校的特殊性，在这方面哪怕稍有疏漏，都可能酿成大错。

当时校内一些教师和干部,不愿招收和培养海外侨生和港澳台地区的学生,认为他们高中毕业水准差异甚大,不如内地(大陆)学生好培养。因而学校的侨生和港澳台生偏少,远达不到国家对我校的期望。1995年底,在校的侨生来自16个国家,仅为345人;来自港澳台的学生也只有1637人。境外学生不仅来源少,总数也不尽如人意。即便加上内地归侨子女和侨眷、港澳台眷867人,总共才2849人,只占全校学生总数13 012人的五分之一,与侨校的性质并不相称。因此,我采用了许多改革措施,以使侨生的数量和范围以及港澳台生的数量迅速增加。

但是,在进一步提升侨校建设的同时,我也注意到我们办学最重要的核心问题,是学校的发展战略尚不够明确。在深化改革开放、参与国际竞争的大环境下,国家提出了科教兴国的伟大战略决策,这对我国高等教育的发展和人才培养提出了更高的要求。只有将暨大的发展放在国家的发展战略背景下,才能更好地贯彻"面向海外,面向港澳台"的办学方针。只有将暨大办成一所国际化、现代化、综合化的大学,符合"211工程"重点大学的名牌,才有充分的号召力吸引大批侨生和港澳台生来校读书,才能为中华民族的伟大复兴培养高质量的科学、技术、文化和艺术人才。如果只是一所普普通通的"侨"校,学生家长为什么要送子女不远万里来暨大读书?我因此提出,面对21世纪的挑战,暨大不仅要办好"侨"校,而且要办成"名"校。只要办成名校,生源质量和数量问题就能迎刃而解,就能招到更多优秀学生。

何谓名校?第一,要有许多一流的学科;第二,要有名师、大学者、名教授;第三,要有高素质、高质量的学生。以这三条衡量,暨大还有较大差距,需要扎实努力才能实现。当时,暨大在全国高校排名远在100名之外。招收本科生,仍在普通高校二本招生系列,就是这样，每年第一志愿报我校的还是少数，主要靠调剂来招生。

因此，我将暨大的发展战略，用最简练的"侨校+名校"四个字来概括，以便全校师生员工都清楚明确，为之奋斗，争取尽快将暨大办成蜚声中外的侨校和名校，为中华民族统一大业和伟大复兴做出更大的贡献。受限于长期的办学思路，我的发展战略主张一开始并没有得到校内干部师生的全力支持。一些干部和教师深感到境外学生成绩不理想，对这样的发展战略心存疑虑。上级领导也不赞同这一主张，在全国侨务工作会议上表示只办侨校即可，甚至几年内都不批准我校招生提升到一本重点大学招生系列。面对这些巨大阻力，我仍然坚持说服上级领导和学校师生接受"侨校+名校"的发展战略，指出并行建设"名校"和"侨校"非但不矛盾，反而是相互促进。只有办成名校，才能办好侨校，这是相辅相成的事业！

按我本来的意愿，建设名校是更为紧迫的任务，发展战略应是"名校+侨校"。考虑到上级和校内师生的接受度，我将其调整为"侨校+名校"。学校后来的发展成就也证实了我的战略规划的正确性，但是还是留下了一些遗憾。1999年，国家启动"985工程"，提出在世纪之交要建设一批国际先进水平的一流大学。被列入"985工程"的大学，将会是更高层次的名校。我当时已征得教育部同意暨大申请，但是却无法说服国务院侨务办公室批准，因此失去了把暨大办成更高层次的名校的机会，这是我任暨大校长最大的遗憾。

第二节　有三颗"心"

要实现学校的"侨校+名校"的发展战略，我首先提出学校的教职员工，特别是领导干部和教师必须具有三颗心。

1. 要有爱心

一个人，无论是在学校里做哪一种工作，首先要有爱心，这是必须具备的，没有爱心就做不好工作。什么是爱心？就是要爱祖国、爱民族、爱学校、爱学生。你不具有爱心，在你的工作岗位上就待不下去。具备了这个条件，才具备了上岗的基本品质要求。试想，一个不爱国家民族的人，他怎么能够全心全意为祖国、为中华民族的教育事业贡献力量？一个不爱学校的人，怎么能够尽职尽责为学校谋发展？一个不爱学生的人，怎么能够尽心尽力教导学生，从而让他们成为对社会有用的人才，让我们国家得到传承和富强？没有爱心，这些都是不可能的。在学校工作就一定要有一个广阔的胸怀，要爱自己的祖国，要爱自己的民族，要爱学校、爱学生，要忠诚于我们国家的教育事业。

2. 要有责任心

作为教职员工，一定要有责任心，这一点非常重要。不管在什么岗位，都要把这个岗位的事情做好。不要今天刚做这个岗位，马上就想要升职升官，或者这个岗位不好，就要换另外的岗位。既然到了这个岗位，就要热爱这个岗位，认真把工作做好，不能见异思迁。这件事看起来很简单，做起来却是非常难。我们观察周围的人，很多人是不负责任的。到他手上的事情，他不负责，他不种自己的地，却常常要去耕别人的地。不管什么岗位，哪怕不喜欢的岗位，都要认真，要尽力把它做好，责任心非常重要。现在高校内非常浮躁，浮躁的原因就是一些人责任心不够，老是成天想着要升职位、升职称。其实只要认真做自然有机会升职。如果不好好做事，老出纰漏，当然就升不了职，升了职也得下来。责任心对每一位教职员工都非常重要，必须把岗位工作真正当自己的事情干，把它干好。

3. 要有耐心

做事更要有耐心，很多事情，可能别人非常急，国家也非常急，环境要求你很快做决定，要把它做完做成。但是实际上，有些事情急于求成是做不成、做不好的。比如说，学校要变成一所名校，这不是三五天的事，这是急不得的事情，要循序渐进。即使别人很急，火烧眉毛，也要非常沉着，必须有耐心。面对困难，既不能急于求成，也不可半途而废。必须要有耐心才能渡过难关。这个"耐"字还需加上"忍"字，成为"忍耐"，很多事情才能做成。

第三节 三个观念

为了实施学校"侨校＋名校"的发展战略。我提出学校教职员工必须树立三个"第一"的观念。

1. 学生第一的观念

没有学生就没有学校，学校是学生成长的摇篮，学生是学校的主体部分。我们从校长开始，到老师，到职工，都是为学生服务的。我们应该转变传统的保姆式教育为自主式的教育。以学生为第一，就是学生在学校里要受到充分的尊重，要让学生自己决定学什么专业，需要学些什么东西，要怎么成才，要快还是慢，怎么选择老师，等等。就是说，要让学生有选择的余地。按照学生的愿望、学生的兴趣、学生自己的目标来确定他的发展，不要由老师、领导强迫他去做。我们的传统教育是强迫的，是一种家长管理式的教育。这种办法很难培养出创新人才，创新的人才往往是要异想天开。聪明的孩子要做贡献，要想一些别人都不敢想的事情，这才能创新。

学校要为学生创造成才的氛围和最好的条件。学校实力太差，校园环境太差，办学质量太差，谁愿意来读这个学校？学生本人和家长都希望上好学校，要好文凭。千里、万里之外的人只有知道这个学校的声誉好，才会来就读。否则，没人来读。

2. 质量第一的观念

质量是生命。学校办学主要是培养人才，培养人才首先要讲质量。但质量第一的观念却很难树立起来，我们学校里存在很不好的风气，那就是做事不认真，往往差不多就行了。

"差不多"先生太多了。办事时，大而化之，马马虎虎。"好像""几乎""大约""大概"这种词汇很多，工作中多是这种态度和处理办法，包括教学也如此，所以无法保证工作任务高质量完成。

要有好的质量，就要遵守质量管理的四个原则。

第一个原则，就是质量要符合要求。应该让全校的老师、干部明白要求是什么。不只是院长、书记、处长知道是什么原则，每一个教职工都要知道是什么要求，什么是优秀，什么是良好。要人家都明白这个才能保证质量。

第二个原则，质量系统的关键在于预防。不是等事后来检验、来评估，仅靠检验和评估是无法保证质量的。首先应该预防，根据这个事情的程序，找出哪些问题可以预防，事先采取措施。

第三个原则，工作的标准必须是零缺陷。零缺陷就是没有缺陷，而且是第一次就把事做好，不是要第二次、第三次来做。要提倡零缺陷，这是质量管理的核心。

第四个原则，质量是用不符合要求的代价来衡量的。在工作中，不符合要求的那部分工作量的花费，就是你的代价。

如果我们在全体教职员工中都树立质量第一的概念，那我们的教学工作、科研工作和行政管理工作就一定能做得很好，我们学校的"侨校＋名校"的发展战略就一定能成功。

3. 管理第一的观念

我认为，在校内一切事务中，最重要的是管理工作。管理未做好，其他事就无法办好。要实施"侨校＋名校"发展战略，就必须树立"管理第一"的观念。

对学校来说，把管理做好，就是四个字，即强校富民。学校很强，品牌好，大家生活幸福。于是，师生员工才会爱学校，愿意为学校奉献。怎么做到这四个字呢？核心问题就是大家都要树立"管理第一"的概念，懂管理，会管理，按学校的发展战略做好校内的所有工作。

管理是学校中的头等大事，所以管理不能随心所欲，一定要科学管理。管理的内容很多，包括发展战略、科学决策、科学用人、科学机制等。特别是对于学校各级领导，更要科学管理，更要首先树立三个"第一"的观念：学生第一的观念、质量第一的观念和管理第一的观念。

第四节 三条原则

为了使学校"侨校+名校"发展战略成功实施，我提出学校的教职员工必须坚守的三条原则。

1. 因材施教的原则

在学校里一定要因材施教。这里包括两个方面：一方面要根据学生个体的差异对材施教；另一方面，每个学校由于性质不一样、层次不一样、专业不一样，一定要按照学校的定位去培养人才。例如我们暨南大学，首先是侨校，要面对来自全世界不同的国家和地区的华侨华人学生，文化差异较大，其中文程度很不一样，要培养他们成为德智体全面发展、热爱祖国、热爱故乡、能够为他们居住地区发展各项实业和事业做出良好服务的专门人才；要面对来自香港、澳门和台湾的学生，其高中毕业的水准差异较大，要培养他们成为德智体全面发展、热爱祖国、为祖国统一大业做贡献的各种专业人才。同时，我们学校还要培养境内的归侨子女、港澳台眷属以及内地生，要将他们培养成为社会主义现代化事业的建设者和接班人。

其次，我们又要办名校，那就要培养精英人才，就要按照精英人才的要求安排教学和实验。因此，教学的安排，教材的安排，课时的安排，实习实验的安排，德育的安排，等等，都要根据侨校的性质和名校的要求来决定。

2. 有教无类的原则

有教无类，这是孔子的思想，两千年来一直为人们推崇。人原本是"有类"的，如有的智，有的愚；有的贤，有的不肖。但通过教育，都可以消除这些差别。那么，学生即使差一点，甚至有一些瑕疵，仍然要教育他。不要歧视学生，不歧视落后的学生，不歧视失败的学生，不歧视有瑕疵的学生，要宽厚。但是，一些老师、一些干部却没有做到。学校不是惩罚人的地方，是培养人才的地方。应该把不同的人都培养成人才。不要去埋怨学生，有差错的时候也不要歧视，一定要关爱他们。

3. 奖罚分明的原则

奖罚分明是一个成语，意即该赏的赏，该罚的罚，绝不含糊。我认为在学校实行这个原则时还应该以奖为主，以罚为辅。例如，处长对科室里面做得好的要及时奖励、激励。对于做得不好的，首先要扶一扶，在惩罚的时候还要留点余地，还要宽厚一点。对事要严肃处理，对人的处理要宽厚一点，提倡善良，就是说在惩罚的时候，还希望他改正错误，给他关爱，留有余地。

可重可轻的时候要从轻处理。特别是，还应该实行疑罪从无的方法，事情未搞清楚的时候，千万不要去处理人家。早些年，有时，只要认为你犯错误或犯了罪，你就一定是犯了错或犯了罪，搞了一些冤假错案。这些冤假错案产生的原因都是把怀疑变成了人家的错误或罪行。一定要鼓励同志们去做好事，奖励优秀的同志。激励为主，表扬为主，学校才会出现生气勃勃的大好局面。

第五节 三种方法

为了让学校的"侨校+名校"的发展战略顺利施行,我提出管理学校的三种方法。

1. 从严治校的方法

大学是为社会培养人才和提供科技创新成果的地方,但是改革开放后,由于学校办得越来越大,专业办得越来越多,层次也越来越丰富,而管理却未能紧紧跟上,造成校风、教风、学风变差,特别是我们学校,情况更为严重。深圳市政府每年招收大学毕业生时,曾经明文拒绝录用我校学生。为使学校改变现状,办成名校,必须迅速使校风、教风、学风好转,所以我提出了"三从严"的方法:从严治校、从严治教、从严治学。

大学里面,核心是两件事:老师是讲课,学生是听课。老师的教学工作主要是用上课质量来检查,学生的学习质量主要是靠考试来检查,所以学校要重点抓这两个方面。关于上课质量严格管理问题,我已经在1993年分管教学工作时,提出了用"三重评估"方法来管理,已开始显露成效。同时,对"三重评估"中评分60分以下的老师给予黄牌警告。连续两次不及格者,则离开教学岗位,转到新成立的学校人才交流中心待业。教师进入中心后,将停发校内工资,待校内某个单位招聘老师和干部时可重新去申请聘任,或者再找机会进修,或者调离学校。这样一来,从严治教方法得到进一步落实，学风进一步好转。

关于考试严格管理之事，我亲自紧抓不放。我们国家在考试作弊方面自古以来就管得很严格。我从小学到大学，就没见人考试作弊，哪怕两个人考试时座位很近，都不敢去看人家的试卷。反而这十多年来，管得不严，常发现考试作弊现象。一个学生在读书时就作弊，到了社会上会照旧投机取巧，继续作假，那就危害社会，危害人民。我们学校怎么能培养这种品德不好的学生呢？我思索良久，用了几个创新改革方法来对付这一现状。

1）建试题库

每门课程都建试题库，每个试题库由几位老师共同建设，有10套左右试题，要求各套试题难度相当。试题库交校教务处专门管理，编成号码为1，2，3，……号试题。考试前，由主管教学的副校长随机抽取每门课程试题号码确定考题，他自己也不知考题内容。每门课程考题都确定后，由教务处组织几个人去郊区印刷试卷，他们也不带手机。学生考试前才拿到考场分发。这样一来，确保考试题目不会试前泄露。

2）设立大考场

同时，我又提议，设立大考场考试，这在全国是第一次。全校学生期末考试在一个考场里。我们学校最大的房子是体育馆，可容纳近千人考试。学生进场前需将无关考试的东西存放。考场中，每人周围排梅花状的座位，每位考生周围见不着同考卷的人。考室桌子设计得很特别，私存夹带完全没有可能。监考者既有老师也有干部，还有监视设备辅助。自从设立大考场以来，便没发现一个学生作弊。学生无法作弊，考试质量就很好。学生要考试成绩好就得平时努力学习。这一改革措施，《人民日报》曾给予专门报道。

3）集体阅卷

关于考试后的阅卷工作，我也想出办法：实行老师集中阅卷，阅卷后试卷不能由老师带出阅卷室。阅卷要管好，整个流程都注意，每一步都从严，实行科学管理。

自此，在我们学校，就再未发现考试作弊现象，学风真正好转了。

我们的学生在从严治校的环境下毕业走向社会，他会体会到严格带来的价值，严格带来的质量，严格会带着他们最后走向成功，严格，最后带来的是民族的诚信与兴旺。

2. 依法治校的方法

我们国家最近一直在强调法治，因为中国过去是人治的国家，现在是由人治走向法治。这一点说起来容易，其实是很难的事情。

我们学校一些部门，遇事总说要先研究研究，导致师生员工办事很难。要办事，得先找关系，疏通环节。如此这般，哪能办成真正的侨校和名校。为此，我提出依法治校方法，开始搞制度建设。每个部门都建制度，甚至每个小方面都建制度，希望尽快改变过去人治的局面。我们大力提倡，师生员工要办的事情，只要是制度上允许办的，就应该立即去办，不能有拖拉，不能刁难人家，哪怕这个人平常跟你关系不好。

我们学校的落后，核心就在法治上。在科学管理的基础上，系统地建立好的制度，就会使学校环境办事公平，就一定能使学校健康地往前发展。俗话说，没有规矩，不成方圆。只要学校从教学、科研、人才培养，到后勤都建制度。那我们学校就会很快建成为一所现代化的名校。最后，学校共制定了327个管理制度。

3. 实事求是的方法

我们在工作中要讲求真实，千万不要搞假的东西。一个学校如果不实事求是、搞假的东西，工作是做不好的，出发点就不对，会害人害己。

我在工作中一直强调干部、教师给我的报告，或汇报工作，要说真话，要说真的数字，不能搞虚假。

如果你使用的数字是假的，取的试样是假的，那你在工作中做的决策就不可能正确。现在，有些部门搞一些假的东西，对上面一套，对下面一套。领导喜欢什么就说什么，领导喜欢说大，他就说大，领导喜欢说小，他就说小。这样会害党、害国家、害人民、害学校、害自己。数据和事情真实，不搞虚假，才有了真实的前提，才能够做出正确的决定。应该要求全校师生员工，特别是各级领导干部实事求是，再不要去吹牛做假。我们是什么水平就是什么水平，我们是什么状况就是什么状况，有什么不足之处，就改正，再前进。

我18岁入党，已有近40年的党龄，40年来，看到很多人喜欢做假，所以悟出了这个道理。一定要坚持实事求是，要以真实的事情为基础，才能实现科学的管理。

传统的"逢人只说三分话"，就是我们一些人不喜欢讲真话的写照。实际中，真正做到实事求是很难。有时候，领导不喜欢你说真话，周围的人不喜欢你说真话，但是你仍要坚持不讲假话。这是原则，至关重要。不实事求是，既造成人们不团结，又造成社会落后，经济落后。

要建成和谐社会，关键是要每个人真心待人，真实地把你的思想表露给别人。这样，关系好处，工作好做，管理也好做。

实事求是，对我们做学问的人尤其重要，尤其是在培养人才方面，来不得半点虚假。

记得在校内一次教授会议上，我要求大家要做实事求是的表率，只讲真话，不讲假话。当时，一位教授突然站起来对我高声发问："刘校长，你能做到吗？"可见，我们社会要做到实事求是之难。当然，我立即心平气和地向他回答："我从小到大，除了不允许讲的党和国家的机密以外，一直坚持只讲真话，不讲假话。"

第六节　绩效考核

面对新世纪，在科学技术突飞猛进、国力竞争日趋激烈的形势下，国家提出了科教兴国的伟大战略决策，这对我国高等教育的发展，对高校人才培养的质量提出了更高的要求。暨南大学既已成为国家重点大学，就更应适应国家的需要办好学校。我来暨大工作后，发现原有的分配体制难以适应发展的需要。教师待遇偏低问题一直是困扰学校发展、人才成长和学科建设的一个尖锐问题。一方面，国家直接投入不足和学校自筹资金能力有限，教师特别是青年教师工资待遇偏低。另一方面，在分配体制中平均主义，吃"大锅饭"现象比较突出。平均主义是严重挫伤优秀人才积极性、造成人才流失的重要原因，从根本上制约了我校高质量教师队伍的建设与发展。自改革开放以来，国门打开，人们有机会与国外同行交流比较，他们发现自己的劳动付出、业绩贡献与所获得的报酬是不相称的。鉴于此，我们必须对分配制度进行大胆改革，争取有大的突破。为此，我在学校领导班子会议上大胆提出了实行绩效考核的分配制度，得到大家一致同意，使"多劳多得，优劳优酬"的分配原则得以实施。在人事处向军俭处长积极配合下，我们制定了一套全新的量化考核指标和管理文件：《暨南大学教职工业绩考核暂行办法》《教学科研系列考核计分标准（试行）》《每年校内工资发放办法》，从而比较客观、全面地对业绩进行量化，充分发挥每个人的潜能，优化学科队伍，合理利用人才资源，调动教职员工的积极性。每位教职工的工资由两部分，即国家工资和校内工资组成，国家工资是自己的原有工资，校内工资相当于过去的津贴。

校内工资评价指标体系由如下几方面构成。

1. 教学工作

以本科理论课每节课2分为基准，范围在1.0～3.0分，涉及班级学生数和课程类别因素。本科生毕业论文参照学分，按不同学科制定积分标准。研究生按年级、学科、培养类型，适当考虑导师组成员计分。凡已享受授课酬金的课程，如工商管理硕士学位、成人教育、研究生课程班、海外及港澳台授课等，按30%计分。

为保证教学效果，原则上以专家组、系级教学指导小组和学生对该课程的评估成绩总和做平均值，以75分为系数1.0，进行乘积计算。同时对讲授基础理论课的教授、博士生导师、院士，另按1.1～1.3系数计算。对教学中出现事故者，按轻重程度扣分。教学成果参照科研成果的奖项下调一级计分。

对实验室建设，按经费来源相应计成绩。

2. 科研工作

按课题、学术论文、成果奖、专利、创收等内容进行量化。

科研课题、经费：按科研课题来源和经费到位金额，计算成总分，由课题负责人按贡献大小分给课题组成员。凡立项无经费者，只计相当于常规立项课题的1/10立项分。

学术论文：按四大索引，即《科学引文索引》（SCI）、《工程索引》（EI）、《科技会议录索引》（ISTP）、《科学评论索引》（ISR）等收集，对核心刊物、公开发表论文等分别计分，最高300分/篇，最低2分/篇，对第二作者等，按相当于第一作者的50%～20%计分。

学术著作、教材：共分三类，除主编、副主编占一定的分外，按0.5～2分/千字计分，获奖者另加分。

科技成果：国家最高奖第一获奖人1500分～厅级三等奖20分，第二完成人及以后占第一获奖人的30%～5%不等计分。

专利成果：按发明专利、实用新型专利、外观专利分别计分。

科研管理：对不能如期完成或弄虚作假，甚至科研道德败坏者，扣100～500分或重罚。

3. 加分

为活跃校园学术风气，对在校、院、系学术报告会的主讲人和听众均适量计分。

对获党、政部门集体奖或个人奖的个人均予加分。

对兼任各级党、政、民主党派，工、青、妇，省级以上各学术团体负责人，校学术委员，教研室主任，党支部书记，系主任助理，本科生和研究生工作秘书适当加分。

对"双肩挑"干部按其业务技术职称和行政岗位级别给予标准工作量补贴1/2以上分。

对院士和教学科研中突出贡献者可免考核，按良好等级计分。

最后，再对教学科研人员实行定性考核，即按德、能、勤、绩等综合表现，由基层考核小组用定性方式评出优、良、中、及格和不及格，其系数是1.1、1.0、0.85、0.75和0，与业绩量化考核分乘积为实得分，第1年每分为1元，以后逐渐提升。行政干部考核等级系数按优、良、称职、基本称职和不称职分五等，其等级系数为1.1、1.0、0.85、0.75和0。

对其他系列的人员，制定相应的职称、级别等级校内工资标准，并与综合考核成绩系数挂钩，其乘积即为本人可获得的校内工资。

对于"双肩挑"处级以上干部，可以领取专职干部的校内工资额，或者以业务考核成绩加岗位补贴分与考核等级系数乘积领取工资。

行政管理人员按其参加考核岗位类别，按与考核等级系数乘积领取工资，新参加工作未定级人员靠近相应学历定级人员领取相应校内工资。

为鼓励教职员工的积极性，校内工资没有设上限，而且特别尊重教师个人。每学年结束时由每位教师自己总结自己的工作量，张贴在教研室办公室公示，每人的校内工资即按此计算。

我们学校的绩效考核方法公布后，开始时阻力很大。一些人怀疑学校的经济实力能否保证制度的实施，一些人担心自己的收入下降。面对这些压力，我坚持这一改革创新措施，并说服大家支持这一改革。很快，这一措施显示出积极的效果。大多数教职工的收入水平比过去有了较大提高，个别教授的校内工资一年可达5万元，加上国家工资，年薪可超过10万元。当时，一位记者采访我，问我暨大教授年收入最高多少，我说个别人已超过10万元，结果，他发表新闻时，为了吸引大家眼球，标题竟说成《暨大教授年薪10万元》，让大家震惊。

20世纪90年代大学老师工资仍很低，提高待遇、促进教育事业发展是热点问题。《光明日报》曾将我校绩效考核分配制度与北京大学和清华大学的教师九级岗位分配制度同时在一个版面上介绍，说明我校制度在全国的示范性。此后，许多高校纷纷来我校取经学习。

我们的分配制度的改革特别向教学、科研一线的队伍倾斜，让教师无后顾之忧，使他们专心教学和科研工作，学校的实力迅速上升，分配制度的改革取得了明显的效果。概括起来，这种激励机制具有以下几方面的积极作用。

1. 激励作用

根据考核成绩，校内工资在同系同职称中可以拉大差距达3～8倍以上，实现优胜劣汰，合理指导优先上岗，改变1/3的人干、1/3的人看、1/3的人不干的局面，起到奖勤罚懒的作用。可指导评优争先，选拔骨干教师和学科带头人。有利于发现教学、科研优秀人才，为优秀人才脱颖而出提供条件。

2. 平等竞争

绩效考核是在不讲学历、资历、没有歧视情况下的平等竞争，坚持公平、公正、公开，尊重每个人的劳动，极大地调动了广大教职工的工作积极性。

3. 减员增效

改变过去重复进人，多进人，上大课或有课无人上，出勤不出力的局面。学科的优化组合，改变了教学科研人员功能专一化的现象，让那些教学科研能力强和爱岗敬业者脱颖而出，为把学校办成教学科研双中心的目标做出贡献。同时，控制了校内单位盲目的进人，合理布局教学、科研力量。校内分配制度改革为公共教学、跨院系选课、自选课提供了条件，使学校的人力资源得到充分利用，也为学校实施专业目录调整、教学科研力量的重组、系所合一等工作提供了条件。

4. 促进管理

首先是对干部队伍的管理。将考核等级系数与校内工资或考核成绩挂钩，突出干部管理工作成绩。其次，为学校定编定岗提供了重要依据，为实施真正意义上的聘任制及聘后的管理提供可靠的保证，对教职工延聘、返聘、退休均有指导作用。通过对工作量的综合测评，还可掌握各单位工作总量的情况，促进学校人事、教学、科研、研究生等部门管理工作的规范化，提高科学管理水平。

5. 优胜劣汰

绩效考核使暨南大学出现找课上，寻事做，学术讲座蔚然成风的新局面。对不胜任现职，无心向教、向研的人员有明显的控制指标，有利于转岗分流、岗位竞争，促进人员合理流动、合理使用。

6. 吸引人才，留住人才

新分配制度的实施，对人才有相当大的吸引力。吸引校外优秀人才纷纷来校工作，有利于人才引进和校内人才队伍的稳定。

实行这一制度后，教职员工，特别是教师收入迅速上升，引起社会关注，也引起广东几所著名大学领导的意见，他们在校内遇到麻烦，希望我"手下留情"。

第七节 财务改革

担任校长后，考虑到财务工作的重要性，我亲自管理。1995年，我上任之初，全校包括华侨医院的总收入仅仅有2.26亿元。教职工的收入很低，人均年收入才8254.12元。教职工住房较差，许多人尚未买到福利房，人均住房面积仅为13.5平方米。学校办公室、教室、实验室、图书馆、学生宿舍、食堂、体育运动场陈旧、落后、狭小。卢瑞华省长关切地叮咛："你们学校房子太破了，赶快修建吧！"我们钱太少了，国家每年拨给的基建经费仅200万元，连粉刷外墙的钱都不够，资金奇缺是最大问题。我思考再三，决定通过以下财务改革来改善学校的财政状况，以适应学校的发展。

1. 实行财务集中管理

20世纪80年代以来，由于教育经费缺乏，全国高校皆实施创收搞钱的方法来改善学校财务困难。那时，每个学校从校长到全体教职员工都在搞创收赚钱。对此，我一直持不赞成态度。我认为，大学是培养人才和出科技成果的地方，应集中精力完成自己的任务。学校筹钱的任务不应靠教职员工创收来完成，如果要创收，只会让学校越办越差。鉴于此，我任校长后，首先在学校领导班子会议和全校教职工大会上，宣布实行财务集中管理，基层不搞创收的改革。从1996年开始，学校把各院系和各部处资金集中起来实行一级财务管理，奖金全由学校统一发放的改革措施。这项改革令全校师生员工吃了一惊。许多干部和教职工怀疑我能否筹到经费，怀疑我会使大家收入减少。我顶住压力，当年改革就初见成效，在全国高校中开创了先例。学校有了更充裕的经费，学校办学条件更好了，教职员工的收入大大提高了。1996年全校教职员工人均年收入上升到12 545.69元，为1995年的1.52倍。全校固定资产由27 167.94万元上升到39 524.41万元，增长了45%。

2. 树立新观念

80年代在西德留学的经历，使我扩大了视野，长了见识。我觉得我们中国人勤奋吃苦节俭，节俭在世界上十分出名。但我观察了西德人的社会生活后，觉得光节俭是不会走向富裕道路的。所以，我担任校长后，倡导大家树立"开源为主，节约为辅"的财政管理观念。

我担任校长，筹钱办校是我的主要责任。我向国务院侨务办公室申请经费，向国家发展和改革委员会申请经费，向财政部申请经费，向广东省人民政府申请经费，从来未带过礼品，也没有请领导吃过一餐饭，他们都热情支持我的工作。经过努力，国家对我们学校的支持迅速增加，不仅给每年正常经费，还给另外建设经费。当时，国家发展和改革委员会马凯主任（后任中央政治局委员、国务院副总理）曾对我说："你们学校学生人均拨款已为全国高校第一，超过北京大学。"广东省卢瑞华省长对省教育厅领导说："刘校长向我要钱，他是好校长，他要多少，我给多少，从不打折扣。"我们学校政府拨款来源主要有四部分：①国务院财政部每年按"211工程"大学拨款；②广东省人民政府每年按省属"211工程"大学拨款；③深圳市人民政府每年为暨南大学中旅学院给予补贴；④珠海市人民政府每年为暨南大学珠海学院给予补贴。

3. 改革措施

改革开始时，我对大家讲明道理，先清理好各单位的原有账户，然后加大监督管理力度，不准做假账，禁止搞"小金库"，实行"收支两条线"，搞廉政建设，预防腐败。这样一来，学校的办学经费大幅增加，为学校的建设和发展打下了坚实基础。

改革初期，仍有个别单位搞"小金库"，我们立即进行了严肃处理，保证了财务改革措施的顺利实行。

第八节　改革深化

为适应我校学生面宽的特征,我在任副校长时,已创新提出标准学分制进行了教学改革。在任校长后,更进一步对学生的培养目标进行了规划。

为更好地因材施教,我提出,对海外及港澳台学生采取"面向世界、应用为主"的教育目标来培养人才。我们应将香港、澳门学生培养成为热爱祖国,拥护"一国两制",拥护基本法的专业人才;将台湾学生培养成为热爱祖国,拥护"一国两制",反对台独的专业人才;将华侨学生培养成为热爱祖国,维护祖国和平统一的专业人才;将华人学生培养成为热爱中华文化,热爱故乡的专业人才。对于内地学生,应培养其成为德智体全面发展的社会主义现代化事业的建设者和接班人。

为办成国家"211工程"重点大学,我调整办学重心,提出"大力发展研究生教育,积极发展华文教育,稳定本科教育,不办专科教育"的改革措施。从1996年起先在校本部停招专科生,稳定本科生数量,多招研究生,争取若干年后,使研究生与本科生数量达到1∶2。这一年,研究生由1995年的615人增长为795人,增长1.29倍,其中,博士生由52人增长为62人,硕士生由563人增长为733人。研究生与本科生之比例由1∶8.7上升为1∶7.5。专科生由2472人减少为1685人,减少了32%。本科生由5377人增长为5972

人，仅增长了11%。

借停招专科生之机，我又采取措施，停办护士中专学校。在1998年夏天，在医学院增设护理学系，新办护理学专业，开创了国内护士本科生以及研究生的培养。

为贯彻学校的"侨校+名校"发展战略，我提出，全校从1996年开始，下大力气多招侨生和港澳台生，争取若干年内境外学生与境内学生的比例达到1∶1。为扩大海外及港澳台招生并方便他们学习，我在1998年又提出增加春季招生和春季毕业制度，增设他们喜欢的专业。为此，我们大力加强对外宣传工作，做好港澳台生和侨生的招生工作，在港澳台和全世界五大洲设立报名点，方便学生咨询和报名。1996年全校境外生数量大幅度增加至2577人，较1995年的1982人增长了30%。境外生来自29个国家和地区，较1995年19个国家和地区增长了53%。境外生与内地学生之比例由1∶5.6增长为1996年的1∶3.9。

担任校长后，我便提出用"教学、科研"双中心目标取代过去学校单一的"教学中心"目标，并用绩效考核办法，对教师的科研成果进行量化考核，将考核结果直接与校内工资挂钩，大力鼓励教师既做教学工作，也要搞科研工作。这样一来，改变了学校原来只有少数教师搞科研的现象。学校教师的科研项目、科研经费、科研论文、科研成果迅速增长，同时也促进了教学质量的提高。

同时，我努力改善学校教职工结构，使工作效益最大化，在全校教职工现有规模下，大力提升教师所占比例，大力提升教师中具有博士学位人数的比例，力求达到专职教师、教辅人员、党政干部的比例为6∶2∶2。

采用绩效考核新的分配制度后，实行了优劳优酬、多劳多酬，以便充分发挥个人潜能，调动教职工积极性。同时又将"三重评估"中的下岗教师送到学校人事处新成立的人才交流中心待业，实行再上岗的管理制度，使得教师认真工作，积极上进。人才交流中心也接受各单位的下岗干部和工人。为提高教师水平，学校每年划拨经费选派有培养潜力的老师到国内和国外进修，并准许每年有15%的老师攻读更高一级学位。

我提出了"侨校+名校"的发展战略后，极力提倡学校走国际化、现代化的道路。我利用每年出国2~3次的机会，与国外著名大学建立姊妹学校关系，使暨南大学的文凭在世界名牌大学中普遍得到承认，不仅学校教师可前往该校进修，而且与对方实行交换生制度，我校学生只需缴纳国内学费，便可到姊妹学校接受1年或更长时间的教育，更方便学生实现留学愿望。至2005年，我校为国家培养精英人才，共有200多名本科优秀学生在大学二年级时去我校的国外姊妹大学留学1年。

考虑到学校是学术殿堂，培养学术人才，应该是党风、校风、教风、学风端正之地。但是，群众意见较多。为此，我于1996年3月提议成立学校信访办公室，每天接待群众来信来访。我和校领导班子成员轮流去值班，直接接待并解决问题。这在全国高校中当属首创。

第九节　共建医院

担任校长后，我去学校医学院调研，常务副院长汪明春向我介绍医学院情况。我们学校医学院于1978年学校复办时成立，是当时学校5个学院（文学院、经济学院、理工学院、医学院、成人教育学院）之一，在新中国综合大学历史中堪称办医学专业第一家，很有特色。学院设有两个系，即医学系和口腔医学系，还附设一所华侨医院和一所护士学校。学校本科专业的学制为6年，学生毕业前要进行毕业实习，而华侨医院仅有500张病床，远远达不到学生实习要求，许多学生要到广东省其他医院实习，一些学生甚至要到乡镇小医院实习，这将大大影响我校医学毕业学生的业务质量。我由于自小体弱多病，加上在兰州时期又住在医院家属院，耳闻目睹医院的重要性，甚至我从爱人处又学到一点医疗知识，在农村工作时还当过"赤脚医生"，因此对医学院和医院自然特别重视，医学学科对国家、对社会、对人民健康至关重要。听了医学院的情况介绍后，一方面，我提议增办中医学系和护理学系，同时还要想办法解决医学专业学生毕业实习的困难。1996年上半年，我集中精力办好学校进入"211工程"重点大学之事，下半年我就集中精力解决学校办学存在的问题，以使学校成为名副其实的重点大学，医学院之事列入范围。

解决学生实习困难，有两个办法：第一是扩大华侨医院规模，但这不是短时间能办到的，第二是寻找其他有水平的大医院作为我校的附属医院。所以我扩展视野，瞄准广东省内的著名大医院。我首先看上了深圳特区最好、最大的深圳市人民医院，该医院拥有800张床位，医疗质量高。于是我便在1996年底去深圳市人民医院拜访杨建国院长，他十分务实能干。我向他建议，希望他们医院成为我校的附属医院，在教学和科研方面可进入学校系列，申请科研项目，接受本科生实习，直接指导硕士研究生和博生研究生，有助于医生提高业务本领，使医院变得更有质量、更有水平。我说后，他很感兴趣，表示同意，并马上安排带我去见深圳市卫生局周俊安局长。周局长听了我的意见后，也表示完全同意。经过国务院侨务办公室和深圳市人民政府批准，深圳市人民医院成为我校第二所附属医院，这在新中国医学历史上成为第一例。

1997年1月25日，我们学校与深圳市人民政府卫生局共建暨南大学第二附属医院签约暨挂牌仪式在深圳市人民医院隆重举行。我和周俊安局长分别代表双方在共建协议上签字。卫生部殷大奎副部长、国务院侨务办公室文宣司丘进司长、广东省科委方旋副主任、深圳市袁汝稳副市长、深圳市人大常委会周长瑚副市长等200余人出席签约和挂牌仪式。殷大奎副部长发表了热情的讲话，给予高度评价，认为这是"打破地域、系统的部门办学，是全国一个很好的典范。更可以为全国提供经验"。丘进司长和袁汝稳副市长也在致辞中对共建工作给予高度赞扬。

我在签约仪式上致辞，"暨南大学与深圳市人民政府达成共建协议，开创了大学和地方联合办医院的先河，将使深圳市人民医院成为我校医学院的第二附属医院，从此开始，它将担负起临床教学任务，不仅承担本科实习生的教学工作，而且承担招收和指导博士、硕士生，以及开展科学研究的任务。这会对提升深圳市人民医院的医疗质量起到积极作用，又会促进暨南大学的办学质量和水平的提高，双方定会双赢"。

这一改革，是我们学校不用国家的经费，再建了一所附属医院，既解决了我们的办学困难，又为地方政府做出了贡献。

此后，我们双方都很努力，合作非常成功。同时，我又继续努力，五年中，先后将珠海市人民医院、广州市红十字会医院、清远市人民医院、江门市五邑中医院、深圳华侨城医院和深圳市眼科医院共建成为我校第三至第八附属医院。学校没用一分钱，就成功拥有了六家国家三甲附属医院、一所专科医院和一所直属医院。共建工作彻底解决了我校医学专业学生的实习困难，同时又为我国医学事业的进步做出了贡献。以后，全国其他医学院校也纷纷效仿。

第十节 校园建设

担任校长后,我注意学校的外在形象,希望尽快改善过去落后的旧貌,以适应侨校和名校的需要。

首先,请广州市城市规划勘测设计研究院对我校校本部进行校园规划,以适应把暨南大学办成一所国际化、现代化和综合化大学的需要。然后,我们按校园规划种树、建草坪、修道路、建房屋,使校园成为一所美丽的国际化名校。

经过一年努力,1997年学校被评为广州市绿化工作先进单位,丢掉了过去脏乱差校园的丑陋名声。

1995年底,学校建筑面积仅仅463 909平方米,许多建筑物小而陈旧,不能满足学校发展需要,我们按校园规划从1996年开始逐渐拆除新建。陆续建设了新校园大门、校园大道、医学院大楼、行政大楼、图书馆大楼、教学大楼、科学馆大楼、礼堂、理工学院大楼、第二理工教学楼、管理学院大楼、第二文科楼、成教楼、土木工程楼、出版社印刷厂大楼、附中楼、附小楼、幼儿园楼、体育场、游泳池、学生宿舍、学生食堂、教工宿舍,全校建筑面积在十年后达到107万平方米,新建的校舍面积达83.81万平方米,使暨南大学办学条件得到大幅改善,为学校发展提供了坚实保障。

首先,我们保障教室、实验室和办公用房,然后改善教师的工作和生活条件。保证每位教授有1间办公室,副教授2人有1间办公室，讲师和助教4人有1间办公室，彻底改变了过去教师在家中上班的状况。特别是在1998年政府突然停止福利分房后，我们学校尚有多达千名教职工未分到福利房，我觉得这一福利很重要，便立即去找广州市林树森市长（后任贵州省省长），请求特批我们继续盖一点福利房。林市长关怀我们，立即批准。我赶造教师宿舍，在校本部再修建了26栋家属楼，建筑面积达62 406.17平方米，全部解决了学校福利分房问题。同时，又修建了单身职工公寓楼以及附属幼儿园、小学和中学校舍，使教职工无后顾之忧。

暨南大学还大力改善了学生的学习和生活条件。博士后1人1套居室，博士生1人1间宿舍，硕士生2人1间宿舍，本科生4人1间宿舍，均带卫生间，且能热水淋浴，这在全国也是走在前列。学生食堂也建好，包括平价、中等和上等菜肴。还建伊斯兰食堂，保证各类学生的需求。为使校园整洁有序，关闭了教学区的商店和菜市场，建商业中心，设有超市、书店、银行、邮局、商店、理发店、洗衣房、修鞋店，不出校门，就能解决师生员工日常生活的需要。

在校本部建设过程中，得到国务院侨务办公室和广东省、广州市领导的支持，受到国家经费的支持，我们未欠一分债，这在国内高校发展中也属罕见。为了加快修建，广州市林树森市长还帮我减少烦琐的审批手续，将有关部门集中在一起，快速批准修建。同时，经我直接当面申请，他还帮我们解决了学校四十年来长期无街道号码的难题，暨南大学终于有了广州黄埔大道西601号的街牌号码。

第十七章
勇挑重任

第一节　进董事会

在暨南大学发展历史中，董事会制度的建立和运行是一个独特的重要的推动力量，这在全国公办高校中是一特色。早在旧中国时期，1922年3月，暨南大学就成立了第一届董事会，清朝末代状元张謇、著名政治家和教育家黄炎培（新中国时期，曾任国家政务院副总理、全国人大常委会副委员长、全国政协副主席）等社会名流任董事。1931年至1949年，陈立夫、孙科和暨南学堂首任校长郑洪年任常务董事，负责董事会工作，宋子文、林森和孔祥熙等任董事。新中国时期，1963年恢复董事会制度，协助国家建设和督促办好学校，国务院华侨事务委员会廖承志主任（后任中央政治局委员、全国人大常委会副委员长）任董事长。1985年，全国人大常委会荣毅仁副委员长任董事长，全国政协副主席霍英东和马万祺等任副董事长。1994年，全国政协副主席钱伟长任董事长，全国政协副主席霍英东和马万祺等任副董事长。钱伟长先生任董事长，直到2010年去世。中华人民共和国原副主席荣毅仁先生于1999年还任董事会名誉董事长。

1996年2月13日，国务院侨务办公室任命我为第三届董事会副董事长兼秘书长，负责董事会的日常工作，这一职务从第三届开始，直到第五届才结束，担任了十年，才在2006年4月卸任，改任董事。同时我还兼任暨南大学教育基金会副理事长，负责基金会的日常工作，基金会理事长是荣毅仁先生。

在坚持办学方向、制订学校发展规划和筹措办学资金等方面，我认真履行职责，充分发挥董事会的积极作用。首先定期向董事长钱伟长先生汇报工作，按时召开董事会，加强与董事的联系，发挥董事会的职能。面向华侨华人社会，遴选董事，优化董事会成员结构，发动董事资助办学，为学校办学现代化贡献力量。

1999年7月26日，我在北京人民大会堂专程拜会我校董事会名誉董事长荣毅仁先生，他原任中华人民共和国副主席。荣先生亲切地接见了我，我向他汇报了学校的发展情况，他十分高兴。

除了召开董事会，我还召开董事座谈会。同时，经常借访问港澳台和国外的机会，直接拜访董事，听取董事意见，诚邀董事捐款、支持学校改善办学条件。从1996年开始，校董捐款总数达4450万元。

在赴澳门访问时，我拜会了何厚铧董事，他当时任大丰银行总经理，相谈甚欢。他爱澳爱国，能力很强，回内地后，我马上向国务院侨务办公室领导汇报，请求发挥他更大的作用，推荐他担任我校董事会副董事长，以利他为澳门回归及回归后做出更大的贡献。我校在澳门的历届毕业生近2000人，他如果当选学校董事会副董事长，就会有一大批忠实的拥护他的群众。1999年1月在澳门回归前，国务院侨务办公室聘任他为我们学校副董事长。1999年12月，澳门回归时，他当选澳门特别行政区第一任行政长官，以后，又任全国政协副主席，他始终如一，关心和支持我们暨南大学的工作。

2001年9月，印度尼西亚最大大学、北苏门答腊大学一行五人在校长乌丁·卢比斯教授率领下访问我校。我在早餐欢迎会上，偶然发现该校顾问黄智隐先生能讲中文，便立即用中文直接与他对话，几分钟的讲话，使我知道他祖籍为广东潮汕，是印度尼西亚著名企业家，十分热爱广东故乡。我便欢迎他支持暨南大学，他立即表示支持，捐款一千万港币。两天后，这笔钱就已汇到我校教育基金会香港银行的账户上，令我吃了一惊。考虑到我校董事中尚无来自华侨华人大国印度尼西亚，便诚邀他担任学校董事，他当时婉拒，经我再三诚邀，他答应了，但提出一个条件，今后开会时可请假不参加，而且用中文名字，希望我为他取一个中文名字，这给我带来一个难题。我尽管学术上已是教授、院士，但从未为人取过名字，连我的两个儿子的名字都是我父亲起的。但是，我还是答应给他取名字。思考了一天，想到黄先生是大商人，做事又很低调，故借用唐朝著名诗人李商隐的名，加上他的黄姓，便为他取名黄商隐。第二天告诉他后，他说把第二个商字改为他们家的辈分"智"字，这样，他的中文名就叫黄智隐了。接着，他又强调，你给我起了中文名字，你就是我的父亲，这又让我啼笑皆非。经国务院侨办批准后，黄先生成为我们学校的董事，此后，他一直关心、支持我们学校。同年11月15日，他还亲率一个大型歌舞团来校演出，不花学校一分钱，为学校95周年大庆增添了气氛和光彩。

第二节 兼任书记

1996年12月19日,中国共产党暨南大学第六次代表大会在学校召开,与会代表192人。国务院侨务办公室刘泽彭副主任,广东省高校工委副书记、广东省高教厅副厅长答朝心出席开幕式,并分别讲话。他们强调,在暨南大学完成"211工程"部门预审工作以后,要进一步加强党的建设工作,这是取得最后胜利的关键所在。

12月21日,大会进行选举,新一届党委委员由19人组成,纪委委员由9人组成。我和蒋述卓、杨珍妮、伍国基、黄旭辉、张永安、罗伟其被选为党委常委,我被选为党委书记,蒋述卓和杨珍妮被选为党委副书记,杨珍妮兼任纪委书记。

重任压在身,一方面是上级党组织对我的信任和党员群众的拥护,另一方面,又令我感到身上担子的沉重。我从1959年初入党以来,深受党的关怀和教育,一直按"党的需要就是我前进的方向"和"党叫干啥就干啥"的原则工作,虽然任务更加繁重,但我仍然勇敢地承接这个重担,决心做好校党委的管理工作,绝不辜负党和全校师生员工的厚望。

第三节　从严治党

中国共产党是我们社会主义建设事业的领导和核心力量。在学校里，坚持党的领导是学校的根本和核心。要实现学校的"侨校+名校"的发展战略，就必须坚持党的集中统一领导，以确保事业成功。我任校长后，已经提出"从严治校，从严治教，从严治学"的治校原则，于是我在学校再提出"从严治党"的原则。只有从严治党，才能保证暨大全面完成党和国家交给我们的办学任务，沿着中国特色社会主义道路顺利前进！

"严"，首先要从我们党委领导班子成员做起，特别是，要先从我个人自身做起。我自从18岁入党以来，一直严格要求自己，一直严守党纪，特别是走上校领导岗位后，更是时时刻刻提醒自己，要按照下述原则先管好自己。

（1）严格遵守党章，做一名合格的共产党员。

（2）不谋求名利，听党的话，党让干啥就干啥。我担任的各级领导职务，从教研室副主任开始，从未主动谋取，都是上级任命和群众选举后才担任。这次担任校党委书记，我一直辞谢，没办法推掉了才走马上任。

（3）不搞小团体。到暨南大学工作，我是孤身一人来的，许多朋友和以前的下属都希望调来暨南大学跟着我。尽管在暨南大学校内，我不认识一个人，但我一概谢绝，决心依靠组织和校内教职员工，做好自己的本职工作。

（4）集中精力，履行校长和党委书记职责。自担任副校长职务开始，我就认识到，这种职务的重要性，它关系到党和国家任务的完成，关系到全校几万人的利益，尽管我热爱自己的学术工作，但我应把主要精力和时间用在完成党政职务工作上。因此，上班时间，除了特别重要的讲课任务外，我全部身心和时间都要用在党务和行政工作上。任校领导后，尽管我接到许多国际学术会议的邀请，但我都辞谢不参加。对于我钟爱的力学学术工作，也没有精力大力发展，仅有助手1人。

（5）先人后己，先苦后甜。自小受家庭和学校教育，立志要"多做好事，多做善事，不做坏事"。来到暨南大学工作后，一心一意为学校做贡献，对自己从家庭到个人的学术工作都从严管理。全家四口人，分散在四个地方，我也没有要求学校安排照顾，就连福利分房，我不曾主动参与要求照顾。先将学校和群众的事情做好，最后才轮到自己。例如，当校长后，办公室十分简陋，没有空调机。我从北方来，广东太热，每天汗流浃背，我也忍受着，未要求改善环境。最后，还是天河区领导节日来看望我，看我的办公室太简陋，主动送了空调机。第一年，送了2台空调机，我将它们安装在校会议室。第二年，领导发现我还未用上，再送给学校8台，给每位领导办公室送1台，我才解决了困境。

（6）廉洁从政，全心全意为全校师生员工服务。在此基础上，团结好领导班子成员，以从严治党的原则要求大家，共同完成党和国家交给我们的任务。为此，经大家同意，我提出今后我们不能获取校内任何奖励，在各方面要起带头作用，全心全意为师生员工服务。

入党以来，亲身感受到国家历经风雨，艰难前进。自1978年12月党的十一届三中全会召开以来，全党按照邓小平的改革开放思想，国家终于走上快速发展的康庄大道。暨南大学建设再上新台阶，就必须认真贯彻邓小平的教育思想和党建思想，将邓小平理论与学校改革实践紧密结合起来，将邓小平从严治党思想作为办好社会主义华侨大学的指导原则。

1998年10月，由邓小平思想研究会主办的邓小平理论与改革新发展理论研讨会在暨南大学举行，前排左3起：乌杰会长，刘人怀，候树栋中将（研究会顾问）

我们应该深入学习邓小平的党建理论，把握邓小平从严治党思想的特征。首先，坚持从严治党，要按照党章办事，严格遵守党的纪律。其次，坚持从严治党，要开展积极的思想斗争，坚持克服软弱涣散现象，坚持实事求是。最后，坚持从严治党，要建立健全党内监督制度，对领导干部实行严格监督。

然后，我们在学校党建的各方面落实邓小平从严治党的思想。

经过精心筹备，1998年3月26日，我们成立邓小平理论研究中心，我担任主任。不定期出版邓小平思想研究专著，并于1998年10月，借助全国邓小平思想研究会在我校召开了全国性的邓小平理论与改革新发展理论研讨会。中华人民共和国乌兰夫副主席之子乌杰会长（国家经济体制改革委员会原副主任）来校主持会议，并聘请我为研究会顾问。乌杰会长高度赞扬我校的工作，对我本人，他也连加赞扬："你是大好人！"

我们把邓小平从严治党思想作为办好社会主义华侨大学的指导原则，将其贯彻于党建工作的方方面面。

1. 在学校党的思想建设中，严格要求，严密筹划，使从严治党的思想深入人心

（1）把党员的政治教育与师德建设结合起来，使"严"之有道。教师，特别是党员教师的人生观、世界观对年轻一代的影响深刻，所以，我们对上讲台的教师严格要求、严格把关；对于新上岗的教师进行培训和严格考核；对新党员，党校组织进行人生观、世界观方面的辅导；对各级党组织，宣传部在每学期制订的学习计划中，落实这一方面的教育。在工作中，我们特别注意把这一方面的教育与师德建设融合在一起。从1996年开始，全校开展了"讲师德、练师能、树师表、铸师魂"的建设工程。通过党校、党课、组织生活、民主生活等形式，采取建立宣传栏，举行报告会、讲座、党的知识竞赛、演讲比赛、征文比赛、影视观摩，广泛开展师德建设活动。在师德建设中树立正确人生取向；在政治学习中升华师德水平，使广大党员自觉履行"爱国爱校、为人师表、严谨治学、敬业奉献"的师德规定，使从严治党"严"之有道。

（2）把学习邓小平理论与学校精神文明建设结合起来，使"严"之有效。从严治党，搞好党风，是实现党对精神文明建设的领导前提，也是切实开展精神文明建设的有效保证。为此，我们把从严治党的精神放到邓小平的整个理论体系中加以把握，学校成立精神文明研究中心，出版精神文明建设通讯。我们把"师德建设工程""培育文明大学生工程""文明校园建设工程"作为一体化工程统一筹划，把邓小平理论作为精神文明建设健康发展的保证，在

"四从严"的要求下，努力把学校建设成为社会主义精神文明的重要基地和示范区，努力实现全体党员以邓小平理论为主要内容的政治素养的显著提升。

（3）把校、院、系党的领导干部带头学习与全体党员全面学习结合起来，使"严"之有方。党要管严，一要管好干部，二要管好党员，这对办好社会主义的华侨大学，坚持"面向海外，面向港澳台"的办学方针尤为重要。否则，三级领导之间及领导和普通党员之间难以沟通，难以统一认识，从严治党便会无从落实。为此，我们校领导每学期进行2～3次的中心组学习，党委常委定期参加民主生活会；每学期定期召开中层干部会和不定期党员大会，再加上党校的干部培训和基层组织生活，全校形成了遵守党规党纪的舆论氛围和良好风气。

我们还召开学校党建研究会，我作了主题报告：《高举邓小平理论伟大旗帜，加强我校党建工作和党建研究》，汇编了《暨南大学1998年党建工作研究会议文集》。1998年底，我参加了中共广东省委组织部和广东省党的建设学会召开的"纪念党的十一届三中全会20周年广东党的建设理论研讨会"，作了《在高校党的建设中贯彻落实邓小平"从严治党"的思想》的报告。

2. 围绕党的政治原则，严格贯彻党的教育方针，在办学方向上体现从严治党的方针

高校党的政治建设，主要应落实到贯彻党的教育方针、保证社会主义大学正确的政治方向上。为培养德智体全面发展的人才，我们将德育列为首位，并针对境内外学生的不同特点，因材施教。我校境外生占学生总数的40%，以后还要达到50%，对他们要大力宣传邓小平爱国主义思想和"一国两制"思想，以祖国的优秀文化、壮丽河山和改革开放的非凡成就，激发侨生和港澳台学生的爱国主义情怀和报效祖国的责任感，对境内生则通过"两课"使邓小平理论进教材、进课堂、进头脑,以培养社会主义事业的建设者和接班人。

3. 在党的组织建设中,严格管理,为从严治党提供有力保障

我们从抓好党组织的日常工作入手,坚持不懈地进行组织建设。注意建立健全民主集中制,实行了党支部建设目标管理评估制,并注重党员发展工作。特别是在改革学校干部管理制度上,不断完善用人机制,使干部能上能下。在坚持党管干部的原则上,引入竞争、激励机制,使能者上,庸者下。我们推行干部三年一聘体制,使全校党政干部按照平等竞争、按需择优的原则聘任上岗。1997年,完成了全校270多名中层干部的聘任,免去了一些群众基础差、能力弱的干部的职务,首次按公开、公平、公正原则招聘了7名副处级干部。为使学校与个人免除"能上能下"的后顾之忧,学校原则上不再作非领导职务提升,更多地选拔"双肩挑"干部到各级领导岗位上任职,在逐步提高干部个人素质的同时,着重扭转干部队伍官多兵少的"倒三角"现象。另外,把科学的考核措施和严格的岗位责任制结合起来,作为严格评价、奖惩的依据。在考核中采取个人总结同群众评定、组织考察相结合,定性评价与定量打分相结合的办法,定期对干部做出公正、客观、全面的评价。评定结果与奖惩、任免、升降挂钩,并与校内奖金分配制挂钩。这一系列改革措施的推行,提高了干部队伍的素质,增强了干部队伍活力,达到严格管理的目的。

4. 在党的作风建设中,严格监督,严肃执行纪律,在反腐保廉上体现从严治党的力度

我们应该牢记邓小平同志从严治党的要求,既突出重点又整体推进学校的党风廉政建设。我们重点抓了系处以上中层领导干部廉洁自律的工作;进一步加大了查处处以上干部的违纪案件的力度;进一步强调从"自重、自省、自警、自励"的"四自"标准教育干

部自觉廉政的有关规定；进一步清理通信工具；认真抓好校院两级干部廉洁自律专题的民主生活会。从1997年以来两年多，我们坚持严肃执行纪律，全校有14人受到党纪政纪处分，查出违纪案例14宗，清理出违纪金额882 144.39元，通过办案为学校挽回经济损失901 189.30元。

5. 在党的制度建设中，严格遵照党规党纪，为从严治党做好建章立制工作

我们在依法治校方面，建立健全了一系列党内的规章制度，先后制定了《暨南大学党委职责范围和工作制度》《暨南大学党委常委议事规则》《暨南大学学校领导班子成员民主生活会制度》《暨南大学系总支职责和工作制度》《暨南大学关于建立健全党风廉政制度建设的意见》等一系列规章，从制度上保证党的纯洁性，防止违法乱纪现象的发生。

根据邓小平从严治党的思想，从严治党的落脚点是为了实现正确的党建目标。对我们暨南大学来说，就是要结合学校的办学特色，努力达到以下"五个一"的党建目标。

（1）建立一个坚持贯彻执行党的路线与方针政策的领导班子。

（2）建立一条符合《中华人民共和国高等教育法》、贯彻"两个面向"、能主动服务于国家与地方经济发展的办学路子。

（3）建立一支爱国爱校、团结奋进、精于业务、严谨守纪的以党员为骨干的教工队伍。

（4）建立一种适应学校对外办学、保证学校党组织充分发挥作用的良好机制。

（5）建立一套加强党员教育管理、及时解决自身所存在的矛盾与问题、不断增强凝聚力和战斗力的工作制度。

围绕上面"五个一"目标建设，我校党委将继续贯彻邓小平从严治党思想，把暨南大学带进辉煌的新世纪。

第十八章
211 建设

第一节　建设项目

自学校"211工程"部门预审通过后,我便按国家要求,组织编写《暨南大学211工程建设项目可行性研究报告》。首先,我们确定学校面向21世纪的发展目标:通过"211工程"建设,经过15年左右的努力奋斗,到2010年前后,使暨南大学的教育质量、科研水平和办学效益等方面进入国内高校先进行列,成为我国面向海外、面向港澳台办学和传播中华文化的重要基地,成为在香港、澳门、台湾地区和华侨华人社会具有重要影响的社会主义华侨大学。

在"九五"期间的主要任务是为21世纪学校的腾飞打下良好基础,全面提高各层次教育质量和学生的综合素质,贯彻以培养"应用型与外向型"人才为主的原则,稳定办学规模,优化教育结构,积极发展研究生教育,适度发展本科教育和成人教育,压缩专科教育,大力发展华文教育,尽力提高境外学生比例。在1996年研究生795人、本科生5972人、专科学生1685人、华文教育学生321人、成人教育学生3517人、境外学生2577人的基础上,2000年达到研究生1200人、本科生8200人、无专科生、华文教育学生800人、成人教育学生4400人、境外学生4000人。为确保上述任务完成,计划投入建设经费1.98亿元。

科研工作要贯彻重视基础研究、突出应用研究的方针,面向经济建设主战场,加强国际交流与合作,为把我校办成既是教学中心,又是科研中心打下良好的基础。

在师资队伍建设中，要以注重数量发展转向重视质量提高，努力引进和培养高层次人才，使有博士学位的老师由占比例10%增加到20%。

在教学基础建设方向，加强本科专业的外向性和应用性，计划增设对外汉语、行政管理和护理学等新专业；加强重点课程建设；到2000年时，争取有五分之一左右的非英语必修课使用英语教材和英语讲授；每年投入20万元以上资助教材出版，确保每年出版20本以上高质量教材；建设40个以上稳定的教学实习基地；进一步完善学分制，同时完善各项管理制度。

在办学物质条件建设中，要进一步开辟筹资渠道，加强各项基础设施建设，使我校的办学物质条件逐步达到中央24号文件提出的"标准应该适当高于国内其它大学"的水平，学校将千方百计为七大重点学科建设项目提供良好的物质条件。抓好计算机基础和外语基础教学设施建设。更新电教设施，使电化教育保持全国先进水平。完成科学馆、第二教学大楼等基建项目，加大实验室图书资料、校园网建设的投资额，努力改善教学和科研实践环境条件。

充分发挥侨校优势，通过各种途径与港澳台地区、周边国家和世界先进国家著名大学及研究机构广泛开展各种形式的学术、教育交流与合作。

搞好校内管理体制改革，首先是进一步加强董事会工作，充分发挥董事会的积极作用。其次，进一步完善校长负责制，搞好分口分级管理，充分发挥党委的政治核心和保证监督作用，坚持正确的办学方向。再次，要健全校、院、系三级管理体制，明确划分好各级的职责，充分调动各类人员的积极性。最后，要加快后勤管理和财务管理体制改革，为教学、科研和师生生活提供优质服务。

我校党的建设工作的指导思想和目标，是以建设有中国特色社会主义理论和《中共中央关于加强党的建设几个重大问题的决定》为指导，从严治党，把加强党的思想、组织、作风和制度建设放在突出位置，充分发挥党委的政治核心作用、党支部的战斗堡垒作用和党员的先锋模范作用，为实现我校办学的总目标和总任务而奋斗。

在思想政治教育方面，要全面提高师生员工的政治思想素质，对教职工和境内学生要坚持进行建设有中国特色社会主义理论和党的基本路线教育、世界观和人生观教育、社会主义法治和道德教育。对港澳台和华侨学生要加强爱国主义教育，对华人学生和外国留学生要加强其对中华文化的了解和对华友好教育。

搞好校园精神文明建设，抓好校史和"忠信笃敬"校训教育，使我校跻身全国先进高校文明高校行列。

经过全校院系和机关部处的深入讨论，本着保证重点、突出特色的原则，计划投入8300万元，进行以下7个重点学科的建设。

1. 文艺学与汉语文学

1993年，我校中文系获准建立以"比较文艺学"为主要研究方向的文艺学博士点，形成了以博士生导师饶芃子教授为学术带头人的研究团队，其研究能力和多个研究方向在国内处于领先地位。

将"比较文艺学"和"汉语文学"（尤其是海外华文文学的研究）结合起来，不仅可以发挥我校的学术优势，也符合学科建设从理论到实践，又从实践到理论的要求。

该项目以文艺学博士点为核心学科，依托国家文科基础学科中国语言文学人才培养和科学研究基地及广东省重点学科，以比较文艺学、传统文化与汉语文学及海外华文文学比较等为研究方向，主要研究方向包括：比较文艺学、海外华文文学、台港澳文学、中国古代文学、中国现代文学、中外文学比较。

该项目完成后，力争建立国家级重点学科，形成系统的比较文艺学学科，在汉语文学研究方面有重大理论推进；为高校提供比较文艺学和汉语文学的系统教材；向国内外大学及专门研究机构输送一批具有高学历的比较文艺学和汉语文学的高级专门人才。

2. 产业经济与工商管理

1986年，我校经济学获准建立华南地区首家产业经济博士点，形成以博士生导师黄德鸿教授为学术带头人的研究团队，其学术水平在全国居于先进行列。产业经济学科被列为广东省重点学科。该项目包含的金融、会计学科和特区港澳经济及区域产业经济研究也达到省内先进水平。

该项目以产业经济博士点为核心，以企业管理、内外贸易、政治经济学、会计学等4个硕士点为支撑学科，以产业结构、企业体制改革和管理、工业化战略与劳动力资源、产业金融、跨文化管理等为研究方向。主要研究：工业化与产业结构、工业化与劳动力资源配置、产业结构与金融、粤港澳台的产业结构、工业化与可持续发展问题、企业体制改革与企业管理、工业心理学、跨文化管理理论与应用、会计财务管理理论与应用、粤港澳经济及其合作、珠江三角洲经济改革与发展战略、广东经济与社会全面协调发展问题、社会主义市场经济理论与法治建设。

该项目完成后，争取产业经济学科跻身于国家重点学科行列，形成配套齐全、群体优势突出的应用经济和工商管理学科群，出版一批有较大价值和影响的专著和研究报告，高层次经济学和工商管理人才培养数量将增加一倍以上。

3. 汉语言文字学与海外华文教育

1990年，我校现代汉语获准建立博士点，形成了以博士生导师詹伯慧和李如龙为学术带头人的研究团队，与海外华文教育密切相关的汉语南方方言研究处于国内外领先水平。我校华文教育在总体上亦处于海内外先进水平。

该项目以现代汉语博士点为核心学科，以华文学院为依托，以汉语言文字学与华文教育为研究方向，主要研究：海外华文教育的理论、现状与对策，华文教育教材和教法以及汉语多媒体计算机软件教材开发，文字学，现代汉语方言学等。

该项目完成后，原有博士生研究方向将得到较大拓展，可为海外华文教育提供比较权威的教材，为海外华侨华人社会培养千人以上掌握汉语言文化的不同层次专业人才及师资。

4. 生物技术与生物医学工程

生物技术与生物医学工程是现在世界上最为活跃的高新技术领域之一。

该项目以遗传学和生物医学工程两个硕士点为核心学科，学术带头人是林剑教授和邹翰教授，并以治疗神经系统疾病的基因重组药物的研究、组织工程用生物材料及制品的研制和介入疗法心血管系统导管的研制为主要研究方向，主要研究：基因工程研究和应用、生物材料研制成医用导管系列及人工角膜新材料和加工工艺。

该项目完成后，将建成较为完整的学术梯队，争取获得遗传学和生物医学工程相关的博士学位授予权，可持续发展生物高新技术药品和生物材料产业，改变我国基因工程医药和生物材料长期仿制国外产品的局面。

5. 计算机信息与通信技术

21世纪的人类社会将是一个信息社会，计算机、网络和通信结合所形成的信息技术浪潮对促进国民经济建设和社会生活发展起着越来越重要的作用，是科技领域前沿学科。

"面向海外，面向港澳台"是暨南大学的办学方针。首先，学校的主管部门国务院侨务办公室以及全国各地侨办和相关的侨务、旅游等部门都与海内外有紧密的业务联系，因而对现代化的信息网络都有着强烈的需求；其次，信息学科也是学校外招生人数最多的学科之一；最后，广东是全国通信产业发展最为迅速的地区，极其需要培养大量高素质的信息学科的应用型人才。通过该项目的实施，有助于学校更好地完成国家所赋予的教学任务，并为国家和地方的经济建设与社会发展做出更大的贡献。

因为我是国家级有突出贡献的专家和固体力学专业的博士生导师，在精密仪器仪表和传感器领域有许多成果，大家推选我担任这一领域的学科带头人，并由吴恭顺教授协助。该项目以计算机软件为核心学科，以传感器的研究、互联网和宽带网的技术及应用研究为主要研究方向，重点为侨务工作和国家与地方发展服务。在加强基础研究的同时，大力开发应用技术，其研究领域以及可望产生科研成果的领域为：传感和数据处理、并行计算的理论和应用、软件工程和知识工程、宽带综合业务通信网的支撑技术和应用开发、互联网和内联网集成平台及应用研究。

项目完成后，争取计算机软件硕士点达到博士点水平，形成有明确方向、产学研结合、适应对外办学需要的信息学科群，具有较强的工程设计和实施活力的学术队伍，有承担重大项目和解决信息与通信技术领域关键技术问题的能力。

6. 中外关系史与华侨华人

当今华人华侨的经济迅速崛起，在我国的综合国力日益增强、国际地位日益提高、与世界联系日益紧密的新形势下，华侨华人问题研究呈现出勃勃生机，具有很好的发展势头与学科前景。

华侨华人史是中外关系史的重要组成部分，华侨华人研究又与国际关系研究有较大的学科重合面，所以应注意中外关系史、华侨史、东南亚史等学科的整体建设。该项目的建设是充分利用我校在这方面的特有优势，共同开展以华侨华人问题为中心的综合研究，力争将本项目建设成为我国华侨最高学府的一大特色和优势。

1985年，中外关系史获准建立博士点，成为我校第一个招收博士研究生的专业，形成了以博士生导师朱杰勤教授为学科带头人的研究团队。目前，学术带头人是高伟浓教授。由于我校具有华侨大学的特殊条件，有中外关系博士点和国际政治与国际关系硕士点，在国内具有一定的学科领先地位。

该项目以中外关系史博士点为核心学科，以国际政治、国际关系、中国近代史等硕士点为支撑学科，以中外经济文化交流史与华侨华人的贡献、海外华侨华人与广东经济社会发展为主要研究方向。

该项目完成后，现有博士点将增加2~3个研究方向，使国际政治或国际关系硕士点达到申报博士点水平，形成完整的学科带头人和学术带头人梯队，取得一批突出的科研成果。

7. 生殖科学与计划生育

我国是人口大国，计划生育是我国的一项基本国策。生殖科学是生命科学的重要组成部分，是21世纪科学研究的热点之一。目前生育调节已向孕前型避孕转变，探讨生殖过程的免疫现象和机理，开发安全、有效、群众易于接受的避孕疫苗，发展可靠的先天缺陷基因检测技术对计划生育的实施有重要意义。

该项目以1990年获准建立的妇产科学博士点以及发展生物学硕士点为核心学科，以国务院政府特殊津贴获得者刘学高教授和博士生导师王自能教授为学科带头人，以避孕疫苗的研制与开发为主要研究方向，重点研究生殖的免疫调控、生殖科学基础、优生等内容。

该项目完成后，争取把本学科群建设成为我国南方生殖科学与计划生育研究及人才培养基地，争取使发育生物学硕士点达到博士点水平。

同时，加强学校公共服务体系建设，计划投入4300万元，从以下四个方面推进。

1. 图书馆建设

先进行基础建设，搞好内部管理，初步建成有自身特色的现代化文献中心，使我校的图书管理和服务水平进入全省高校先进行列。

同时，加强文献资料，特别是重点学科文献信息资料建设，建设比较现代化的、与国内外教育和科技信息网接轨的文献信息服务中心。到2000年，整体水平进入国内高校先进行列，其中华侨华人教育和科研的信息资源系统达到国内领先水平。

2. 校园计算机网络建设

要在接通中国教育和科研计算机网及国际互联网的基础上，开发校园教育和科研管理信息系统，研究和跟踪计算机信息网络的新技术、新方法，使校园网络逐渐完善，到2000年，完成校园网全方位应用软件的研制和开发工作。

3. 公共实验服务中心

现代分析测试技术是发展高新技术必不可少的基本条件，测试服务在充分发挥大型精密仪器效益、支撑重点学科建设、培养现代分析人才、提高分析测试水平等方面起着不可或缺的作用。到2000年，要通过重点建设使我校测试服务水平进入国内高校先进行列，为国家侨务工作和地方经济建设提供高水平的分析测试服务。

4. 公共教学设施建设

公共教学设施对学校发展至关重要。要大力抓紧计算机基础教学设施、本科外语基础教学设施、公共基础教学实验室更新与改进、专业基础教学实验室、电化教学和体育设施等建设，以保证学校发展的需要。

最后，还要加强学校基础设施的建设，以使学校基础建设全面改善，为教学、科研和师生生活提供更为可靠的后勤保障，计划投入7200万元，进行以下项目的建设。

（1）水电、通信广播设施扩建、改造。

（2）消防安全设施建设。

（3）基建项目，包括新建科学馆和学生宿舍等。

第二节 立项论证

1997年9月12日,国务院侨务办公室文教宣传司和广东省高等教育厅组织暨南大学"211工程"立项可行性论证专家组,对我们学校建设项目进行了可行性论证。广东省科委蔡齐祥副主任任专家组组长,北京大学周南京教授,中国人民大学金戈教授,南开大学朱光华教授,中山大学黄天骥教授、蔡鸿生教授和罗进贤教授,华南理工大学周浩华教授和中山医科大学林学颜教授为专家组成员。

我向专家组汇报了学校"211工程"重点建设项目立项工作,专家们认真审阅和讨论了我校提交的"211工程"建设项目可行性研究报告,提出了审核意见:

> 暨南大学提出的"九五"期间"211工程"建设目标明确,规划的重点学科、公共服务体系和基础设施等三大建设项目任务具体,措施恰当;建设资金落实,总体分配方案较合理,预期达到的效益是明显的,对预期效益的分析也是实事求是的。一致同意对建设项目予以立项。

10月23日,国务院侨务办公室文教宣传司和广东省高等教育厅又组织专家组对暨南大学"211工程"拟购仪器设备(5万美元以上)清单进行审核。中国科学院广东测试分析研究所何华焜研究员任专家组组长,中山大学区炳燊高工、华南理工大学分析测试中心张大同教授、广东工业大学实验研究中心范雄教授、中山医科大学生化教研室伍新尧教授为专家组成员。

专家组认真听取了学校的关于"211工程"拟购仪器设备情况的汇报，并根据"211工程"部际协调小组办公室制定的《"211工程"拟购仪器设备审核办法》，进行了认真的讨论及审核，提出了审核意见：

暨南大学提出的"211工程"拟购仪器设备是学校"211工程"重点学科建设项目所急需的，体现了优先保证重点学科建设的原则，符合学校"211工程""九五"建设规划总体目标和要求，是合理、可行的。

此后，学校正式启动"九五""211工程"建设。

第十九章
新建学院

第一节 珠海学院

  1998年春节期间，珠海大学筹建办公室陈坤寿主任来广州我家里拜年。同时，向我转达了珠海市委书记梁广大同志的愿望，希望我同意帮助珠海办大学。早在1984年，珠海市就开始筹建珠海大学，当时曾热情地邀请我去珠海筹办珠海大学，但组织上不同意，便未去成。我从1985年就一直担任珠海市人民政府咨询委员，每年都要去珠海开会，了解珠海市的发展情况。筹办珠海大学十分艰辛，历经十余年，校园选在珠海市唐家湾，占地5000亩，校园建筑物已基本落成，可惜得不到国家批准。此时，我担任暨南大学校长，就在附近，梁广大书记便希望将此事转交给我来办。我一直了解珠海市办大学的心愿，且大学教育是国家之根本，那时我国大学数量太少，远远不能满足国家的需要，故我个人一直同情和支持珠海市办大学的要求。特别是珠海与澳门相邻，对我校招收澳门学生更为方便，我当即毫不犹豫答应下来。随后，便与珠海市领导商讨，提出了一个基本方案，以珠海市人民政府和暨南大学共同创建的方式，建立暨南大学珠海学院。珠海市人民政府出地出资，暨南大学出老师，共同管理。学校逐渐扩大规模，按珠海市要求，第一年先招100名学生，其中80%生源要来自珠海。办两个专业，计算机科学与技术本科专业和旅游管理专科专业。学校党政领导班子于3月28日开会一致赞成我的意见，随后我便到北京请求国务院侨务办公室批准，得到了侨办领导的口头支持，但谨慎起见，未下发正式的批准文件。此后，我又将此事向广东省领导报告，领导关怀地对我说："刘校长，你异地办校，中央明令禁止，要犯政治错误，不要搞此事。"接着，校内也出现反对的声音，说什么"刘校长办珠海学院是拖垮暨南大学的陷阱"等。面对这种情况，我十分冷静，始终坚信教育是国家之本，大学不是多了，而是太少，应该办。由于异地办校，在全国说来是第一次，是创新，大家不理解，这是可以理解的，所以，我仍然坚定地往前走。只是不要张扬，稳妥前进为好。

8月28日，在珠海市，我代表暨南大学，梁耀明副市长代表珠海市人民政府，共同签订《共建暨南大学珠海学院协议》。市政协张跃中主席，我校伍国基、黄旭辉、罗伟其副校长等参加了签约仪式。在教育厅的关怀下，我们暨南大学珠海学院当年就获得了100个招生名额。

9月30日，暨南大学珠海学院在珠海唐家湾校园内举行了隆重的开学典礼，梁广大书记发表了热情洋溢的演讲，感谢暨南大学帮助珠海特区建成了珠海市的第一所大学。我也讲话，表示要尽力把这个学院办好，虽然在珠海办学，也要与广州校本部学院一样，同质量同水平办学，不辜负珠海市委市政府和珠海人民对我们的期望。

为了减少阻力，我决定对外低调一点，先称之为珠海教学点。在学校内部，也吸取筹办深圳中旅学院的经验，不调教师到珠海学院全职工作，只是让有关授课老师当作异地讲课对待，除校内工资的发放外，每节课教学还加发80元津贴。所有办校经费全由珠海市承担，校本部不出钱。教学管理由学校教务处负责，行政管理由珠海大学筹建办公室负责。应该说，这里的管理与校本部管理一样，从严治党，从严治校，从严治教，从严治学，依法治校，实事求是。一年多来，办学还是非常顺利的，师生们的反映都很好。

不料此事又生波折，差点功亏一篑。1999年7月2日晚上8时左右，我爱人诸凤鸣紧急打电话告诉我，当天傍晚，珠海市政府和广东另一所大学又签署了协议，要在唐家湾暨大珠海学院的现址上筹建该大学珠海校区。我大吃一惊，哪能有这样的事？于是，我立刻离开广州赶往珠海，找珠海市政府理论。原来这一年的6月15日至18日，在北京召开了第三次全国教育工作会议，会议决定全国高校要扩招大学生，允许异地办学。该大学立即响应会议精神，看中了暨大在珠海的这片成熟校区，通过校友关系运作，抢摘了现成的桃子。兄弟院校之间如此行事，是我工作以来最生气的一次！此事珠海市新任领导也受人蒙蔽，最后出现"一女嫁两夫"的荒唐局面。但是木已成舟，新的协议已签，从政府层面上也不能再更改。在这样的情况下，我只好采取妥协的办法，退一步要求珠海市政府再换一个地方办暨南大学珠海学院。

此后，珠海市委领导让分管市领导和教育局领导帮我们找别的安置地方。他们尽心工作，最后，新的校址选在珠海市中心区前山镇原珠海工业技工学校旧址，22万平方米的土地和两栋价值7000万元的建筑物以及一些设备永久无偿提供给珠海学院，同时每年投入一定的教育经费。新的校址与珠海著名旅游景点圆明新园为邻，距拱北海关仅5分钟车程，便于港澳学生就读。

2000年4月29日，暨南大学与珠海市人民政府合作建设暨南大学珠海学院的协议再次在珠海签订。黄龙云书记与我分别代表双方在协议上签字。全国政协副主席、我校董事会副董事长马万祺，国务院侨办副主任李海峰（后任全国政协副主席），广东省原省长、我校原校长梁灵光，广东省政协原副主席李辰，广东省教育厅副厅长罗远芳，珠海市委副书记雷于蓝，珠海市人民政府副市长余荣霭、何宁卡，我校部分校领导以及暨南大学董事会董事、香港澳门知名人士柯为湘、钟庭旭、叶莲芳、饶不辱、马友恒等领导嘉宾出席了签字仪式。

根据协议，学院由暨南大学直接管理。我们计划在5年内把珠海学院建成可以容纳3000名全日制本科生的综合性学院，同时与校本部一样，尽快开展硕士、博士高层次教育，一定将她办成一所具有鲜明特色的现代化新型高等学府。

在签字仪式上，全国政协副主席马万祺先生说："一直以来，暨南大学就是大批澳门学生前往内地求学的首选学校。今天建设珠海学院，将会吸引更多的澳门学生前来学习，进一步加强珠海与澳门、暨南大学与澳门的交流与合作，为中华民族的强盛发挥更大作用。"国务院侨办副主任李海峰也指出："珠海与暨南大学共建暨南大学珠海学院，具有前瞻性和开放性，可为国内外培养和输送更多优秀人才。"

我要办好珠海学院，但又要排除干扰，决定不动用校本部经费筹建，改用珠海市政府拨款以及学校与工商银行签订的《银校合作协议》10亿元融资中部分资金来筹建，贷款还款由珠海学院自身负责。这学期教学工作结束后，便从唐家湾搬往前山新校区。此时，负责学院行政管理工作的珠海大学筹建办公室的人员除了我爱人诸凤鸣同志外，全部都被安排去筹建那所大学珠海校区工作。为了顺利搬迁，我向国务院侨务办公室李海峰同志请示，是否可调诸凤鸣到暨大珠海学院工作，获得批准后，学校于4月27日成立珠海学院接收搬迁工作领导小组，任命诸凤鸣为组长，她全力以赴做好200多名学生及有关设备的搬迁。当时搬迁费用不足，她还临时从家里拿出4万元现金支持珠海学院的工作。千辛万苦，用了一个月，按时完成了搬迁任务。在搬迁的同时，还要与那所大学做好交接工作，过程中有一些龃龉，我们的同志都忍耐了。8月，经过校领导班子研究，贾益民副校长兼任珠海学院院长，诸凤鸣担任副院长负责学院日常事务，一直在这个岗位上辛勤工作直到退休。这一任命，因是家属关系，我未参与讨论。除学校支援一部分干部外，学院面向国内外招收教职员工。

9月8日,在新校址,珠海学院举行了隆重的开学典礼。广东省人大常委会副主任侣志广,国务院侨办副主任赵阳,珠海市委书记、市长黄龙云等出席了典礼。全国政协副主席、暨南大学董事会副董事长马万祺专门发来贺电。我在会上讲话,感谢珠海市委市政府,感谢珠海人民。100名计算机和市场营销专业本科新生,加上原来的在校生200人以及为澳门开办的兼读制中文、临床医学两个研究生班,共有400余名学生参加了开学典礼。

新的合作协议签署后,我请著名建筑设计大师、中国工程院院士、东南大学建筑设计研究院钟训正教授为珠海学院进行高水平的总体设计。同时,不断向珠海市申请土地划拨,使校园面积达到57万平方米,而且修建了教职工住宅,解决了教职工住房的困难。

2001年3月28日,学校举行珠海学院校园工程奠基典礼。钱伟长、黄龙云和方旋(珠海市市长)等领导和嘉宾出席了奠基仪式。钱伟长先生特别高兴,一再叮嘱要把珠海学院规划好、建设好,培养更多的栋梁之材。方旋市长讲话中高度评价了珠海学院在珠海市建设和发展中的作用。

珠海市委、市政府对珠海学院的建设工作给予高度重视,在人力、物力以及配套设施方面给予大力支持,有力地保证了珠海学院建设工作的按时保质完成。黄龙云书记亲自与我们一起在校园植树,前山镇人民几千人来校义务劳动,帮助我们新学期开学,令我们感动。建院初期,仅用百多天时间,就在一片荒地上建起建筑面积3.8万平方米的4栋学生宿舍、12万平方米的学生食堂和学生活动中心、2500平方米的田径运动场和标准比赛游泳池,保证了开学后使用。黄龙云书记和我都异常高兴,认为这是"中国高校建设史上的奇迹"!

2001年3月，与黄龙云（左1）、雷于蓝一起为暨南大学珠海学院植树留影

珠海学院总造价3.5亿元人民币的基础建设工作一直在稳步进行，共完成了20万平方米的建筑工程，校园十分美丽。珠海学院办学条件的不断完善，也为校本部进行大规模基础建设提供了周转时间。2002年9月，为了进行学生宿舍和教学楼的拆建工作，将校本部2116名新生安排至珠海学院进行为期一年的学习。而且此后每一年的一年级新生都到珠海学院学习一年，以便保证校本部的基础建设工作。

到2006年1月，珠海学院已拥有14个系所，即中国语言文学系、外国语言文学系、新闻与传播学系、数学系、国际经济与贸易系、金融学系、企业管理系、商学系、会计学系、行政管理系、法学系、计算机科学系、电气自动化研究所和包装工程研究所，19个本科专业，160余名教工，5800余名全日制学生（包括近百名博士、硕士研究生），形成了本科、硕士、博士、博士后的完整培养体系。

2005年3月，我请来中国工程院院士、铁道电气化自动化专家钱清泉教授担任珠海学院名誉院长，他的加盟还带来了"电气自动化研究所"的创立，使暨大工科大大增强。

《珠海特区报》一位记者在珠海学院调研，随机抽取了一组数据：暨大珠海学院01级学生全国英语四、六级考试一次通过率达72.23%，优秀率达8.11%，同期全国重点高校的两个比率分别是44.67%和5.39%。记者发现，不管是全国英语四、六级考试还是计算机考试，通过率和优秀率不仅比同期全国重点高校的比率高，也比校本部的比率高。2005年，在第十四届时报广告金犊奖设计比赛中，珠海学院学生获得动画类金犊奖；在全国大专辩论赛中，珠海学院代表暨南大学获得全国亚军。珠海学院黄国林同学在暨南大学学生中首个当选全国学联副主席。珠海学院学生的表现让人瞩目，为学校赢得了荣誉。

珠海学院的良好快速发展不但得到珠海市委市政府的高度肯定，也得到了国家有关领导部门的赞扬。2004年，教育部周济部长到暨大视察，对珠海学院评价说："暨南大学不是异地办学，而是校本部空间上的延伸！"

暨大珠海学院与校本部是一个紧密的整体，在教学质量等方面是毫不逊色的。从两栋孤楼变为现代化的校园，办学从零开始，成为一个与校本部同步发展、同质发展的综合性学院，成为第一个在珠海市办学的大学，成为第一个为珠海培养全日制博士生、硕士生、本科生、专科生的大学，也是中国第一个异地办学成功的大学。

经过一年多的交往，我与黄龙云书记的联系更加密切，他是一位优秀的领导干部。2001年8月，他看到暨大珠海学院的事情办得出色，便对我讲，再将珠海金鼎5000亩土地无偿划给我们学校办学，同时再在旁边珠江之畔划出800亩土地作为家属院。我十分高兴，马上请示国务院侨务办公室主管领导，得到批准后，再于9月14日，与方旋市长签订了关于5800亩土地的协议书。我让学校的中层干部们在参加了珠海学院开学典礼后顺便参观了这个新校区，全是荔枝园，异常美丽，大家十分高兴，我们暨南大学可以在珠海市大展宏图了！诸凤鸣还找黄书记申请到1亿元补助，用于校区建设。过了两个月，就在11月16日学校庆祝九十五周年校庆时，国务院侨办忽然改变原有的批示，不再同意建设这个新校园。我将此事向黄龙云书记汇报后，他说不要紧，协议不用作废，我们再等待时机吧！后来，国务院侨办始终不松口，此事最终没有办成，成为我办学的遗憾！

这年春节时，借着与黄龙云书记吃早餐的机会，特别感谢他对暨南大学的大力帮助。作为珠海市人民政府咨询委员，我又向他提出一条建议。珠海经济特区应根据自身优势，发展经济和科技，可借暨南大学在珠海办学的机会，再请几所著名大学来办学，使珠海市成为一个大学城，这在中国将成为一个极好的范例，有助于中华民族的伟大复兴！我对他讲，美国、英国、德国科学技术发达，很大一部分原因是靠办大学城、集中科技力量起来的。他听取了我的建议，推动建设珠海大学城，先后引进十所大学来办校，开了全国的先例，办了中国第一个大学城，让珠海市名扬全国！可惜，一些大学来珠海后，只办低年级，只办本科，不办高水平研究型大学，其实际作用就大打折扣了。

诸凤鸣担任珠海学院负责日常事务的副院长，一切从零开始，肩上担子甚重。她吃苦耐劳，认真负责，把珠海学院建设成大家都夸奖的学院，因此荣获2001年"广东省南粤教书育人"优秀教师称号，并被选为珠海市香洲区人大代表和珠海市香洲区政协副主席。

不幸的是，由于工作劳累过度，退休后不久就生病住院了。我和孩子尽力照顾她，医生也十分尽力，最后还是抢救无效，于2007年5月17日病故，享年66岁。我失去了好妻子，孩子们失去了好妈妈，全家悲痛万分！在她生病近两年的时间里，我尽量每天都陪伴在她身边，让她感到温暖。她告别人世时说的最后一句话"还是老伴好！"让我感到一点安慰，永远记在心中！

第二节　管理学院

　　自从来到暨大并负责联系经济学院后,我看到暨南大学管理学科已有一支不小的队伍,在粤港澳已有一定影响,但在院内未得到重视。我从1984年开始,接触管理学科,逐渐认识到管理学科对国家和学校的重要性,甚至认为在各种事业中以它最为关键。但当时暨南大学却不太重视管理学科,那时国家已经开始创建工商管理硕士专业学位,我帮助何振翔教授向国务院学位办申请得到批准后,经济学院一直拖着没办。我任校长后,认为机会已成熟,便想马上创建暨南大学管理学院,让管理学科得到发展。我先后三次向国务院侨办文宣司申请,每次都遭到拒绝。我第四次申请后,司里领导同意来暨大经济学院调研,就建立管理学院一事由院长各系主任投票表态。投票结果不支持,仅获1张支持票,因大家担心成立管理学院后,会削弱经济学院的师资力量。鉴于这个结果,领导说无法支持我建设管理学院的提议。但我不死心,认为中国改革开放已经20年了,重点院校都重视管理学科,唯独我们学校还落后,这怎么行呢?于是,我耐心向领导讲建立管理学院的重要性,总算将他说服了,得到了他的同意。领导要求建立管理学院后,不要与经济学院闹矛盾,并叮嘱,院领导班子要小一点,待将院办公地点、教学地点准备好后再给予批准。

　　1998年4月14日,我们成立了筹建管理学院小组,由张永安副校长任组长，请伍国基副校长协助。成员为云冠平、胡军（后任暨南大学校长）、王华（后任广东财经大学校长）、王培林（后任广东技术师范学院副院长）。经过筹备，申请报告在6月11日得到国务院侨办的正式批准，苦尽甘来，我特别高兴。学院下设5个系，即企业管理系、会计学系、行政管理系、旅游管理系和市场学系。

1998年9月，暨南大学管理学院正式成立，提拔才任企业管理系主任一年的胡军教授担任首任院长。同时，我也将挂靠在学校研究生部的MBA管理中心改放到管理学院来管理。

2005年5月，我想方设法，筹集7056万元在校园中心位置修建面积25 017平方米的管理学院大楼，大大改善了管院的办学条件，在全国高校管理学院中十分突出。

管理学院建立后，我更加重视和关心它，先后直接找国务院学位委员会办公室主任赵沁平、周其凤（后任北京大学校长）、杨卫（中国科学院院士，后任国家自然科学基金委员会主任）汇报工作，让他们了解暨南大学，多次得到他们的真诚帮助，管理学院得到更好的发展。当年，企业管理专业就获批为博士学位授权学科。2001年，会计学专业获批为博士学位授权学科。2003年，工商管理获批为博士学位授权一级学科，涵盖4个二级学科，即企业管理、会计学、旅游学、技术经济与管理。2006年初，学院又获批为管理科学与工程博士学位授权一级学科。至此，管理学院全部专业均可直接授博士学位。

2002年7月，学院获批为国家首批30个开展高级管理人员工商管理硕士专业学位（EMBA）教育工作单位之一。2004年，学院又获批为全国首批会计硕士专业学位（MPAcc）教育试点单位。2005年初，学院又获批为公共管理硕士专业学位（MPA）单位。2003年，工商管理博士后流动站获批设立。

管理学科也被纳入学校"211工程"第一期建设规划重点项目中，管理学院逐渐成为学校的一流学院，为学校带来越来越多的荣誉。

第三节　生科学院

来到暨大工作后,发现理工学科仅有一个学院,即理工学院。理工学科在现代社会十分重要,领域十分宽泛,是科技的核心领域。我是数学和力学专业出身,深知理工学科办学的艰难,但其对国家的未来又特别重要,便思索暨南大学理工学科发展的问题。首先,要弥补办学的不足,缺工科专业,而工科在国家目前的发展中又至关重要。其次,考虑选择从哪个学科方向来办新的学院。我注意到世界的前沿学科中,生命学科发展异常迅速。我校已有医学院,但生物学系却弱小,仅20多位老师,不相匹配。于是,我提出创建生命科学技术学院,得到理工学院吴恭顺院长的支持,生物学系周天鸿主任(后任广东省人大常委会副主任)也拥护。校领导班子一致同意我的建议。鉴于国务院侨务办公室已于1998年6月向我们宣布,今后新办学院的权力已下放给学校自理,我们便在1999年4月,宣布成立暨南大学生命科学技术学院。为了使初建的学院大一点、强一点,考虑到生物、化学两个学科交叉的可能性和重要性,故将化学系也一起并入,化学系岑颖洲主任也完全同意。同时,再将生物工程研究所等单位并入。学院下设4个系,即生物工程学系、化学系、生物医学工程系和生态学系。

首任院长请周天鸿教授担任。接着,我又邀请无机化学家、中国科学院院士钱逸泰教授为学院的名誉院长,以带领全院老师尽快提高学术水平。同时，我又筹集经费，修建面积为30 000平方米的第二理工大楼，以解决生命科技学院实验室缺乏的困难。我将学院的学科建设纳入到"211工程"第一期建设规划重点项目中，重点保障这个学院能较快发展。

1998年，水生生物学专业获批为博士学位授权学科。2001年，又获批生物医学工程博士学位授权一级学科。2004年，学校自主设置的生物材料与纳米技术、生物医学信息技术、生物医学工程、生物与医学管理、细胞与组织工程等5个专业获得批准，成为可招收和培养博士生的二级学科。2006年1月，又获批生物化学与分子生物学博士学位授权二级学科。

2003年，学院还获批开展生物医学工程硕士学位授予工作。2003年，生物学博士后科研流动站获批设立。

2005年4月，我们又聘请中国工程院蔡道基院士为水生态科学研究所名誉所长。

生命科技学院发展迅速，为暨南大学的高速发展做了很多贡献！

第二十章
面向世界

第一节　面　向　海　外

按照党中央为我校制定的"面向海外,面向港澳台"办学方针,我们暨南大学要成为一所国际化的名校,争取得到全世界华侨华人和港澳台同胞的支持,就必须使更多的华侨华人和港澳台同胞的子女来暨大读书,培养他们成为热爱祖国、热爱故乡的人才。

为此,要从以下几个方面努力,争取尽快在暨南大学完成党中央对我们的期望:①将"侨校+名校"定为学校的发展战略目标,使华侨华人和港澳台学生达到全校学生的一半。学校办学质量高,成为名校,他们才会来此读书。原先我校声名不佳,在高考二本普通高校招生圈内,第一志愿的考生仅占十分之一。只有办成名校,海外优秀的年轻人才会来此读书;②我大抓从严治校,实行教学改革和科研改革,使教学和科研水平进入全国"211工程"重点学校的行列;③规划和改造校园,使教师和学生有好的学习、工作与生活条件。学校从大门开始,全面拆旧造新,新建了教学大楼、图书馆大楼等建筑,并把教室全部改成现代化的电化教学方式,使博士生一人有一间带卫生间宿舍,硕士生二人有一间带卫生间宿舍,本科生四人有一间带卫生间宿舍。使全校老师都有工作办公室,教授一人一间,副教授二人一间,讲师和助教四人一间,改变了过去老师只在家里办公的局限。

以上改革,在国内高校中可谓走在前列。我同时还大力加强对外交往工作,要在全世界加强国际交往,广交朋友,与外国著名大学结交为姊妹学校。特别是与世界名校互派交换生，有利于我校在校学生出国留学升造，而且主张双方学生的学费是各交自己学校，这就大大减轻了我们学生的负担。在这一原则下，我校境外姊妹学校迅速增多，我校境外培训人才大幅提升，境外学生日益增长，国际声誉显著提高！随之，我校的学术水平和国际化水平迅速增强，为祖国的统一大业和中华民族伟大复兴做出应有的贡献。1996年，是学校成功申报国家"211工程"重点大学的第一年，我集中精力和时间处理这件中心大事，对于学校公务出访和个人业务出访邀请一律婉拒。

直到1996年11月，我才和罗伟其副校长、刘渝清外事处长到德国，做了三天短期访问。到达柏林后，首先看望了我校华侨医院来此进修的13名医生，了解了他们进修的情况。然后，参加了德国柏林弗里德利希女皇基金会为祝贺海姆（Heim）主席九十大寿举行的盛会，约200人到会。海姆主席自1931年获德国柏林洪堡大学医学博士学位后，一直以精湛的外科医疗技术和崇高的学术威望享誉国际医学界，在长达半个多世纪的医疗生涯中成功进行88 000例手术。同时，他又是一位著名的社会活动家，为中德友谊和医学学术交流做出了重要贡献。尤为特别的是，他所主持的弗里德利希女皇基金会，十多年间专门为我们暨南大学培养了几十位高素质的医学人才。我在祝寿会上讲话，祝他九十大寿、长命百岁、身体健康！并代表暨南大学，授予他暨南大学荣誉教授证书。我国驻德国大使馆对此事大力支持，派出使馆一秘顾士源同志带了一个合唱团来演唱助兴，还请来柏林卫生局局长和我们相聚。

接着，我们又和基金会哈姆斯坦恩干事长举行了友好会谈。哈姆斯坦恩提出，因经济困难，原定的每年资助10名暨大医生进修名额减少为8名，待德国经济好转后，再恢复到10名，对此我们表示理解。我们还一致同意，1998年，在暨南大学举行中德医学学术会议，促进医学学术发展。同时，我们也同意基金会和柏林卫生局的意见，欢迎德国派出医生来我校学习针灸。

　　经过再三斟酌，我决定在学校使用名誉博士学位授予权，以表扬和奖励对学校有卓越贡献的人士。经过大家讨论，第一个就授给对我校华侨医院有卓越贡献的海姆主席。经过国务院学位办公室批准后，1997年4月，我专程赶往柏林，组织了一场十分隆重的有百余人参加的仪式，我讲话并向海姆主席授予暨南大学名誉博士学位证书，以向世界学术界展示暨南大学的博大胸怀。精神矍铄的海姆主席在接过证书后，发表了热情洋溢的讲话，他称赞中国的年轻学者勤奋好学，是值得信赖的合作伙伴，并表示要把毕生精力致力于中德医学交流工作。女皇基金会干事长哈姆斯坦恩十分高兴，主持了整个授予仪式，他对我们在此进修的医生都表示满意。中国驻德国大使馆的刘参赞也到会讲话。负责我校进修医生的徐安定组长（后任华侨医院院长）向我汇报了工作，并带领我校的进修医生参加了会议。一位进修的卢医生患病了，我立即批准让她回国治疗休养。

1997年4月，摄于德国柏林，授予为暨南大学华侨医院做出贡献的德国弗里德利希女皇基金会主席海姆（左2）暨南大学名誉博士学位，这是暨南大学颁发的第一个名誉博士学位

1997年4月，摄于德国柏林，看望在柏林进修的暨南大学华侨医院医生，左7为刘人怀

同年5月，我与伍国基副校长、刘渝清外事处长一起受邀赴英国访问。我校经济学院在英国进修的张杰明老师（后任广州市财政局局长）和格拉斯哥苏格兰大学金融学高级讲师高善生前来迎接我们。格拉斯哥苏格兰大学有12 000名学生，是英国著名大学。大学校园很好，我们参观了图书馆和教室。由于当日恰逢校长卸任，新校长尚未上任，故我只能与该校副校长布什（P. W. Bush）先生见面商谈，最后非常顺利地签订了两校合作协议。同时，我还与对方商学院、金融系领导座谈，了解该校的教学、科研和行政管理情况，为我校办学提供参考。

在格拉斯哥时，我们住在斯特克斯城市酒店。我住的房间门锁坏了，连修了3天，直至离开时，都未弄好，这让我看到大英帝国没落后的一些管理瑕疵。

接着，我们前往伦敦，访问英国行政管理协会。该协会建于1915年，是一所专业学历培训机构，双方谈判时，对方派出4人：鲁宾孙（Robinson）、格林（Green）、方克勒（Fankner）和哈瑞松（Harrison）。经过友好协商，我们双方签署了协议，我校成为该协会的一个考试中心，可从事专业学位培养教育。事后，该协会安排我们前往英国议会参观，增长了我对英国议会的认识。该协会名誉会员本尼特（A. Bennett）先生是英国议会下院议员，他亲自带我们去参观议会上院和下院。议会的建筑古老而庄严，其中上院有300名议员，下院有650余名议员。当天两院都在开会，下院正在辩论的是苏格兰独立全民公决问题。令人好笑的是，当天两个会场均只有30多名议员到会，稀稀拉拉，让我颇为怀疑议员们对待自己工作的责任和态度。

然后，我们前往曼彻斯特，由我校进修老师张杰明和王华陪同，先访问曼彻斯特州立大学。该校有30 000名学生，是英国学生人数最多的大学。我们与该校珀斯莱姆（A. V. Burslem）校长进行了友好会谈。我提出今后双方紧密合作，对方马上响应，当天便签订了两校合作协议，我们可派老师、学生来进修。同时，我还与该校商学院、金融系、会计系领导见面，讨论今后包括MBA等具体合作问题。

1997年5月，在英国曼彻斯特，与曼彻斯特州立大学校长签署协议留影，建立两校友好合作关系

随后，我们又访问英国著名的曼彻斯特理工大学，该校设置的专业全是理工科，校长波切尔（R. F. Boucher）与我都是学力学专业的，他学的是流体力学。我们两人一见面，都非常高兴。我提议双方今后加强合作，他立即同意，签署了两校合作协议。

接着，我们同伦敦金融管理学院的中国代表陈述明签署了两校合作协议。

最后，我们参观了世界著名的剑桥大学，该校获得诺贝尔奖的学者就达60多人。剑桥校园古朴典雅，闻名于世。

离开英国的前一天，我的痛风突然发作，脚疼得走不了路，好在出国任务已完成，就赶快回国治疗。在伦敦机场和飞机上，空勤人员对我服务周到，让我体会到西方的服务管理水平。

11月，我同伍国基副校长一起，再次访问越南胡志明市财政会计大学。两年前暨大和该校签订了合作交流意向书，经过我们两年的努力，终于取得他们的正式批准。我们先到我国驻胡志明市总领事馆拜会，然后再与胡志明财政会计大学阮清泉校长签署正式合作协议。这是我校也是中国高校第一次与越南高校签署的正式合作协议，胡志明市电视台报道了我们合作的新闻。阮校长对我们十分友好热情，我们离开时，校园里高挂大型中文横幅"依依惜别欢送广州暨南大学代表团"。

接着，我们去吉隆坡，访问马来西亚。我们先拜会了我国驻马来西亚大使馆，请使馆领导支持我们的外事工作。因为马来西亚华侨华人众多，是在全世界开办中文学校（包括大学、中学、小学）最多的国家，值得我们高度重视。然后我们访问了三所华侨办的大学，即新纪元学院、韩新学院和南方学院，与洪天赐、林景汉、张瑞发三位院长分别会谈，因南方学院与我校早有往来，故仅与新纪元学院和韩新学院分别签署了合作协议。特别是在与韩新学院签署协议时，马来西亚国会副议长翁诗杰也到场作为见证人签了字。

1997年11月，访问马来西亚吉隆坡韩新学院，签署协议建立两校友好合作关系，左1为见证人马来西亚国会副议长翁诗杰

我们参观了华侨办的巴山市兴华独立中学、尊孔独立中学、马六甲市培风中学、新山市宽柔中学。宽柔中学是马来西亚华侨举办的60个独立中学中最大的学校，有6000名学生，仅一年毕业的高中生就有800名。尊孔独立中学与暨大很有缘分，我校的老校长梁灵光曾在那里任教1年多。我们与各校学生见面，介绍了暨南大学的情况，欢迎当地学生到暨大来深造。

我们拜访了华侨办的《星洲日报》、《南洋商报》和《中国报》，分别与总主笔罗政、副主编陈喜忠和助理总编辑黄兆平见面，他们热情地希望我们多多帮助马来西亚华侨华人。

我们又拜访了华侨华人社团董教总，董事长黄复生、理事会主席黄循程、首席行政主任莫泰熙接见我们，支持我们暨南大学办学。我在那里见到了从我校读书毕业回到这儿工作的两位校友，同他们热情交谈。

我们还拜访了马来西亚中华大会堂，即华人总会。吴德芳会长热情地接待我们，愿意加强与我们的合作，主动推荐马来西亚华侨华人子弟来我校读书。

我们又去访问暨南大学马来西亚校友会。校友会设在一幢大楼内,墙上"暨南大厦"四个大字,非常显眼。梁沾铨会长与我们会见。他是我校1934届的学生,校友会有400位校友。见到校友们,我感到特别高兴!

1997年11月,到马来西亚吉隆坡暨南大厦访问暨南大学马来西亚校友会留影,左6为刘人怀

最后,我们在马六甲市,参观了三宝庙,这是我国明朝郑和下西洋的一个重要遗址,他两次来过此地。

随后,我们访问新加坡。首先,前往著名的南洋理工大学,拜会詹道存校长,他的祖籍是海南文昌,是"中国铁路之父"詹天佑的亲属。我和他热情交谈,签署了两校合作协议。该校体育中心郑彭湃主任在此前我带校体育代表团访问新加坡时已相识,故一直陪同我在该校参观访问。

1997年11月，访问詹道存校长，签署协议建立两校友好合作关系

暨南大学新加坡校友会盛碧珠会长和著名侨领陈嘉庚的侄子陈共存先生、老会长庄佑铭先生以及校友会邢致中秘书长热情接待我们，互诉衷肠。然后，又去看望了已经103岁的暨南大学老校友梁怡来。离开时，梁校友还亲自从楼上走下来欢送我们，令我万分感动！

12月，应亚洲（澳门）国际公开大学薛寿生校长的邀请，我参加中国赴葡萄牙大学校长代表团去葡萄牙访问。代表团其他成员为中央财经大学王柯敬校长、浙江大学顾伟康副校长、北京外国语大学钟美荪副校长和北京语言大学王英林副校长。我国驻葡萄牙大使馆二秘董鹏怀全程陪同。22日下午3时，在首都里斯本总统府，我们受到桑帕约（Jorge Sampaio）总统的长达半小时的热情会见。他首先说，为了便于交流，他特别请来一位中文和葡文均佳的翻译。那位年轻的女翻译便马上走到我的面前，向我鞠躬敬礼，并说："刘校长，我是你的学生！热烈欢迎您到来！"她是暨南大学外语系毕业的学生。这令总统和我们都大吃一惊！令我欣喜！桑帕约总统平易近人，他欢迎我们访问葡国，还说，1997年初曾去北京访问，下飞机时，正好是邓小平先生去世之时，那个时刻令其终生难忘。他又说，两国大学交往，有利于两国的友谊和发展。他对中国的经济状况感兴趣，希望能看到中国的英文经济刊物。他不会汉语，年龄大了，也学不会了。他赞赏薛寿生校长的建议，因为1999年澳门将回归中国，故将1999年定为中葡友好年！结束时，我将学校的两本画册、一个精致瓷盘和一本广州画册赠送给总统，作为纪念。

1997年12月22日，在葡萄牙首都里斯本总统府，拜会桑帕约总统（前左3）

葡萄牙教育部部长格里罗（Grilo）和葡萄牙大学校长委员会的主任明贺（Minho）等接见我们，互相交流情况。我国驻葡国韦东大使也热情接待了我们。

我们参观了里斯本天主教大学、里斯本大学、里斯本公开大学、科英布拉大学、阿维罗大学、里斯本技术大学和米尼奥大学，了解葡国高等教育情况。特别是科英布拉大学是世界上12个最古老的大学之一，已有700年历史，创建于1290年，其图书馆古色古香，金碧辉煌。

经薛寿生校长帮助，我与葡国历史最悠久的三个大学之一的里斯本大学的校长愉快见面，共同签署了两校友好合作协议。

次年7月，我同黄旭辉副校长、刘渝清外事处长、国务院侨务办公室李民处长等一起赴印度尼西亚访问。这次访问，是从20世纪60年代印度尼西亚苏哈托总统上台与我国不相往来之后，我国出访印度尼西亚最高层次的代表团。众所周知，印度尼西亚是世界上华侨华人最多的国家，但在印度尼西亚境内受到压迫，不能在公开场合讲中文。我考虑到这个国家华侨华人众多，是我校值得重视的国家，便花了许多精力，打通关系。了解到印度尼西亚首都雅加达的达尔玛·帕尔沙达大学的校长苏基斯曼是总统的直接部下，便同他直接联系，从而顺利得到批准。在他的安排下，我们两校签署了友好合作协议，这也是30多年来中国和印度尼西亚大学之间的首个协议。我国驻印度尼西亚大使馆李文忠参赞，新华社雅加达分社麦棠源记者到场表示祝贺。李文忠参赞对我们访问成功大加赞赏，同意我校到印度尼西亚开展中文教育，建立汉语水平测试点。

1998年7月，在印度尼西亚雅加达与达尔玛·帕尔沙达大学校长签署两校合作协议，这也是自1965年以来两国高校第一次建立友好关系

此外，我们还与东方语言文化中心徐敬能主任友好会谈，讨论合作事宜。他们立即行动，推荐6位年轻人到我校华文学院读书。

翌年5月，我与伍国基副校长、刘渝清外事处长、MBA中心何振翔主任一起去澳大利亚访问。先到西澳大利亚州首府珀斯市的科腾科技大学，参观了该校，拜会了校长，签署了两校友好合作协议，这是我校与澳大利亚合作关系的零的突破。

接着，我们飞往澳大利亚东南部的墨尔本市，参观了拉筹伯（La Trobe）大学，该校有学生24 000名，我与该校校长会谈，友好地签了两校合作协议。最后，又飞往布里斯班市，这是澳大利亚第三大城市，被称为冲浪者的天堂，是世界最先搞冲浪运动的地方。我住的孔科尔迪酒店离海边不远，步行仅需10分钟，趁两个多小时的空余时间，我便前往海边看看，海浪高、沙细，有些人在冲浪，美不胜收。我想站在海边拍照留影，站的地方离海水有5米远，哪知转过身刚准备拍照，就来了一个大浪冲击，全身湿透，幸好未被卷走。于是只好马上离开海边，返回酒店。由于仅带一套西装出国，只好立即自己洗熨，以便参加晚上格里菲斯大学欢迎我们的宴会。格里菲斯大学有24 000名学生，在澳大利亚是著名大学。该校罗维若夫校长热情地与我们会谈，双方签署了友好合作协议。格里菲斯大学工学院卢耀梓院长是华侨，对我们十分友好热情，每天陪同我们，促进我们两校友好来往。

这一年在外事活动中，获知世界上一些著名大学已联合起来，成立了世界大学校长联盟（International Association of University Presidents，IAUP），是联合国教科文组织下的一个国际组织，以促进世界大学教育的发展。于是，我们便向该联盟申请，得到批准，使暨南大学成为该联盟的成员，并且该联盟邀请我于当年7月11日前往比利时首都布鲁塞尔参加世界大学校长联盟第12届会议。在开幕式前的大屏幕上播放了联盟成员的信息，在中华人民共和国栏目内，仅看到了我们暨南大学一个大学的信息。我既兴奋又遗憾，但又万分悲哀，暨南大学已在世界上有些声誉，我们世界人口第一的大国在国际高等教育领域的影响力亟待提高。

1999年5月，在澳大利亚布里斯班与格里菲斯大学罗维若夫校长签署协议，建立两校友好合作关系

1999年7月，在比利时布鲁塞尔出席世界大学校长联盟第12届会议留影

大会的主题是现代大学文化的标准。我写了一篇文章交给大会，题目是暨南大学成功的国际化。参加大会的453位校长来自92个国家。比利时国王阿尔伯特二世（H. M. Albert Ⅱ）和欧洲议会议长罗布勒斯（J. M. Gil-Robles）参加了会议。世界大学校长联盟主席卡斯珀森（S. Caspersen）致开幕词。会议内容丰富，令我增长了见闻。

第二节　面向港澳

　　1996年底，我同罗伟其副校长和外事处刘渝清处长一起借访问德国返回路经香港时，在港澳停留6天。

　　访港的首要目的，是应邀参加11月7日下午香港中文大学举办的李国章校长就职典礼，加强与香港中文大学的联系，增强同世界著名大学校长们的友好交往，了解一下回归前香港的大学的办学特色。

　　会议原定下午3时开始，我们于14时25分抵达学校。会议邀请世界上100名著名大学校长参加。我到校后，立即按香港中文大学要求，换上华丽的学位长袍，进入100名校长的贵宾典礼行列，排成长长一列，香港总督彭定康排在第一位，我则排在倒数第二位。哪知该校许多学生反对此次任命，聚在会场门口，不让我们进入会场开会，并高呼口号："新校长是擦鞋校长。新校长到任，学生饿肚子！"僵持了近一个钟头之久，学校没有办法解决进会议厅难题。我们穿着长袍礼服，一直站在大太阳之下，满头满身是汗。近一个钟头后，才决定走会议厅后面的小门进去。此时，我们成为长队的前列，我成了排在第二的位置。原先排在第一位的彭定康带着前列转过弯来，到达我们附近。他倒是处变不惊，面无愠色，诙谐地说，"我的第一位成了最末一位"。这是典礼仪式中的小插曲。

进入会议厅后,我恰巧坐在第一排中间,可以很近地观察仪式。按当时惯例,香港总督兼任香港中文大学名誉校长,因此由彭定康主持会议,向李国章颁授了校长证书。整个过程庄严隆重,只是李国章校长的脸色一直比较严肃,大概是受了刚才学生抗议的影响。

第二日赴李国章的早茶邀请,与他交谈,晚上又出席为他举办的盛大晚宴。晚宴前,见到香港知名人士邵逸夫先生,他已89岁高龄,身体很好,同他合影、谈话,感谢他捐赠1000万港元兴建我校大型体育馆。

1996年11月,在香港中文大学与邵逸夫先生交谈留影

在香港时,我还去拜会了新华社香港分社教育科技部翁心桥部长,向他汇报了暨南大学的近况,期望他支持和指导我们的工作。同时看望了我校董事王华生、香港中国旅行社副董事长诸有钧、《香港商报》吴帆社长和邝景廉总经理(暨大校友)以及我校董事黄华的代表曾宪藻总经理。

1996年12月，汕头大学进行"211工程"地方预审时，李嘉诚先生宴请专家组留影。右2为李嘉诚

　　随后我们到了澳门，受到暨大澳门校友会马有恒会长的热情接待。我们先去拜会我校副董事长、全国政协马万祺副主席，接受他的宴请，听取他的指导。随后，我们又去新华社澳门分社，拜会宗光耀副社长，汇报了暨大近况，听取他的指示，决定更多地为澳门培养博士、硕士和学士学生。

　　11日，恰逢中国近代民主革命的伟大先行者孙中山先生诞辰130周年纪念日的前一天，我受到他一生唯一任职过医生的澳门镜湖医院的邀请，前往参观，并与谭锡勋、梁光伟两位副院长友好会谈，他们请我校为镜湖医院培训各类人才，我十分高兴地接受了他们的请求，并在回校后积极办理此事。

　　11月，我借访问东南亚之机，在返程经香港时，看望了暨大香港校友会长温惜今和几十位校友，感谢他们对学校工作的支持。

　　次年7月，香港刚刚回归，我与伍国基副校长、黄旭辉副校长和董事会廖德燊副秘书长一起再次前去进行5天访问。先看望温惜今会长，并参加暨大香港校友会数百校友聚会。我讲了话，介绍学校近况，听取他们的建议。接着，拜会全国人大常委会委员、校董事会曾宪梓副董事长，再次感谢他慷慨捐款1000万港元支持我校科技馆的建设工程。然后，又分别拜会余国春董事、石景宜董事、欧阳翰董事、颜同珍董事和李国华董事。我们还去香港中国旅行社拜会了朱悦宁总经理，感谢他对暨大中旅学院办学的支持。最后，又会见了香港21位中学校长，向他们宣传暨南大学的历史和现状，欢迎他们今后长期与我校合作，推荐更多的毕业生到我校深造，以便我们更好、更多地为香港特区培养人才。

8月，我和伍国基副校长、黄旭辉副校长、廖德粲副秘书长一起访问澳门3天。马友恒会长热情地为我们安排好访澳日程，我们拜访全国政协副主席、我校副董事长马万祺先生，当面向他汇报学校的近况，听取他的指示。然后，又拜访董事何厚铧先生，请他更多支持暨大为澳门服务。

接着，又去拜访新华社澳门分社王启文社长，他向我表示，热烈支持我校在澳门招收和培养人才的工作。此外，还分别拜会了澳门教育暨青年司韦司理司长、澳门中国旅行社总经理和中华教育总会会长，希望他们对暨大的办学给予大力支持。

1998年1月，欢迎新华社澳门分社王啟文社长来校访问留影

最后，还专程到澳门大学拜会了周礼呆校长，进行了友好会谈，经双方同意，两校签署了友好合作协议书。

1999年初，为了筹备暨南大学第四届董事会第一次会议，我专程去港澳访问三天，专门拜会香港杨孙西、柯为湘、何世柱、刘宇新董事，澳门马万祺副董事长、何厚铧、马友恒董事，邀请他们参加1月30日董事会。在这一届董事会上，我国原副主席荣毅仁先生当选为我校董事会名誉董事长，钱伟长继续担任董事长，何厚铧先生经报请中央批准，当选为我校董事会副董事长。我也继续任副董事长兼秘书长。

该年5月28日，在香港中华总商会会所，召开了暨南大学教育基金会第二届理事会第一次会议，我作为基金会副理事长主持会议。设在香港的暨南大学教育基金会是学校境外董事、校友和朋友支持暨南大学办学捐款的机构，运作良好。副秘书长欧阳瀚先生作了《暨南大学教育基金会工作及财务报告》，汇报基金会从1986年成立以来各项工作及财务收支情况。会议一致通过了暨南大学教育基金会第二届理事会人员名单：理事长荣毅仁继续连任，副理事长为马万祺、霍英东、刘人怀，秘书长为张永安，副秘书长为马有恒、余国春，常务理事为欧阳瀚、查济民、唐翔千、蒙民伟。

为了感谢马万祺先生对暨南大学持之以恒的爱护和支持，我向上级建议并获得国务院学位委员会的批准，授予马万祺先生名誉博士，这是暨南大学有史以来在国内第一次举行的授予仪式。在澳门回归前夕，10月23日，在我校曾宪梓科技馆国际会议厅隆重举行了授予马万祺先生名誉博士的仪式。全国人大曾宪梓常委、国务院侨务办公室郭东坡主任、广东省卢钟鹤副省长、广东省人大常委会倡志广副主任、新华社香港分社郑国雄副社长、新华社澳门分社宗光耀副社长等以及师生代表400余人出席了会议。

国务院学位办代表孙也刚首先在会上宣读了国务院学位委员会

同意暨南大学授予马万祺先生名誉博士的批文。接着，我以校学位委员会主席的身份致辞，介绍马万祺先生的简历和事迹，并特别强调：马万祺先生是著名爱国人士，长期以来，他为祖国的社会主义建设和统一大业，为澳门的经济发展、社会发展和澳门回归做出了重要贡献。马万祺先生一向热心教育、文化、医疗卫生等公益事业，他对暨南大学不仅给予财力、物力支持，而且为宣传暨大的教育方针、扩大暨大在港澳台地区和海外的影响做了大量工作。然后，我向马万祺先生颁发了学位证书，并赠送纪念品。

马万祺先生在会上高兴地致辞答谢，表示能获得享誉海内外的最高学府暨南大学的名誉博士，深感荣幸！这不仅是对他多年来为祖国社会主义建设和澳门进步事业所做的肯定，也是对澳门同胞的勉励。再有57天，澳门将回归祖国，这是中华民族的盛事，他将继续为祖国的繁荣、富强和统一大业，为祖国教育事业的发展做力所能及的工作。

郭东坡主任和宗光耀副社长在会上热烈祝贺马先生荣获暨南大学名誉博士，并指出，马先生是一位著名爱国人士和社会活动家，为祖国和澳门做出了杰出贡献！

11月，我应邀赴港参加1999年香港研究生教育会议，这也是我第一次在香港作学术报告。会议于19日在香港中文大学举行开幕式，我应邀在会上做了题为《面向21世纪的研究生教育》的报告。我认为，研究生教育是一所高等学校综合实力的集中反映。无数名牌大学之所以声誉远播，研究生教育起了极为关键的作用。我用"博学明理，励志创新"八个字，表达我培养研究生的思路。最后，我就面向21世纪的研究生教育问题谈了三点认识：①研究生应有学术理念。高校充溢着一种由伟大思想、不朽著作和学术传统构成的令人陶醉的学术气氛，云集着大方之家、深沉之士和敦良之师。研究生置身于学术殿堂，学到的不仅仅是较强的专业技能，而尤为重要的是养成了善于观察、勤于思考、勇于探索的品质,从而能在学术上有所创新。②做事之法和做人之道。研究生在浓郁的校园文化气氛里,在导师的严格训练与潜移默化的熏陶下,懂得只有恪守学术规范,砥砺品性,"修身齐家",方能"治国平天下"。③培养研究生的创新能力。过去,我国高等教育偏重知识的传授及应试技巧的训练。许多学生勤奋好学,成绩优异,但往往不重视创新能力的培养,忽视个性发展。当下,世界已进入知识经济时代,创新能力的培养已经成为提高研究生素质的核心。因此,我衷心祝愿莘莘学子,为了中华民族的伟大复兴和综合国力的提升,为了大力推进内地和香港特区的现代化建设而勤奋学习、锐意创新,勇攀世界科学高峰。

我的报告得到入会者的一致赞赏和好评。

在我担任暨大校长期间,欣逢1997年7月1日香港回归祖国和1999年12月20日澳门回归祖国的两次庆典,中华民族的百年耻辱终于洗掉,我们终于看到祖国在走向统一和繁荣。作为侨校,暨南大学开展了许多活动,热烈庆祝伟大喜庆日子的到来!

第三节 面向台湾

台湾是我们中国的宝岛,台湾回归祖国是中华民族的头等大事。自我任暨南大学校长后,我将"面向台湾"办学列为学校的头等大事之一,尽可能多招台湾学生来校攻读学士、硕士和博士学位,培养他们成为热爱祖国、热爱中华民族的栋梁之材。1998年6月1日,受台湾暨南国际大学袁颂西校长邀请,我第一次去台湾访问,我也是新中国成立后第一位访问台湾的暨大校长,受邀在该校举行的"华侨教育学术研讨会"作报告。台湾暨南国际大学自视为旧中国暨南大学的顺延,坐落于著名风景区日月潭的旁边。袁颂西校长原为台湾教育事务主管部门负责人,是台湾暨南国际大学的创任校长,很有魄力。我们内地共有4人被邀请参加会议,其他3位是厦门大学林祖庚校长、华侨大学庄善裕校长和北京师范大学教育管理学院顾明远院长。

会议很受台湾当局重视,台湾方面大陆委员会和教育事务主管部门侨务委员会是指导单位,暨南国际大学是主办单位。海峡交流基金会副董事长兼秘书长焦仁和与教育事务主管部门侨务委员会主任委员高崇云出席了会议。袁颂西校长致辞,焦仁和做了讲话,对华侨教育做了简单的回顾与展望,强调了华侨教育的重要性。

我受邀作大会第一个学术报告,报告的题目是《暨南大学兴办高等华侨教育的历史回顾与展望》。我将暨南大学92年历史做了简要的回顾，呈现学校走过的坎坷与辉煌的历程。1927年，暨南大学是旧中国最早的几所国立大学之一，排名一直在全国高校前10名之内。1958年，暨南大学在广州重建，进入一个新的历史时期。暨大已发展成为一所涵盖文、史、法、教育、经、管、理、工、医诸学科的综合性华侨大学，进入面向21世纪中国重点建设的100所高校之列。在全国1020所普通高校中，暨南大学已形成自己的特色与优势。①"侨"字是最大的特色。自1978年以来，学生来源于五大洲64个国家和港澳台地区。在1997～1998学年度，来自31个国家和港澳台地区的学生达到近3000人，约占全校全日制在校生的1/3。②暨大办学历史悠久，学科门类比较齐全，是中国最早建立的国立大学之一。建校以来，已为海内外培养了6.5万名高素质人才。暨大声誉远播，桃李遍五洲。③暨大是一所开放型的国际大学，这主要表现在以下五方面：生源从成立的第一天起就来自世界各地；暨大与世界各国高校有学术交流协议；课程与专业设置具有涉外性；实施标准学分制，提倡用英语授课；对海外实行春秋两次招生制度。最后，我表示，暨南人在新世纪面前，在新的机遇与挑战面前，既要承接悠久传统，又要着力开拓未来。暨大将秉承"朔南暨，声教讫于四海"的办学使命，把一个结构优化、办学一流、质量更高的高等华侨教育学府推向21世纪。

　　袁颂西校长向我介绍了台湾暨南国际大学的办学情况，带我参观了校园。学校地理位置优越，在著名的日月潭风景区附近，这与我们广州校园中有日月湖相呼应，真是人间佳话。我向他表达对我们两校今后紧密合作的期望。他全力支持和赞同。

　　在袁校长的热情接待和安排下，加上暨南大学台湾校友会积极协助，我首先参观位于新竹市的台湾工业技术研究院。该院是台湾顶级工程技术研究机构，直属台湾行政当局，有7个研究所和3个中心、6000多职工。董事长孙震，曾任过台湾防务事务主管部门负责人和台湾大学校长，院长是电子专家史钦泰，他们热情地接待了我们。

然后，由台湾清华大学学务长王天戈陪同，参观位于新竹的全台排名前二的台湾清华大学。该校设有5个学院：理学院、工学院、原子科学院、生命科学院和人文社会学院。全校学生6173人，其中博士生936人，硕士生1691人。全校专任教师485人，其中教授65人，师生比1∶12。该校若有一个教师职位空缺，会有100个博士来求职，说明台湾教授的社会地位很高。

接着，又参观台湾顶级科学理论研究机构——台湾"中央研究院"。全院共有24个研究所，3000职工。院长李远哲先生是诺贝尔奖获得者，与我们热情交谈，介绍情况，并宴请我们。此后，我还数次在国际学术会议上见到他。我了解到当时台湾"中央研究院"特聘研究员的月工资为30万新台币，为台湾大学教授月工资的3倍。

此后，又参观全台排名第一、历史最悠久的位于台北市的台湾大学。著名外科学教授陈维昭校长热情接待了我们。他任台大医院副院长时，我的二嫂苏唐青曾是他的秘书，有了这层关系，他更加仔细地向我们介绍了台大情况。全校共有23 000多名学生，其中研究生7000人。随后，又参观了台大医院，这是全台最大的医院，建院已100多年，有2000张床位。

接着，我又参观了台北故宫博物院。昌彼德副院长，湖北人，已80多岁高龄，亲自接待我们，一直谈笑风生。新中国成立前，故宫博物院的大部分珍品都被运到台湾。我也是一位喜欢参观博物馆的人，台北故宫博物院的这些藏品，令人叹为观止。

我们的老校友徐亨先生，3次接待并宴请我，他虽然已86岁高龄，仍然热情健谈。他于1933年入读暨南大学，在1935年获得法律学士学位。在校读书时，曾代表学校参加在马尼拉举行的第十届远东运动会的足球比赛，他一生喜爱体育运动，曾任中国台北奥委会主席，国际奥委会委员。同时，他还任中国台北红十字会主席。他爱国爱校，大陆与台湾两岸第一个正式合作协议就是两岸红十字会协议，他是签约者。

6日下午，校友会又安排我去见暨南大学在旧中国时期的董事会负责人陈立夫，陈氏家族是旧中国四大家族之一。陈立夫曾于1931年至1949年担任暨南大学常务董事，代表当时的国民党政府管理暨南大学。当时未设董事长，设常务董事之职来负责董事会工作，共有3人任此职，即陈立夫、孙科和郑洪年。孙科是孙中山先生之子，做过国民党政府的行政院院长，郑洪年则是暨南大学首任校长。宋子文、孔祥熙、林森等8人是董事。陈立夫先生与我见面时，已99岁高龄，但头脑清醒，说话清楚。他首先热情地欢迎我，说我是暨南大学访问他的第一位校长。接着，又问我知不知道他过去是暨南大学董事会的负责人。我简要地向他介绍了暨大近况。然后，又谈到两岸关系，我表达了两岸统一的意愿，他完全赞成我的意见，并说："中华文化是今日中国和平统一的基础，加强两岸人士之孔孟学术交流，可以实现中国的和平统一。"最后，他还向我表达了访问大陆的热切意愿。

在访台一周时间中，在校友会的帮助下，我们还见到陈大络先生，我请他在台湾帮我们学校做招生工作。后来，他带领许多台湾中学校长来我校访问。在众多朋友的帮助下，我校台湾生源越来越广。

第二十一章
辛勤奉獻

第一节　刻苦钻研

从1995年底担任校长职务后，我肩上的担子更加重了，用于业务的时间更加少了。但我仍然坚持用业余时间做一些科研和教学工作。此时，身负学校一把手的重任，我不能为扩大自己的学术力量谋私利，身边仅有一个助手王璠博士以及所指导的同济大学博士生。

在最初的4年中，我承担了国家"211工程"重点建设项目暨南大学子课题"传感器的理论研究与应用"和国务院侨务办公室科技基金项目"精密仪器仪表弹性元件的非线性理论与计算"，这两个项目是我自己弹性元件研究工作的继续。同时，我继续从事复合材料层合板壳、夹层板壳、网格扁壳的研究工作，总共发表论文37篇，其中英文论文16篇，特别是在国际非线性力学权威刊物《国际非线性力学学报》（1996年第31卷第1期）又发表了2篇文章。

1998年，我请科学出版社和暨南大学出版社帮我出版了我的第一部英文专著 *Study on Nonlinear Mechanics of Plates and Shells*（《板壳非线性力学研究》）。该书于1999年获中国大学出版社协会学术著作一等奖。

1996年12月3日，应辽河石油勘探局的邀请，我前往辽宁省盘锦市，访问辽河石油勘探局。辽河油田是新中国开发的一个大油田，对国家经济发展至关重要。因此访问辽河油田，我感到特别高兴。

在局办公室孙永宝主任的热情安排下，我见到了辽河石油勘探局王显骢局长、张桐义总工程师等领导，他们直接邀请我到勘探局开展科研工作，随即签订了科研项目"大直径扩孔钻头受力分析及计算机模拟研究"。我国石油产量原本就不足，当时一个油田竟有四分之三的油采不出来，而美国先进技术能采出一半以上石油，双方的技术差距很大。我承担的课题就是要改进我们国家钻井刀具的设计，以提高油产量。这个课题也是我做板壳力学设计研究的内容。经过一年的苦战，我和助手王璠、肖潭一起完成项目，受到辽河油田领导的表扬。接着，我又承担了该油田第二个课题"增程抽油井受力分析计算"，目的仍然是为提高石油产量而提出科研建议。

鉴于学术工作成绩，我于1997年因"板壳非线性理论与计算"荣获广东省自然科学一等奖，1998年因"复合材料结构的分析与计算"获国务院侨务办公室第二届科技进步奖一等奖。教学及管理工作方面，于1996年因"全面深化教学改革，严格教学管理，促进校风、教风、学风建设"获广东省教育教学成果奖一等奖，1998年获国务院侨务办公室"优秀教师"称号，1999年获广东省高等教育厅、广东省人事厅等"广东省南粤教书育人优秀教师"称号。同时，我还被选为教育部科学技术委员会第四届数理学部委员、中国力学学会副理事长、中国振动工程学会常务理事、中国海外交流协会常务理事、广东省科协副主席、广州市天河区人大代表、天河区人大常委会委员等职务。

尽管任校长最初四年很忙，但我仍然坚持进行科研的理论与应用研究，继续为国家做贡献。

1998年11月，中国力学学会理事会在北京召开会议，当选为副理事长（二排左5），左10为原理事长庄逢甘院士，左12为新任理事长白以龙院士

第二节　荣膺院士

　　1958年，我18岁时在兰州大学便参加过有关"581工程"项目（中国第一颗东方红人造地球卫星项目）的科研工作。1960年，又带队推广数学家华罗庚先生的优选法，再次得到了科研的锻炼。

　　从1962年9月听取叶开沅先生讲授《板壳力学》课开始，我便进入板壳力学的专业领域，越学习越热爱这个领域。接着，又在叶先生的指导下完成本科毕业论文的撰写工作，并在大学毕业后的两年内，继续在他的指导下做这一领域的研究工作。我万分感激叶先生带我进入这个非常有意义的领域。转眼之间，就到了1999年。我一直从事板壳力学的教学工作，培养本科生、硕士生和博士生。同时，又一直从事板壳非线性弯曲、稳定、振动理论和厚板壳弯曲理论方面的科研工作，然后又将这些理论成果成功地应用到工程中。

　　板壳是平板和壳体的总称，是固体中最常见的物体形式。由于厚度小、重量轻、耗材少、性能好，因而板壳是具有优良特性的结构元件，不仅被广泛地应用在各种工程结构中作为最基本和最主要的部件，而且在自然界和日常生活中也常常应用。因此，它们与每个人的生活休戚相关，与人类的生存紧密相连。板壳既然在人类生活中占有如此突出的地位，所以它们是值得我们去认识、去研究的。

　　人们通过与自然界的斗争，逐渐认识到板壳结构的优越性，因而在工程中，确切地说，几乎在世界上一切工程部门都得到了应用，其重要性十分突出。

对于板壳而言，由于几何形状和构成材料的不同，其结构的承载能力也就不同，这就要用板壳结构知识去进行分析和设计。

板壳力学包括板壳静力学和板壳动力学，是固体力学中最有现实意义的分支之一，也是工程设计的理论基础。

板壳静力学是研究板壳在静荷载作用下所产生的应力和变形，进行板壳强度、刚度和稳定性计算，以使板壳设计得既美观大方，又安全经济。

板壳动力学是研究板壳在动荷载作用下结构的反应，其中一类重要问题是板壳的振动问题。振动超过限度，就会使板壳构件遭到破坏。

近代工业的飞跃发展，极大地推动了板壳力学的理论与应用研究。现在，经典的薄壁板壳理论已比较成熟，并在各种工程设计里起到指导作用。从本质上讲，薄壁板壳力学作为精确理论而言，应该是非线性的。但在过去，由于工业发展水平没有提出应用精确理论的迫切要求，加之数学问题求解的巨大困难，所以薄壁板壳非线性力学，一般简称为板壳非线性力学，一直未得到发展。

板壳非线性力学的奠基者是20世纪杰出的科学家von Kármán（冯·卡门）。他在1910年提出了著名的薄板大挠度方程组，从此，板壳非线性力学的研究方兴未艾。直到今天，它仍然是固体力学研究中一个特别活跃的领域，备受人们的关注。目前研究的中心课题是板壳的几何非线性弯曲、稳定和振动。

由于几何非线性关系的引入，导致板壳非线性理论的微分方程是非线性的，这在数学研究上存在极大的困难。因而，研究的进展十分缓慢。因此，寻求解法便成为解决问题的关键。

寻求精确解一直是人们的期望，因为它不仅使该问题得以圆满解决，为工程设计提供最可靠的依据，而且为近似解提供了一个检验标准。1989年，在研究"计及表层抗弯刚度的夹层圆板的非线性弯曲"问题中，我发现控制方程的最高阶导数之前有一个小参数，属于边界层型。此时，找不到方法求解这个方程。我和我的学生朱高秋合作，综合了传统的幂级数方法和奇异摄动法的优点后，提出了修正幂级数方法，在国际上第一次成功求解了这个难题。

  在近似求解方面，困难重重。1962年，在研究扁薄球壳的非线性稳定性的世界难题中，我在叶开沅先生的指导下，经过两年多的艰苦努力，创立了修正迭代法，成功地解决了难题。这一方法结合了钱伟长先生的摄动法和逐次逼近法的优点，不仅程序简单，计算量小，而且收敛快，所获解析解的精度高。此法被国际上誉为"一种新的迭代方法""美妙无比的数学方法"。我利用这一方法，成功地解决了一系列板壳非线性力学的难题。

  1965年，我在国家权威期刊《科学通报》上发表了3篇关于扁薄球壳的非线性稳定性文章后，又关于6类系列板壳——单层板壳、双层扁壳、夹层板壳、波纹板壳、复合材料层合板壳、网格扁壳的非线性弯曲、稳定和振动问题，创建理论和求解方法，许多理论是在国际上第一次提出，问题是在国际上第一次解决，在国际权威学术期刊《国际非线性力学学报》上发表了10篇论文。国际著名力学家帕纳格奥托朴洛斯（Panagiotopoulos）对我的文章进行评价："这些工作体现当代国际板壳理论最高水平。"同时，我将这些工作中属于跳跃膜片、波纹管和波纹膜片成果的设计公式与程序送交沈阳仪器仪表科学研究院、西安仪表厂、上海弹性元件厂、太原仪表厂、重庆仪表厂、南京晨光厂应用，结束了国内精密仪器仪表产品设计依赖公式加经验设计的历史。此时，我还将网格扁壳的成果提供给中国石化总公司作为我国第一座1万立方米储油罐新型顶盖设计使用，省材20%，既省施工费，又安全耐用。

  以板壳厚薄来区分，一类是薄壁板壳，另一类是厚壁板壳。前一类研究是主流部分,大多数人都研究它。后一类,因应用较少,研究也较少。1969年10月,我受邀请到国家156项工程之一的兰州石油化工机器厂进行科研工作,恰逢一机部、化工部和燃化部的一些重点项目到厂,接触到厚壁圆板、厚壁球壳、厚壁圆柱壳和厚壁圆锥壳等设备,后来又在20世纪70年代我国最高桥——陕西白水河大桥高桥墩的设计中,碰到厚壁圆锥壳桥墩问题。但是,国际上尚未有人研究此类问题。为此,我创立了厚板壳实用弯曲理论,解决了兰州石油化工机器厂为试制我国许多首创大型化工装置的关键难题。同时,还在20世纪70年代,为铁道部第一设计院提供了陕西白水河大桥高桥墩(69.4米)的设计计算问题的解答。

此外,对油井大直径扩孔钻头分析,为辽河油田采用高压水射流超短半径水平井钻井新技术(过去为美国独家拥有)增产石油做出贡献。

鉴于我在板壳力学理论与应用方面的贡献,在国务院侨务办公室和中国科技协会的推荐下,经过多轮规范严格评审和无记名差额选举,我当选中国工程院院士,并由宋健院长于1999年11月20日来函通知。中国工程院于1994年6月3日在北京成立,是中国工程科技界的最高荣誉性、咨询性学术机构。主要任务是对国家重要工程科技问题开展战略性研究,提供决策咨询,致力于促进中国工程科技事业的发展。中国工程院每两年增选一次院士。中国工程院院士是中国工程科技方向的最高学术称号,为终身荣誉。

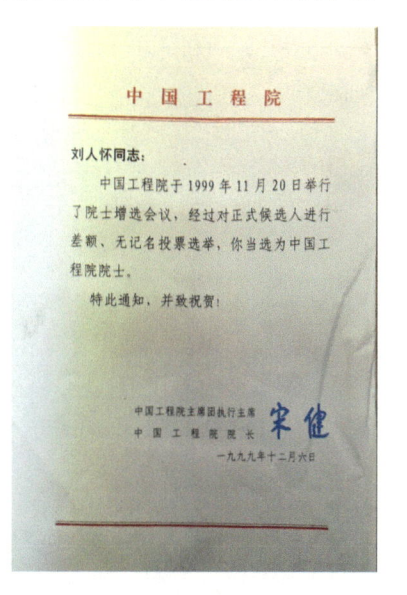

中国工程院宋健院长来函通知,于1999年11月20日当选为中国工程院院士

我拿到通知后，为当选中国工程院机械与运载工程学部院士深感荣幸。作为暨南大学第一位荣获院士称号的教师，也是母校兰州大学第一位荣获院士称号的学生，我决心不辜负党和人民的期望，今后要更多地为祖国、为人民做贡献！

第二十二章
世纪篇章

第一节　五十国庆

1949年10月1日，新中国成立。在中国共产党领导下，帝国主义、封建主义、官僚资本主义"三座大山"被推翻。中国人民终于站立起来，扔掉了"东亚病夫"的帽子，成为国家的主人。1999年，经过50年奋斗，国家发生了天翻地覆的变化，取得了举世瞩目的辉煌成就，国家经济总量已上升到世界第七。我生在旧社会，亲身经历了这一历程，倍感振奋。

我感到特别高兴的是，受到国务院侨务办公室的安排，有幸参加了在首都举行的建国五十周年庆祝活动。9月29日下午，我到达北京，住进新世纪宾馆。随即拿到由时任中华人民共和国副主席胡锦涛同志签发的请柬，邀请我出席9月29日下午五点半在人民大会堂宴会厅举行的招待会，有4000客人参加，主要是欢迎来京参加建国五十周年庆祝活动的海外侨胞、港澳同胞、台湾同胞和外籍华人。

胡锦涛同志发表了热情洋溢的祝酒词。

宴会后，大家去看北京杂技团表演。

30日上午9时，我到国务院侨务办公室二楼会议室，参加教育组座谈会。我第一个发言，表达了我们暨南大学迎接50周年祖国大庆的欢乐心情，决心今后更好工作，把侨校办成名校，为华侨华人和港澳台同胞更多地奉献。当天下午6时又去凯宾斯基宾馆参加国务院侨务办公室国庆招待会，1000多人参加，国务院侨务办公室郭东坡主任热情致辞。

10月1日早晨7时20分，我怀着激动的心情，胸前佩戴着中华人民共和国成立50周年盛典观礼嘉宾红牌，来到天安门广场参加国庆阅兵典礼，我被安排在天安门东边华表旁的观礼台1台，位置很好。10时，庆祝会开始。先鸣礼炮，接着升国旗、唱国歌，然后阅兵。

建国50周年的国庆阅兵，无论是在阵容上还是在规模上，都比以往历次阅兵更有新意。参阅军种全，兵种多，包括陆、海、空、二炮、武警和民兵武装。受阅装备新，技术含量高，绝大部分是我国自行研制生产的。阅兵规模宏大，场面壮观，参阅的部队总共有24 000多人。都是精锐之师。中华人民共和国江泽民主席亲自阅兵，我观礼的位置十分好，可以看到他满面红光出发检阅，后返回到天安门城楼上讲话。然后，群众游行，先看到"国旗"、"国庆、年号"和"国徽"三个方阵，接着是述说新中国50年光辉业绩的35个方阵，无比灿烂辉煌！直到中午12时多才结束。

晚上8时到10时，我又被邀请到天安门广场观礼台一台看国庆焰火晚会，这是有生以来我看到过的最好的焰火，十分震撼！

这次到首都北京参加中华人民共和国50周年庆祝活动，令我深深感到中国共产党的伟大！深深感到中华民族的伟大！这将激励我今后更好地为党、为国家、为人民奋斗终生！

第二节　百校聚会

自从暨南大学成为国家"211工程"重点大学以来，我深感责任重大，一方面加强内部管理，另一方面，努力找机会向其他名校学习建设经验。只是"211工程"学校均各自努力，从来没有交流的机会。一次，我见到我国教育部分管"211工程"的副部长、中国工程院院士韦钰，即席向她建议，请她召集全国101所"211工程"项目大学的校长们聚会，共同讨论交流建设重点大学的经验，以便把大学办得更好，为国家做出更大的贡献。我向她表示，如果可以，暨南大学愿意作为东道主，承办这次会议。韦钰副部长相当热情、耿直，她对我说，我不愿去暨大，你们大学办得太差了！我去后，无法说你的好话，还是不办为好。过了一段时间，恰好我校董事、香港著名出版家、汉荣书局董事长石景宜先生见我，想向我校捐赠一批图书。从1978年国家改革开放后，他已先后向内地数百家文化、教育机构无偿赠送图书300多万册，价值2亿多港元，受益单位遍及全国各地，获得"赠书大王""一代书使""功在文化的人杰"等美誉，并被北京大学授予"北京大学名誉博士"。见此机会，我向他建议，是否可一次性向全国101所"211工程"重点大学赠送图书，他当即高兴地接受了我的建议，决定捐出港台版图书77 000册，价值人民币800多万元。我立即到京将此事向韦钰副部长汇报，请她同意我组织一次向全国"211工程"重点大学校长和图书馆馆长赠书仪式。此后，她专程来暨大考察了一天，检查了我们的工作，对我们办会的要求才给予批准。

1999年11月7日19时，中央政治局委员、广东省委书记李长春（后任中央政治局常委）在广州珠岛宾馆宴请了全国101所"211工程"大学的校长和图书馆馆长，他热情地致辞，欢迎大家来到广州暨南大学聚会，希望大家向广东经济建设提出宝贵意见。

第二日上午8时，我请韦钰副部长和全体与会校长、馆长前往校史馆，先了解一下暨南大学的90多年历史。他们参观后，都对过去不了解的暨南大学刮目相看，一致赞扬暨大的光辉历史，改变了过去认为暨大办得不好的看法。此时，我才知道，全国大学都未建校史馆，我建校史馆是高校的一次创新，此后，大家都开始建校史馆了。特别是韦钰副部长，听了我关于暨大的光辉历史和目前学校情况的汇报后，改变了对我校的印象，此后在很多场合一直给予暨大积极评价。

上午9时，在暨南大学国际学术会议厅举行了隆重的赠书仪式。全国政协副主席叶选平、陈俊生、孙孚凌，原中共广东省委任仲夷书记，中共中央统战部朱维群副部长，教育部韦钰副部长，国务院侨务办公室刘泽彭副主任等中央及国务院有关部门领导以及全国101所"211工程"重点大学的校长、图书馆馆长等出席了赠书仪式，著名国学大师北京大学季羡林先生也从北京赶来参加这一盛会。

石景宜先生的长子、香港汉荣书局总经理石汉基先生在大会上代表其父石景宜先生讲话，表达了他们的爱国情怀。

下午2时，全国101所"211工程"重点大学校长在我校国际学术会议厅聚会，参加教育部"211工程"建设工作座谈会，这堪称中国教育史上一大盛事，这是历史上第一次，也是唯一一次全国101所"211工程"重点大学校长聚会。教育部韦钰副部长出席了会议，教育部"211工程"办公室赵沁平主任（后任教育部副部长）主持会议。

赵沁平主任讲话，首先感谢暨南大学的支持，才得以召开这一场会议,很有意义。接着对"211工程"建设进行了总结。全国"211工程"建设资金在"九五"期间共计94亿元,学校自筹资金16亿元。"211工程"学校的办学条件得到进一步改善。确立了以重点学科建设为核心的指导思想和学科建设在学校发展史中的核心地位。办学条件的改善,使"211工程"学校高层次培养人才能力进一步提高。"211工程"学校科研装备水平有了较大幅度提高,明显增强了其开展科学前沿领域研究和解决经济建设重大问题的能力,已产生和正在形成一定数量的标志性研究成果。师资队伍建设得到重视,为稳定和吸收人才创造了一定的工作条件。在部分高校实行中央、部门、地方联合共建"211工程",推动了高等教育管理体制改革。最后,他指出,"211工程"建设是长期的事业,需要10年至20年才能建设好,希望大家不辜负党的期望,首先实现首期目标。

然后,第四军医大学陈胜秋副校长、云南大学朱维华校长、华中理工大学周济校长(后任教育部部长、中国工程院院长)、中国地质大学赵克让副校长和我等先后发言,汇报了各校的"211工程"建设情况。

最后,韦钰副部长做了总结性讲话,指出"211工程"建设项目是国家计委最好项目之一,但一直未开过"211工程"学校全体会议,今天在暨南大学召开了,感谢暨大付出的努力。韦钰副部长还表示,现在搞"211工程"一期,接着再搞二期,有四点意见:①中国建一流大学、一流学科,有战略意义。②要搞好学校,关键是重点学科,学科关键是师资,重点是留住人。杨振宁先生有一句名言,我们能培养70~97分的人,就缺那3分的人才。③务必为地方经济建设服务。剑桥大学校长号召该校实验室教授每个人办一个产业,我们应该学习。希望校长们解放生产力,推动一批产业发展。④关于"211工程"二期,要继续搞。务必把一期完成,再争取二期。二期范围不扩大,也不缩小。末尾,她说,最苦的是校长。领导的关心和嘱咐让大家更有精神与力量勇往直前。

第三节　211 检 查

　　经过几年"211工程"建设，1999年12月29日，由广东省高教厅罗远芳副厅长，学位办何玉芝主任和国务院侨务办公室文宣司教育处雷振刚处长等领导以及专家组成的检查组莅临我校，进行"211工程"建设中期检查，为期两天。

　　向领导汇报学校总体情况后，我便请罗伟其副校长汇报我校"211工程"建设的进展和在7个方面取得的显著成效：①学校在海内外的影响迅速扩大，办学声誉显著提高。例如，1998年本科对外招生数创1978年复办以来的最高纪录，且质量明显提高；全校外招生数达到3380人，来自26个国家，较1995年1982人、来自16个国家显著增大。内招高分学生在广东省内第一批招生重点院校中名列榜首。②申报院士、博士后流动站实现了零的突破，大大提高了我校的声誉。1999年3月，应用经济学博士后科研流动站获批成立。1999年11月，刘人怀教授当选为中国工程院机械与运载工程学部院士。1998年新增金融学、国际关系、中国古代史、水生生物学、企业管理5个专业为博士学位授权学科，国际贸易学等9个专业为硕士专业授权学科。③学科重点建设成绩突出。7个"211工程"重点项目在核心期刊发表论文488篇，被四大索引录用26篇，出版著作97部。④学科队伍的结构进一步优化。教师中有博士、硕士学位的接近70%，高出全国高校平均数40%。⑤科研实力空前增强，经费成倍增长。1999年申报的国家自然科学基金项目比上一年翻了一番；1998年获准的科研经费超出"九五"前三年的总和。⑥高层次人才培养的规模迅速扩大，质量稳步提高，如在校研究生是"211工程"预审时的2.6倍。⑦"211工程"建设整体条件明显改善，保障体系实力大大增强。例如，校园网和图书情报信息服务居国内高校先进水平，专业实验室和公共实验室建设达到历史新水平，科学馆和大批教职工宿舍、学生宿舍落成，供教学、科研用房和师生住房条件大大改善。

7个"211工程"学科项目和公共服务体系负责人都做了汇报。检查组还实地考察了6个学科项目的基础建设和取得的成果。

最后，罗远芳副厅长和雷振刚处长代表检查组充分肯定我校始终把"211工程"建设摆在各项建设的"龙头"位置。学校的整体面貌发生了明显变化，办学水平显著提高。学校特色更加鲜明，优势更加突出，上了一个新台阶。

对于领导的表扬和鼓励，全校师生员工十分高兴，决心沿着"211工程"康庄大道继续前进。

第四节　迎千禧年

中华民族在20世纪下半叶取得了伟大成就,赢得了伟大辉煌,转眼就迎来新世纪的来临。我们抱着雄心壮志、远大理想,要在21世纪实现祖国统一和中华民族伟大复兴!为此,我牵头,由我校主办,在著名旅游城市肇庆市七星岩牌坊广场举行"全球大学生跨世纪大联欢"文艺晚会,以大学生为主体,意在体现"友好、和平、团结、向上"的时代精神,抒发当代大学生意气风发、迈向新世纪的豪情,迎接新世纪第一道曙光!

1999年12月31日晚8时45分,来自世界30个国家和地区的2000名大学生和社会各界的嘉宾、朋友聚在一起,共同迎接新世纪的来临。这次活动由暨南大学、人民日报华南分社、肇庆市委宣传部、肇庆市旅游委员会、肇庆市总工会、肇庆电视台、广东移动通信有限责任公司肇庆分公司联合主办。我和人民日报华南分社副社长刘景山,广东省旅游局副局长陈小松,肇庆市委书记陈均伦、副书记兼市长梁伟发等出席了晚会,我作简短致辞后,宣布文艺晚会开始。

我校华文学院瑞典留学生马逸鸣、日本留学生最上麻衣子与肇庆电视台的两名主持人一起担任了晚会司仪。晚会分中国风、亚洲风、走进新世纪三大部分。中国风部分共有13个节目,包括世纪金曲回响(交响乐《春节序曲》《蓝色多瑙河》《拉德茨基进行曲》)、歌舞（《好日子》）、情歌联唱（《花儿与少年》《敖包相会》《婚誓》《掀起你的盖头来》《九九艳阳天》）、舞蹈（《相亲相爱》）、男中音独唱（Love Story）、游戏（《沟通从心开始》）、女中音独唱（《吐鲁番的葡萄熟了》）、芭蕾舞（《花园》）、男声独唱（《九月九的酒》）、歌舞（《七星岩之梦》）、武术表演、粤剧折子戏（《穆桂英巡营》）、舞蹈（《龙吟凤》）。暨南大学学生表演了中国武术，中山医科大学学生表演独唱，肇庆教育学院、广东舞蹈学校、肇庆乐团、肇庆歌舞团、肇庆粤剧团等演出了歌舞节目。

亚洲风部分，共有7个节目，包括《同叙畅饮西班牙》（西班牙）、《狂欢》（巴布亚新几内亚）、贝宁民族舞蹈、《赤道风情》（非洲）、印度尼西亚歌曲联唱、《摇风倩影》（东南亚）和《浪漫的阿根廷之夜》，除第三个节目由华南农业大学学生表演外，其余节目均由我校学生表演，包括欧洲、大洋洲、非洲、亚洲和美洲的土风舞与歌曲，同时我校学生还代表各大洲的同学进行了即兴的贺卡设计，以表达他们对新千年的憧憬和良好祝愿！

走进新世纪部分，共有3个节目，包括西江大学的现代舞（《新世纪的曙光》）、端州区商业幼儿园的歌舞（《走进新时代》）以及晚会的压轴节目（暨南大学珠海学院的舞蹈《明天又是好日子》）。

午夜零点，晚会达到了高潮。新年钟声敲响了！新的世纪到来了！在场的嘉宾和师生一起为世界的和平、安宁，为世界人民的美好明天而祝福！

第五节 再任校长

　　我任校长兼书记已满一届任期，国务院侨务办公室刘泽彭副主任于2000年初来校对我们领导班子进行考核。2月14日，他将考核结果告诉我。群众对我们领导班子每个成员进行了测评，我获得的优秀票最多，达52%。侨办领导考虑到学校行政和学术工作繁忙，决定我不再兼任书记，只任校长。然后，对我的工作给予高度肯定：①政治上敏锐，有相当高的政治水平，重大问题立场坚定。②有丰富科研教学经验，锐意改革。明确学校发展目标，在工作上取得显著成绩。③事业心强，有魄力。办事果断、大胆，积极推进改革。④重视政治思想教育和组织生活。保持学校正常秩序，使学校稳定。⑤当选中国工程院院士，不仅是个人之事，对整个暨南大学都是一种鼓舞。同时，又要求我今后深入群众，多听取大家的意见。

　　对我们领导班子也反馈了意见：①班子抓中心工作，改善了职工福利。海内外评价——务实、称职。多数群众对领导班子表示满意。②坚决按国务院侨办和中共广东省委指示办事。③办学思路明确，从严治党，从严治校，依法治校。学科建设明显改变，出台多项激励政策。④以"211工程"建设为龙头，加快学科建设步伐，均有实质进展。⑤财务实行统一政策，进行了分配改革，实行校内工资制度。⑥加强了党风廉政建设，遵纪守法。⑦重视校园建设，重视教职工住房，福利待遇好。希望领导班子今后认真贯彻中央多项政策，加强领导班子建设，加强沟通交流，更好地深入群众。

2月15日上午，全校举行中层干部会议。国务院侨务办公室刘泽彭副主任，文宣司丘进司长，广东省委组织部何顺民副部长，广东省教育厅许学强厅长等领导光临大会。会议由何顺民副部长主持。

刘泽彭副主任首先宣读国务院侨务办公室的任命书，刘人怀同志继续任暨南大学校长，但不再兼任党委书记。因为我们学校按党中央规定，实行校长负责制，故校长仍是学校第一负责人。蒋述卓任党委书记兼副校长，张永安、罗伟其、胡军、贾益民、陆大祥任副校长，杨珍妮任党委副书记兼纪委书记。伍国基同志任巡视员。

然后，刘泽彭副主任讲话。他说：国务院侨办对上届学校领导班子是满意的，学校在海内外的影响在扩大。上一届领导班子务实、称职，是满意的班子，在以下六个方面工作突出：①坚决执行侨办的指示，重视办学，与党中央保持一致。②执行"两个面向"办学方针，坚持为侨服务，办学层次有较大提高。③以"211工程"为龙头，加快重点建设步伐。④积极探索各项制度改革，统一财务制度，实行干部聘任制，公开招聘。⑤廉政建设，完善制度。⑥重视校园建设，改善教职工生活。校园环境明显好转，缓解了教职工住房困难，改善了教职工收入。同时希望校领导班子加强团结、合作，多多深入基层，把工作做得更好。希望暨南大学办成质量更高、水平更高、更有特色的学校。

许学强厅长也讲了话。他说，"211工程"启动时，教育部韦钰副部长说暨南大学条件不够，只是凭特色进入"211工程"。之后，她目睹了暨大情况，说条件够了。暨南大学有特色，如专业改造、华文教育、董事会、从严治校，因此才有地位。在刘人怀同志带领下，上一届班子团结奋斗、勤政，取得了显著成绩。"211工程"进展顺利，教学、科研改革顺利，博士点、硕士点数量增多，刘人怀同志当选院士。内部管理改革不断深化，学校党的建设、政治思想工作得到加强和发展。给我们印象特深的，是内部管理改革带了好头。教学学分制走在全省前列，搞了真正的学分制。校园治安综合治理走在全省前列。从严治校，抓得大有成效。现在，新班子整体素质提高，现代化水平提高。未来暨南大学要勤奋、开拓进取、廉政，树立良好形象；要继续深化改革，提高教育教学质量，这是永恒的主题，希望暨南大学创造新经验。

我在会上表了态，感谢领导对我的充分信任，感谢同志们对我的大力支持，我才能在过去五年做好校长和书记的工作。今后，要以更高的标准要求自己，完成党和国家交给我的任务，为暨南大学的发展做出更大的贡献！

会后第二天，我召集领导班子会议，要求大家执行三个原则：①领导班子首先要加强团结，互相尊重，互相支持，共同努力为实现"侨校+名校"的目标做贡献，走国际化、现代化的办学之路。②要守纪律，遵守党纪、校纪，遵守民主集中制，议事要民主，决策后要坚决执行。③坚持实事求是原则。

同志们一致表态，同意我提出的三原则，圆满完成"211工程"的任务。

第六节 院士大会

2000年6月4日，我飞抵北京，参加中国科学院第十次院士大会、中国工程院第五次院士大会。我们被安排住在友谊宾馆，恰好与我同一批当选院士的华中科技大学周济校长与我同住一室，我们相处很好。本次两院院士大会是世纪之交我国科技和工程界的一次盛会，令我深感荣幸与责任重大。第二天上午七点半，我们从宾馆出发，前往人民大会堂开会。

上午九点，两院千名院士齐聚一起，先与中共中央总书记、国家主席、中央军委主席江泽民和全国人大常委会委员长李鹏、国务院总理朱镕基、全国政协主席李瑞环、国家副主席胡锦涛、中央政治局常委尉健行、国务院副总理李岚清等领导一起合影。然后，听取江泽民主席重要讲话。

江泽民主席首先代表党中央、国务院和中央军委向大会表示热烈的祝贺，向为我国科技事业和经济建设做出杰出贡献的两院院士致以崇高的敬意。

大会由全国政协副主席、中国工程院院长宋健主持。中国科学院院长路甬祥（后任第十届全国人大常委会副委员长）致开幕词。下午两点半，中国工程院举行第五次院士大会，我们听取了宋健院长的工作报告。他号召全体院士加强团结与合作，引导我国工程科技界融入经济建设主战场，为迎接21世纪我国工程科技大发展、工程建设新高潮做贡献。

7日上午,我们又听取朱镕基总理关于国家经济形势的报告。随后,中国工程院举行院士大会,又对增设中国工程院工程管理学部一事进行大会投票,并获得通过。此外,还增选外籍院士,修改了中国工程院章程。然后,举行全院以及各学部的学术会议。

8日上午,我在机械与运载工程学部学术报告会上作了学术报告《板壳分析与应用》,向大家全面汇报我37年来在板壳结构分析与应用方面所做出的学术工作成果。

8日下午,举行两院院士大会闭幕式,李岚清副总理发表了题为《坚定地担负起发展第一生产力的历史重任》的讲话。

第一次参加两院院士大会,让我很受鼓舞。特别是江泽民主席的父亲江上青同志于1929年加入中国共产党,是我校1931年社会学系学生;李岚清同志是我校1948年商学院的学生。所以这次院士大会开幕式和闭幕式的报告人均与我们暨南大学有关,这是暨南大学的光荣!

第七节　院　士　书　系

1998年初，我校出版社领导向我汇报，请学校支持院士科普著作的出版。我认为这是一件大好事，应好好组织，同意给予支持。我校出版社总工程师周继武迅速与清华大学出版社联合，取得中国科学院和中国工程院领导的同意与支持，于同年6月在1998年两院院士大会上向1000多名院士送出约稿信，请科学家为21世纪编著科普书籍。半年期间，共收到176名院士回信，签订了175部书的写作出版协议。由此，我国历史上规模最大、作者层次最高的科普出版工程"院士科普书系"得以面世。

2000年6月4日，"院士科普书系"在北京京西宾馆举行隆重的首发式。江泽民主席为该书撰写了题为《提高全民族的科学素质》的序言。我到京后，首先到中国科学院拜访了路甬祥院长（后任全国人大常委会副委员长），感谢他对出版"院士科普书系"的支持。因为他与我相似，同时期留学西德，故一相谈，甚感亲切。他于是参加了书系的开幕式，并发表了热情洋溢的讲话。然后，我代表暨南大学出版社和清华大学出版社两家出版单位领导发言。我说，这次100多位德高望重的院士撰写的"院士科普书系"，本本皆精彩，篇篇高水准。在院士们的笔下，科学原理严谨准确，技术内容通俗易懂；精炼生动的语言，融人文教育于科学教育；重视揭示科学方法，展现科技最新成果和发展前景。读者在领略院士科学家独特思想的同时，更将获得广泛而深入的启迪。我相信，"院士科普书系"必将成为我国当今最高水平的系列科普品牌之一。

"院士科普书系"采用滚动出版方式，这次首发式是出版第一辑，共计25部。

2000年6月，在江泽民主席作序的"院士科普书系"（暨南大学出版社和清华大学出版社联合出版）北京首发式上，与中国科学院路甬祥院长（左2）合影

第八节 双部院士

　　1978年3月18日，全国科学大会在北京召开，邓小平同志提出"知识分子是工人阶级的一部分"和"科学技术是生产力"的著名论断[①]。1988年，他又提出"科学技术是第一生产力"的新论断。在这些思想的指引下，知识分子从"臭老九"上升为工人阶级的一员，党和国家把科教兴国战略作为基本国策。这一时间，我正好应聘到中国科学技术大学近代力学系飞行器结构力学教研室任教。校长是大文豪郭沫若，系主任是著名科学家钱学森。得到学校的关怀，我开始迅速成长，被誉为"科大明星"，被选为教研室副主任，开始从事高等教育和科技事务的管理工作。从这一职务开始，先后在四所大学任系副主任、院长、副校长，最后任校长、党委书记，长达22年之久。1984年5月，受安徽省杨纪珂副省长的热情之邀，我受聘为省长顾问，并兼任安徽省政府举办的远东工程咨询公司的副总经理（后兼任总经理），开始接触企业的管理工作。1986年2月，受恩师钱伟长先生的邀请前往上海工业大学任副校长，到校后接到的第一项任务，就是创建我国高校最早的十所管理学院之一的上海工业大学经济管理学院，于1986年5月担任首任院长和预测咨询研究所所长，走上管理专业的从教之路。此前，我只是力学老师，而且特

[①]《共和国的足迹—1978年：科学的春天》，http://big5.www.gov.cn/gate/big5/www.gov.cn/test/2009-09/07/content_1410821.htm[2009-09-07]。

别热爱力学这门学科，从未想到还要涉及其他专业。我担任经济管理学院首任院长，且学院设在远离校本部的恒丰路，压力在身，我只好深入下去，不仅要管理全院的工作，而且还授课与指导研究生，主持科研课题。随着工作的深入，我更体会到管理科学专业的特殊性、重要性。人类如果没有这门学科，可以说，任何事情都搞不好。因此，我便自觉地，先把学院工作管好，又自觉地去当教师，从事教学和科研工作。由于我的认真和努力，在领导的关怀和教师的努力下，学院创办成功。我个人也先后被选任中国公共关系专业委员会第一届副主任、上海市高校管理学院院长联谊会首任会长、上海总工程师联谊会首任会长、上海旅游工程学会首任会长、上海市技术经济和管理现代化研究会副理事长、上海市旅游教育研究会首任副会长、上海旅游协会（学会）首任副会长、上海市定额管理研究会顾问、珠海市人民政府咨询委员、《工厂管理》学术顾问等职。1991年底调到暨南大学任副校长，又负责联系学校经济学院（内设有管理科学的企业管理系、会计系）。接着又创办管理学院，并在学院指导研究生。先后被选任中国海外交流协会常务理事、邓小平思想研究会顾问、全国高校教学研究会理事、广东省学位委员会委员、广东省自学考试委员会委员、广东省科学技术协会副主席、广东省高校价值工程研究会会长、广东省海外交流协会副会长、广东省经济体制改革研究会顾问、《人民日报》海外版信息中心专家顾问委员会顾问、《大经贸》编委等职。而且还被聘为日本新世纪中文电视学校校长。

  我曾提出和参与安徽黄山旅游区规划，担任上海"崇明县2000年经济、科技、社会发展战略规划研究"项目顾问，完成上海市科委关于浦东新区建设工程重大项目和上海市旅游局的上海旅游交通研究、上海华亭集团旅游宾馆摆脱当前困境的对策研究等项目以及广州市荔湾区新型传感器元件市场的可行性分析等科研项目。

1997年12月3日，广州市委、市政府在鸣泉居宾馆召开"广州市领导与穗港澳地区12所高校校长恳谈会"。林树森市长（后任贵州省省长）亲自为我打开车门，并说，刘校长，我年轻时，还读过你在《科学通报》上发表的扁薄球壳稳定性论文。这是我第一次认识林市长，他的言语和动作让我深深感动。中山医科大学黄洁夫校长、华南理工大学刘焕彬校长、中山大学王珣章校长、华南师范大学颜泽贤校长、广州外语外贸大学黄建华校长、华南农业大学张岳恒副校长、香港理工大学潘宗光校长、香港科技大学吴家玮校长、香港大学张佑启副校长、澳门大学周礼杲校长、香港中文大学逸夫书院杨汝万院长、香港大学科技发展中心李安贵主任和我一起受邀参加恳谈会。市委书记高祀仁（后任香港中联办主任）致欢迎词，表示广州的发展和再创辉煌迫切需要诸位校长来献计献策。然后，林树森市长介绍了广州市的主要情况，希望粤港澳院校、企业进一步合作，共同发展高新科技产业。

　　随后，各位校长陆续发言。我的发言题目为《实施城市管理系统工程建设，开创广州可持续发展新格局》（《羊城科技报》，1998年2月8日）。首先，我强调城市科学管理的重要性，然后对广州进行城市系统分析，提出广州可持续发展的新格局，使城市管理现代化、城市经济现代化和城市人口素质现代化三个主要子目标同步、协调发展。然后，提出应用系统工程原理和方法进行广州城市管理系统工程建设，开创广州可持续发展新格局。

　　最后，林市长对会议进行总结，认为我的发言讲得"最好"。他说："暨大刘校长用系统工程的方法，分析如何提高城市管理水平，以实施城市管理系统建设为突破口，改善城市社会环境和秩序，塑造城市新形象。刘校长这个发言是非常有启发的。我觉得非常有针对性。"

　　在管理学科上，从1978年开始至2000年我既研究理论，又重视应用。此外，还培养研究生20名，出版专著《工业企业管理岗位要素设计》1部，主编文集《旅游工程原理与实践》1部，发表文章64篇。

自人类诞生以来，管理作为实践活动就一直存在，但作为一门管理科学，则从20世纪初才开始出现。在世纪范围内，20世纪管理科学曾经有两大强势的主流学派，一种是市场经济体制下以美国为代表的资本主义阵营的管理学派，另一种是计划经济体制下以苏联为代表的社会主义阵营的管理学派。随着20世纪90年代苏联的解体和东欧剧变，苏联学派已不存在，似乎世界上只有美国学派存在，实际上并非如此。自1978年底，我国走上改革开放道路以来，经济一直高速发展，已成为世界第二大经济体。伴随着祖国的繁荣昌盛，中国管理科学专业开始在我国高校设立，管理科学研究开始受到从上到下的重视，在世界上独树一帜。

在管理科学的分支学科中，工程管理是较年轻的学科，直到1998年，才作为一个专业出现在教育部《普通高等学校本科专业目录》中。随着21世纪人类工程科技的飞跃发展，工程管理显得更加重要。工程管理是一门关于计划、组织资源分配以及指导和控制带有技术成分经济活动的科学与艺术，是管理科学的经济学的基础理论与工程技术的有机结合而形成的，具有交叉学科的特点。

近20年来，我在工商管理、教育管理、科技管理、行政管理等领域做了一些研究工作，也在工程管理领域开展了研究工作，如提出安徽黄山旅游区规划、安徽繁昌核电站工程和安徽定远开采油矿工程等项目，特别是完成了上海市人民政府科技委员会委派的重大课题——上海浦东新区建设工程。开发浦东是上海经济发展战略的重要组成部分，也是加快发展以上海为中心的区域性外向型经济的重要步骤。党中央、国务院对开发、建设浦东新区十分重视，要使浦东新区成为对内对外开放的枢纽化、国际化、现代化新市区。同时，以新区开发改善老市区，尽快地使上海有一个良好的投资、经营和生产的环境，逐步使其成为太平洋西岸最大的经济贸易中心之一。

这次，中国工程院第五次院士大会批准成立工程管理学部后，中国工程院主席团决定由管理科学与工程委员会负责工程管理学部的筹组工作，在广泛征求院士意见的基础上，提出了首届院士的推选名单，经中国工程院主席团审议，于2000年9月28日发文批准首届32名院士名单，我是其中之一。接到通知时，我颇为意外，有幸又被选为工程管理学部院士，成为双学部院士。感谢党和国家的信任，我决心更好工作，不辜负党和人民的期望！

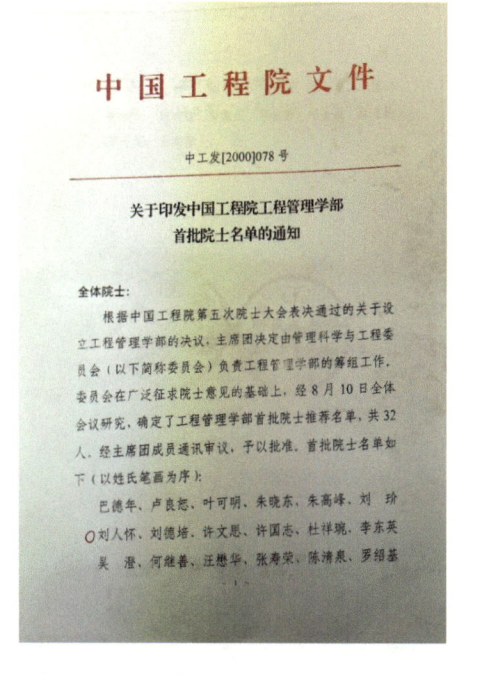

10月24日，老领导湖北省委书记贾志杰请我去武汉东湖宾馆面谈。因周济校长调到省科技厅工作，他盛情邀请我到华中科技大学担任校长。对这一邀请，我十分高兴。他是一位优秀的领导干部，能在他的领导下工作，会使我更好地发挥作用，多为国家做出贡献。于是，我便答应贾书记，愿意到华中科技大学工作。哪知，我的领导坚决不同意我调离暨南大学，此事只好作罢，成为又一憾事。

中国工程院来函通知，于2000年9月28日当选为中国工程院工程管理学部首批院士

第二十三章
深化管理

第一节　办新学院

在任校长的第一届任期内，我紧抓"侨校+名校"的发展战略，加强和深化改革，带领校领导班子和全校师生员工奋勇向前，使得学校成为国家"211工程"重点大学。学校的各方面都有了很大的发展，态势很好，学校的发展速度加快了，规模扩大了，层次提高了，在海内外的地位不断上升。学校在不同机构的综合实力排行榜中的位置不断上升。过去，暨南大学在全国高校中排在百名之外。按中国网大（Netbig）的中国大学综合实力排名，我校排名逐年上升，1998年第87位，1999年第72位，2000年第60位，2001年第40位。

在我任校长的第二任期，我决心继续向前。我首先仍抓学院的设置问题，创建新学院，为国家的发展和侨校的需要多做贡献。

1. 国际学院

2001年6月成立的国际学院是因国际形势发展的需要而创办的。这是全国第一所全英语教学的学院。在全球经济一体化正在形成，我国即将加入世界贸易组织这种宏观环境下，急需大批具有扎实专业知识与技能并能用英语进行工作的高素质专门人才。国际学院的成立是进一步贯彻"面向海外，通向港澳台"的办学方针，突出侨校特色，争创具有国际化、现代化特点的一流大学的需要。它将促进我校的双语教学，加速建设高素质的教师队伍，推动我校向更高层次发展。2001年首先招生的三个本科专业为国际经济与贸易、会计学和临床医学。2003年增设食品科学与工程专业，2004年增设药学专业，2005年增设行政管理专业。学院开设的课程除一门汉语课外，全部专业课、专业基础课和公共课都实行全英语授课，实行标准学分制，在课程设置及教学管理上与国际接轨。我们先聘请余惠芬教授为常务副院长，接着我们聘请德国洪堡基金会洪堡学者、南非开普半岛技术大学智能结构和微机电实验主任孙博华教授（后为南非科学院院士）为国际学院首任院长。

2. 药学院

药学是医学的特别重要领域，事关人民的健康。因此，在2001年4月，将医学院药物研究开发中心提升为药学院，该中心仅有14位老师，力量单薄。我们聘请著名的中药及天然药物化学专家、中国工程院院士、沈阳药科大学原校长姚新生教授为我校药学院名誉院长和中药及天然药物研究所所长，他带领自己的科研团队和药学院教师一起创办药学院，将医学院原大楼改建为药学院大楼。同时，聘请药物研究开发中心主任罗焕敏教授任药学院常务院长。学院下设两个系，即中药学系和药学系，共有2个本科专业：中药学专业和药学专业。

3. 信息科学技术学院

信息科学技术学科是新世纪的前沿学科，对国家发展至关重要。为此，我们于2001年4月，将原理工学院数学系、电子工程系和计算机科学系组建成信息科学技术学院，共有7个本科专业：数学与应用数学专业、信息管理与信息系统专业、信息与计算科学专业、电子信息工程专业、通信工程专业、计算机科学与技术专业和软件工程专业。同时，我们聘请理工学院柏元淮院长担任信息科学技术学院首任院长。2004年6月，我们又聘请计算机软件专家、中国工程院陈火旺院士为学院名誉院长。

4. 新闻与传播学院

暨南大学新闻学历史悠久，最早创办于20世纪40年代的上海。在20世纪80年代与中国人民大学新闻学院、复旦大学新闻学院并列为全国三甲之一。广东省是全国三大传播媒介中心之一，这为学科专业发展提供了良好的外部环境。因此，我们于2001年4月，在文学院原新闻学系基础上组建新闻与传播学院，下设3个系：新闻学系、广告学系和广播电视学系。包括3个专业：新闻学专业、广告学专业和广播电视新闻学专业。我们聘请新闻学系原系主任蔡铭泽担任首任院长。

5. 外国语学院

暨南大学要成为国际化、现代化的名校，外语的教学至关重要。2001年4月，我们以文学院原外语系和外语教学中心为基础组建。共设4个系级单位：英语语言文学系、商务英语系、日语系和大学英语教学部。包括2个本科专业：英语专业、日语专业。我们聘请梁栋华教授担任首任院长。

6. 法学院

法学院对于国家来说，至关重要。2001年4月，我们在经济学院法学系基础上组建法学院，下设2个系：国际关系学系和法学系。包括2个专业：国际政治学专业和法学专业。我们聘请周显志教授担任常务副院长。

7. 知识产权学院

知识产权学科随着我国加入世界贸易组织而显得越来越重要。为适应时代需要，在广东省知识产权局的大力支持下，我们于2004年10月在知识产权研究中心基础上成立知识产权学院，这是广东省乃至华南地区首家集教学和科研于一体的知识产权学院。考虑到教师偏少，知识产权学院暂和法学院合署办公，共用教师队伍。学院下设1个系，即知识产权系，包括1个本科专业，即知识产权专业。当年就招收了民商法专业知识产权方向7名硕士研究生，接着就招收本科学生。我们聘请徐瑄教授为学院副院长，专门负责知识产权学院的工作。

8. 艺术学院

作为综合性大学，开办艺术学院十分需要。由于聘任首任院长难度较大，直到2004年底，经朋友介绍，我在北京拜访了著名影视演员张铁林先生，他是我们影视界学历最高的演员之一，毕业于英国皇家电影学院，获硕士学位。我和他一见如故，他爽快地应聘我校艺术学院院长职位。2005年1月，艺术学院正式成立。我们将学校原办公楼改建为艺术学院楼。学院先设2个本科专业：美术学专业和动画专业。学院的开办很有特色，轰动一时。

9. 第一临床医学院

按照国务院有关文件指示，1978年在筹办暨南大学医学院的同时就筹建广州华侨医院，这在新中国高校史上是全国首例。1981年10月，广州华侨医院建成并开始提供医疗服务。1982年4月，经教育部批准，成立暨南大学医学院附属医院，作为医学院的教学医院，与广州华侨医院合为一体，两块招牌，一套人马，统一管理。考虑到深圳人民医院与我校合作，1996年10月广州华侨医院更名为医学院第一附属医院。因医院体制较大，为使其健康发展，实行学校直接领导，在2005年1月，再更名为暨南大学第一临床医学院。此后，第一临床医学院与医学院一起制订计划，开展教学和科研工作，培养研究生，承担医学类学生的临床实习工作。我们聘请杨冬华教授担任第一临床医学院首任院长。

10. 第二临床医学院

仿照第一临床医学院的设立，2005年1月，我们将位于深圳特区的三所附属医院，即第二附属医院（深圳市人民医院）、深圳眼科中心和深圳华侨城医院组建成暨南大学第二临床医学院，直接归学校领导，其任务主要是承担培养研究生和医学类学生的临床实习、见习工作。我们聘请周汉新教授为第二临床医学院首任院长。

第二节 建新专业

除在创办的新学院里开设新的专业外，在原有的学院里，为满足境内外招生的需要，也创建新的本科专业。

（1）2005年，在文学院内创建戏剧影视文学专业。

（2）在管理学院，2002年创建电子商务专业，次年又创建物流管理专业。

（3）在理工学院，2000年创建土木工程专业；2002年创建材料科学与工程专业；次年，又创建环境工程专业；2004年，又创建工程力学专业和食品质量与安全专业。

为加强理工学院的建设，我们在2003年聘请了著名应用光学专家、中国工程院陈星旦院士担任理工学院名誉院长。

（4）在生命科技学院，2000年创建生物医学工程专业；2003年创建生物科学专业；2004年，又创建生态学专业。

（5）在医学院，2003年创建针灸推拿学专业。

（6）在华文学院，2005年创建华文教育专业。

（7）在珠海学院，2002年起，先后创建17个本科专业：国际经济与贸易专业、金融学专业、信息管理与信息系统专业、工商管理专业、市场营销专业、会计学专业、财务管理专业、行政管理专业、法学专业、汉语言文学专业、英语专业、新闻学专业、广告学专业、计算机科学与技术专业、数学和应用数学专业、信息管理与信息系统专业和电子商务专业。这些专业的教学均为广州校本部相应院系的一部分，从而保证了教学质量。

第三节 改革措施

在校长第一任期内一系列改革使得暨南大学在短短的几年里，飞速前进，成为一所名校。我在校长第二任期中，继续深化改革，采取了以下一些改革措施。

1. 精简部处机构

为增强办学活力，提高办学效益，使党政管理由繁到简、更加科学，我提出减少学校处级机构。2000年5月，学校决定将全校党政处级机构由29个精简为18个，其中行政机构为14个，即校长办公室、教务处、科研处、研究生部、学生处、人事处、外事处、实验室设备处、招生办公室、财务处、总务处、基建处、保卫处、离退休工作处；党委机构4个，即党委办公室和组织部、宣传部、统战部、纪监审办公室。

2. 稳妥地调整教职工比例

为发挥教师的活力，增强学校的工作效益，我提出在教职工总编制中，使教师数量增加、比例增大，而职工的数量减少、比例减小。坚持多引进专业教师，控制行政人员数量，原则上不引进行政干部。虽然学校的办学规模不断扩大，但因人员结构得到优化，故效率更高了。1995年底至2006年初，全校教职工总数由3601人增至3925人，教师由1036人增至1483人，教师占总教职工比例由28.8%增至37.8%，学校的效益大大提高了。学校各类学生由1995

年的13 012人增加到2006年初的32 284人；全日制学生由1995年的8824人增加到2006年初的23 892人；博士和硕士研究生由1995年的615人增加到2006年初的6567人；专科生由1995年的2472人减为零；在校华人华侨和港澳台学生由1995年的1982人增加到2006年初的10 609人，来源的国家和地区由19个（美国、加拿大、法国、巴西、秘鲁、委内瑞拉、丹麦、毛里求斯、日本、韩国、印度尼西亚、泰国、柬埔寨、马来西亚、缅甸、朝鲜、中国香港、中国澳门、中国台湾）增加到74个（蒙古国、朝鲜、韩国、日本、越南、老挝、柬埔寨、缅甸、泰国、马来西亚、新加坡、菲律宾、印度尼西亚、巴基斯坦、印度、尼泊尔、伊朗、巴林、也门、黎巴嫩、约旦、土耳其、芬兰、瑞典、俄罗斯、荷兰、德国、英国、法国、西班牙、葡萄牙、奥地利、阿尔巴尼亚、埃及、冈比亚、几内亚、几内亚比绍、塞拉利昂、科特迪瓦、安哥拉、加纳、苏丹、尼日利亚、刚果、圣多美和普林西比、多哥、马达加斯加、塞舌尔、毛里求斯、南非、澳大利亚、新西兰、斐济、瑙鲁、加拿大、美国、伯利兹、洪都拉斯、巴拿马、多米尼加、多米尼克、特立尼达和多巴哥、哥伦比亚、委内瑞拉、圭亚那、哥斯达黎加、厄瓜多尔、玻利维亚、秘鲁、巴西、阿根廷、中国香港、中国澳门和中国台湾），遍布五大洲。我校的海外学生数居全国高校第一，在国际上的高校中，也属罕见。

3. 改革学制

缩短过长的学习时间，决定将硕士生学习年限减为2年。为使华文学院的预科教育避免拉关系、防止腐败、保证质量，在2001年我提出停止预科内招生，并根据海外和港澳台学生的实际情况，将单一的一年制预科，改为三种学制——半年制、一年制和三年制，增加了预科教育对海外及港澳台学生的吸引力。

4. 印发《暨南大学文件汇编》

依法治校是高校行政管理工作的必然选择。这是一个双向互动的管理过程，它既要求管理者依法办事，也要求管理对象遵纪守法；既是一个管理的过程，又是一个监督的过程。依法治校的精髓就是要求所有管理工作人员都必须依照法制精神和规章制度从事各种管理活动，同时也要求从事教学科研的教职员工依法实施自己的行为。我从担任校长那天开始，多次在不同会议上强调"依法治校"的重要性，并亲自参与校内各项管理制度的制定，先后制定近300个管理文件。为使全校师生员工都能依法办事，将这些文件汇编成册，作为学校的"法典"，放在学校图书馆、院系的教研室和学校的每一个单位，使每一位教职工和学生在日常的行为活动中，都能够有章可循、有据可查，使我们的管理工作不再成为制约学校教学科研发展的瓶颈，从根本上改变"门难进、脸难看、事难办"的官僚作风，改变人浮于事的懒散作风，改变以人治代法治的不正之风，以管理促质量，以管理促效益。因为只有这样，才有法治可言，学校才能在科学、合理、公正、有序的管理机制保证下健康发展。我期待这种现代化管理机制的建立，并愿意为之努力终生。

我们于2002年11月和2003年6月，先后出版《暨南大学文件汇编（行政管理卷）》和《暨南大学文件汇编（教学科研卷）》。行政管理卷中收录了校办规章、人事制度、评聘规定、进修培训、财务制度、设备管理、外事工作、总务基建、治安消防、户证办理、监察审计等十一大类文件。教学科研卷中收录了本科教育、研究生教育、华文教育、成人教育、招生就业、科研管理等六大类文件。文件汇编中还有各类工作的办事程序，使全校师生员工办事不再拉关系找人办事，工作效率大大提高。

5. 中层干部公开选拔和竞争上岗

按党中央指示，学校实行校长负责制。为此，我按中央文件精神，在校内实行管理工作的分层负责制：校院系分层负责制和校部处分层负责制。显而易见，学校中层干部的挑选和任免对办好学校极其重要。过去，我们选拔中层干部一般都是在具体部门进行，这太狭窄了，挑选干部的范围小，干部的发展空间也小，对学校的发展不利。为此，我提出深化干部人事制度改革，创新干部选拔任用方式。2003年，首次在校内大面积实行干部公开选拔和竞争上岗机制。经过3个半月的努力，对任期满两年半的院、系、部、处、直属单位党政管理干部进行了换届，换届竞聘岗位总数达到170个，占全校中层干部总数290个的58.6%。报名总人数达到256人，召开竞聘会39场，参加评议总人数为3277人。此次换届依照干部队伍"革命化、年轻化、知识化、专业化"的方针和"公开、平等、竞争、择优"的原则，通过公布职数、公开报名、资格审查、竞聘演说、民意测验、组织考察、研究决定和任前公示等程序，选拔了一批德才兼备、业绩突出、年富力强的优秀干部担任学校中层领导，为学校的发展提供了坚实的保证。最后，学校与新聘中层干部签署《三年任期目标责任制》，把干部考核重点放在工作效益上，有力地促进了中层干部由被动地接受上级安排工作转变为积极主动地开展工作。

6. 中层干部国外大学培训

考虑到我校办学国际化的特殊性，为了提升中层干部的管理水平，除加强平时的学习和管理外，我还主张让中层干部有机会时多去境外大学参观学习，扩大视野，进行管理创新，提高管理水平。从任校长开始，我利用出国办事机会，既带部处干部随行，也带院系干部随访，让他们了解世界，开阔眼界。按照国家规定，我每年出国仅几次，随行的人也不多。从2004年开始，我提出中层干部组团出国培训学习，让更多中层干部能参加这样的培训。原来考虑，我亲自领队学习更有效益，办得更好。但是，由于当时中国人出国机会太少，作为一把手，我再亲自出访会招致负面意见，故决定让领导班子其他成员带队。1994年9月29日，我校行政管理干部培训团一行25人由副校长兼党委副书记王华带队，前往美国进行3周的培训和考察。

我们的培训团前往与我校多年友好交往的姊妹学校——威斯康星大学欧克莱尔分校，进行两周的正式培训，一共安排14场讲座，内容包括教职员工的聘任、提升、终身教授制度；学生就业指导；学生注册和学籍管理；招生；美国综合性大学的科研学术活动管理；美国高教体系；美国大学的对外合作交流；等等。对方还安排了一些特殊项目，如在10月12日让王华副校长作为"影子校长"，全程参加对方校长全天的活动。同时，还将代表团成员分为技术组、科研组、学生管理组、后勤组同对方进行4次对口交流。剩下的1周时间参观美国和世界的一流大学，如纽约大学、麻省理工学院、耶鲁大学、斯坦福大学、纽约州立大学古西堡学院，拜会中国驻旧金山领事馆和暨南大学在美国的校友会。最后，还举行了一场记者招待会，向当地华人社会宣传介绍我校的情况。美国华人报纸《星岛日报》《世界日报》《金山时报》在10月18日均对暨南大学和培训团的情况进行了热情的报道。

次年9月27日，再由纪宗安副校长为团长，率领由17个学院院长组成的23人培训团前往我校的姊妹学校——澳大利亚著名的格里菲斯大学进行为期3周的考察培训。该校和我校一样，拥有4个校区，分布在昆士兰州的黄金海岸和布里斯班两个城市，实行矩阵式的管理，虽然校区众多，但不同校区之间管理层次清晰，权责分明而且信息畅通，这种模式对我校多校区的管理具有积极的借鉴意义。同时，该校也以"学生为本"，在校园设施建设方面以学生的方便为着眼点，在校园内处处可见残疾人通道、盲道等设施，并且极为重视新生入学后对学校的满意度，根据学生的评估修正学校的办学方针，这种以学生为本的办学理念对教育质量的提升起着关键的作用。而且，科研在澳大利亚高校的发展史上扮演着重要角色，学校既重视与世界科研领先领域的专家开展合作，同时也根据本土科研的需要，吸纳国际人才。该校理工信息学院就针对黄金海岸"冲浪者天堂"的地域特色成立专门机构，对冲浪板特殊材质进行研发，成果显著。特别是该校教师的奉献和执着精神也给大家留下深刻印象。培训团还考察了澳大利亚高校国际化教育的特点。澳洲高校的国际化是全方位的，学生国际化，师资国际化，教学设施国际化。

这两次培训使学校中层干部对国外著名大学的办学理念和管理方法有了感性认识，在一定程度上促进了干部管理水平和学校整体办学水平的提升，有利于学校办学更好地与国际接轨。

7. 面向世界公开招聘10位学院院长

在高校担任领导近20年，深切体会到办学的艰难，也理解了高校工作的关键在于学校领导的管理水平。特别是学院院长是重要的管理干部，任用正确与否极其关键。他们既要学术上有建树，同时又要有管理能力。人才难寻，鉴于学校又新建了几个学院，故将空缺的及任期已满的10个学院院长岗位向全世界学术界公开招聘，包括管理学院、理工学院、珠海学院、信息科学技术学院、药学院、艺术学院、法学院、外国语学院、华文学院和经济学院。2004年10月9日，我们举行新闻发布会。新华社、《光明日报》、广东电视台、《大公报》、《澳门日报》等10余家新闻单位的记者应邀参加了发布会。我在会上表示，我们学校在校生中有近9000名外招生，分别来自世界五大洲的55个国家和港澳台3个地区，占全校学生总数的近一半。全校学生学习背景不同，要把他们培养成才，学校在办学的过程中须具有开阔的视野。面向海内外公开招聘学院院长，就是要建立更广阔的办学平台，招贤纳才，使学校更富国际化和现代化，为来自世界各地的学生成长成才创造更好的学习条件。招聘工作引起了海内外的广泛关注，海内外的报纸、广播、电视、网络等媒体共进行了38 000多篇（次）的新闻通报，进一步扩大了学校在海内外的知名度和美誉度。

经过1个月的报名，共有来自美国、英国、德国、加拿大、芬兰、日本、哈萨克斯坦、新加坡、中国9个国家的93位学者前来应聘，其中国外学者32人，香港特别行政区2人，内地学者41人，校内18人。

学校组织评审委员会先对申报者进行认真评审，然后对筛选出的应聘者举行公开答辩会，最后选出10位院长：天津大学工业工程系主任、博士生导师李从东博士、教授为管理学院院长，太原理工大学应用力学研究所所长、博士生导师、英国曼彻斯特大学航空与机械工程系高级访问学者马宏伟博士、教授为理工学院院长，江南大学校长助理和龙山校区管委会主任、博士生导师王志伟博士、教

2005年1月，暨南大学面向海内外招聘和选拔10所学院院长，与院长们合影，从左至右为王玉强、王志伟、马宏伟、冯邦彦、卢植、刘人怀、张铁林、李从东、班弨、符启林、龚建民

授为校长助理兼珠海学院院长，西南交通大学应用物理系教授、纽约科学院院士龚建民博士、教授为信息科学技术学院院长，美国硅谷生物技术公司王玉强博士、研究员为药学院院长，英国伦敦皇家电影学院硕士、著名演员张铁林先生为艺术学院院长，中国政法大学经济法系博士生导师符启林博士、教授为法学院院长，暨南大学外国语学院卢植博士、教授为外国语学院院长，暨南大学华文学院班弨博士、教授为华文学院院长，暨南大学经济学院冯邦彦博士、教授为经济学院院长。

8. 坚持推进反腐倡廉

经过改革开放的实践，我们国家的经济高速发展。特别是加入世界贸易组织以后，我国的经济运行和人们的社会生活正在全方位与国际接轨。在这个过程中，由于受封建主义、资本主义腐朽思想的侵蚀，一些人斤斤计较个人得失，世界观、人生观、价值观扭曲，有些领导干部甚至道德沦丧、滥用权力、以权谋私、违法乱纪，走上犯罪的道路。

随着市场经济的发展，高校已不再是一片净土，从以往的科学研究、成果鉴定评奖、课程考试、招生培养等方面出现的学术违规现象，到后来暴露的基建、后勤和物资采购等领域的职务犯罪，表明高校已成为"新的腐败灾区"。

从担任校长开始，我便注意加强党风廉政建设，加强纪委和纪监审办公室的管理工作，几乎逢会必讲这项工作的重要性。1996年3月，在任校长后第三个月，便根据形势，在全国高校中率先成立学校信访办公室，专门负责群众来信、来访工作。我和其他校领导每周按安排时间接待上访群众，在最大限度内接受群众监督，解决实际问题。

首先，我从严要求自己，坚持廉洁奉公、干净做事、洁身自好。例如，在易于产生腐败的建筑工程施工中，我对施工设计单位的负责人，一律不见。当校长10年，学校造楼房80多万平方米，我负责筹款并决定最后施工图纸，但我未见一位施工、设计单位的领导。学校的公务接待，特别从简。来客人，甚至是中央领导，基本上都在学校的食堂用餐。一年的接待费，全校仅花20万元，远低于其他院校。对带礼品到家里找我的人，一律不开门接待。记得有一次，一位教授提着两大包东西到家里找我办事，我拒绝开门，请他到我办公室会见。他马上将两大包东西扔在我家门外的草地里，并大声用脏话骂我，就是这样，我也未开门，用和气的语言向他解释，请他到我的办公室去谈。

就是这样重视反腐倡廉的工作，学校仍然出现个人违纪的事情，出现了基建处长、体育部副主任等人触犯刑律而坐牢的事情。为此，我想办法进一步采取新措施，从源头上预防和解决腐败问题。我找到广东省检察院张学军检察长请教，他当即热情地支持我，并和我商定，让暨南大学和广东省检察院签署共同开展预防职务犯罪协议。此事受到中央领导、教育部领导和国务院侨务办公室领导的高度重视，都做了重要批示。签约仪式于2003年4月16日举行。参加签字仪式的广东省教育纪工委陈韩晓书记对此事给予了高度评价。这在国内尚属首次，具有重要的现实意义和示范作用。

此后，广东省检察院为我校依法从事管理工作提供法律保障。重点对基建工程建设、物资采购和招生等重要环节是否严格遵守国家法律与有关规定制度，进行监督和检查。例如，每项建筑工程开始时，检察官到校先向大家讲解纪律要求，而且坚持陪同大家完成工作任务。这样一来，学校的反腐倡廉工作建立了机制防线，促进教职员工依法履行职责，遏制和减少了职务犯罪的发生。

下篇

埋头苦干　继续奉献

第二十四章
执着奋进

第一节　九五校庆

  暨南大学是祖国大陆向海外传播中华文化、维系海内外炎黄子孙亲情、开展中外文化交流的一条重要纽带，在我国高等教育史上有着特殊的地位。她不仅是中国历史上第一个华侨高等学府，是中国历史上第一个招收留学生的大学，也是目前中国大陆高校中招收境外学生规模最大、人数最多的一所综合性大学。但是，暨南大学自创办后的95年中，3次停办，发展道路十分艰辛。1991年11月，我来暨南大学工作后，逐渐对她的历史有所了解，并在1996年6月15日主持了90周年校庆。然而那时，我把主要精力放在"211工程"重点大学的申报上，因此对校庆具体事宜未过多关注。

  2001年，恰逢学校95周年校庆，此次我集中精力做好筹备校庆工作。一所大学的校庆既是全校师生员工和全体学友的大喜之事，又是鼓舞大家志气共同努力建好学校的巨大动力，所以把校庆办好是一件重要任务。我注意到学校校庆的纪念日存在疑问，便请档案室卢淑君同志帮助调研。她很认真负责，终于在国家历史博物馆找到了暨南大学前身暨南学堂的批准文件，证实清朝光绪皇帝于农历1906年12月27日（公历1907年2月9日）御批"学部知道，钦此"。按通常道理，学校校庆日应订在2月9日。但是，过去校庆日是每年6月15日，且从农历1906年算起。经查，6月15日是国立暨南大学第一任校长郑洪年上任的日子。而在广州，6月15日恰是多雨季节，不宜搞宣传和活动，从暨南学堂筹建之年1906年起算也合理，考虑到广州的气候和工作忙碌时间原因，我提议把校庆日定在每年11月16日，仍从1906年起算，此事得到大家赞同。因此，我们便将95周年校庆日改为2001年11月16日，并于3月28日发布了暨南大学95周年校庆公告。希望校友们一如既往地关心、支持母校的发展，热忱欢迎各界嘉宾届时莅校指导，欢迎海内外校友届时返校欢聚，以重叙母校情、同窗意与师生谊，并希望大家对暨南大学95周年校庆活动提出宝贵建议。学校为此成立了校庆筹备委员会，我任主任。

我考虑到校歌与时代不甚相宜，提议改写校歌。经过公开征集，确定吴仁作词、曹光平作曲的新校歌，歌词很有特色：

钟山黄埔，建阳白云，我们都是炎黄子孙。
祖国厚爱，慈母深情，海外学子的摇篮，辈出精英。
寻根啊，根在中华。
立志啊，志在振新。
暨南，暨南，任重道远，发扬光大民族魂。

随后，全校师生员工都学唱这首新校歌。在校文艺晚会和校庆大会时，作为主题歌曲表演和歌唱。

为彰显暨南大学之侨校办学特色、多元化的校园文化氛围与国际化的办学理念，在建校95周年之际，我提议并经大家同意，在教学大楼北侧设立"万国墙"，记录1978年以来学校学生来源的国家，以彰显暨南之侨校办学特色。同时，在科学馆前面的大草坪上塑立我国伟大思想家、政治家、教育家孔子和世界伟大科学家爱因斯坦的两尊雕像，分别用"万世师表"和"巨大的冥想"立名，供师生们敬仰。前一尊雕像请著名工艺美术大师胡江雕塑，并由董事梁仲景捐赠。后一尊雕像由吴雅琳大师雕塑。

11月8日，暨南大学纪念碑揭碑仪式在南京市鼓楼公园芳草地举行。这里是暨南学堂的旧址——薛家巷妙香庵的所在地。1995年在这附近拆迁房屋时曾挖掘出一块刻有"国立暨南学校界"的界碑石，被我校校友发现，我得知消息后，立即请校友将此碑运回学校，现放在校史展览室中，十分珍贵。此后，我们和暨南大学南京校友会谢因会长商量，设法在此建立一个暨南大学纪念碑，饮水思源，以纪念我校的发祥地。经过努力，得到南京市政府批准，在老校址旁的南京市中心鼓楼公园建立了这一纪念碑。南京艺术学院美术学院院长陈世宁教授负责设计制作。我在揭碑仪式上讲话："今天，我们从广州踏上寻根之旅，在学校的发祥地南京举行'暨南学堂纪念碑'揭碑仪式，就是为了饮水思源，温故知新。暨南的发展凝聚了几代暨南人的心血与汗水。他们筚路蓝缕，以启山林之功，将永载暨南史册"，"今天，我们在南京寻根溯源，举行'暨南学堂纪念碑'揭碑仪式，正式拉开了95周年校庆活动的帷幕。"

南京大学副校长洪银兴教授，南京航空航天大学伍贻兆教授，江苏省侨务办公室负责人，南京市规划局、园林局负责人，南京军区徐充少将以及暨大南京校友会、苏州校友会、无锡校友会、常州校友会、上海校友会、浙江校友会的校友共计50余人出席了揭碑仪式。纪念碑的落成，不仅便于海内外校友寻根溯源，而且扩大了学校的知名度。

11月16日上午，我校师生与来自新加坡、泰国、日本、韩国、越南、印度尼西亚、美国、德国、法国、葡萄牙、澳大利亚、南非等国家和中国港澳台地区以及各省区市的嘉宾、校董、校友4000余人在邵逸夫体育馆隆重集会，庆祝我校建校95周年。全国政协副主席钱伟长、马万祺，国务院侨务办公室主任郭东坡、副主任刘泽彭，中共广东省委常委、宣传部部长钟阳胜，广东省人大常委会副主任侣志广，广东省副省长李鸿忠（后任中央政治局委员、天津市委书记），全国人大常委会委员、海南省人大常委会副主任王学萍，广州市副市长陈传誉，中央驻香港联络办副主任王凤超，中央驻澳门联络办副主任刘名啟，澳门特别行政区立法会议员唐志坚，澳门中华教育会理事长黄枫桦，澳门中华语文教育基金会董事长何量贤，澳门东方葡萄牙学会副会长飞力鹏（Filipe）博士，台湾暨南国际大学教务长徐泓，德国弗里德利希女皇基金会干事长哈姆斯坦恩教授，美国威斯康星大学欧克莱尔分校副校长林德博士，法国里昂天主教大学校长崔卡德（M. F. Tricard），日本神户商科大学校长阪本靖郎，广岛修道大学校长台次卡瓦（Taichi Zchikawa），越南胡志明市经济大学校长阮清泉，韩国全南大学校长斯觉崇（Seok-Jong Chung），淑明女子大学教务长莫丰坤（Mok Eun Kyun），印度尼西亚北苏门答腊大学校长查乌丁·卢比斯（Chairudainp Lubis），澳大利亚格里菲斯工程学院院长卢耀梓等领导和嘉宾出席了庆祝大会。

  校庆之前，党和国家领导人等纷纷为学校题词。曾任中华人民共和国副主席的暨南大学名誉董事长荣毅仁发来贺电："值此暨南大学95周年校庆之际，谨向暨南师生和校友表示热烈祝贺。在新世纪，暨南大学更加任重道远，希望贵校抓住机遇，再展宏图，开创新局面，更上一层楼。"时任国务院副总理的钱其琛题词："弘扬中华文化，培育五洲英才。"时任全国政协副主席的暨南大学董事长钱伟长题词："乐育侨界英才，喜逢祖国复兴。"时任全国政协副主席的暨南大学副董事长霍英东题词："九五风雨育桃李，廿一赤子展鸿图。"时任全国政协副主席的暨南大学副董事长马万祺题词："育才辉内外，桃李遍三洲。"国务院侨务办公室主任郭东坡题词："继往开来，再创辉煌。"香港特别行政区行政长官董建华题词："兴学强国。"澳门特别行政区行政长官、暨南大学副董事长何厚铧题词："九五光华，作育英才。"全国人大常委会委员、暨南大学副董事长曾宪梓题词："发扬暨南传统，培育优秀人才。"领导的关怀，溢于言表。

在庆典大会上致辞时,我回顾了建校95年来的办学成就,特别是学校自1996年成为国家"211工程"重点大学之后,办学层次稳步提高,在海内外的影响日益扩大。在全国高校的综合实力排名不断上升:1998年为第87位,1999年为第72位,2000年为第60位,2001年已跃居第40位。与1996年建校90周年时相比,我校博士学位授权学科、在校学生总数和全日制本科生都分别增长了1倍,研究生增长了4倍多,境外学生增长了1.5倍,科研经费增长了10倍。同时,学校还填补了院士和博士后科研流动站、一级博士学位授权学科、国家级重点实验室、重点基地、重大科研项目等多项空白,在许多方面实现了零的突破。特别是境外学生数由1996年的19个国家和地区的1982人增加到36个国家和地区的4983人。最后,我特别强调,"侨校+名校"是暨南大学的发展战略,走研究型大学的道路是暨南大学的发展方向,我们正向着国际化、现代化、综合化的高水平社会主义华侨大学的目标奋进。我们坚信,暨南大学全体师生员工将恪守"忠信笃敬"的校训,弘扬"爱国爱校、团结奋进"的精神,团结一致,开拓进取。暨南大学的明天一定更美好,暨南大学的前景一定更灿烂。

接着,国务院侨办郭东坡主任讲话,对我校的办学成就给予充分肯定,特别是1996年以来,学校通过组织实施国家"211工程"项目建设,全面带动学校的建设和发展,使学校面貌发生深刻变化,呈现一派蒸蒸日上的新景象。

广东省副省长李鸿忠讲话说,有这么多国内外嘉宾出席暨南大学建校95周年校庆,充分显示暨南大学是一所在国内外有影响的华侨最高学府,是一所名校。同时,他转述中央政治局常委李岚清副总理的指示,对刘人怀校长的工作和"侨校+名校"的办学思路做了肯定。

与我校有20年友好关系的德国弗里德利希女皇基金会干事长哈

姆斯坦恩教授在会上讲话，热情洋溢回忆了我们双方20年友好交往的历史，1993年以来，刘人怀校长到柏林访问了4次，他本人也访问暨大已经3次。通过双方协议，一共有120名中国医生在柏林接受了1年的培训，其中15人还攻读了博士学位。同样，也有12名德国医生在暨大进行为期1年的中医学习。他接着说，我们已经成为老朋友！我不知道中德之间还有没有哪一所医疗机构和学校的合作能像我们这样的密切。友谊的花朵需要不断的浇灌，我们应该努力保持这份真挚的友情！

我校姊妹学校、美国威斯康星大学欧克莱尔分校副校长林德博士在会上讲话，他首先回忆了两校13年来交往的友好历史，一共有25位暨大教师前往该校进修。他们的到来，才使学校开出初级汉语、中国文化和当代中国等课程。两校交流项目对学生至关重要，同时也加深了对相互文化的了解。他热烈祝贺暨南大学95周年校庆并期盼更有成效的教师交流。

我校新建立的姊妹学校，印度尼西亚北苏门答腊大学校长查乌丁·卢比斯教授在会上热情地讲话，称赞暨南大学是中国的著名高等学府，也是一所闻名于世的大学，并祝愿暨南大学大展宏图，事业昌盛。

我校姊妹学校，日本神户商科大学阪本靖郎校长在会上热情地讲话，暨南大学之所以能有今天的辉煌和骄傲，是以刘人怀校长为代表的暨南大学全体教职员工，以及长期以来积极参与暨南大学建设和发展的各界人士所付出的非凡努力的结果。暨南大学在剧烈动荡的20世纪里，卓越地发挥了自己的作用，确立了今天的地位，并相信，暨南大学今后仍会一如既往地为社会做出更大的贡献！

暨南大学校友总会马友恒会长代表海内外暨南校友讲话，他首先向母校95周年校庆致以最热烈的祝贺，对曾经辛勤培育的师长们表示衷心的感谢！广大暨南校友永远心系母校，母校对学生的培育，恩比天高，广大暨南校友对母校情似海深，永志不忘。

最后，教师代表陈伟明、学生代表颜泉发也在会上发言，祝贺学校建校95周年。

校庆大会结束后，举行了校友楼和校史展览厅落成剪彩仪式。全国政协副主席钱伟长、马万祺等领导、嘉宾和校友500名，参加了剪彩仪式并参观了校史展览厅。海内外暨南校友筹款438万元，加上母校注资400余万元，终于建成了校友楼，并在楼内开辟校史展览厅。这是中国高校的第一个校史馆，建设的目的是让全体师生员工不要忘记历史，让所有暨南人都继承和发扬光荣的暨南精神，对鞭策暨南学子成才将发挥积极作用。经过用心筹备，馆内藏品内容丰富，史料翔实，大家都很感兴趣。建校95年来，暨大已培养了7万多名毕业生，校友遍布世界五大洲，桃李遍天下。校友中，任党和国家领导人的如中央政治局常委、国务院副总理李岚清和中央政治局委员、国务院副总理、第八届全国政协副主席吴学谦等。另外，有一位学生许敦茂任泰国国会议长。校友中有两院院士4位：谭其骧、曾毅和邓锡铭成为中国科学院院士，侯芙生成为中国工程院院士。特别是，中共中央总书记江泽民的父亲江上青是我校的学生，邓小平同志的弟弟邓垦也是我校的学生。1958年重建暨南大学的陶铸校长还任过中央政治局常委和国务院副总理。教师中，黄炎培、周建人、许德珩、胡愈之、周谷城、楚图南、严济慈等7位曾任全国人大常委会副委员长，而且黄炎培还曾担任过政务院副总理；严济慈、陆学善、杨简等3位老师是中国科学院院士，我自己也荣幸地当选为中国工程院院士。

当天下午，在国家交通部广州信息科技研究所的会议室举行了"交通部广州信息技术研究所并入我校信息技术研究所"仪式。事前，我亲自与吴正佰所长友好商议，他们自愿加入我校，我高度赞赏并欢迎他们加入。信息技术学科是前沿学科，加入我校后，将大大有助于促进学校信息技术领域相关专业发展。国务院侨务办公室副主任刘泽彭和交通部副司长何捷亲自揭牌,刘泽彭、何捷、吴正佰和我都讲话表示祝贺与欢迎。

次日,前来参观我校95周年校庆的境外姊妹大学及内地(大陆)来参加校庆的共16所大学的校长、嘉宾一起在校友楼4楼举行了题为"校长论坛——大学在21世纪面临的主要挑战"的国际研讨会。与会代表分别来自中国、美国、德国、葡萄牙、法国、日本、韩国、澳大利亚、南非等国。来自美国威斯康星大学欧克莱尔分校的副校长林德博士、德国弗里德利希女皇基金会干事长哈姆斯坦恩教授、澳门东方葡萄牙学会副会长飞力鹏博士、日本神户商科大学阪本靖郎校长和我分别在大会上发言。各位发言人分别结合本国的实际情况,对大学在21世纪面临的主要挑战和应对举措阐述了自己的看法。会议气氛十分活跃,开得很成功。特别是会议所有发言和问答都用英语进行,这还是学校首次用英语作为工作语言举办国际会议,这无疑反映了学校的国际化特征和奋斗目标。

2001年11月,暨南大学95周年校庆晚会上,与印度尼西亚北苏门答腊大学歌舞团演员合影,答谢他们的精彩演出。二排左9为刘人怀

在校庆的前一天晚上，由印度尼西亚华侨校董黄智隐董事资助，举行了由印度尼西亚北苏门答腊大学艺术团为我校校庆的文艺专场演出，这是一台充分体现印度尼西亚民族艺术特色的节目，多姿多彩，博得全场热烈的掌声。

在校庆当晚，在大礼堂举行由学校师生员工艺术团演出的名为《暨南情》的文艺晚会。新校歌的联唱，拉开了序幕，演出相当精彩，充满着暨南人火热的激情。

校庆前夕，我从书中看到我校杰出校友吴学谦在新中国成立前，因在我校读书时从事地下革命工作，于1948年2月被学校开除。他即将过八十寿诞，我于是想到，应给他补发一张暨南大学毕业证书。虽然晚了53年，但是值得做。11月9日，我赶到北京，在暨南大学北京校友会陈默和邱国良的陪同下，专程到吴学谦校友寓所，补发给他一份早在1948年就该发的毕业证书。因他染恙住院，毕业证书由其夫人毕玲同志代表接受。她十分高兴，说："非常感谢暨南大学，谢谢刘校长，尤其是在老吴80岁生日的前夕接到这份有意义的证书，我代表老吴再次谢谢你们！"在吴老11月19日八十寿辰之际，我委托北京校友会，向他赠送一个由80朵红玫瑰制作的精致的大花篮，祝他生日快乐，健康长寿。

盛大隆重的校庆活动，引起了海内外新闻媒体的高度关注。11月17日晚，中央电视台《新闻联播》栏目关于我校校庆活动的报道，把校庆宣传活动推向新的高潮。

第二节　211 验　收

"211工程"是学校复办以来投入资金最多、建设规模最大的一项重点工程，是学校成为全国重点大学的开始。在国务院侨务办公室和广东省委、省政府的领导下，全校师生员工激情迸发、忘我工作，使"九五"期间"211工程"建设项目取得可喜成果。

2002年7月，来自全国的11个专家组分别对学校7个学科建设子项目和公共实验服务中心、校园计算机网络、图书馆、电教与计算机辅助教学基地4个公共服务体系建设子项目进行验收。专家组在听取各项目负责人验收汇报并进行实地考察后，对学校7个学科建设子项目均评为"优秀"，并一致同意4个公共服务体系建设子项目通过验收。

同年10月17日至18日，以中国工程院院士、北京工业大学校长左铁镛教授为组长的专家组对学校"211工程""九五"建设项目进行整体验收。专家组成员为哈尔滨工业大学原校长黄文虎院士、上海交通大学陈贾珠院士、西安电子科技大学校长段宝岩教授、兰州大学校长李发伸教授、复旦大学管理学院原院长郑绍濂教授、华南师范大学副校长赵毅教授。

我向专家组汇报了学校"211工程"五年来的建设情况，专家组认真审阅各种文件资料，考察了学校有关部门，组织了有关师生座谈会，最后由左铁镛院士宣读了专家组意见。专家组成员一致认为，暨南大学在学科建设、人才培养、师资队伍、科学研究、教育教学改革、教学质量等方面均超额完成建设目标，在管理体制改革及提高办学效益等方面取得显著成效，已高质量完成国家下达的"211工程""九五"建设项目计划，成绩显著，一致同意暨南大学通过"211工程""九五"建设项目验收，验收总体评价为优秀。

2002年10月，暨南大学"211工程""九五"建设项目验收，与专家、领导合影。前排左4起为黄文虎院士、左铁镛院士、刘泽彭副主任、李发伸校长、刘人怀

"优秀"评价来之不易，在全国"211工程"高校中也属罕见。与进入"211工程"建设前的1995年相比，学校整体面貌发生了巨大变化。本科专业由30个增加到43个，硕士学位授权点由50个增加到67个，博士学位授权点由7个增加到14个，新建2个博士后科研流动站，新增产业经济学和水生生物学两个国家级重点学科，使学校在国家重点学科方面实现零的突破。在校研究生数达到3245人，比1995年增长5倍多。海外及港澳台学生数由1995年的1982人增至6168人，增长3倍多。拥有博士学位的教师占专任教师比增至25.7%，新增博士生导师49人。我于1999年11月被遴选为中国工程院院士，使学校在院士方面也实现了零的突破。

第三节 "十五"211

2002年10月，我校"九五"期间的"211工程"整体验收获得顺利通过。接着，就进行"十五"期间"211工程"项目的启动准备，我校的项目可行性研究报告获得国家发展和改革委员会的批准。11月8日，国务院侨务办公室与广东省人民政府在我校组织了"十五""211工程"建设项目立项论证会。以北京师范大学原校长王梓坤院士为组长，南昌大学校长潘际銮院士、南京大学副校长洪银兴教授、四川大学副校长张义正教授、华南师范大学原校长管林教授、华南理工大学测试中心主任张大同教授、中山大学测试中心副主任林少琨教授为成员的专家组，对我校"十五""211工程"建设项目进行了立项论证。

国务院侨务办公室刘泽彭副主任在会上致欢迎词，教育部"211工程"办公室徐维清副处长，广东省教育厅副厅长罗远芳教授、郑士览处长出席了论证报告会。我就我校"十五""211工程"建设项目的可行性情况向专家组和领导做了详细汇报。

"十五""211工程"建设是"九五""211工程"建设的延续和发展。"十五"期间，我校"211工程"建设的主要目标和任务是：在"侨校+名校"战略思想的指导下，继续深化改革，优化专业结构，坚持重点原则、质量原则和效益原则，以学科建设为主线，重点支持6个学科建设项目，建成若干国际和国内知名、有我校自身特色的学科。从而将我校建成立足地方、面向海内外，为推动国家经济建设和社会发展做出贡献的海内外知名的高水平社会主义华侨高等学府。

2002年11月，暨南大学"十五""211工程"建设可行性研究报告论证，与专家和领导合影。前排左6起为潘季驯院士、刘泽彭、王梓坤院士。右2为刘人怀

我校"十五""211工程"预计总投入2.4亿元，将对生物科学技术与生物医学工程、生殖科学与计划生育、产业经济与金融经济、企业管理理论与应用、中国语言文学与海外华文教育、中外关系与华侨华人6个学科，数字化图书馆、校园计算机网络、实验技术中心3个公共服务体系以及师资队伍、基础设施进行重点建设。力争在2005年完成"十五""211工程"建设，基本实现"侨校+名校"的战略目标，使学校在综合实力方面再上一个台阶。

在学科建设方面，进一步优化学科结构，建成若干国际和国内知名、有学校自身特色的新兴学科和优势学科。

在人才培养方面，到2005年，学校本科生保持在1.3万人左右，硕士生由2002年的2853人增加到4500人，博士生由2002年的392人增加到600人，同时扩大博士后人员的进站数量，提高人才的培养质量。

在科学研究方面，保持和发挥基础研究的优势与特色，加强应用研究、高新技术研究和开发研究，加强各类重点实验室的建设，争取建成1个国家级重点实验室和2个省级重点实验室，力争产生若干项在国内外有重大影响的科技成果。到2005年，年度科研经费将达到8000万元；争取年度发表科技论文（国家四大检索系统收录论文）1500篇，其中被科学引文索引（Science Citation Index，SCI）、工程索引（Engineering Index，EI）、科技会议录索引（Index to Scientific & Technical Proceedings，ISTP）三大索引收录论文100篇左右；获国家级、省部级重大科技成果奖3～4项。

在师资队伍建设方面，形成结构合理、学科覆盖面广和有一定国际知名度的学术带头人群体。到2005年，专任教师队伍将由"九五"末期的1093人达到1400人，编内在岗教师中，具有研究生学历的教师达到83%以上，其中具有博士学位的教师达到35%以上；具有国内一流或领先水平的学科带头人达到20人以上，拥有两院院士3人以上，培养出30名左右在国内有一定影响、有较高学术水平、有较大发展前途和潜力的学术骨干，使教师队伍的整体素质与学术水平，特别是创新能力和竞争实力有大幅度提高。

在办学条件方面，公共服务体系建设项目的完成将促进学校的教学质量、科研水平的进一步发展和提高。图书馆数字化文献信息保障系统与数字化校园计算机网络将提供高效、便捷、多样的数字化服务，实现与国际学术接轨，并为我校开展华侨华文教育提供优越的条件。"十五"期间，基础设施建设得到进一步改善，为教学、科研和师生生活提供更好的硬件环境，校园实现文明、安全、有序的管理机制，育人环境进一步优化。

学校通过"十五"期间的建设，总体办学水平、办学效益、为行业及地方服务的能力将有显著提高，学校在海内外的学术声誉有较大提高，对内对外招生吸引力进一步增强，综合性大学的特色更加鲜明，成为海内外知名的高水平社会主义华侨高等学府。

专家组经过认真讨论，一致通过《暨南大学"十五""211工程"建设项目可行性研究报告》的论证。学校根据此论证上报，国家发展和改革委员会于2004年6月予以批准。

2005年5月26日，以清华大学副校长岑章志教授为组长的教育部专家组莅临我校检查"十五""211工程"建设情况。当日上午，学校召开"十五""211工程"建设情况汇报会，王华副校长代表学校进行了汇报。随后，专家组与一级学科建设项目负责人进行了座谈，并检查了我校"211工程"管理档案，随机抽查了中国语言文学与海外华文教育，生物科学技术与生物医学工程两个学科建设项目。专家组的检查是"211工程"中期检查的一个重要环节，是最后总体验收的参考依据。

在我校长任期的最后几天内，2006年1月6日至11日，我校"十五""211工程"建设子项目的验收工作顺利完成。学校聘请8个验收专家组，分别对校园计算机网络、数字化图书馆2个公共服务体系建设项目以及6个重点学科建设项目——生殖科学与计划生育、生物科学技术与生物医学工程、产业经济与金融经济、企业管理理论与应用、中国语言文学与海外华文教育、中外关系与华侨华人进行验收。各专家组在仔细听取项目负责人的汇报后，与项目组成员进行面对面交流，并实地考察各项目建设成果。经过专家组认真讨论，学校"十五""211工程"8个建设子项目均以优秀的成绩通过验收。为此，我特别高兴，完成了我承担的任务。

由于工作安排原因，学校"十五""211工程"直到2006年5月

29日才进行整体验收，由于我已从校长岗位上卸任，故未主持最后的这个程序。以吉林大学原校长刘中树教授为组长的专家组充分肯定了学校在"十五""211工程"期间所取得的成就，一致认为学校"全面实现了建设目标，高质量地完成了建设任务"，很好地解决了"高水平"和"有特色"的问题，使学校"十五""211工程"顺利通过验收。

经过建设，学校的综合实力和办学水平有了进一步提高。学校布局更加完善，新增4个学院，全校共有20个学院；新增24个本科专业，全校共有61个本科专业；新增67个硕士学位授权点，全校共有133个硕士学位授权学科；新增博士学位授权点40个，全校共有54个博士学位授权学科；新增博士后站4个，全校共有6个博士后站。高层次人才培养规模不断扩大，质量稳步提高。在校全日制本科生由12 263人增加到16 336人，全日制硕士生由2521人增加到5312人，全日制博士生由386人增加到762人，在全国百篇优秀博士学位论文方面实现零的突破。港澳台及海外学生数量大幅增加，由6168人增加到10 609人，生源国由53个增至71个，总人数为全国高校之首。特别是在校攻读博士、硕士学位的留学生达843人，占全国高校海外及港澳台研究生总数的1/4。师资队伍结构进一步优化，全校有教师1484人，研究生学位拥有者1281人，占86%。新聘院士5人，新增博士生导师64人。科研实力进一步增强，"十五""211工程"建设期间，到位科研经费4.03亿元，较"九五""211工程"期间增长1.4倍；2003年至2005年在国内外共发表学术论文6247篇，其中608篇被SCI、EI、ISTP收录，906篇被中文社会科学引文索引（Chinese Social Sciences Citation Index，CSSCI）收录，分别是"九五"期间的3.8倍、1.8倍。办学条件不断改善，2003年至2005年增购教学、科研仪器设备7986万元，各校区之间实现了联网，图书馆自动化集成系统的应用，为教学科研提供了更加有力的支撑。

第二十五章
境外访问

第一节　海外访问

我在任校长的第一任期内，集中精力抓好学校国际化的工作，特别是将出国访问外国大学和华侨华人社团、华人学校作为重要事项。访问外国大学，了解外国高校的行政、教学和科研管理情况，建立姊妹学校，加强学术交往，提高学校的国际声誉，对办好学校至关重要，鉴于这种方法有效，我便在第二任期内继续推行。

2000年5月12日，我同国务院侨办文宣司高教处王芸同志、我校招生办公室陈申华主任等4人前往美国、巴西、秘鲁访问。我们先访问美国得克萨斯州圣安东尼奥的圣道大学，该校有3000多名学生，能培养博士、硕士和本科学生。我们两校在1997年已签订姊妹学校协议，互派了师生。这次访问，我还见到我校在此进修的胡大欣等师生。我们此次专程前往该校，是应邀回访并续签交流协议。该校校长阿格尼斯博士曾两度访问我校，重视与我校的交往。在签字仪式上，我和他都盛赞两校的友好交往。

然后，我们到巴西首都巴西利亚。巴西有华侨华人10万人。我们访问了著名的巴西利亚大学和巴西利亚天主教大学。经过友好会谈，我们分别与他们签订了友好交流协议。巴西利亚天主教大学校长巴普迪维里（Bapdeville）教授特别说明，这是该校和亚洲的大学签订的第一个协议，非常重要，希望两校从此建立友好的交流关系。同时，我们还专程去中国驻巴西大使馆拜会了参赞黄松甫和刘焕秋，得到他们的赞扬和支持。

接着,我们前往华侨华人较多的秘鲁访问。在我校戴国坤校董和华社领袖何少明先生的热情安排下,首先访问了历史悠久的秘鲁国立农业大学,拜会秘鲁大学协会主席兼该校校长巴达若(Badarauo),进行了友好谈话,了解了秘鲁大学概况。秘鲁总统藤森和戴国坤先生均毕业于该校。接着,拜会秘鲁教育部部长,他高兴地说:"你好年轻啊!你们是中国大学第一个正式访问团,如果在这次全国大选后我再任教育部部长的话,我一定要到中国去,到暨南大学去!"

然后,我们访问秘鲁最大的大学——圣马丁·德·博雷斯大学。该校设有12个学院。我们访问了其中7个学院:妇产科学院、管理学院、经济学院、统计学院、医学院、计算机学院、新闻学院,受到热烈欢迎。我还在其中5个学院向学生们讲话,介绍了我们中国和暨南大学,希望我们加强往来。随后,我和该校签订了姊妹学校协议。由于该校陈校长正在西班牙出差,故我一人先签。签字后,我做了"暨南大学国际化之路"的讲演,受到听众热烈欢迎。

2000年5月,访问秘鲁圣马丁·德·博雷斯大学,签署协议建立两校友好合作关系。后排左1为刘人怀

此后，我们还访问了秘鲁最大的爱国华侨华人团体——秘鲁中华通惠书局，前身是1886年清政府派驻美、日、秘三国大使郑藻如创立的"通商惠工总局"。通惠书局的领导十分热情，承诺今后会多多帮助暨南大学，推荐华侨华人的孩子们来暨大读书。

最后，我们拜会了中国驻秘鲁大使任景玉。他详细介绍了秘鲁华侨华人情况，希望暨南大学为中秘的交流做出更大贡献。

2001年3月30日，我与胡军副校长、管理学院隋广军院长、外事处刘渝清处长一起去英国访问。我们先访问兰开斯特大学。它是一所综合性大学，在全英97所大学中的综合排名为第14位，其管理学科被列为五星级学科，在英国享有盛名。其环境学科以历史最长、水平最高而名列榜首，其语言学科更是首屈一指的学科。我们参观了管理学院，印象深刻。然后我与该校校长阿伯克隆比（A. Abercrombie）进行了友好交流，并立即签署两校友好合作协议书。然后，我们再次去了世界著名的剑桥大学参观。路过伦敦时，我们又专门去无产阶级伟大导师马克思的墓地凭吊，表达一位中国共产党党员的敬仰。

接着，我们前往荷兰阿姆斯特丹大学访问。该大学曾产生4位诺贝尔奖得主，在欧洲很有名。我分别与该校校长、国际人文社科学院和经济学院有关领导交换了意见。双方认为两校具有很多相似之处，是进一步发展良好关系的基础。该校50%的课程用英文授课。通过讨论，对互派师生和学术交流合作有极大的兴趣，但对合作领域和合作模式尚需进一步探讨。

然后，我们又前往法国里昂，访问了世界卫生组织下属的国际癌症中心和天主教大学；分别会谈，都有合作的愿望，需进一步洽谈。

同年7月2日，我和纪宗安处长、柏元淮院长等4人去韩国访问。首先拜访汉城著名的淑明女子大学，我曾在布鲁塞尔国际大学校长协会大会上与该校校长李庆淑校长相识，因此，见面后相谈甚欢，立即签署了两校友好合作协议。然后我们再去梁州市灵山大学参观访问，该校前任校长郑千九也与我在布鲁塞尔国际大学校长协会大会上见过面，这次访问，他也专门出来接待我们。我与该校校长夫龟旭进行了友好会谈后，签署了两校友好合作协议。同时，我们还参观访问了我校二附院的友好交往医院，看望了二附院正在那里进修的吴本清等3位医生。该医院由在光州的全南大学管理，我与该校郑校长商定，今后要加强来往。

2001年7月，在韩国光州访问全南大学校长，建立两校友好合作关系

接着，访问日本，先到神户。再次访问姊妹学校神户商科大学，该校校长阪本靖郎热情地接待我们。然后，我们去访问创价大学，著名的社会活动家池田大作先生特地举行隆重大会，亲手向我颁授创价大学最高荣誉奖。荣誉证书上写道：鉴于刘人怀先生在板壳结构力学研究和作为暨南大学校长在国际文化教育方面所取得的成就，特授予最高荣誉奖。

会前，还应邀访问创价学会办的创价学园，内设幼儿园、小学、初中和高中，共有2000多名学生。在该校尾崎校长和小林董事长的陪同下，出席了学生们的欢迎大会。我即席讲演了几分钟，讲和平，讲中日友谊，并介绍了暨南大学。会场学生纪律良好。午饭后，又举行解答问题大会，会前还由学生进行古筝表演，演得很好。3位同学发言，向我提问了以下3个问题。

（1）你最崇拜的老师是谁？我马上回答，是我的父亲。我读初中一年级的时候，他教我英文，教得很好。

（2）你对我们学生期望什么？我回答，应致力于和平，并赠词"好好学习，天天向上"。

（3）你对日本教科书不承认侵略中国之事有何看法？我义正词严地讲了这个问题，日本侵略中国之事是铁打的事实，人人都清楚！

对我的回答，学生们报以热烈的掌声。我的助手们均说我答得太棒了！刘校长可以当外交家！随后，我还为该校学生题词——教育为本。

2001年7月，在日本创价大学，池田大作先生（右1）颁授最高荣誉奖

此后，我们还去访问姬路工业大学。此校已同我校友好交往，目前暨大已有5位学生在此进修，其中3位是研究生，我和他们见了面，鼓励他们认真读书。此外，还访问了广岛大学和关西国际大学。我们还专程去参观了第二次世界大战广岛原子弹爆炸遗址，令人震撼！

最后，我们还到中国驻日大使馆拜访了修立征参赞。同时，还去拜访东京华侨总会，感谢他们的友好帮助。

同年12月19日，受邀参加"中国侨界文化教育考察团"前往老挝、柬埔寨和泰国访问。此团由国务院侨办组织，云南省侨办李主任担任团长，我和学校招生办庄友明副主任参加，全团共有8人。

当天就从昆明直飞老挝首都万象，先去中国驻老挝大使馆拜会刘正修大使，汇报了访问内容。刘大使介绍了老挝华侨华人情况。接着，我们去拜访华侨华人社团组织中华理事会，该会设有全国性组织。我们先后拜访了万象中华理事会、沙湾拉吉中华理事会和琅勃拉邦中华理事会，会长们热情地接待我们，向我们介绍了当地华侨华人的情况。然后参观了寮都公学、崇德学校和新华学校，它们分别有1064名、300多名和700多名学生，全部面向华侨华人招生，前两所学校都办幼儿园、小学、初中和高中，而且第一所学校是全国6所华文学校中最大的学校，新华学校只办小学。特别令我高兴的是，前两所学校都使用了我校华文学院编写的教材。3所学校师生都非常热爱祖国和故乡，办学质量还不错。趁此机会，我便请前两所学校的校长林电全和郑辉担任我们暨南大学的招生代办人，他们都高兴地接受了我的邀请。自此，我校在老挝的招生一年比一年好。

因为林电全校长的儿子林康是我校经济学系1997届学生，林康的爱人也是我校外语系学生，由于这层关系，我与林校长就更熟，便请他帮我联系，我想去老挝国立大学访问，他帮我联系好后，我于12月24日直接去这所老挝唯一的大学访问。该校校长办公室主任圣玛妮和外事处长康哈冯热情接待了我们，双方互相介绍情况。该校设有10个学院，分在数个校区，有14 000多名学生，仅设有本科。我们国家仅有广西民族学院和云南民族学院同他们有交往。他们接受我的建议，两所学校签约结为姊妹学校。先由我校提出协议文本，然后再签约。同时，我从大使馆获悉，今年教育部给老挝来华留学生全额奖学金，留学名额为30人，进修教师20人，而我校却不在接受学校之列。于是，我便请求国务院侨办向教育部要求，让我校成为留学生接受学校。

接着，我飞往金边，前往柬埔寨访问。首先，前往中国驻金边的大使馆，张金凤参赞接见我们，介绍了当地的情况。柬埔寨全国有1000万人，其中华侨华人50多万人。柬华理事会是全国统一的华侨社团，于是我们先去拜访杨启秋会长。他介绍了该国的华侨华人情况。我也借此机会介绍我们暨南大学。

然后，我们访问了金边的集成公学和端华学校，暹粒的中山学校，以及西哈努克市的港华学校，它们是全国70多所华文学校的代表。端华学校有12 000多名学生，办幼儿园、小学、初中和高中程度的专修班，是柬埔寨最大的华文学校，其他3所学校只办到初中。他们的校长均向我们反映缺办学经费、缺老师、缺教材。端华学校张灿坚校长向我反映，我校华文学院编写的教材只适用于华侨，对华人使用仍有差距。集成公学的老师向我反映，暨南大学在1994年以前的学风不好，华侨华人便不愿意将孩子送来读书。我听了这些建议后，衷心感谢他们对暨南大学的关心和支持，并向他们介绍了1996年暨南大学成为国家"211工程"重点大学后的进步，愿意为柬埔寨的华侨华人培养更多更好的人才。

最后，我和庄友明一起飞往泰国曼谷，拜会我校颜开臣董事，商谈在泰国为我校招生事项，商谈中他愉快地答应了我的请求。同时，我去拜会中国驻泰国大使馆晏廷爱大使，希望大使更多地支持我校在泰国的招生工作。泰国人口6353.9万，华侨华人要占一半，我校招生前景很好，应作为重点招生国家重视。然后又拜会了中华总商会郑明如主席，看望了我校陈友汉董事和廖锡麟董事，他们十分支持暨大的事业。

2002年4月29日，我同外事处刘渝清处长、研究生部郑文杰主任、珠海学院林福永副院长一起去南非访问。南非国土面积122万平方公里，4600万人口，有39所大学。我们先到布隆方丹市，该市有50万人口，其中华侨华人3000人，大多来自香港和台湾地区。我们先访问了自由州立理工大学，校长库尔茨（A. S. Koorts）热情欢迎我们。经过友好协商，签署了两校友好合作协议。我们参观了该校的工学院、管理学院、人文学院和健康环境学院，每个学院学生超过千人，但行政管理人员很少，仅设有院长秘书和系主任秘书。

接着，我们又前往开普敦市，由孙博华院长陪同，访问非常顺利。半岛理工大学非加杰（L. Figaji）校长热情欢迎我们，在行政楼前升起了我们的五星红旗，举行了隆重的欢迎仪式。我和他签署了两校友好合作协议。我国驻开普敦领事馆总领事刘永国和副领事孟宇宏也出席了签字仪式。

然后，又去访问开普敦理工大学，该校有13 000多名学生。我和该校校长巴林托罗（M. M. Valintovo）友好商谈后便签了两校友好合作协议。

接着，我们又前往毛里求斯访问。毛里求斯是非洲经济水平最高的国家，面积约2000平方公里，人口120.5万，其中华侨华人3万人，80%是梅州客家人。该国仅有两所大学，毛里求斯大学较老，新的理工大学才办了一年。我们前往毛里求斯大学访问，该校有6000多名学生，可培养博士和硕士生。该校校长穆罕默德海（G. Mohamedbhai）和我友好商谈，我提出今后两校友好合作之事，他答应研究后再给我答复。会后，参观了校园。此外，我们还访问毛里求斯国家教育和科技部，会见了部长的首席助理秘书彭提亥

（R. D. Pentiah），表达了我们暨南大学与毛里求斯友好合作的愿望，他表示支持。

在毛里求斯访问时，我们拜访了中国驻毛里求斯大使馆。临时代办杨富国等人热情地接待我们，支持我们学校的工作。同时，毛里求斯两大华侨华人社团，即华人社会联合会和华侨协会的领导朱清球会长与邓会长等都热情地接待了我们。我们参观了《华侨时报》和《镜报》两大华侨华人报社。接着，我们参观伦敦中学，这是一间用英文教学的中学，有1300多名学生，其中华侨华人子弟非常多。陈蕴祥校长组织全校学生欢迎我们，我致了答谢词。然后，我会见了全体华侨华人学生，有100多人。我向他们介绍暨南大学，欢迎大家来我校读书。接着老师和同学提问，我都一一回答。然后，我们又参观了新华学校，该校1912年建立，目前有200多学生，仅周末上课，从学前班直至中学，全用中文教课。值得高兴的是，他们使用我们学校华文学院编写的教材。我对该校老师表示，欢迎他们的学生前来我校读书。

同年7月28日，应泰国青山集团大众公司董事会主席、我校校董颜开臣的邀请，我和校党委叶勤副书记带着学校董事会办公室、外事处、科技处、招生办、教育学院、生物医药研究开发基地、医学院基因组药物研究中心、医学院第一附属医院肾内科等有关人员组成的10人代表团赴泰国进行科技交流和招生宣传。到达曼谷机场后，颜开臣董事热情欢迎我们，并向我们献上了美丽的花环。中国驻泰国大使馆一等秘书王小婴受晏廷爱大使的委托专程到机场迎接。我校泰国校友会肖廷理主席也到机场欢迎。次日，在曼谷有名的香格里拉大酒店隆重举行暨南大学的科技推介会和招生会，同时还办了展览，泰国各界知名人士500多人与会，这也是暨南大学有史以来在国外召开的最大的会议。中国驻泰国大使馆大使代办刘永兴公使，泰国中华总商会郑明如主席，盘谷银行董事长、我校董事陈有汉，泰国潮州会馆胡玉麟主席，介寿堂慈善会李光隆主席，我校颜开臣董事等主持剪彩。我在会上讲话，介绍了暨南大学的情况以及当时学校在科技研究和招生方面的优势，希望能和泰国各界共同合作、投资，一起推进新技术、新成果产生，为人类社会做出更大的贡献，并希望更多的泰国华侨华人子女报读我校。刘永兴代办致辞，中国暨南大学是拥有百年历史的著名大学，在东南亚及海外华侨华人中有很高的声誉，该次会议是中泰有史以来两国民间科技成果推广和交流的积极尝试，将促进两国科技交流及教育文化合作。我们在会上推介的科技项目有4类：生物医药类，中草药类，医疗器械类，电子、信息、管理科学类。暨大3位老师，李久香、孙晗笑和尹良红分别在会上推介了自己的成果。最后，还播放了学校的招生宣传片《中国·暨南大学巡礼》，招生办陈申华主任介绍了我校对外招生的情况和相关政策。会议隆重热烈，在泰国和其他东南亚国家中引起了较大反响，泰国《亚洲时报》等6家媒体纷纷报道。

接着，我去新加坡和印度尼西亚访问，我校校董黄智隐先生帮我做了周到的安排。在新加坡时，我拜访了我校杰出学生、新加坡国立大学首位校长李光前的长子、新加坡华侨银行董事长李成义。我提出请他担任我校董事，被他委婉地谢绝了，但表示今后会支持我校。然后我便去印度尼西亚苏门答腊棉兰市，访问苏门答腊大学。我与该校校长查乌丁·卢比斯教授商议，推进我们过去的合作，签署了两校友好合作实施协议文件。此后，我校将在该校筹办中文系。同时，我参观了学校图书馆和动物园。

2003年9月22日，我和纪宗安副校长一起去俄罗斯访问。由于兰州大学校友邓兰华教授的帮助，我们的访问十分顺利。在俄罗斯科学院远东研究所郭林科娃（Golikova）副所长的陪同下，我们首先拜访位于莫斯科的俄罗斯人民友谊大学。该校建于1960年，当时其综合实力在俄罗斯排名第三，仅次于莫斯科大学和圣彼得堡大学。该校有学生15 000人，其中研究生2000人。全校留学生有3000多人，来自119个国家，其中中国留学生400多人。设有人文社会学院、医学院、理学院、经济学院、生态学院、工学院、农学院、法学院、预科学院等。校长彼利宾（D. P. Bilibin）教授立即与我相见，我介绍了我们暨南大学情况，并提出了与他们结为姊妹学校的建议。他立即爽快应允，并将框架式文稿交给我们审阅，我表示没有修改意见，便立即印成俄文和英文协议稿，我和他非常高兴地签字同意。至于协议的操作性部分的附件，则待翻译好后再签字。隔了一天，我和他又签了两校实施协议。会后，我参观了校园，大而整齐。然后，又参观该校人文社会学院。克拉贝尔（Kirabaer）院长热情地介绍了该院情况，有2000名学生，博士生300人，教师250人。我询问该院教学和研究情况，他详细地介绍了学分制、教师职务升迁和待遇情况。利用访问的机会，我们专门到闻名的克里姆林宫和红场，瞻仰了伟大导师列宁的墓地。在陵墓中见到列宁遗体时，我以一个中国共产党党员的身份向他致敬！

2003年9月，在莫斯科与俄罗斯人民友谊大学彼利宾校长（后任俄罗斯国家教育部部长）签署两校协议，建立两校友好合作关系。右1为纪宗安

接着，我们去已在上年同我校签了友好合作协议的俄罗斯科学院远东研究所访问。所长是苏联科学院院士图塔云科（Tutapehko），我和他愉快地交换意见。他曾在北京大学和复旦大学留学，于1959年毕业，也曾在苏联驻中国大使馆工作，是典型的"中国通"，中文甚好。

然后我们前往圣彼得堡。访问圣彼得堡国立大学。这所学校已有200多年历史，世界闻名。在校学生有20 000多名。我与该校负责外事工作的特卡臣科（Tkachenko）副校长友好会谈，他同意与我校结为姊妹学校。鉴于此前没有交往，先签备忘录，待有了具体合作后，再签合作协议。我同意他的意见，便签了两校友好交往的备忘录。两校便开始友好往来。同时。我又先后会见该校数学力学系莱昂诺夫（Leonov）主任和东方学系杨松（Yanson）主任。数学力学系有教师300多人，专职科研人员300多人，学生2000多人，很有实力。我邀请他们来我校访问、任教，他们都很愿意来。

在莫斯科时，我还专程去中国驻俄罗斯大使馆拜访教育参赞斐玉芬，请她帮忙联系访问莫斯科大学。由于该校不签校际友好合作协议，只有下面院系各自管这种事，我便未进行访问。结束访问，我们再次前往德国。9月29日下午5时到达柏林。受到邀请立即前往中国驻德国大使馆参加我国国庆宴会，参加的客人达600多人，气氛十分热烈。

次日上午，我们在柏林卫生局原局长辉布勒（Hübner）的陪同下参观柏林医学院附属的夏利特医院。该院是德国著名的医院，有3000多张病床。柏林医学院杜登豪森（Dudenhausen）校长亲自接待我们，并带我们参观医院。

接着，我们受邀参加弗里德利希女皇基金会年会。该基金会成立于1903年，已有100年的辉煌历史。特别是之前与我校成功合作已经20年，帮我们学校培养了100多位医生，所以我十分高兴参加他们的年会。柏林卫生局局长克拉刻·维勒（Knake-Werner）首先致辞，并特别提到该基金会与我校的成功合作。然后，基金会干事长哈姆斯坦恩教授讲话，回顾了基金会的光辉历史以及与暨南大学友好合作的20年历史。接着，曾在我校中医系学习并获得中医硕士学位的雷利利博士讲话，介绍了在暨南大学学习的体会。随后，我和哈姆斯坦恩干事长签署再延长10年的双方合作协议。签字后，我用德语讲话，简单介绍我们暨南大学的历史，再次感谢基金会多年的友好帮助，并代表学校向基金会赠送了一幅国画。大家长时间鼓掌表示感谢，会后大家对我说，我的德语流利，发音准确，所以获得会上最长的掌声。随后我去看望在夏利特医院进修的8位医生，听取了他们学习情况的汇报，并鼓励他们好好学习。

最后，前往中国驻德国大使馆，拜访教育参赞刘京辉博士。

同年12月10日，我和新闻学院林如鹏副院长、外事处刘渝清处长、招生办庄友明主任一起前往菲律宾访问。菲律宾约有8000万人，其中华侨华人200万人，却掌握全国经济七成左右。首都马尼拉有600多万人，其中华侨华人几十万人。我们先访问马尼拉的侨中学院，该校从幼儿园、小学，一直办到中学，在校学生4500人，在整个菲律宾中文学校中排名第一。他们自编中文教材，还从中国聘请了15位老师。校长颜长城和董事长庄中坚热情接待我们，学校的整齐和办学质量给我们留下了深刻的印象。

接着我们前往碧瑶市圣路易斯大学参观访问。该校是天主教私立大学，校长是保罗·冯·帕里斯博士，做事热情认真。这所大学在菲律宾排名第五位，包括研究生和本科生，共有23 000名学生。他同意与我校建立姊妹学校，但要次年3月他来广州与我签约。

随后保罗校长陪同我们参观菲律宾军事学院，该校校长蒙根（Mgen）少将和全体领导都出来接待我们。菲律宾的海陆空军军官均须从该校毕业后才能任职，有学生1000人。每年毕业典礼时，总统也会光临。我们一进校门就见到宣传墙上贴有欢迎我们的大幅标语。参观该校，让我增加了见识。

然后，菲律宾商联总会副理事长陈本显先生与我们见面，欢迎我们，并请中国驻菲律宾大使馆王春贵大使出席。我趁此机会向王大使汇报了我校情况。为了今后的工作，我邀请陈本显先生担任我校董事，请颜长城先生做我校在菲律宾的招生负责人，他们愉快地接受了我的邀请。

最后，我们还到华裔文化传统中心参观，印象深刻。菲律宾华侨历史值得大书特书，该国第一位总统、国父均有华人血统。在展品中，我看到一件我校第一任校长郑洪年编的菲律宾暨南大学学生资料，令人惊奇，我便立即请他们给我复印一份，带回学校。

接着，我们去文莱访问。该国有5770平方公里，34万人，其中华侨华人4万人。在中华商会秘书、文莱大学高级讲师饶尚东博士的陪同下，我们去访问文莱大学。该校有3000多名学生，包括博士、硕士和本科生。该校校长助理艾里亥（J. B. Erih）接待我们，参加的还有该校的院长和处长。它们分别介绍了各自情况，全校仅有10位教授，教学语言为英语。我介绍了暨南大学概况，并提出了与他们建立友好交流关系，签订协议。他们基本同意与我们建立姊妹学校关系，答应再接触后签协议。

随后我们去中国驻文莱大使馆拜访魏苇大使，汇报了我们访问的目的。魏大使对我们学校十分关心，并宴请了我们。

我们还在饶尚东博士以及中华商会董事李永风、孙胜利陪同下参观了中华中学。该校从幼儿园办学直至高中，有学生1050人，其中应届高中生25人。文莱实行义务教育，华侨华人办教育就未获政府补助，因而办学困难。我们访问时正值假期，宋景华校长仍出来热情接待我们，双方都介绍了情况，我希望他们多推荐学生到我校就读，他们高兴地接受了我的建议。

然后，我们又去访问中正中学，该校有1100名学生，高中毕业班学生55人。由于校长不在，该校董事长陈勇贵和几位董事热情欢迎我们来访，双方介绍了各自情况，他们支持我的建议，让高中毕业生来暨南大学深造。

接着，由中国驻文莱大使馆王维平一等秘书陪我去文莱中学访问。该校洪瑞泉董事长和许月兰校长热情欢迎我们来访。此华侨华人学校较前两所大，有3400名学生，仅高中毕业生就有100人，马来西亚也有青少年在此读书，学校办得较好。他们主动提出，要直接与我们学校来往，送学生来我校就读本科，我感到十分高兴，谢谢他们对暨南大学的支持。

饶尚东博士一路热心帮助，并整理材料，将我们暨南大学对文莱的访问情况发送给当地报纸和电台进行报道。

2004年8月13日，我受邀请再次去英国访问。到达伦敦后，先参观了位于温莎市的闻名的伊顿公学，该校已有800多年历史，专收贵族子弟，学生一年学费高达12万英镑。据闻，当时已有2个来自中国的孩子在那里读书，学校管理很严。

接着，在孙博华院长的陪同下，去布鲁内尔大学参观访问。该校新任副校长宋永华教授（后任澳门大学校长）是他的清华大学学友。在约一个月前的7月7日，宋永华教授刚刚荣任英国皇家工程院院士，是第一位华人院士。同一天，他又被任命为布鲁内尔大学副校长，真为中国人争光。他又是四川巴州人，我和他是四川老乡，一见如故。我祝贺他的成功，然后到他的学校去参观，学校办得非常好。我提出两校结为姊妹学校的建议，他大力支持。最后，我和他们校长签署了两校友好合作协议。

然后，我到世界著名的牛津大学参观，其校园和剑桥大学一样古朴庄严。

回到伦敦后，前去拜访中国驻英国大使馆。大使有事不在，便拜会李瑞宇临时代办。接着前往伯明翰希尔顿酒店女王厅,参加欧洲华侨华人社团联合会第十二届年会开幕式。该会是欧洲华侨华人最高级别的社团组织,于1992年成立。该会的宗旨是促进欧洲各国华侨华人社团之间的合作,提高华人的政治经济文化地位,为所在国的社会经济发展做出贡献,同时促进和发展欧洲与中国的合作,促进中国现代化建设。有300多人到会,我受邀坐在主席台上。社团联合会叶焕兴主席,李瑞宇临时代办,国务院侨务办公室许又声副主任,外交部领事司朱桃英参赞,江西省孙刚副省长,吉林省委常委、秘书长李申学,郑州市孙兴雷副市长,浙江省侨办吴晶主任,北京市侨办乔伟主任都坐在主席台上。我在大会上讲话,介绍了暨南大学历史和办学情况,并表示,本着"宏教泽而系侨情"的办学宗旨,暨南大学始终积极贯彻"面向海外、面向港澳台"的办学方针,恪守"忠信笃敬"之校训,将"为侨服务"作为学校的神圣使命,注重以中华民族优秀的传统文化培养造就人才。在此参加欧华联会,向大家介绍暨南大学,希望大家关心这个学校的成长和发展,多多在侨胞中宣传这所学校,并将自己的子女送到暨南大学来读书,我们一定用最好的方式将他们培养成才。我的讲话引来热烈掌声,引起大家对暨南大学的重视。

同年10月16日,应世界大学校长联盟主席、西班牙加泰罗尼亚大学校长洛普教授(J. F. Liop)的邀请,我同外事处李历家科长一起前往西班牙巴塞罗那,参加世界大学校长联盟主办的首届国际高等教育会议,有300多位校长参加。会议于18日上午在加泰罗尼亚大学召开。联合国教科文组织高等教育司司长哈达德(G. Haddad)致开幕词,讲明举办此次会议的意义,在于促进国际高等学校的合作交流,推进人才培养和科技创新的发展。

接着,日本东京的联合国大学校长金克尔(H. V. Ginkel)作主题报告,题目是《21世纪大学的再思》,报告内容相当新颖。然后,洛普主席用西班牙文作主题报告《21世纪大学的社会责任》。最后，欧洲质量管理基金会主席威尔特（J. Welt）作报告，讲了基金会自1989年创办以来的发展情况。

然后，分组开会，我参加亚洲和太平洋国家组，遗憾的是参加的人很少，仅来自三个国家，即中国、泰国、马来西亚以及中国香港地区的代表。国内仅我和浙江大学副校长倪明教授参加，他担任组长，主持小组讨论会。倪教授介绍了亚洲各国教育情况，我们简短地进行了讨论。

最后，会议请了四位诺贝尔奖获得者作报告：① 1978年诺贝尔医学奖获得者阿贝尔教授（W. Arbel），报告题目《教育与学科创新、跨学科能力和学科间经验交流》；② 2002年诺贝尔经济奖获得者史密斯教授（V. L. Smith），报告题目《自由创新和大学》；③ 1986年诺贝尔文学奖获得者索因卡教授（W. Soyinka），报告题目《大学尽社会责任应该做什么？》；④ 1998年诺贝尔文学奖获得者萨拉马戈教授（J. Saramago），可惜的是，他用西班牙语讲话，我未听懂。

听了这些报告，增长了见识，使我对世界高等教育有了进一步的了解。

大会的闭幕式在市政厅会议厅举行，市长也坐在主席台上，有十多位诺贝尔奖获得者参加了会议，其中获1986年诺贝尔化学奖的李远哲教授也到会。因在访问台湾"中央研究院"时见过他，他主动和我打招呼。

会后我前往丹麦访问。丹麦是北欧国家，现有500万人。我们直接去奥尔堡市访问奥尔堡大学。奥尔堡大学以工程科学闻名，培养了丹麦全国一半以上的工程师，前校长就是世界大学校长联盟第一任主席。他的助手、原副校长、时任校长斯特加德（J. Ф. Stergarrd）和董事长卡斯柏森（S. Caspersen）热情接待了我们。我们相互介绍了情况，我提出建立姊妹学校关系，他们接受我的意见，与我们签了友好合作的协议，约定互相交换老师和学生，对于学生，无论是本科、硕士和博士都免学费，只是生活费自理。然后我们又参观了校园，面积很大，有7500亩地，校园建筑新而整齐。我们先参观机械工程研究所，见到从事力学研究的奥尔霍夫教授（N. Olhoff），他是我的朋友、中国科学院院士、大连理工大学前校长程耿东的老师。接着，又参观健康科技系、声学实验室、理工学院。通过参观，了解到这所学校的生物医学工程专业和通信工程专业办得很有水平与特色。

2005年1月27日，我同新闻与传播学院蔡铭泽院长、招生办庄友明主任、外事处董启源副处长去印度访问尼赫鲁大学，这是印度600多所高校中排名第一的高校，是一所研究型大学，创办于1969年，仅办文理学科，有学生5000多人。除人文学院招收本科学生外，基础学科仅招博士和硕士研究生，全校留学生200人，主要是来自韩国等地，中国学生很少。校园大，有7500亩，但建筑物少，树木多。

应我的建议，尼赫鲁大学查得哈校长（G. K. Chadha）高兴地与我签署了两校友好合作协议。随后，邀请我到他家访问并宴请我。他住在学校中心的一个单独的大院子里，名曰校长官邸，很气派。

接着，我参观了该校的图书馆和生命科学学院。随后，我去中国驻印度大使馆拜会了孙玉玺大使，科技参赞常青陪同。我汇报了暨南大学情况，他十分高兴支持我们的工作，对我们的外交策略和做法大加赞扬，特别表扬了暨南大学作为中国第一所与印度大学缔结姊妹学校的开拓精神，肯定了这对于传播中华文化、加强中印两国人民友谊的重要意义。

2005年1月，在印度新德里，与尼赫鲁大学校长查得哈签署协议，建立两校友好合作关系

同年7月4日，我同校长助理王志伟、管理学院院长李从东和外事处刘渝清处长一起去新加坡访问。先到姊妹学校南洋理工大学，发现几年未去，校园多了一些建筑，变得更加整齐、美丽。

在校内南洋行政中心住下后，立即前去我校新加坡校友会会见校友，到达时已是晚上9点多了，20多位校友一直在那儿等着我们，包括已经97岁的庄右铭、88岁的陈共存、89岁的严转坤、82岁的会长邢济中。庄老是我校1931年的学生，陈共存是著名华侨陈嘉庚的侄子、长期担任新加坡中华总商会会长，是我校1939年的学生。他们对母校的眷恋，让我十分感动、热泪盈眶。邢会长讲话，欢迎我们来访，我也趁此机会汇报学校的发展情况，他们都十分高兴，直到晚上11点会议结束，我们才依依惜别。

第二天上午，便到南洋理工大学会议室拜会徐冠林校长，我与他再签字，延续我们过去的合作协议。

接着，我去看望了我校董事黄智隐先生。然后，他陪我再去见李光前校友之子李成义先生。李先生举行了一个丰盛的宴会欢迎我，我再次邀请他担任我校董事,这次,他似乎有些动心了。

随后,我们飞往马来西亚首都吉隆坡。马来西亚有2600万人,华人比例很高,占到25.6%。我们再次访问华侨华人办的新纪元学院。该校是我校姊妹学校,有学生1500多人,这次去访问是续签过去的协议。该校柯嘉逊校长非常高兴地再与我签协议,将继续送他们的学生来我校读书。马来西亚董教总主席、我校董事郭全强和董教总首席行政主任莫泰熙也光临了签约仪式。

接着,我们又去看望我校马来西亚校友会前会长梁治铨先生,他已92岁,宾主相见甚欢。

我们此行还受邀参加宇宙公司董事局孔主席的宴会,见到了马来西亚妇女家庭及社会发展政务次长、国会议员周美芳和《南洋商报》副总编辑陈春福,与他们进行了友好交流,向他们介绍了暨南大学情况,以便得到他们对我校的支持。

然后,又拜访了对我校十分友好的浮罗交怡集团执行主席丁才荣先生,他已经办了四所专科学院。他与我相谈后,表示要与我校合作办学。此事待他得到马来西亚政府批准后再做决定。

接着,我们又飞往当时的缅甸首都仰光。自1965年以来,该国与我国交往基本断绝,而华侨华人又众多。在20万平方公里的国土上,有5000万人,其中华侨华人300万人。特别在首都仰光,华侨华人占1/4,由于政府管制过严,华人的学校多为夜校类型,属于"悄悄办校"。

到达仰光后,由中国驻缅甸大使馆接待和安排。在大使馆沈国放部长助理精心安排下,郁伯仁参赞、领事部甘达光主任和卢海斌一等秘书到机场迎接我们。然后,由文化参赞王瑞青、甘达光和卢海斌陪同,我们去访问缅甸排名第一的仰光大学。索应(So Yin)校长、吞钦(Twn Khin)副校长和芒坦(Maung Than)副校长热情接待我们,与我们进行了友好的会谈。我提出双方建立姊妹学校的建议，他们表示赞同，但没有马上行动，估计要上级审批。我还邀请他们来我校访问，他们也爽快答应。王参赞悄悄告诉我，他们学校贫穷，也许要我校资助才能成行，我便马上答应。该校不招本科生，只招研究生。全校6000名学生，其中博士生2000人，硕士生4000人，是一所研究型大学。校园面积1200亩，环境优美。

接着我们拜会了李进军大使，向他汇报了我校情况，希望他对我校多支持，他愉快答应我的请求。

然后，我们去拜访缅甸华界领导人，有50多人参加。缅甸商会赖松生会长致了热烈的欢迎词，我在会上介绍了暨南大学的历史和近况，受到大家热烈欢迎。会后，三山同乡会张文钦会长组织福州艺术中心演出，表演歌舞，欢迎我们，特别是《大中国》《中国心》《我是中国人》三首歌合唱，令人感动。

接着，又去福建同乡会，拜会吕振胺会长和一些侨领。他们组织欢迎仪式，我在讲话中，宣传祖国以及暨南大学的发展情况，然后与他们座谈。当地华文学校于1965年关闭后一直没有恢复。当时是在悄悄办华文补习班。

此后，我们又到曼德勒市访问。我国驻曼德勒总领事段雅荃亲自为我们参观访问做安排，先后参观了明德学校和福庆学校，都是华人办的业余学校，仅办到初中阶段。令人高兴的是明德学校使用我校华文学院编的教材。两个学校都组织了欢迎仪式，我分别讲话，感谢他们对祖国故乡的热爱和支持，欢迎他们的孩子到暨南大学读书。他们都希望将孩子送回国内培养，听了我的讲话后，他们特别高兴。福庆学校的李璜柏校长一直陪同我们，我请他当我校招生的代表。

然后，我们又到眉苗云南会馆办的佛经学校访问，他们办学校用宗教做掩护。同样，他们组织了热烈的欢迎会，我再次讲话，宣传祖国以及暨南大学。接着，抵达腊戍市，该市人口有36万人，

70%是华人,云南人居多。在这里,我参观了四所华文学校中的两所——圣光学校和佛教学校,每所学校学生人数在1000人到2000人之间,均办了高中,早晚是业余课程,上中文课,白天用缅文上课。校名都用宗教名字做掩护。实际上,缅甸的华文教育主要是在腊戌,教材多为台湾地区教材,用繁体字。

最后,返回曼德勒市,在云南会馆参加由云南同乡会、福建同乡会、两广同乡会、多省籍同乡会、妇联、华文学校等组织的欢送会,到会有100多人。段雅荃总领事、云南同乡会李先瑾理事长参加了会议。云南同乡会黄鹏飞副理事长致欢迎词。我也讲了话,再次感谢中国驻缅甸使领馆以及大家的热情帮助。

同年11月18日,我同外事处刘渝清处长、经济学院冯邦彦院长、医学院敖杰男常务副院长一起前往埃及访问。到达后,正在这里担任华文教育老师的我校华文学院陈晓锦教授和中国驻埃及大使馆推荐的中国(埃及)投资开发贸易促进中心何晓耀经理迎接我们并协助我们进行访问。

我们首先前往中国驻埃及大使馆,拜会吴恩科大使,向他汇报了暨南大学情况和访问目的,他热情地与我交谈,并帮助我们使访问圆满成功。

我先去明尼亚市明尼亚大学访问。这是埃及的一所著名大学,有16个学院、4万名学生。校长巴索尼(A. A. Bassuony)很热情。我向他介绍了暨南大学的情况,并希望与他们学校结为姊妹学校。他立即应允,并与我签署了姊妹学校协议。

然后又去埃及排名第三位的设在开罗的艾因夏姆斯大学访问。它的校长办公楼就设在古代埃及王宫,校长办公室就是古埃及国王起居室,对门国王卧室是副校长办公室。校长室非常豪华。校长阿布德(Abd)是著名的心脏学专家,对我们友好热情。我说明来意后,他立即同意我们的意见,并马上与我签署了两校姊妹学校协议。

我们双方商定，先在医学和中文两个领域进行合作。接着，我参观了校园，访问了语言学院和中文系。全校有17万名学生，学生多而教室少。因此，大多在校园内读书，好在开罗一年四季基本不下雨。

接着，我们又去埃及排名第一的开罗大学访问。该校创建于1908年，是中东地区最著名的大学，有学生17万名。我国驻埃及大使馆林丰民专员亲自陪我们去访问。我同该校主管科研和研究生工作的副校长克霍尔斯德（M. Khorshid）教授进行了友好交谈，我提出两校结为姊妹学校的建议，他马上表示同意，并签署了两校姊妹学校的协议。

我们的埃及之行得到了我国驻埃及大使馆的直接关怀和帮助，全程陪同访问了3所大学。大使馆教育处的官员对我们的务实精神和工作效率赞不绝口，说这是他们所见到的最认真的第一次有如此多公务活动的代表团。

2005年11月，与埃及开罗大学校长签署协议留影，建立两校友好合作关系

至此，我任职校长以来，将学校面向海外的工作推进一大步，使暨南大学在世界上的声誉节节上升。我们加入了世界大学校长联

盟，是我国高校最早参加的学校。在10年中，对华侨华人较多的国家进行了广泛的访问宣传，遍及世界以下28个国家。

东南亚10个国家：新加坡、越南、泰国、菲律宾、印度尼西亚、马来西亚、柬埔寨、老挝、文莱、缅甸。

亚洲的重要国家：日本、韩国、印度。

欧洲的重要国家：德国、英国、法国、比利时、丹麦、荷兰、西班牙、葡萄牙。

美洲的重要国家：美国、巴西、秘鲁。

澳洲的重要国家：澳大利亚。

非洲的重要国家：埃及、南非、毛里求斯。

10年间，与我校建立合作交流关系的姊妹学校和学术机构增加了55所，从原来仅有26所增加到81所，而且遍及全球五大洲。我校三年级优秀学生不需交对方学费、只需负担生活费就可以去姊妹学校留学一年的措施得以坚持，先后有200多名学生出国深造。教师、医生、护士400余人也先后顺利出国进修，提高了业务水平。华侨华人和港澳台青年来校读书人数逐年大幅度增加，由1995年底的19个国家和地区的1982人增加到2006年初的来自五大洲74个国家和地区的10 609人，且占全校学生的一半。学校终于实现了"侨校+名校"的美好愿望。

第二节　港　澳　访　问

　　尽管港澳已经回归祖国，但为港澳培养爱国人才仍是我校的伟大使命。

　　2000年6月13日，我同张永安副校长、招生办陈申华主任以及驻港澳办事处的主任吴章云、李轴宇前往港澳进行为期四天的访问。在香港期间，我们首先拜会香港特别行政区董建华特首。他热情地接见了我们。我向他汇报暨南大学情况，他听到暨大多年来为香港培养了近万名各种不同层次的人才，感到十分惊讶，连声说："一万人？好！好！"然后，我们又到中央人民政府驻香港联络办公室，拜会王凤超副主任，汇报了我们暨南大学的发展近况，得到了他的赞许。接着，专程去我校董事方润华先生办公室，感谢他最近捐款支持学校。同时，又先后会见了我校董事会副秘书长余国春先生、董事郑裕彤先生和何世柱先生。此外，还会见了香港中华总商会会长、亚洲金融集团主席陈有庆博士，暨南大学副董事长霍英东之子霍文逊先生，星光集团有限公司主席林光如先生。最后，我又特地安排时间与我校香港校友会会长和理事们见面，向他们介绍了拜会董特首的情况以及学校近况，校友们很受鼓舞，表示一定要加强团结，为母校的发展做出贡献，为香港的稳定繁荣多做贡献。

　　接着，我们前往澳门，先去中央人民政府驻澳门联络办公室拜会王启人主任，向他汇报了暨南大学近来的发展情况，他非常高兴地充分肯定了我校的发展和进步，肯定了暨大为澳门地区培养优秀人才的特殊作用和贡献，希望暨大继续为澳门培养更多更优秀的人才。随后，我们专程探望了全国政协副主席、暨南大学董事会副董事长马万祺先生。看到马老神采奕奕，大家非常高兴，共祝马老身体健康。马万祺先生非常关心暨南大学的发展，我向他表示衷心感谢！然后我们又去拜会澳门特别行政区社会文化司司长崔世安博士、澳门高等教育辅助办公室主任陈伯辉博士。最后，我校校友总会会长、澳门校友会会长马有恒先生与我们见面，互致问候，交换了意见。

2001年2月14日，我同张永安副校长等12人前往香港。先与我校香港校友会的校友们见面，到会有40余人。荣誉会长温惜今夫妇，名誉会长叶莲芳、林涛，会长钟庭旭、副会长张汉民、黄贞、陆永盛都出席了会议。我即席讲话，先向校友们拜个晚年，祝福校友们万事如意、身体健康，然后把学校新近的建设和发展情况扼要地向大家做了介绍。并说，我校在国内外有56个校友会，一直以来都非常热爱母校，关心和支持母校的建设和发展。香港校友会是其中非常活泼的一个，起着龙头大哥的作用，学校寄予很大期望。希望校友会继续团结校友、发展会员，校友们的优异表现都会给母校带来莫大的荣誉。校友们在我的鼓励讲话后，热情高涨，自由发言、交流和畅谈。钟庭旭会长特别赞赏学校近年来的迅速发展，夸奖我是暨南大学百年来最优秀的校长。

接着，暨南大学港澳校董春茗暨科技开发项目推介会在中环中银俱乐部举行。到会的有我校香港地区的副董事长曾宪梓、王凤超，校董事兼副秘书长余国春，校董温惜今、方润华、王敏刚、刘宇新、李秀恒、李国华、何世柱、欧阳瀚、颜同珍、唐翔千、蒙民伟；澳门地区的副董事长宗光耀、校董兼副秘书长马有恒，校董张健、柯为湘；加拿大校董梁仲锦。我向大家拜年祝贺新春，并汇报了学校近年来的发展情况,希望董事们多多指导。余国春董事代表大家讲了话,暨大的发展有目共睹,学校的科研项目已处在世界前沿,作为学校的董事,一定支持学校办学,为将暨大办成中国高水平的侨校做出贡献!接着,科技处刘洁生处长和4位教授分别介绍和展示了暨大的科技成果,在与会者中产生了很大反响。香港《文汇报》《大公报》《商报》《澳门日报》都给予大幅报道,已有一些人对项目的转化表示了兴趣,将进一步磋商。

4月24日,我与张永安副校长等一起去澳门出席我校科技开发项目推介会。推介会的举行,让澳门人民更加了解暨南大学的水平和友好情谊。借此机会,我们到马万祺先生家中拜访马老。座谈中,马老赞扬我校近年来办学出色,科研成果突出。他表示将继续支持暨大,协助解决办学中的困难和问题。我代表学校感谢他对学校的关心和支持,同时邀请马老为暨大95周年校庆题词并出席校庆活动,马老欣然同意。

然后,我们又去拜访澳门特别行政区何厚铧特首(兼任暨南大学副董事长,后任全国政协副主席)。我首先感谢他对我校办学的一贯支持,并介绍了学校近几年发展的情况。他表示,这次暨大在澳门举行的科技开发项目推介会相当成功,希望推介会对澳门科技发展和创新起到推动作用,并高度赞扬我校为澳门培养了大批人才。然后,我诚邀他出席暨大95周年校庆活动,他欣然同意,并在次日为我校校庆题词"九五光华,作育英才",使我备受鼓舞。

接着,中央驻澳联络办公室宗光耀副主任热情接待和宴请我们,并表示,中央驻澳办将一如既往对暨大给予支持和帮助。

最后,我们又会见澳门校友,近30人欢聚一堂。我对学校的规划和发展前景做了全面详尽的介绍,并感谢校友们对暨大的一贯支持,欢迎大家回校参加建校95周年的庆祝活动。马有恒会长作了热情洋溢的发言,充分肯定了我校对华侨高等教育事业做出的贡献,特别是为澳门回归祖国、"澳人治澳"作了积极的贡献。在澳门特区政府中，有相当一部分骨干力量曾在暨大受过教育，还有不少社会精英、社团领袖、工商青年才俊都与暨大的教育分不开。近年来，暨大的科研成果已达到了相当高的水平。从这几天的科研推介会上得到的信息，暨大有部分科研成果达到国际先进水平。校友们都为母校所取得的成就感到自豪！

会后，我们还参观了劳工子弟中学，这是澳门工联总会办的一所爱国学校，从幼儿园办到高中。该校校长、澳门立法会议员唐志坚非常热情友好，向我们介绍这所爱国学校自1950年建校以来的历史。与他相识后，我请他多多支持暨大，送他们的优秀学生来暨大深造。我接着又推荐他担任我们学校的董事。

接着，我们还去参观中华教育会，这是澳门文化界最早的专业爱国团体。李沛霖副会长也是澳门立法会议员，又是全国人大代表，他向我们介绍教育会情况，已和我校多次合作办成人教育，我代表学校感谢他的热情支持。

5月23日，应全国政协副主席、香港特区的我校副董事长霍英东先生的邀请，我来到广州南沙会展中心，出席"霍英东奖金第二届颁奖典礼"。典礼结束后，我拜访了霍英东先生及其子霍震寰先生。我向霍英东先生汇报了学校近几年的发展情况，邀请他和霍震寰先生出席学校95周年校庆活动，并请霍英东先生为我校建校95周年题词。他为此十分高兴，对暨南大学的快速发展予以赞赏，欣然同意参加校庆并给予题词。霍震寰先生也表示一定支持暨大办学。最后，霍英东父子与我合影留念。

12月4日，我受邀专程去香港浸会大学出席吴清辉校长的就职典礼。参加观礼的有40多位香港和内地的校长与贵宾，我们受到热情的欢迎。校董事会主席郑慕智先生就"展望21世纪，教育的目标是什么？"发表了演讲，提出了"提供优质全人教育及栽培有责任感、培养具有专业知识及良好品格的公民"是我们的目标。他的演讲引起了共鸣。

2002年5月13日，在圆满结束对毛里求斯访问的返程途中，与正在香港访问的张永安副校长、张会汀校长助理一起，分别拜访了在香港和澳门的部分校董：马万祺、马有恒、刘名启（中央驻澳办副主任）、廖泽云、饶不辱、柯为湘，向他们介绍了此次访问南非和毛里求斯的情况，并代表学校再次感谢他们对学校的关心和支持，校董们也表示继续支持暨大办学。在香港时，我分别拜访了香港中华总商会陈友庆会长和香港中旅集团常务董事副总经理郑河水先生，向他们颁发了暨南大学第四届董事会董事聘书。香港中旅集团车书剑董事长热情地与我们会见，我趁此机会，感谢香港中旅集团在招生工作上长期给予的支持和帮助，使我校香港生源不断增加。车董事长高度赞扬暨南大学发展之快，并表示香港中旅集团将一如既往地支持暨大办学，为将暨大办成"侨校+名校"而共同努力。在澳门时，会见了校董后，还参观了澳门科技大学新校址，会见了澳门立法会唐志坚议员。

12月5日，我受邀专程赴香港香格里拉酒店参加《香港商报》50周年庆祝酒会，《香港商报》驻广州负责人陈世光一路陪同。中联办主任高祀仁、外交部驻港特派员吉佩定、香港特区政务司司长曾荫权、吉林省省长洪虎、著名作家金庸等近千名各界人士出席，真是花香飘溢，嘉宾云集。《香港商报》是香港一家著名的爱国爱港报纸。社长吴松营致辞说，50年来，《香港商报》始终以"在商言商""沟通两地"为办报方针。香港回归后，继续为"一国两制"方针的落实、为祖国的统一大业、为香港的繁荣稳定贡献力量。中联办副主任王凤超热烈祝贺该报创刊50周年，对该报在香港不同历史时期发挥的重要作用表示肯定。全国政协副主任霍英东、马万祺和香港特首董建华、国家新闻办主任赵启正都发来题词和贺信。我向社长和总编表示了热烈祝贺，并与各界领导握手言欢。金庸先生与我坐在一起，我又一直爱看小说，对他写的武侠小说也大多拜读过，于是与他交谈甚欢。

紧接着，我校校董、香港方树福堂基金主席方润华荣获香港公开大学荣誉社会科学博士学位，颁授典礼将于12月11日在香港文化中心音乐厅隆重举行。应他邀请，我专程赶往香港到会祝贺。多年来他作为慈善家，赢得了人民的赞扬和尊敬。我与他认识后，应我请求，先后两次为我校本部和珠海学院捐献电子资源中心2所。仅在内地，他就捐献48所小学、27所中学、11所幼儿园和51所大学电脑中心。

2003年2月22日，我和贾益民副校长应邀前往香港铜锣湾警官俱乐部，参加我校香港校友会举行的新春团拜及周年大会，众多校友踊跃参加，气氛热烈。会议的贵宾还有香港的全国人大代表曹宏伟博士、乒乓球世界冠军林慧卿、斐济驻香港名誉领事李汝大、全国侨联常委林华英、狮子总会港澳303区副总监陈东岳等。张汉明会长首先致辞，祝校友们羊年事事如意，身体健康，发扬团队精神，促进团结，联系交流，互相合作。本着爱国爱港爱校精神，祝香港百业畅旺，世界和平。我接着讲话，勉励校友会工作百尺竿头更进一步，紧密团结，奋发上进。同时介绍了学校的近况，暨南大学在全国1000多所高校中的排名已从过去的百名之外上升至37位，规模也大大发展，研究生和境外生数量大幅增长，科研成果日益增多。在座的校友们听后十分兴奋，受到母校日新月异的变化鼓舞，衷心祝愿母校在新世纪里再创佳绩。然后，多项文艺节目表演助兴，更增加了会议的热烈气氛。

10月5日，我受邀担任主礼嘉宾，和纪宗安副校长、梁仲锦校董、张汉明会长等一起前往香港理工大学出席中国高等院校香港校友联合会庆祝中华人民共和国成立54周年晚会。我校副董事长曾宪梓、王凤超、副秘书长余国春，董事方润华、初志农等也出席了晚会。该联合会是中国高等院校香港校友会及居港校友的联谊和学校交流组织，以爱国、爱港、爱校为宗旨，联络和团结内地高等院校在港校友会及居港校友，关注内地大学教育和经济建设，参与香港社会事务，力争为香港的稳定发展和祖国的统一昌盛做出贡献。该组织有内地52所高校校友会参加，我校校友会是重要成员，我被聘为联合会的名誉顾问。借此机会，我还看望了参加晚会的各位校友，并合影留念。

2004年1月13日，我前往澳门参加暨南大学澳门校友会新址揭幕仪式，代表学校向马有恒会长表示祝贺。同时，代表钱伟长董事长向澳门特别行政区长官何厚铧颁发暨南大学第五届董事会副董事长聘书，何特首表示衷心感谢，并祝贺暨南大学的发展蒸蒸日上。中央人民政府驻澳门联络办副主任王今朔，校董廖泽云、唐志坚、孔繁壮、饶不辱等出席了仪式。接着，我专程去全国政协副主席马万祺家中，代表钱伟长董事长呈送了暨南大学第五届董事会副董事长聘书。同时，代表学校向马老拜个早年，祝马老健康长寿，并向马老汇报了学校近期的工作，感谢马老长期对暨大的关心和帮助。马老希望暨南大学坚持国际化办学，多培养优秀人才，他将一如既往支持暨南大学。

4月2日，我校澳门校友会新一届会长、理监事就职暨联合晚会在澳门举行，我和贾益民副校长参加了此次活动。我受邀主持了就职仪式，并为会徽设计比赛获奖者颁发奖状。我在讲话中，高度赞扬了澳门校友在各行各业发挥的重要作用，多年来以不同方式支持母校的建设和发展，体现了对母校的深情。我期望校友们更多为母校发展献计献策。校友总会马有恒会长指出，为加强校友与母校及社会各界的联系，新一届理监事将举办多项活动，还将于4月至6月在母校举办"澳门文化节"系列活动，推广澳门旅游形象，促进不同地区的学子加深对澳门的认识。澳门高等教育辅助办公室陈伯辉表示，暨大为海外华侨华人地区培育了大批优秀专业人才，深信暨大澳门校友能在多方面发挥作用，为建设澳门做出贡献。

全国政协副主席马万祺以"桃李生辉、弘扬暨大"题词祝贺。澳门特别行政区长官何厚铧专门致信祝贺暨南大学作为全国重点大学、我国第一所华侨高等学府，建校98年来，为国家教育事业贡献良多，为特区发展培育了不少人才。他深信澳门校友会将继续团结广大校友，坚持爱国爱澳的基本原则，秉承"忠信笃敬"校训，为澳门的稳定和母校的发展做贡献。

会上，我校学生艺术团献上歌舞助兴。澳门特别行政区政府部门、中央人民政府驻澳门联络办公室、暨大校友会及社团代表到场祝贺，气氛热烈。

同时，我借此机会，拜访了全国政协委员、康汉科技集团董事长廖泽云先生，向他颁发了暨南大学第五届董事会董事聘书。他表示衷心的感谢，祝贺暨大越办越好，并表示将为暨大发展做贡献。

4月18日，我校香港校友会举行第十届理事会第三届监事会就职典礼，我和蒋树卓书记、贾益民副校长出席了典礼。香港中联办教科部王国力副部长，港区全国人大代表曹宏威、陈有庆、杨耀忠，立法会议员曾钰成以及香港校友会会长温惜今等参加了典礼。我在会上讲话，介绍了学校的发展情况。我校在全国高等院校排行榜上已名列第36位，办学规模不断增大，办学质量不断提高。2006年是学校百年华诞，今后工作仍任重道远，更需要校友们的大力支持。在祖国改革开放的大好形势下，经过全体师生的努力以及各地校友会的支持，暨南大学前程似锦！香港校友会张汉明会长致辞说，香港校友会已进入第18个年头，见证了香港回归祖国。他希望全港乃至全球的暨南校友积极参与母校百年庆典筹备工作，为百年校庆增添光彩。

10月2日晚，中国高等院校香港校友会联合会在香港理工大学赛马会综艺馆举行庆祝中华人民共和国成立55周年文艺晚会，我作为联合会的名誉顾问应邀出席，副校长贾益民和纪宗安也一同参加。来自香港62个校友会的1000多名校友与各界嘉宾到会。我作为主礼嘉宾坐在主席台上，另外还有中央人民政府驻港联络办彭清华副主任、香港第二届立法会范徐丽泰主席、全国政协伍淑清常委、香港理工大学潘宗光校长等。高校联盟副会长、暨南大学香港校友会张汉明会长也出席了晚会。彭清华副主任和潘宗光校长分别致辞。高校联会长郭明华致欢迎词。这是中国高校香港众多校友会联合筹办的一次高水平的大型国庆演出活动，在香港尚属首次。

ns
第二十六章
重大事记

第一节 领导关怀

　　到暨南大学工作以后，才了解到这所学校办学的艰难，特别是办学经费的缺乏。任校长后，卢瑞华省长当面嘱咐："你们学校太破烂了，赶快修建一下。"于是，我想尽办法筹集资金，改善学校的办学条件。原想，将暨大办成"211工程"重点大学后，会解决办学经费缺乏问题。但情况不是这样，依然如故。国家对我校经费仍未增加，连"211工程"建设经费也未拨付。我咬着牙，忍着困难，想方设法，最后以"评价优秀"完成了"九五""211工程"建设，获得了领导和群众的同情、支持与赞扬！为了实现"侨校＋名校"发展战略、完成"十五""211工程"发展目标，我在国务院侨办领导的支持下，前往国家计划委员会，多次找有关处长、司长和主任汇报工作，讲述我校办学的重要性和经费严重缺乏的困难，终于感动了领导，同意加强我校"211工程"建设，改善校园面貌和教学科研设施，提升办学层次和办学水平，在"十五"期间，国家发改委为我校投入5.1亿元的巨额资金。同时，国家"211工程"协调办公室再为我校投入2800万元专项资金，以上经费共计5.38亿元。批示文件下达后，为中央重视我校的发展，我十分感激，万分高兴！此事获得国务院侨办领导和广东省领导以及学校师生的大力赞扬。于是，我校"十五""211工程"建设经费以及学校的基建工程经费便有了保障。

广东省领导对我校这一喜事十分高兴,并给予配套经费支持。同时,对暨南大学的快速进步给予了高度肯定。2003年1月28日下午,在春节即将到来之际,广东省人大常委会主任卢钟鹤同志来到我家进行节日慰问。他一进门,便大声称赞我说:"你是一条汉子!将一个花花公子大学办成一所名大学,广东人民感谢你!"然后,他转达中央政治局委员、广东省委书记张德江同志的问候。我来到广东工作后,卢主任一直是主管广东高等教育的副省长,对暨南大学和我敢于改革的工作情况十分了解。他感谢我对广东省科技、教育发展所做出的重要贡献,其次对我主持暨大工作以来,暨大所取得的飞速发展给予肯定。卢主任还说:"近年来,暨大在你领导下,从严治校,狠抓学风建设,学校进入了'211工程'行列,博士点与重点学科增多,暨大的声誉得到了提升,暨大的形象得到了重塑,暨大各方面变化很快,暨大已经是一所在海外与港澳台影响很大的高校。"说到珠海学院时,卢主任说,他曾两次私下前往参观,觉得

2003年春节,广东省人大常委会主任卢钟鹤来家中慰问,左起为吴文霞(次子媳)、刘泽寰(次子)、卢钟鹤、刘人怀、诸凤鸣(爱人)、梁明(广东省科协书记)

珠海学院建筑风格明快、通透，尽管校园面积不大，但规划建设得很好。他建议同行的新闻记者前去采访。领导的表扬和关怀，我铭记于心，将激励我继续做好工作，把暨南大学办得更好！

同年11月26日，全国政协副主席罗豪才莅临视察。他对我校在"面向海外，面向港澳台"办学方面所做的工作和取得的成就感到十分高兴。对我校为港澳学生开设有香港、澳门基本法课程，把"一国两制"理论引入教学内容表示赞赏。他说，暨南大学是一所外向型大学，办学任务明确，为海外及港澳台地区培养大批人才发挥了很大作用。他还参观了校史馆，对我校悠久的历史及近年来良好的发展态势给予肯定。

2005年2月6日，趁新春佳节之际，我专程去看望全国政协原副主席、我校董事长和名誉校长、中国科学院院士钱伟长先生，祝钱老春节愉快，身体健康。时已93岁的钱老，思维敏捷，对我校给予极大的关心，对学校实行的改革措施和取得的优异成绩给予充分肯定，其情殷殷，其意切切。

2月12日，全国人大常委会副委员长何鲁丽视察我校珠海学院，我向她汇报了学校的概况、改革、发展、对港澳回归和祖国统一大业所做的贡献、学校以后的工作目标以及珠海学院的发展状况。何副委员长感到十分欣慰，对学校采取的改革措施表示高度赞赏，对我校在培养海外及港澳台学生方面取得的成就以及学校取得的成绩给予充分肯定。何副委员长还一再鼓励学校要把握大好时机，争取有更大更好的发展，以向学校的百年校庆献礼。

3月5日，第十届全国人大三次会议在北京人民大会堂开幕。在全国人大常委会王兆国副委员长、盛华仁副委员长，全国政协副主席、国务院港澳台办廖晖主任，全国人大常委会乔晓阳副秘书长等领导陪同下，全国人大常委会吴邦国委员长出席了3月6日下午全国人大澳门代表团审议政府工作报告会议，指出，澳门与内地的联系增加，关系密切，澳门的经济得到良好发展，澳门回归五年来，实行"一国两制"政策做得非常好。澳门最大的成功就是成功实现了"一国两制"，这是前无古人的，是对世界文明的一项贡献。然后，他专门对暨南大学为澳门培养人才所取得的成绩给予肯定。

第二节 名书问世

  20世纪的科学技术在漫长的人类历史中，突飞猛进，取得了伟大成就。人类知识宝库中有80%的科学发现、技术发明和工程建设是20世纪的科学家和工程师所创造的。在2000年10月11日的国际工程科技大会上，江泽民主席发表关于工程科学技术的重要讲话。为了学习贯彻江泽民主席的讲话精神，迎接21世纪工程科技发展的新高潮，中国工程院开展了"工程科学技术在社会生产力发展中的作用和地位研究"咨询项目，聘请宋健院长和王淀佐副院长为顾问，殷瑞钰院士任组长，我和常平秘书长任副组长。该项目研究分为两个阶段：第一阶段是通过广泛的调查研究，特别是回顾总结20世纪我国工程科技取得的成就，获得一些定量化的数据。通过对这些成就进行宣传，提高全社会对工程科技重要性的认识，进一步提高工程师的社会地位，推动我国工程科技的发展。第二阶段力图做一些理论上的探讨。

  为了使课题调研工作更加广泛、深入，我们课题组商议，决定开展"20世纪我国工程科技最伟大的成就"的推选活动。以中国工程院院士为主，中国科技协会下属有关的一级学会、协会和研究会以及有关的国家部委局、行业协会等共同参与推选。这项活动得到了大家的积极响应。

  从2000年11月至2001年3月，向中国工程院542位院士和中国科学技术协会下属的76家一级学会、协会、研究会等发出推选通知，共收到136项推选项目。这些项目基本涵盖了工程院7个学部的专业领域，但涵盖领域大小不一，内容详略不一，行文体例不一。

从2001年3月至6月，针对第一阶段存在的问题，进一步明确推选项目的标准和范围；进一步明确推选项目的行文体例，提供参考范文。同时，以美国工程院评选出的"20世纪最伟大的工程成就"20个项目作为行文体例的参考。然后，再向541位院士发出推选通知，并向9个国家部委局和8个行业协会发函，最后收到278项推选项目，其领域覆盖了工程院现有学科专业领域，行文体例也较规范。

从2001年6月初至6月25日，对推选项目进行分类、加工。经过7个学部院士的认真工作，共提出候选项目40项。

然后，中国工程院聘请了中国工程院32位院士和中国科学院4位院士担任评选委员会委员，殷瑞钰院士任组长，我任副组长。

6月27日和28日，初评会议在北京新大都饭店召开。常平秘书长就项目推选工作进行了详细汇报，经过大家认真商议和初选，一致同意将"20世纪我国工程科技最伟大的成就"更名为"20世纪我国重大工程技术成就"，并将评选标准确定为"对我国国民经济建设、社会进步、人民生活水平、国家安全产生重大影响的工程技术成就"。然后，对40个候选项目进行了归并、拆分和补充，形成30个候选项目。最后，进行投票评选，过半数即为初评入选项目，共评出29项。

会后，受评选委员会委任，工程院各学部对本领域的初评入选项目做进一步研究，以使项目更加完善。同时，对入选项目以外的项目，如有必要，可作为补充项目提交下一次评委会评议。

7月21日，评选委员会召开第二次会议进行终评，选出以下25个项目作为"20世纪我国重大工程技术成就"。

（1）两弹一星。

（2）汉字信息处理与印刷革命。

（3）石油。

（4）农作物增产技术。

（5）传染病防治。

（6）电气化。

（7）大江大河治理与开发。

（8）铁路。

（9）船舶。

（10）钢铁。

（11）计划生育。

（12）电信工程。

（13）地质勘探与资源开发。

（14）畜禽水产养殖技术。

（15）广播与电视。

（16）计算机。

（17）公路。

（18）机械化——重大成套技术设备。

（19）航空工程。

（20）无机化工。

（21）外科诊疗。

（22）稀有金属和先进材料。

（23）城市化。

（24）轻工与纺织。

（25）采煤工程。

在过去一个世纪的历史长河里，我国的工程技术创造了辉煌的成就，特别是1978年改革开放以后，我国的工程技术人员更是如沐春风，为祖国的富强、人民的福祉，为20多年的经济高速发展和社会进步做出了划时代的贡献。

最后，项目组成立了编审委员会，经过仔细编审，形成书稿《20世纪我国重大工程技术成就》，主编是常平秘书长，我和中国工程院《院士通讯》执行总编林玉树同志担任副主编。此书由我安排，由暨南大学出版社出版，2002年5月第一版面世。这是科技界的大事，也是暨南大学的光荣。为此我感到十分高兴。

第三节 委员建议

2001年1月,广东省委组织部领导通知我,请我担任广东省政协第八届委员会委员。隔了12天,又当选常委,并任华侨港澳台胞联络委员会委员。2003年1月,继续任广东省政协第九届委员会委员、常委,又任教科文卫体委员会副主任委员。2006年,再任广东省政协历届委员联谊会名誉会长。迄至2006年,我向省政协总共提出8个提案,都受到领导重视,现简要叙述如下。

一、广东省发展高新技术的若干意见和建议(2002年1月)

2002年1月31日,我在省政协八届五次会议上,就高新技术发展发言。

我认为,中国加入世界贸易组织后,我国高新技术产业将在一个开放的世界舞台上参与竞争,接受挑战。广东比邻港澳,处于改革开放的最前沿,对外贸易占全国40%以上。广东省外向型企业多,应积极采取应对战略,争取时间和主动,站稳脚跟并发展壮大。为此提出四点建议。

(一)推行人才战略,构筑国际化人才高地

广东高新技术要在科技全球化的竞争中脱颖而出,快速发展,国际化人才是关键。广东高新技术企业要走向世界,面临许多不适应,包括人才素质不适应、技能不适应、人才结构不适应。具体表现在缺乏一批具有战略思维、世界眼光、通晓国际经济"游戏规则"、跨文化操作能力的企业家和掌握现代化知识的技术人员。此外,各行各业均缺乏适应世界贸易组织的各类人才。

加速构筑国际化人才高地,主要应从以下三个方面着手进行:①加速广东本土人才国际化。人才培养,教育先行。建议在省内若干大学成立培养适应国际化人才的学院或培训中心。例如,暨南大学率先在国内成立了采用全英语教学的国际学院,聘请国内外顶尖专家授课,专业设置文理兼容,与国际接轨,为广东本土人才国际化做了有益的尝试。②制订人才吸引计划,充分利用海外智力资源。③充分利用国内的顶尖人才。

(二)重视基础研究和源头创新工作,增强国际竞争力

创新基础薄弱、水平低已成为广东省高科技产业未来发展的瓶颈问题。基础研究与应用研究是高新技术产业链中不可或缺的一环,否则高新技术产业就会成为无源之水、无本之木。为此,需要:①激活高校和科研院所存量产业资源;②改革投入机制,加大对基础研究和应用研究的投入;③重视科技创新基地条件建设。

(三)完善广东省各级风险投资机构,为高新技术发展提供动力支持和资金保障

我国科技成果商品化程度为10%,产业化率为5%左右,科技成果转化率相当于美国的30%左右。发达国家在科技成果的研究开发、中试、商品化三个阶段投入的资金比例为1∶10∶100,我国相应比例仅为1∶1.1∶1.5。资金投入不足已成为严重阻碍我国科技成果产业化的关键因素。

广东省高校科技成果转化率在全国排名很靠后,2000年全国高校科技型企业收入总额超亿元的35家高校中,广东无一家;全国20

多家高科技上市公司，广东无一家，这与广东经济大省的地位极不协调，与广东省科技实力也不协调。究其深层原因，是广东省企业家和风险投资公司追求短期利益，缺乏战略眼光，不愿早期介入种子期或胚胎期科研成果，以致大量的科技成果被束之高阁。建议政府成立不同类型的风险公司，早期介入科研项目。同时，对风险投资公司提供一系列政策支持。

（四）重视高新技术发展规划，形成有鲜明特色的空间布局和产业发展格局

广东省发展高新技术产业要加强规划和布局研究，不要一拥而上，重复建设，形成恶性竞争。同时，尤其要重视机械工业的发展。世界机械工业发展趋势表现为：① 地位基础化；② 产品高技术化；③ 服务个性化；④ 经营规模化。

广东机械制造业底子弱，与经济强省的要求尚有较大的差距。我国加入世界贸易组织后，广东的机械工业要用信息技术武装，抓紧世界制造中心转移到中国的历史性机遇，做深做透，做大做强。

二、广东的治安状况和投资环境分析
（2003年1月）

2003年1月12日，我在广东省政协各界委员代表座谈会上，就社会的治安和投资热点问题进行了分析，提出以下建议。

（一）安全是社会发展的基本保障

安全是一个古老的话题，也是世界性话题。社会治安要解决的就是社会内部的稳定与安全。要打交道的对象不是某些敌对国家和国际恐怖组织，而是潜伏于社会内部的有害团伙和个人。这些力量与外部的威胁国家安全的力量相比可谓微不足道，但它们对社会安全造成的危险却不容小觑。社会治安的好坏直接影响社会的发展，

社会邪恶势力一旦形成气候,对社会发展造成的破坏是难以估量的,而且要花大力气、大本钱才能根治。广东只有经济发展是不够的,没有安全感的社会是不完美的。

(二)社会治安状况与投资环境

广东经济应该瞄着亚洲四小龙,应该瞄着欧美经济强国,要与它们一争高低。广东要做经济强省或经济大省的目标应该定位在这里,这对整个中国经济的带动将是巨大的,要实现这一目标,广东还需要更多的资金和技术。没有这个保障,广东经济的发展将受到很大的限制。同时,我们不能让治安问题成为阻碍广东经济发展的重大障碍。应该说,广东的社会治安还需花大力气整治。

(三)社会治安状况关乎政府威信

广东的社会是稳定的。不过广东存在的影响社会治安的因素要比别的省份多。因为广东有全国最多的活动人口,这是广东社会治安管理面临的最大挑战。社会治安状况直接关系政府的威信,也关系民众对经济发展的信心问题。

政法部门是解决治安问题的主力军。同时,要唤起全民的责任心,调动全社会的力量,让犯罪分子感觉到整个社会强大的威慑力。希望广东经济的发展与良好的治安环境同步。

三、加快广东省高等教育发展的调研报告(2003年6月)

2003年3月至4月,我和周明理主任分别带领3个专题调研组到广州、深圳、珠海、湛江、江门等地的中山大学、暨南大学、深圳大学、广东外语外贸大学等8所普通公办高校,岭南、新安等4所民办职业技术学院和珠海、深圳等大学园区,就加快广东省高等教育发展问题进行了专题调研。我们听取了相关市领导及有关部门负责人和各高校领导的介绍，召开了各校中层干部和师生代表座谈会，完成了调研报告。我们形成了以下几点意见和建议。

（一）广东省在发展高等教育方面已经取得了显著成绩

1. **积极扩大办学规模，加快高等教育大众化进程**

在1998年到2002年的4年中广东省有效扩大了招生规模。全省普通本专科招生人数，从6.1万人发展到7.6万人；在校生人数从18.5万人发展到46.78万人；全省毛入学率也由8.2%提高到15.3%，使得全省高等教育开始跨上大众化的台阶。

2. **有效整合教育资源，不断创新发展模式**

推进了办学模式的创新。例如，原中山大学和中山医科大学的强强联合；原广州师范学院和广州大学等9所院校的合并重组；若干重点中专学校合并升级为职业技术学院；中山大学、暨南大学等开办了分校，探索了利用现有高校延伸办学的新模式。

3. **改革高校管理体制，调动地方办学积极性**

广东省实行了两级管理、三级办学的管理机制，充分发挥地方政府举办高等教育的积极性。全省21个地级以上市，都实现了至少有1所专科高校的目标。

4. **加强教学质量管理，不断提高办学水平**

1993年开始，广东省率先打破条块分割的办学模式，与教育部共建部属重点大学——中山大学和华南理工大学。全省已有7所高校进入国家"211工程"建设项目，省高等教育重点抓旨在提高教学教育质量和办学水平的"四重"建设（即重点学科、重点实验室、重点教师、重点课程和教材）。全省有国家级重点学科42个，博士点92个，分别在全国排名第6位和第4位。另外，还有5个国家级的工程研究中心和重点实验室。

5. 鼓励社会力量投资办学，民办高等教育初见成效

广东省自1994年诞生首家民办普通高校私立华联学院以来，已有9所民办高校。

（二）广东省高等教育发展存在的主要问题

1. 高等教育发展规模仍然偏小，水平仍需提高

广东省高等教育在规模、层次、校园面积等方面都不如北京、上海、江苏、浙江等省市。全省在校大学生数在全国排名第5位，但若按每万人口在校学生数仅排名第18位。2002年，江苏省高等教育毛入学率为25%，而广东省只有15.3%，仅略高于全国15%的平均水平。全省博士、硕士规模也低于全国水平。

2. 体制改革相对滞后

制约高校发展的主要问题是体制问题，最突出的是学校普遍感到缺乏办学的自主权。在规划、用地、招生、收费、职称评定、专业设置、人事管理等方面都受到限制，被管得过多、过死，影响了教育事业的发展活力。

3. 高校师资缺口很大

经过连续4年的扩招，广东省高校教师普遍处于超负荷状态。加之省内教师整体水平不够高，缺乏学科带头人，特别是缺乏大师级人才。

4. 高校办学经费仍然不足

2002年，广东省教育经费投入仅占GDP的2.7%，低于全国的3.2%的平均水平。

5. 高等教育结构和布局不够合理

本科生在校生率北京为81.68%，江苏为67.61%，上海为63.67%，全国平均为61.032%，而广东省仅为47.91%。省内工科院

校和工科学科过少,高校的地域布局方面也不均衡。

(三)对加快广东省高等教育发展的几点建议

1. 创新投入体制,积极开发利用社会资金

应加大政府投入与学校融资两方面的力度。政府应争取在2005年,使全省教育投入在GDP中的比重接近全国平均水平。同时,鼓励学校开发和利用好办学的社会资源。

2. 创新管理体制,强化高校办学的自主权

把部属和省属重点院校发展的重点放在研究生教育、留学生教学、高层次培训和高水平研究上,重在"做强";支持条件较好的本科院校,促成"做大"。各级党委、政府要多为高校排忧解难。

3. 创新办学体制,鼓励扶持民办高校等多种办学模式

鼓励社会力量以多种形式参与办学,建立多元办学新体系。

4. 尽快缓解师资紧缺的矛盾

解决教师紧缺问题也应有新的观念和新的做法,不应该将教师管理等同于公务员管理。简化定编程序,实行编制改革,采用人才"刚性"引进与"柔性"引进相结合,"固定"教师与"流动"教师相结合的动态模式。

5. 优化高等教育的结构和布局

对现有高校实行学科优化与布局整合。

6. 不断完善高等教育发展战略,制定协调发展的指标体系

建议有关部门围绕2005年广东省在校大学生要达到80万人、毛入学率要达到20%的既定目标,研究制定一个指标体系,作为宏观调控的依据。根据广东省经济社会发展需求,就不同的教育层次、不同的学科专业、不同的地域做出高等教育发展战略规划,保证全省高等教育的可持续发展。

四、促进广东省职业教育发展的调研报告
（2004年9月）

2004年6月至9月，广东省政协教科文卫体委员会与民盟广东省委员会联合进行了"促进我省职业教育发展"的专题调研。我带领专题调研组先后走访了省教育厅、省劳动和社会保障厅，并深入广州、深圳、佛山和韶关等地调研，还利用出省考察机会考察了南昌的蓝天职业技术学院。经过反复讨论，撰写出有较高质量的调研报告，对如何协调发展高等职业教育、中等职业教育和技工教育等问题提出了很好的意见与建议。我们总结出以下几点。

（一）广东经济与社会的发展要求大力推进职业教育改革与发展

我国特别是广东要成为世界最大的制造业基地之一，关键在于我们能否不失时机地大力发展职业教育。但是，广东省职业教育发展的状况依然大大落后于客观要求。

（1）大力发展职业教育是广东省经济结构调整的必然要求。广东省经济结构调整，一方面将产生大量的新兴产业，另一方面将淘汰一批不适应经济与社会发展的企业，导致大量的结构性转岗及企事业人员需求。因而，广东必须不失时机地大力发展职业教育。

（2）外来工和下岗职工的就业与再就业需要大力发展职业教育。2003年9月，广东省流动人口已达2100万人，文化偏低，技能缺乏。而且，失业问题严峻，2003年已达125万人。流动人口或下岗职工的各种岗位培训要靠职业技术教育来实现。

（3）广东城市化进程对职业技术教育的需求。

（4）广东省技能型人才在数量及结构上与实际需求的严重不适应，要求大力发展职业教育。

（二）广东职业教育发展的成就

（1）职业教育的数量、质量及结构方面都有较大的提升。广东省已初步形成初、中、高三级职业教育体系。截至2003年底，全省的中、高等职业院校已发展为964所，在校生达118万人。

（2）广东省职教不断深化改革，专业结构进一步调整优化。

（3）鼓励社会力量参与职业技术教育的发展，多元化办学体制初步确立。

（4）办学特色逐步凸显。实行弹性入学，积极开设"大专业、宽基础、活模块"课程改革试验，突出技能培养。

（5）各种形式的继续教育和岗前、在岗、转岗培训并存共进。

（6）逐步建立劳动准入制度。

（7）各级各类职教院校初步形成了有一定数量、质量的师资队伍。

（三）广东省职教发展中存在的问题和困难

（1）社会上甚至少数党政、机关领导对广东省大力发展职业教育的必要性和紧迫性缺乏认识，不同程度上存在着"有认识无共识"的问题。职业技术教育被看作低层次教育，普教与职教畸重畸轻的现象非常严重。

（2）职业教育投入较低，导致办学经费严重不足。

（3）职教师资数量、质量、来源、结构缺陷已成为广东省职教发展的瓶颈之一。

（4）职业教育基础设施较为薄弱。

（5）改革滞后。广东省职业技术教育的改革力度不大，步伐缓慢。在体制机制上，政府统筹不力。在办学观念上，用普教的观念办职教。改革力度上，全国其他地区"3+2"和5年一贯制培养模式已普遍推广，而广东却还没有推开。

（6）职教专业及课程设置的硬性规定与市场需求脱节的情况严重。

（7）职业教育及劳动就业中的资格认证准入制度存在不适应职教发展的问题。

（8）人事、教育等体制不完善，有关职教法规政策存在不配套不落实的情况，严重制约职教发展。

（四）大力推进广东职业教育改革与发展的建议

（1）更新职业技术教育观念。

（2）制定配套法规政策。

（3）政府应当承担起全省职业技术教育发展的统筹领导角色。

（4）以政府投入为主，动员企业及社会力量加大对职业技术教育发展的资金投入。

（5）合理设计中等及高等职业技术教育结构比例，构建职业教育与普通教育的立交桥，为职业技术教育观念转变创造条件。

（6）着力培养职业技术教育师资培养的龙头院校，将之列为省内重点扶持的院校，解决广东省职业技术教育发展的瓶颈问题。

（7）给予职教院校以较大的专业及课程设置自由权，同时加强公共及院校内的实训基地建设。

（8）政府应当统一协调教育、劳动、行业协会及企业，统一制定各行业岗位职业技术标准，强化资格证书及就业市场准入制度。

五、关于大力发展广东省高中阶段教育的调研报告（2005年10月）

2005年4月至5月，我率领调研组赴广州、湛江、揭阳、河源和中山等市进行专题调研。我们认真听取了地方政府及有关职能部门的情况介绍，考察了部分公办和民办高中及中等职业技术学校，召开有主管部门、学校和教师参加的座谈会。在此基础上进行了研究和讨论，提出了以下大力发展广东省高中阶段教育的意见和建议。

（一）广东省高中阶段教育取得了显著成绩

（1）投入逐年增加，办学规模持续扩大。2000年以来，全省高中教育投入超过50亿元。普通高中学校由947所增至998所，普通高中在校生从72.5万人增至131.3万人。另外，中等职业学校在校生由80万人增加到93.5万人。

（2）办学条件有所改善，优质学位数量增加较快。

（3）教师数量增长较快，整体素质有所提高。

（4）中等职业教育布局结构调整初见成效，多元办学体制初步确立。

（5）教育教学改革全面推进，办学特色逐步显现。从2004年秋天开始，作为首批全国高中新课程实验省区之一，广东省在普通高中一年级全面开展以实施素质教育为目的的新课程改革实验，有3000多名教育教学管理人员和2.4万名学科教师接受了国家级和省级培训。组织编写的高中新课程实验教材共有7个科目通过教育部评审，并在全国发行，居全国各省首位。

（二）广东省高中阶段教育发展面临的问题

虽然广东省高中阶段教育发展较快，取得了明显的成绩，但整体发展水平仍不高。瓶颈的制约仍未突破，存在着不少急需解决的问题。

（1）发展水平在全国处于中下游，与高等教育跨越式的发展不相适应，制约了发展的后劲。2004年，广东每万人口普通高中在校生为165.1人，低于全国平均水平，在全国排第21位。每万人口中专学校在校生为82.4人，低于全国平均水平，在全国排第17位。普通高中教师达标率低于全国平均数，在全国排第17位。显然，这些状况与广东经济大省地位不相称。

（2）地区发展不均衡，优质资源主要集中在珠三角地区。

（3）中职教育体制不顺、发展迟缓，技能型人才的培养滞后于经济社会发展的需求。

（4）投入不足与加快人才培养之间矛盾较大。

（5）贫困地区优秀教师外流现象严重，高中阶段教师明显不足。

（三）大力发展广东省高中阶段教育的对策建议

根据《广东省教育现代化建设纲要（2004—2020年）》，到2010年，全省高中阶段毛入学率要达到80%，这是建设教育强省的重要标志之一。

（1）抓好落实、分类指导，加大投入。

（2）积极推进办学体制、投资机制改革，形成多元投资与多元办学的格局。

（3）调整结构，加强衔接，促进各类中等职业学校协调发展。

（4）采取有效措施，加强教师队伍建设。

（5）巩固九年义务教育成果，夯实高中教育基础。

六、光大华侨文化、建设文化大省的建议（2004年2月）

此建议是我在广东省政协"弘扬岭南文化、建设文化大省"座谈会上的发言。

（一）对建设文化大省的认识

在广东省委九届二次全会提出建设文化大省的战略部署后，政协广东省九届二次会议又组织我们与省领导一起进行座谈，这是对省委关于建设文化大省这一重要决策的贯彻和落实，是推动广东省实现物质文明、政治文明和精神文明全面、协调发展的重要举措。

改革开放以来,广东的经济高速发展,成为全国的经济强省,但文化的发展与其经济强省的地位并不相称,与经济大省应有的文化地位还有一段距离。广东要率先实现社会主义现代化,必须有相应的文化环境和文化内涵来支撑。因此,我们要把建设文化大省作为一种理念,渗入到全省每个人的心中,贯彻到我们的各项事业中去。

(二)华侨文化是建设文化大省的重要内容

老一辈华侨华人的大量出现是中国历史发展的产物,华侨作为特殊时期产生的特殊群体,是中华民族不可分割的一部分。广东作为全国最大的侨乡,华侨渊源历史悠久、华侨文化积淀深厚。华侨文化既是我国文化的重要组成部分,更是广东文化的重要内容。特别是在中国加入世界贸易组织之后,广东省的对外文化交流和贸易进一步扩大了,华侨文化作为其中的一个重要桥梁,发挥了独特的作用。因此,进一步加强对华侨文化的研究、宣传,是推进广东文化大省建设的一项重要举措。

(三)暨南大学在光大华侨文化中的优势和作用

暨南大学作为中国第一所由国家创办的华侨学府,在我国高等教育界担负着特殊的使命,享有特殊的地位,发挥着特殊的作用。我们要通过这座文化桥梁延续和传承中华优秀传统文化,努力团结海外华侨华人和港澳台同胞,不断增强民族凝聚力。

文化交流是文化发展和进步的重要内容。暨南大学这座文化桥梁通过传道授业解惑及其得天独厚的地理条件为中西文化交流提供了平台。

对于海外华侨华人和港澳台同胞来说,民族凝聚力来自他们对中华优秀传统文化的认同和延续。作为传播中华优秀传统文化和联系海外华侨华人亲情的重要桥梁与纽带的暨南大学,以其98年的办学历史见证了这一事实。在新的历史时期，暨南大学在海外及港澳台地区的招生人数与内地学生招生人数达到1∶1的比例。同时，暨南大学确立了"侨校+名校"的发展战略。我们要进一步为传播中华优秀传统文化，为国家精神文明建设和广东省建设文化大省做出新的贡献。

（四）对弘扬华侨文化的几点建议

1. 建立广东省华侨华人博物馆

长期以来，广大华侨华人及港澳台同胞为祖国的建设发展出谋献策，捐资捐物，殚精竭虑。作为中国最大的侨乡，广东是最大的受益者。要将广东建成文化大省，就必须大力弘扬华侨文化，铭记华侨华人参与祖国建设和发展的丰功伟绩，激励后辈进一步发扬中华民族伟大的优良传统。因此，建议在广州建设一座华侨华人博物馆，生动展示华侨华人的历史和贡献。

2. 加大对华侨华人文化建设的支持力度

暨南大学是广东省最重要、最有优势的华侨华人文化教育和研究基地，建议省委省政府进一步支持暨南大学。同时，建立专门基金，加大对华侨华人历史、现状以及未来发展的研究，并组织海内外华侨历史专家、学者就华侨历史文化进行学术研讨，共同研讨广东华侨历史文化。

七、关于建立粤港澳综合协调机构的提案（2004年2月）

广东、香港、澳门三地毗邻，唇齿相依，在经济、文化、教育等方面的合作与交流历来频繁。自1978年改革开放以来，广东省借助比邻港澳的得天独厚的优势，实现了跨越式发展。尤其是港澳回归祖国和我国加入世贸组织后，粤港澳合作迈向新的历史时期，三地发展遇到了许多新情况、新问题，也碰到了前所未有的机遇。但是，合作多是单位之间的合作，协调不够，影响了全省经济的发展。为了使广东省具有更强的竞争力，继续保持在国内经济建设中排龙头的地位，建议在广东省建立一个推动三地在各方面开展富有成效的协调与合作、促进粤港澳积极要素互动的综合协调机构。该机构直属省政府管理。机构的建立有助于深化粤港澳合作，进一步全方位、宽领域、多层次加强粤港澳合作，增强粤港澳三地互补互动互利的合力，对推进广东现代化建设和港澳地区繁荣稳定将起到积极作用。

八、激励民办专科学校升为本科院校的建议（2005年6月）

我国的民办教育，尤其是民办高校教育经过20年的风风雨雨，现已开始迈入一个新的发展阶段。

"专升本热"不仅反映了专科学校追求向更高层次发展的一种期盼和要求，更反映了我国本科教育中仍旧突出的供需矛盾。因此，允许有条件的民办专科院校升格为本科，无论是在促进学校的发展、教师的成长、人才的培养方面，还是在优化国家教育资源、提高国民素质方面，均具有很重要的意义。

为了使民办学校有较好的发展，我们应当采取"区别对待、积极引导"的措施，激励民办专科学校升格为本科。

对于教学质量优异、办学水平较高的民办专科院校，应当允许其升为本科。

同时，要制定专科院校升格为本科的标准，严格审核程序，保证专科院校升格为本科院校的必要办学条件和质量。

最后，政府应有一套相应制度与之对应，以明确、可行的法律和法规去规范民办院校，以保证民办院校的教学质量。

第四节 国际论坛

由世界工程组织联合会和联合国教科文组织发起,由中国科技协会、中国工程院和上海市人民政府共同主办的"2004年世界工程师大会"将在上海举行。会前,受世界工程师大会和中国工程院委任,由我在暨南大学主持开办"2004年世界工程师大会"的重要组成部分之一——"发展中国家的工业化道路"网上论坛。论坛顾问为中国工程院副院长邬贺铨院士。

论坛分为中文论坛和英文论坛两大板块,于2004年5月8日正式开通,9月30日结束,为期146天。首先,我在论坛开通致辞中表示,在借鉴历史和现实经验的基础上,发挥工程技术界促进人类和平与发展的整体作用,使人类社会拥有可持续发展的未来方向,论坛具有重大而深远的意义。希望国内外工程界的技术人员、研究人员以及工程相关专业的大学师生踊跃参加,积极讨论,在遵守适用互联网的相关法律、法规及条例的前提下,对发展中国家的工业化道路及工程师队伍的自身建设问题进行深入而有针对性的探讨。

论坛共设立了以下8个议题。

(1)面对当前资源(能源)、环境等问题,发展中国家的工业化道路如何走。

(2)信息化如何有效带动工业化。

(3)如何克服温室气体排放带来的问题。

（4）工程师的责任和工程师的社会地位。

（5）如何有效提高大学工科学生的动手能力，工程师教育的实践环节如何建设。

（6）工程技术人员的择业问题。

（7）工程技术人员的伦理道德和工程技术人员成长的道路。

（8）中国的第三产业结构中，服务业的比重仍然偏低，而工业的比重仍在持续增长，怎样使我国产业更合理协调发展。

论坛开办以后，得到了广大工程师及相关人员的热烈欢迎和大力支持，取得了令人满意的成果。在短短5个月时间里，共有970个注册会员，论坛点击43 634人次，发表主题290个，回帖706篇，共计503 549字。其中，中文论坛点击38 035次，发表主题266个，回帖657篇，共计494 233字；英文论坛点击5599次，发表主题24个，回帖49篇，共计9316字。

在论坛的讨论中，大家不但对发展中国家的工业化道路提出了诸多有益而深刻的见解，而且就工程技术如何使人类社会实现可持续发展进行了深入而细致的探讨，其中颇多真知灼见。

世界工程师大会在大会召开之前举办了4个网上论坛。除上面我主持的论坛以外，还有美国科学促进会马尔科蒙（S. Malcom）博士主持的"妇女参与"论坛，香港工程师协会林亭飘教授主持的"青年工程师——工程教育与资格认证"论坛以及世界工程组织联合会顾问委员会成员若尔克（N. Rourke）先生主持的"工程伦理"论坛。

2004年11月3日，世界工程师大会在上海国际会议中心隆重召开，来自世界70个国家和地区的工程技术专家、学者近3000人出席大会。大会的主题是"工程师塑造可持续发展的未来"。11月5日上午，我用英文在论坛上进行了主题演讲，将"发展中国家的工业化道路"论坛的总结报告向大家作了汇报。

第五节 泛珠三角

2003年7月,中央政治局委员、广东省委书记张德江(后任中央政治局常委、全国人大常委会委员长)首先提出了"泛珠三角"区域协作的概念。他指出,广东要积极推动与周边省区和珠江流域各省区的经济合作,构筑一个优势互补、资源共享、市场广阔、充满活力的区域经济体系。同时,推动九省区(福建、江西、湖南、广东、广西、海南、四川、贵州、云南)与港澳地区的合作,建立"9+2"协作机制,形成"泛珠三角"经济区。

这一合作构想在相关省区和港澳地区得到积极响应。报经中央批准后,决定在2004年6月1日至3日,由"9+2"省区政府共同主办"泛珠三角区域合作与发展论坛",以便签署合作协议。张德江同志全程参加活动。

各省区代表团均在15人以内。广东省组成以黄华华省长为团长、钟阳胜常务副省长为副团长的代表团,团员有深圳市李鸿忠市长、省政府陈坚秘书长、省政府徐尚武副秘书长、珠海市王顺生市长、省发改委陈善如主任、省经贸委陈冰主任、省科技厅谢明权厅长、省交通厅张远贻厅长、省外经贸厅梁耀文厅长、省旅游局郑通扬局长、省港澳办黄子强主任、省发改委副主任张军和我,共15人。福建代表团由省委副书记、常务副省长黄小晶为团长,全团14人。江西省由黄智权省长为团长,全团14人。湖南省由省委副书记、省长周伯华为团长，全团15人。广西壮族自治区由黄道喜副主席任团长，全团14人。海南省由卫留成省长为团长，全团15人。四川省由张中伟省长为团长，全团15人。贵州省由石秀诗省长为团长，全团15人。云南省由徐荣凯省长为团长，全团15人。香港特别行政区由行政长官董建华任团长，全团15人。澳门特别行政区由行政长官何厚铧为团长，全团15人。

另外，国家发改委副主任刘江等4人，商务部副部长安民等4人，国务院港澳办常务副主任陈佐洱等6人，铁道部副部长王兆成等5人，交通部张春贤部长等4人，国务院发展研究中心副主任李剑阁等3人。加上中石化和国家发改委宏观研究院特邀代表7人，出席论坛的代表共197人。

在"9+2"省区政府代表团中，我是唯一的学术界代表，也是唯一来自大学的代表。

论坛的主题是"合作发展，共创未来"。论坛在香港、澳门和广州举办，分三阶段进行。

6月1日10时，在香港会展中心举办论坛开幕式。首先由董建华先生致欢迎词。然后由张德江书记讲话。他指出，首届"泛珠三角区域合作与发展论坛"隆重开幕了，大家聚首美丽的东方之珠香港，共同探讨和推进泛珠三角区域合作与发展，这标志着泛珠三角区域合作正式启动成为一个新的里程碑。以信息技术为代表的新技术革命迅猛发展，迸发出巨大的生产力。在这种情况下，地缘相邻、人文相近、利益相关的区域合作方兴未艾，成为区域内各成员参与全球化、提升竞争力、实现共同发展的现实选择。基于与珠江流域相连、与大珠三角相邻、经贸关系密切三方面因素，"9+2"省区的重要地位十分突出。推进泛珠三角区域合作，要坚持优势互补、互惠互利的原则，要加强合作机制建设，要拓展和深化合作领域，要坚持务实精神。泛珠三角区域合作与发展正面临难得的历史机遇，让我们携手共进，创造更加美好的未来！

接着进行论坛演讲，每人只讲10分钟。先由国家有关部门负责人演讲。国家发改委刘江副主任（题目《加强内地与港澳经济合作，促进"泛珠三角"区域共同发展》）、商务部安民副部长（题目《抓住CEPA机遇，促进区域合作》）、国务院港澳办陈佐洱常务副主任（题目《发挥"一国两制"优势，促进"泛珠三角"发展》）、交通部张春贤部长（题目《努力构建完善的"泛珠三角"区域公路和水运网络》）、铁道部王兆成副部长和旅游局孙钢副局长（题目《大力推进"泛珠三角"的旅游合作与发展》）先后发言。

下午演讲从两点半开始，香港特区行政长官董建华（题目《推进区域合作，共创美好未来》）、澳门特区行政长官何厚铧和广东省黄华华省长（题目《互利合作、繁荣共赢》）、福建省黄小晶常务副省长（题目《把握机遇、携手并进、共创区域合作新局面》）、江西省黄智权省长（题目《开放务实，携手同进，共创区域合作的美好未来》）、湖南省周伯华省长（题目《共享资源共谋发展》）、广西杨道喜副主席（题目《努力构建交流合作发展的平台》）、海南省卫留成省长（题目《抓住历史机遇，实现共赢发展》）、四川省张中伟省长、贵州省石秀诗省长和云南省徐荣凯省长（题目《携手并进，共创辉煌》）、香港贸易发展局吴光正主席和恒生银行郑海泉副董事长兼行政总裁（题目《香港金融业如何在泛珠三角区域合作发挥作用》）以及大珠三角商务委员会冯国经主席（题目《"泛珠三角经济圈"——共创多赢》）先后发言。

接着全体代表合影留念。

晚上9时，张德江书记带领我们广东代表团专程去香港中联办，会见高祀仁主任，介绍了泛珠三角合作的重要性和内容。

次日上午，与会人员坐船去澳门。

下午3点半，论坛开始进行。首先，由澳门特别行政区行政长官何厚铧致欢迎词。然后国务院发展研究中心李剑阁副主任、中石化张家仁副总裁、国家发改委宏观经济研究院陈东琪副院长、澳门中华总商会许世元理事长、澳门立法会陈泽武委员、香港中文大学香港亚太研究所杨汝万所长和澳门理工学院社会经济研究所杨道匡副所长先后发言。

2004年6月，澳门，在泛珠三角区域合作与发展论坛上发言留影

最后，由我结束演讲。我发言的题目是《泛珠三角：推进科技、教育和文化的区域合作》。我首先指出，从科学发展观来看，泛珠三角经济区的倡导，符合区域经济发展的客观规律和要求。泛珠三角区域9省区的面积超过200万平方公里，人口4.5亿，分别占全国的20.9%和34.8%，地区生产总值占全国的1/3。由于它的鲜明特点，即自然资源和人力资源丰富，同时拥有资金、金融、技术、人才、交通的优势，因此，泛珠三角经济区的提出，对加强粤港澳经济合作，对统筹我国东、中部地区的协调发展，对沟通我国大西南和东盟的经济联系，并提高整个区域的国际竞争力，无疑都具有极其重要的战略意义。因此，我提议，将泛珠三角经济区发展提升为

国家级发展战略。

接着，我认为，区域经济合作是一个包含众多领域的系统工程。就泛珠三角经济区而言，应首先在经济层面展开。可启动的合作领域包括基础设施建设和协调发展、自然资源开发及合理配置、产业的合理分工和配套、旅游资源的互补、物流运输服务系统的形成、统一共同市场的统筹建设以及区域内政策的协调等。但是，考虑到经济与科技、教育、文化的密切互动关系，积极推进科技、教育、文化等方面的区域合作，也是其中极为重要、不可忽视的领域。

纵观人类社会的发展历史，科技进步已经成为生产要素中越来越重要的因素。经济全球化、区域化的发展趋势，实际上也是由世界科技进步所决定的。在经济发展的背后，是科技、教育、文化等因素的有力支撑和配合。因此，随着泛珠三角区域经济合作的逐步展开，区域内各省区之间的科技、教育、文化等领域的合作与交流将越来越重要。

然后，就推进科技、教育、文化的区域合作，我强调三个重要问题：①积极推进科技合作，构建区域科技交流与合作平台，创建区域科技创新体系，以提高整个区域的综合科技实力，适应经济的发展和产业结构的升级转型。②推进区域高等教育合作，加强中高级人才的培训与交流，建立人才交流的统一平台。③积极推进区域文化交流，培育及发展"珠江文化"，推动区域内"珠江文化"的广泛认同感，培育和发挥珠江文化的开放性、领潮性、务实性、兼容性的特点，以利于在区域经济合作中磨平保守的地方观念，消除观念上的隔膜和差异。

最后，我强调，在科技、教育和文化的区域合作中，高等院校是重要的载体之一，因此我代表暨南大学向大家表态，在区域科技、教育和文化的合作中，暨南大学将致力于加强与区域兄弟院校的合作，为泛珠三角区域经济发展做出应有贡献。

我的发言引起全场最热烈的掌声，我们广东代表团的同志们说我声音洪亮、内容有新意，纷纷表示赞许。特别是港澳两位行政长官董建华、何厚铧走上前来，同我热情握手，说我讲得很好。我的家乡四川省张中伟省长也专门对我这位老乡的发言表示赞誉。

次日上午返回广州。下午3点半，在白天鹅宾馆3楼国际会议中心出席论坛闭幕式。9省区和港澳的代表团团长共同签署《泛珠三角区域合作框架协议》，论坛在热烈的掌声中圆满结束。

随后，为了发挥科技群团组织在泛珠三角区域合作中应有的作用，经广东省科技协会牵头，与中国科技协会和泛珠三角区域省级科协负责人共同探讨，广东、福建、江西、湖南、广西、海南、四川、贵州、云南科技协会和香港京港学术交流中心、澳门工程师学会达成共识，形成了《泛珠三角区域科协合作框架协议》。协议明确了"9+2"省区科协与科技团体将在大型学术交流活动与重大项目论证、科技普及资源的共享、科技人才的交流和培养、科技中介服务、青少年科技创新教育活动等五个方面开展合作。

广东省人大常委会主任、广东省科技协会主席卢钟鹤，中国科技协会副主席、中国科学院赵忠贤院士，广东省政府副秘书长李春洪和福建、江西、湖南、广西、海南、四川、贵州、云南、香港、澳门等地区的科协和科技团体的负责人出席了2005年1月8日在广州东方宾馆举行的签字仪式。签字仪式由我主持。

第六节 信息调研

2003年9月，为推动广东经济社会全面、协调、可持续发展，中央政治局委员、广东省委书记张德江要求在广东省已开展的9个工业产业竞争力调研课题的基础上，增加高科技产业竞争力和信息化两个调研课题。为了落实这一指示，省政府工作会议决定：信息化专题调研由广东省科技协会牵头，广东省经贸委员会、信息产业厅、统计局等有关部门予以配合。由广东省科技协会制订调研方案，与中国科技协会联系汇报。中国科技协会对此高度重视，组织专家组来广东省进行专题调研。

经广东省科技协会与中国科技协会协商，由中国科技协会党组书记、专职副主席张玉台任课题组长，我任副组长。我们一见面，发现张书记平易近人，与我甚为投缘。见面几次，他对我说："你是个大好人！"让我忽然想起几年前乌杰同志（国家经济体制改革委员会原副主任）也是对我讲的同一句话语。这说明我这一辈子的座右铭"多做好事，多做善事，不做坏事"确实做到了，好的领导能观察到我的为人和品格。

10月11日上午9时，在北京中国科协会堂二楼会议室召开了调研专家组成立大会，近40人参加，张玉台书记主持了会议，宣布调研专家组成立，并讲明工作的重要性。中国工程院副院长、通信技术与管理专家朱高峰任组长，我和中国科学院院士、中国科协副主席、物理学家赵忠贤、中国科协副主席徐善衍任副组长。广东省科技协会党组书记、专职副主席梁明对课题背景材料作了汇报。朱高峰、赵忠贤、金国藩（中国工程院院士、国家自然科学基金委员会副主任、光学仪器专家）、倪光南（中国工程院院士、计算机专家）、戴汝为（中国科学院院士、控制论与人工智能专家）、周仲义（中国工程院院士、信息技术专家）、邓寿鹏（国家信息化办公室专家委员会副主任）、宋林（中国电子商务协会理事长）和我先后发言，提出了许多建议。

中国科技协会对此高度重视，成立的专家组由中国科学院院士、中国工程院院士、从事信息化领域研究和领导工作的高层次专家，以及广东省有关方面专家共139人组成，其中北京专家64人，广东专家75人。在专家中，院士28人，其中北京26人，广东2人。专业领域涉及微电子设计与制造、计算机制造与应用、计算机软件、通信与信息系统、信息处理、工业自动化、光通信、农业信息系统、信息安全、信息经济等方面，涵盖了信息化建设所涉及的各个方面。

专家组的调研方针是："共同参与，深入调研，把握全局，服务广东。"从信息产业、信息应用、支持环境和安全保障3个方面开展广东省信息化发展情况的调研。专家组分为3个大组和11个小组进行工作。

从2003年12月下旬开始，我们组织北京方面专家分12批共109人次赴广东开展调研工作，广东方面专家共158人次参与调研。另外，由广东省科技协会安排，广东省31个有关部门和单位参加了调研。在3个多月中，专家组走访了29个省直机关和22个地市县的40个政府部门，123个企事业单位，3个大学研究机构，6个社区、乡镇，发出6000多份调查问卷，收集和分析了大量国内外资料。2003年5月，我们还组织16位专家去香港考察香港信息化建设的经验和做法。

同时，我们开始起草各调研小组分报告和总报告，先后召开专家分析与论证会22次，对总报告进行了11次修改。经过10个多月的工作，专家组圆满完成了广东省信息化调研工作，完成了《广东省信息化调研报告》，其内容摘要如下。

一、广东信息化基本状况与问题分析

（一）基本状况

1. 电子信息产品制造业、软件业走在全国前列

超常规的发展速度，产业规模位居全国第一，大企业群崛起，珠三角电子信息产业生产基地基本形成，电子信息产品出口与吸引外资总规模名列全国前茅，软件产业已具有相当规模（尤其是嵌入式软件）。

2. 信息网络基础设施国内领先，应用服务态势良好

电信业得到高速发展、装备水平高，邮政改革升级，业务范围迅速扩大，广播电视事业在全国处于领先地位，互联网发展呈现快速增长态势，各类信息服务稳步发展。

3. 经济社会信息化成绩明显

企业信息化有较大发展，电子政务开始普及，社会事业信息化稳步展开，农村信息化逐步推进。

4. 信息化的保障环境明显改善

信息化政策法规初步建立，引进人才取得成效，专业技术队伍基本形成，信息安全工作稳步开展。

（二）存在的主要问题及原因分析

1. 电子信息产品制造业与软件业

自主型（"内源型"）企业发展不够充分，缺乏自主知识产权技术，经济效益低，软件产业化水平亟待提高。

2. 信息服务业

发展不平衡,"数字鸿沟"明显,共享性差,"信息孤岛"问题突出,利用率低,资源浪费和内容挖掘不足。

3. 经济领域与社会信息化

企业信息化实效欠缺,电子政务缺乏统一规划,应用服务亟待深入,社会事业各领域的信息化推进成为明显的弱项,农村信息化道路仍需探索。

4. 信息化保障支撑环境

政府协调机制偏弱,投入不持续,资源集成差,人才结构矛盾突出,人才资源相对不足已成瓶颈,信息安全隐患不容忽视。

5. 原因分析

主要存在认识、体制与政府职能、科技发展及人才和外部环境等原因。

二、广东信息化的基本思路与主要目标

(一)发展目标

到2010年,全省形成信息技术普遍适用、信息资源合理利用、覆盖国民经济和社会各领域的较为完善的信息化体系。

(二)发展重点

(1)继续发展电子信息产品制造业与软件业。

(2)积极扶持与优先发展信息服务业。

(3)积极推进企业信息化,促进国民经济各个产业的发展与升级。

(4)切实搞好电子政务。

(5)加快发展社会事业信息化。

(6)大力推进农村信息化建设。

（7）加强信息化人才培养工作。

（8）加强与改善信息安全保障工作。

三、推进广东信息化的主要政策与措施

（1）努力提高干部群众和全社会的信息化意识。

（2）加强对信息化建设的统一规划。

（3）制定与完善信息化建设相关法规条例。

（4）出台与实施推进信息化扶持性政策。

（5）建立省级技术创新和服务支撑体系。

（6）采取措施加强对信息化人才的培养。

（7）加强与改善政府直接投入与政府采购。

（8）强化政府职能和社会管理机构，搞好服务与管理监督。

2004年8月6日，广东省委、省政府和中国科技协会联合召开调研汇报会，听取我们调研情况汇报。张德江书记和黄华华省长对调研结果给予高度评价。张书记说，调研报告的主要内容具有科学性、前瞻性和可操作性，符合广东实际，体现了科学发展观的要求。省有关部门要运用报告的成果，抓紧制定广东省信息化建设纲要。各级领导要进一步提高对信息化的认识，加强对全省信息化工作的领导和协调，广泛宣传、切实运用信息化调研成果，推进广东信息化建设上一个新台阶。黄省长说，要充分运用调研成果，促进广东电子信息产业做大做强。

第七节　特种邮票

2004年5月15日上午，由国家邮政局、中国海外交流协会主办，暨南大学、广东省邮政局、广州市侨务办公室承办，广州市邮政局、广州市邮票协会协办的《侨乡新貌·暨南大学》特种邮票首发式在我校举行。这是我们学校在1996年成为"211工程"重点大学以来，"华侨最高学府"的名声更加显著的结果。我校成为继北京大学之后第二所上榜国家邮票的大学，真是无比光荣。

我校高大的拱形校门，象征朝阳，是发射光芒的半个太阳，很有诗意，受到大家喜爱，成为学校的标志性建筑。邮票的创作者殷会利选择了校门为主图，以不完全写实的手法浓缩了暨南大学"忠信笃敬"的校训精神。

广东省前省长、我校前校长梁灵光，广东省人大常委会副主任倪志广，广州市政协主席陈开枝，广东省邮政局党组书记、局长喻军等领导、嘉宾以及我校师生、广大集邮爱好者出席了首发式。我既是暨南大学校长，也是中国海外交流协会的常务理事和广东省海外交流协会副会长，故代表学校和中国海外交流协会欢迎大家的到来。倪志广副主任亲自为《侨乡新貌·暨南大学》特种邮票首发封盖戳。我校校友总会会长马友恒以及澳门校友会还特地送来花篮表示祝贺。广大集邮爱好者争相购买邮票，现场气氛十分热烈。

当天，国家邮政局在北京人民大会堂举行了该套邮票的首发式。这套邮票共有《侨乡新貌·暨南大学》《侨乡新貌·兴隆华侨农场》《侨乡新貌·福清融侨开发区》《侨乡新貌·开平侨乡》等4枚邮票，展现了社会主义改革开放侨务工作的辉煌成果，彰显了华侨对祖国建设做出的重大贡献。

2004年5月，国家邮政局《侨乡新貌·暨南大学》特种邮票（暨南大学首枚邮票）首发式在暨南大学举行，在会上致辞留影

第八节　亚大田赛

　　自1995年5月我校成为教育部53所试办高水平运动队的学校以来，在教育部的关怀下，我校运动员在国内外的比赛中一直表现突出，成绩斐然，在全国高校中名列前茅。自1996年6月成为国家"211工程"重点大学以来的10年时间里，学校运动员在国际国内比赛中获得金牌数已达274枚，其中国际金牌43枚。特别是在第五届至第七届全国大学生运动会中均名列全国高校前8名，在2001年更获得全国总分第2名的好成绩。又如在1998年举行的第五届世界大学生羽毛球锦标赛中，朱健文同学获得男子单打金牌；梁永平同学与中国地质大学合作，取得混合双打金牌。在2002年举行的第14届亚洲运动会上，刘禹同学一人获得男子200米自由泳和4×100米自由泳接力赛两枚金牌。在2003年举行的亚太区青少年游泳锦标赛中，郑希同学获得50米蝶泳、4×100米自由泳接力、4×200米自由泳接力3枚金牌。在2003年举行的第八届世界大学生国际象棋锦标赛中，李师龙同学获得男子个人冠军。在2003年举行的香港国际武术邀请赛中，甘雷同学、钟荣刚同学、高婕同学、张颖珊同学、张腾欧同学、徐瑜同学分别获得2枚金牌，邹家裕同学获得1枚金牌，我校运动员获得集体器械冠军。在2004年举行的丹麦羽毛球公开赛中，陈其遒同学获得混合双打冠军。正是因为我校的国际化特色和学生体育运动的出色表现，教育部国际司提议，并由章新胜副部长批准，亚洲大学生体育联合会执委会投票通过，将第一届亚洲大学生田径锦标赛交我校承办。章副部长兼任亚洲大学生体育联合会主席，他将此重大任务交给我，我立即表示感谢！并开始进行组织筹备工作。首先，选定运动会举行时间，我提议选在广州少雨、气温适宜的2005年11月7日至10日，然后改修学校运动场和游泳池，以达到国际赛场标准。同时，为锦标赛征求会徽、吉祥物宣传画和主题口号。然后，举行新闻发布会，邀请亚洲各国大学生来我校参赛，并为他们准备好比赛以及食宿服务。特别重要的是，比赛组织评价必须公正，杜绝腐败，大力增进我国与亚洲各国大学生的友谊。

在这样的形势下，我亲自担任锦标赛筹委会主任，从校领导班子直到有关部处领导以及体育部李淑芬主任都承担重责。同时组织我校的参赛运动员积极备战，以取得优异成绩，为祖国争光，为学校争光。

核心的工作还需要经费支持，但上级未拨经费。我便请广东省常务副省长钟阳胜帮助，他马上答应拨款支持。

2005年4月，与香港亚洲电视行政总裁陈永棋先生签署全面合作协议

为了将现场的比赛向世界观众播放，我又找香港亚洲电视余统浩总裁，他立即热情答应，免费向世界播放。

在领导和同志们的热情支持下，第一届亚洲大学生田径锦标赛于11月7日晚8时，在暨南大学田径运动场隆重开幕。场内灯光璀璨，人潮涌动，激情荡漾，吉祥物"骄骄"在歌声中欢舞。

出席的主要领导和嘉宾有全国政协原副主席、暨南大学董事长、名誉校长、中国科学院钱伟长院士，亚洲大学生体育联合会主席、教育部章新胜副部长，国务院侨务办公室刘泽彭副主任，亚洲大学生体育联合会第一副主席、来自韩国的郑东求，亚洲田径联合会秘书长、来自新加坡的尼古拉斯，广东省原省长、暨南大学原校长梁灵光，广东省人大常委会佀志广副主任，广州市张广宁市长，中央人民政府驻澳门特别行政区联络办公室王今翔副主任，亚洲大学生体育联合会副主席、来自中国台湾的李天任，亚洲大学生体育联合会秘书长、来自中国香港的周冠华，亚洲大学生体育联合会执委、来自蒙古国的扎卡塞康，国际大学生体联执委、来自中国台湾的陈太正，广东省政协周天鸿副主席，国务院侨务办公室文宣司刘辉司长，广东省人大常委会江海燕副秘书长，广州市李卓彬副市长，广东省教育厅副厅长、广东省大学生体育协会罗伟其主席。

运动员们来自亚洲19个国家和地区（中国、俄罗斯、蒙古国、塔吉克斯坦、泰国、柬埔寨、印度尼西亚、新加坡、越南、东帝汶、老挝、菲律宾、文莱、斯里兰卡、伊朗、阿联酋16个国家，以及港澳台3个地区）的40所大学，共有334人。

开幕式一开始，雄壮的《运动员进行曲》响起，24名步伐矫健的大学生拥着亚洲大学生体育联合会会旗、中国大学生体育协会会旗和暨南大学校旗向主席台走来。接着，裁判员队伍入场，334名运动员入场。

章新胜主席代表亚洲大学生体育联合会，对来自亚洲各国、各地区的官员、运动员和教练员表示热烈的欢迎，希望体育比赛成为亚洲大学生增进相互理解、和平共处和提高国际交往活力的平台，并希望本次大赛为今后亚体联各项赛事树立新标杆。

广东省人大常委会副主任倡志广代表广东省对运动员、教练员、裁判员和各位嘉宾表示热烈欢迎。

作为第一届亚洲大学生田径锦标赛总指挥和暨南大学校长，我致欢迎词。我代表暨南大学3万余名师生向亚洲大学生体育联合会、教育部、国务院侨务办公室、广东省委、省政府的大力支持表示衷心的感谢。向出席大赛的领导、嘉宾、运动员、教练员、裁判员表示热烈的欢迎。大赛将促进亚洲大学生的友谊与交流，展现亚洲大学生的青春与活力。我还表示，我们暨南大学全体师生将全力以赴，当好东道主，竭诚为大赛服务，务求本次大赛以隆重、热烈、精彩、圆满的效果载入史册。

2005年11月，在暨南大学承办的第一届亚洲大学生田径锦标赛上，作为总指挥与运动员们一起入场

然后，国务院侨务办公室刘泽彭副主任宣布第一届亚洲大学生田径锦标赛开幕。

随后，举行了大型精彩文体表演，著名歌手孙楠首先演唱了《缘分的天空》等3首代表作，然后由暨南大学来自36个国家和3个地区的2300名学生同台演出土风舞与太极、武术、健美操和舞狮等节目。整个表演阵容强大，仪态万千，寓意生动，生动体现了中华民族的传统以及对和平和友谊的祝福。

次日开始，锦标赛全面开赛，运动员们参加了男子22项与女子20项的角逐。最后，中国代表团以26金、19银、12铜的成绩雄居榜首。我们暨南大学作为东道主，以14金、9银、7铜的成绩成为亚洲大学的第一名。

10日晚8时，第一届亚洲大学生田径锦标赛闭幕式暨颁奖晚会在暨南大学邵逸夫体育馆举行。首先由总裁判长李圣旺宣布比赛成绩。接着，中国大学生体育协会常务副主席兼秘书长杨立国致辞，感谢暨南大学的精心组织。本次大赛组织周密、严明，秩序井然，运动员顽强拼搏，取得了辉煌的成果，这是一次团结、友谊、创新的体育盛会。

随后，举行了庄严的会旗交接仪式，我将亚洲学生体育联合会的会旗交给亚洲大学生体育联合会执委扎卡塞康先生。

然后，我致闭幕词，经过3天的激烈、紧张、友好的比赛，圆满完成了各项赛事。我代表承办单位和大赛组委会，向在比赛中取得优异成绩的各代表队和运动员表示衷心的祝贺！向为保证比赛圆满进行而不懈努力的工作人员、新闻记者和各界朋友表示诚挚的感谢！

接着，我宣布第一届亚洲大学生田径锦标赛胜利闭幕！

闭幕式后，举行了精彩的文艺晚会。我校学生艺术团的表演，具有浓郁的中国文化特色，深受大家喜爱。

我最感到欣慰的是，整个比赛以高水平、无作弊、无投诉、无意外、无伤病的圆满效果结局。这说明，我用从严治校的方法来举办这次锦标赛，取得了圆满的结果。

章新胜副部长另有任务，在7日晚上就提前离会。他对我说，出乎他的意料，你们暨南大学仅凭一个学校的力量，竟能把一项国际性体育赛事的开幕式办得如此有声有色，相当不容易，其气势、效果完全可以和去年在上海举行的全国大学生运动会的开幕式媲美。他称赞我的工作，并说，你可以当全国大学生体育协会主席。

本次大赛竞赛指导委员会刘锦钊副主任用"奇迹"二字来表达他的评价。

国家级裁判孙武认为，裁判队伍、裁判工作安排得相当好。比赛已经进入尾声，却没有出现一次投诉，这些都给各地前来的田径官员留下了深刻印象。

大赛裁判长李圣旺表示，他感觉到暨南大学全校上下，从校领导到学生演员再到志愿者，都投入了最大的诚意，他们用了很大的心力来办这次亚大田赛。大赛在裁判工作方面的前期努力，最终实现了本次大赛裁判工作的目标，把第一届亚洲大学生田径锦标赛办成独特、充满愉悦的、公平公正的运动会，同时提升了广东省裁判以及暨南大学在亚洲的知名度和影响力。

亚洲田径联合会秘书长尼古拉斯高度赞扬了我校学生的热情和投入精神。

我们学校举办本次比赛，获得了大家的支持和赞扬，认为我校确实创造了"奇迹"：①第一届亚洲大学生田径锦标赛是暨南大学仅凭自己一所学校承办的国际性体育赛事，办得非常成功，在中国乃至亚洲范围内都是值得自豪的。②暨南大学的学生来自全世界71个国家和3个地区，在接待各国和地区运动员、教练员时，为他们提供翻译、住宿、饮食等方面都有良好的基础，这在其他高校是无法比拟的。暨南大学学生的热情、友好和周到，给各国和地区的朋友们留下了良好的印象，达到了增进了解、增强沟通的目的。③本次大赛达到了很高的竞技水平，许多国家和地区的优秀选手，包括十运会冠亚军参加本次比赛，极大地提高了田径赛的竞技水平，有许多项目的比赛成绩甚至超过了刚刚结束的东亚运动会的水平。

第二十七章
继续向前

第一节　勤做学问

　　自从1999年11月当选院士以后，我仍在校长岗位上工作。因此，我只好将主要精力用在行政管理工作岗位上，但我仍然坚持在晚上和周末进行科学研究。在力学方面做了以下科研工作。

　　2000年11月，我将在中国工程院所作的学术报告写成文章《板壳分析与应用》，发表在《中国工程科学》2000年第2卷第11期。此文是我近40年从事板壳力学研究的综述，希望得到专家的指教。

　　这一时期，我承担了国家自然科学基金的两个课题：①双层网格扁壳的非线性理论及稳定性分析；②焦炭塔变形机理分析及剩余寿命的预测。第一个课题是我以前工作的继续，后继续探索，发表了关于斜放四角锥扁网壳、双层柱面网格扁壳和双层球面网格扁壳的非线性弯曲和稳定方面的论文3篇，都是国际上首次研究，具有理论和应用价值。第二个课题来源于我去茂名石化工厂调研得到的启发。焦炭塔是炼油工业中延迟焦化的关键设备，它把价值低的劣质油转化成价值高的汽油和中馏分油，可以产生巨大的经济效益。但是，焦炭塔运行若干年后，普遍存在两个问题：筒体鼓胀以及筒体、焊缝和裙座开裂。探讨焦炭塔的鼓胀与开裂变形机理，合理预测焦炭塔的疲劳寿命，成为世界难题。经过研究，我与助手王璠和徐家初等先在《压力容器》（第22卷第5期）等期刊上发表了5篇论文，然后又与助手宁志华在国际著名刊物《压力容器技术学报》（*Journal of Pressure Vessel Technology*）（第113卷第3期）等期刊上发表了3篇论文。我们给出的理论公式与数值解，令工程界的朋友感到满意。

2005年，我还承担中国科学院长春光学精密机械与物理研究所课题"高级航天光学遥感器自由振动的模态分析"，此课题来自神舟飞船的研制任务，经过我和我的学生卞迁勇的共同努力，完成了任务，对方非常感谢我们的工作。

此外，我还接受广州白云国际机场有限公司委托，对广州新白云国际机场主航站楼钢结构强度、稳定性进行校核计算。该机场是一项大型工程，总投资约200亿元。机场航站楼的初步设计由美国URS公司完成，施工设计由广东省建筑设计研究院承担。主航站楼长约330米，宽约250米，整个结构十分复杂。我和助手张卫、王璠、徐家初等对这样一个难题进行分析研究，给出了圆满的解答，对原工程设计给出了合理的修改意见，受到邀请方的大力感谢。

2005年10月，神舟六号发射时，在酒泉卫星发射中心现场留影

2006年1月，北京，在中国航天技术研究院与我国第一位进入太空的宇航员杨利伟合影，左起为潘家铮（中国科学院和中国工程院院士，中国工程院副院长）、杨利伟、刘人怀

尽管力学教师少，但经过努力，我们终于在2001年、2003年、2004年分别获批设立工程力学硕士、博士和本科专业，开始招收力学专业本科、硕士和博士学位学生。与此同时，我还发表了39篇学术

2005年10月，香港理工大学潘宗光校长（右4）与获得"杰出中国访问学人"称号得奖者合影，右2为刘人怀

2006年7月，广州，作为主任委员（前排左5）主持教育部高等学校力学教学指导委员会第一次会议后，全体委员合影

论文，培养固体力学博士1人，工程力学硕士2人。因取得的工作成绩，2000年获中共广东省委、省政府"广东省劳动模范"称号。2000年，被澳大利亚格里菲斯大学聘为名誉教授。2001年，获日本创价大学最高荣誉奖。2005年，获香港理工大学"杰出中国访问学人"称号。

2003年，中国工程院任命我为中国工程院院士广州咨询活动中心主任，并被选为中国振动工程学会理事长，且兼任《振动工程学报》主编。接着，我又被选为中国复合材料学会副理事长，并兼任《复合材料学报》副主编。同年又被选为中国仪器仪表学会常务理事，并兼任《管道技术与设备》编委会副主任。2005年，教育部让我担任教育部高等学校力学教学指导委员会主任委员。

2003年11月，中国振动工程学会第五届全国会员代表大会合影，被选为学会理事长。前排右5起为项海帆院士、刘人怀、杨叔子院士、黄文虎院士

第二节 乐于创新

在高等教育管理方面，我于2000年承担了教育部21世纪高等教育教学改革项目"高等学校学分制管理制度的改革与实践"。接着，又在2004年，承担教育部的全国教育事业"十一五"规划研究课题"大开放、大交流、大合作，加快我国高等教育的大发展、大提高，迅速跻身于世界先进行业"。两个项目都顺利完成，获得好评。上述两个课题的主要观点归纳如下。

从1993年开始，我在暨南大学分管教学，2年后又担任校长，针对暨南大学的教风、学风问题，我首先确立先进的教育理念——"两校"（侨校+名校）、"三化"（国际化、现代化、综合化）、"三字"（严、法、实）、"三语"（汉语、英语、计算机语言）。

然后创新管理制度——标准学分制（1993年）和人才培养分流制（1996年）。

（1）总体要求：境外学生"面向世界、应用为主"，内地学生"加强基础、目标上移"。

（2）具体目标：分别对内地学生、香港学生、澳门学生、台湾学生以及华侨学生和华人学生提出培养目标。

（3）两季招生、毕业制（1998年）。预科生由单一的一年制改为半年制、一年制、三年制等多种学制。

（4）校长奖励免费学分制（1993年）。

（5）课堂教学质量"三重评估"制（1993年）。

（6）严格考试制。1993年，取消补考，实行重修。2001年开始设立大型考场。

（7）双语教学制。1996年开始要求"双语教学"，2000年成立全英语教学的国际学院。

（8）品牌办学制。1996年，停办专科，稳步发展本科。校本部与本部以外的校区遵循同样的质量标准。

（9）大平台教学制（2002年）。

（10）本科全面导师制（2003年）。

（11）教师工作量化考核制（1998年）。

（12）多形式合作办学制。校企合作（1993年），校医合作（1996年），跨境合作办学（1993年）。

（13）教授上基础课制（1993年）。

（14）按学分收费制（1993年）。

（15）公共选修课淘汰制（2003年）。

由于上述改革，暨南大学从一所全国排名靠后大学一跃而成为全国排名前50位的大学，取得成效如下。

（1）海外与港澳台学生大幅增长，暨南大学成为境外学生首选的国内大学。为港澳回归和繁荣稳定，为反对"台独"、维护祖国统一，为传播中华文化，做出了不可替代的贡献。

（2）培养的人才质量精良。暨南大学培养的港澳台和海外人才成为促进当地的经济发展和维护社会稳定的中坚力量。

（3）教风学风明显好转。

（4）学生综合素质明显提高。

暨大学生取得了一系列骄人成绩，如2004年全国大学生辩论赛亚军。2000～2004年四届"挑战杯"大赛，三届获广东省冠军、一届获广东省亚军，其中2000年名列全国第六。1996年以来，我校运动员在国际国内大赛中获金牌214枚。我校澳门学生在全国大学生联合会中担任副主席。2001年，在团中央举办的第四届中国青年志愿者行动中，我校Warm Touch青年志愿者服务队被评为全国百个优秀青年志愿服务集体。

（5）教学质量和办学效益大大提高。

（6）理论成果丰富。

我们的上述成果于1996年、2001年和2005年先后三次获得广东省教育教学成果奖一等奖。2005年，我和纪宗安、刘洁生、王亚希、熊匡汉的"深化教学改革，优化培养模式，造就高素质海外和港澳台人才的探索与实践"项目荣获国家级教学成果二等奖。

我们的成果大面积推广，几百所大学前来我校考察学习，仿效我们的弹性学分制以及严格的考试制度。1996年，国内第一部正式出版的有关学分制的著作《中国学分制》称：暨南大学的学分制模式是"我国高校中独具特色的典范之一"。2004年11月，国务院港澳办和教育部港澳台办两部委联合调研组考察后指出，暨南大学作为全国高校中对港澳台海外学生招生培养的最大工作平台，在对外招生录取、培养模式、管理机制等方面形成了一套扎实有效、操作性强、独具特色的"暨南模式"。《文汇报》、《大公报》、《光明日报》、《广州日报》、《南方都市报》、中央电视台、中央人民广播电台以及港澳多种媒体对上述工作进行过积极的报道。

2002年，因在暨南大学达到科技事业单位"国家二级"档案管理标准中做出的突出贡献，获得国家档案局颁发的荣誉证书。

2004年，因在中国学位与研究生教育学会建设中做出的显著贡献，获得建设贡献奖。

2002年，受珠海特区香洲区前山街道工委和办事处委托，进行前山镇（街）转型与社区研究。在张永安等同志的协助下，我们完成了研究。我们希望前山街社区的建设和管理工作，首先要加强党组织的建设，充分发挥党在社区建设与管理中的领导核心作用，然后明确街道办事处的性质与职能，弄清转型中的主要问题和困难，树立社区管理新观念，适应新管理体制的要求。

同年，受广州市荔湾区人民政府的邀请，就全面提升荔湾区商旅核心竞争力进行研究。广州是我国改革开放的前沿，荔湾区是城市历史最悠久的商业中心，对提升城市核心竞争力，有着重要的战略意义。我们采用价值工程和商贸旅游市场营销理论，探讨整合商贸旅游资源与构筑区域竞争力的方法，促进荔湾城区经济的发展。

2001年1月，我受邀请成为广东省政治协商会议委员、常委和港澳台胞联络委员会委员。2003年，又任广东省政协教科文委员会副主任委员。2006年。再任广东省政协历届委员联谊会名誉会长。2004年，我在政协提出一个提案，希望尽快建立粤港澳综合协调机构。众所周知，广东、香港、澳门三地毗邻，唇齿相依，只有紧密合作，才能发挥更大作用。该综合协调机构的职能不同于省港澳台事务办公室、外经贸委等单一职责机构所承担的职能，要全方位、宽领域、多层次加强粤港澳合作，推进广东现代化建设和港澳地区的繁荣稳定。

在这6年中，我培养了企业管理博士2人，管理科学与工程硕士2人，高级工商管理硕士2人，工商管理硕士40人。主编文集2部：《20世纪我国重大工程技术成就》（常平、刘人怀、林玉树主编）和《中国制造业企业国际化战略》（郭重庆、刘人怀主编）。发表110篇文章，其中1篇英文论文，与斯晓夫合作，文章标题为《借助于形象研究历史悠久企业的竞争力问题》，发表在国际著名学术刊物《国际商学和经济研究学报》（*International Business & Economics Research Journal*）2003年第2卷第12期。

2004年，任中国工程院工程管理学部常委和教育部科技委员会管理学部主任。

2004年4月，教育部科技委员会管理学部五届一次会议于西安举行，任学部主任（前排左6）并主持会议

第二十八章
愉快告別

第一节　百年校庆

2006年是暨南大学百年校庆之年，为此，我提议并成立由我任主任的暨南大学百年校庆筹备委员会。2005年3月9日，召开了百年校庆筹备委员会工作会议。

会上，我对百年校庆的筹备工作进行了布置。学校一直处在高速发展时期，在多个领域取得了优异成绩。借百年校庆之机，不仅可以对学校一个世纪的成就进行一次大检阅，充分展示学校的教学科研成果，进一步提升暨南大学在国际上的知名度和美誉度，而且可以激发暨南人的科学人文精神和艰苦奋斗精神，增强暨南人的凝聚力和向心力，促进各项工作再上新台阶，加快建设高水平研究型大学的步伐。我要求全校师生员工振奋精神，高效负责地完成各项工作，尤其要做好"十五""211工程"的验收以及博士点的申报工作，精心准备迎接本科教学评估工作，围绕教学科研做好高水平的人才引进工作，按时保质地完成相关基建工程，认真承办第一届亚洲大学生田径锦标赛，争取以崭新的面貌、优异的成绩，向百年校庆献礼。希望各单位一定要重视百年校庆，按照学校的要求和部署，根据本单位特点制订详细的校庆筹备工作方案。同时，希望各单位积极为百年校庆提出一些好的建议，及时向学校提供有关信息，以暨南人的精神和智慧，将百年校庆办成富有"侨校"特色的世纪庆典，让校友们满意，让关注暨南大学事业发展的海内外各界人士满意。

第二节　成事艰难

2002年11月27日晚上6点半，中央政治局委员、广东省委张德江书记在珠岛宾馆宴请刚来广州视察的全国政协副主席钱伟长先生，我奉命陪同。宴请中，张书记和钱先生关于教育事业相谈甚多。张书记刚来广东工作第五天，我也向他简短汇报了暨南大学以及广东高校的基本情况。事后几天，他视察了广东省教育厅。张书记非常重视教育，经过短时间的调查研究后，他决定在小谷围岛创办广州大学城，并于12月28日在肇庆市星湖大酒店召开广东高等教育2003年度工作会议暨发展咨询会议，而且通知我在会上第一个发言，代表暨南大学对办大学城之事表示支持。接到此通知时，离开会仅有4天时间。我一方面起草会议发言稿，另一方面向国务院侨务办公室文宣司请示。书面报批已来不及了，就打电话口头请示，当场未获答复。12月27日下午离校去肇庆，入住皇朝酒店。当晚8点左右，我接到国务院侨务办公室文宣司领导电话，通知我侨办不同意暨大参加广州大学城办学。尽管我再三说明，仍得不到批准。为此，我头痛万分，不知如何应对第二天上午的大会发言。

28日上午8点半，大会开始。会议主持人请我第一个发言。我讲，我个人是支持省委办广州大学城，这是国家发展的需要，是广东省发展的需要，只有高等教育发展，才有国家经济社会的发展。然后，我向大家解释，由于未得到国务院侨务办公室批准，暨南大学不能进大学城，弄得在场的人都无法理解。

会后，我反复思考，如何才能使大家对我校不进大学城减少点意见。于是想出一个妙计，既使省领导满意，又能让我校发展更好。我便设想，把校对门的已经空置的跑马场土地征下来，再在黄埔大道挖一条地下通道，使跑马场与学校连成一片，成为一个大校园。那样，我们办学的条件更好。我设想，将我校珠江南岸多年空置的磨碟沙236 088平方米的校园与我校华文学院151 069平方米的校园合在一起去置换跑马场土地。如资金不够，再补一点也可以。随即，我便去拜访跑马场公司董事长、广州市国土局局长、广州市发改委主任和广州市市长。均得到支持。但最后因为跑马场土地问题复杂，无法置换，未能办成。

2005年9月6日，深圳市教育局张宝泉局长来找我，说深圳市的高校包括深圳大学在内当时办得不太理想。市委李鸿忠书记提出，刘人怀校长几年之内就将暨南大学办成知名大学，可请他将暨南大学带到深圳办学，以推动深圳特区的发展。我听了后很高兴，李鸿忠书记原是主管广东省高等教育的副省长，是我的老上司，他的邀请我理应答应，并且要将此事办好。于是，我便抽空去深圳调研，寻找校址。经过几次挑选，最后定在深圳大鹏湾沿海的土地，共4.79平方公里，约7200亩地。海岸线长4公里，面对深蓝色海洋，其中2公里有沙滩。土地当即被政府征好，画了土地红线图，无偿赠给我们学校，而且答应为学校建好相关基础设施。根据暨南大学的实力，有54个博士学位授权学科，如在深圳建设一个现代化的校园，可再在全世界聘请高水平教师，那样一来，我们暨南大学就能更上一层楼，成为一所世界著名的国际化、现代化的高水平大学。可是，我将此事请示国务院侨办领导后，还是没得到批准。几次很好的办学机会和条件，都没能得到批准，我内心一直难过，但也只能留在心里，成为终生遗憾。

第三节 卸任校长

2005年11月28日下午，在国务院侨务办公室的会议室，陈玉杰主任、刘泽彭副主任、赵阳副主任以及侨办党组成员与我谈话。陈主任宣读了一份长长的成绩单，肯定我十年间任职暨南大学校长期间的业绩，并表示，因职务到期，需要离开校长岗位。我也当即表示愿意愉快地退下来，并保证将工作交接好。2006年1月15日，我正式离开了暨南大学校长的工作岗位。

概括来说，任暨南大学校长十年时间里，我一直努力做好两件事——强校和富民：竭力提升学校的品牌，使之成为名校，鼓励更多的港澳台学生和华侨华人学生来我校读书，使他们的总人数达到在校生的一半，从而为祖国统一大业和繁荣富强做更大贡献；大力改善教职员工的工作、生活环境和福利待遇，使大家生活更幸福、工作更卖力。应该说，这两件事均取得了令人欣喜的结果。

一、采取的改革措施

为了做好上述两件事，我提出了"侨校+名校"的发展战略，遵循"严、法、实"（从严治党、从严治校、从严治教、从严治学、依法治校和实事求是）的办学原则，按照"发挥优势、深化改革、保证重点、改善条件、提高质量"的发展思路，采取了以下改革措施。

1. 推行弹性学分制

为了适应学校生源的全球化特征，提出并实施弹性学分制，即标准学分制。学生可以自主选择教师、自主选择课程，自主选择学习时间、自主选择学习进度，学生修满规定的学分数，就可以毕业。既可提前毕业，也可推迟毕业，有力促进了由保姆式教育向现代化教育的转变。

2. 对境内外学生制定不同的培养目标、培养方案和教学要求

为更好地进行因材施教，对海外及港澳台学生采取"面向世界、应用为主"、对内地学生采取"加强基础、目标上移"的教育目标培养人才。将内地学生培养成德智体全面发展的社会主义事业建设者和接班人。将香港学生培养成热爱祖国、拥护"一国两制"、拥护香港基本法的专业人才。将澳门学生培养成热爱祖国、拥护"一国两制"、拥护澳门基本法的专业人才。将台湾学生培养成热爱祖国、维护祖国和平统一的专业人才。将华侨学生培养成热爱祖国的专业人才。将华人学生培养成热爱中华文化、热爱故乡的专业人才。

3. 实行规范学期制

为了更有利于教师安排教学时间、学生安排学习时间，也为了配合学分制的实施，学校将每学期的时间固定为20周，其中16周授课、2周复习、2周考试。

4. 实行春秋两季招生、春秋两季毕业制度

为了照顾境外学生的报考，学校于1998年起实行春秋两季招生、春秋两季毕业，以利于学生及时入学、就业。

5. 更新观念，积极探索新的办学方式

从2003级开始，在经济学院、管理学院、外国语学院、华文学院、新闻与传播学院实行按学院招生统一培养的"大平台"新模式。这一措施的实施，使学生"自主选择专业、自主选择教师、自主选择课程、自主安排学习进程"的学分制内涵得以更好体现，也为学

校内外招学生的分流教学创造了有利条件。同时，还全面开始推行导师制，对学生进行"导向""导学""导心"教育，以"导学"为主。导师制的实施，不但有利于对学生进行因材施教，更有利于学生的全面发展。

6. 大力加强考风建设

取消补考，实行重修，加上实行每学期考前两周为复习时间，学风得到大大改善。自2001～2002学年上学期开始，首创一次可容纳800余人的大型考场，将不同专业不同年级的学生混排考试，每一个学生周围无同样试卷的同学，最大限度杜绝作弊，保持诚信美德。同时，加强考试题库建设、考场和阅卷管理，保证考试过程干干净净。

7. 实行教授上基础课制度

从1993年开始，实行教授上基础课制度，使一年级新生即获得坚实的基础知识，效果良好。

8. 强调英语、计算机语言和汉语的"三语"教学

学校将英语、计算机语言和汉语列为全校学生的必修课，同时还采取了一些有力措施推动学生学好"三语"。

9. 强调政治理论课和德育课的"两课"教学

学校对中国内地（大陆）学生、中国香港学生、中国澳门学生、中国台湾学生、华侨学生和华人学生分类设计培养目标，开设相应的政治理论课和德育课，采取措施推动学生学好"两课"。

10. 实行课堂教学三重评估制度

每学期由学生、校院系领导和听课专家组对课堂教学质量进行评估，根据评估结果，采取了一系列奖惩结合、以奖为主的措施，使教风好转、课堂教学质量明显提高。

11. 大力调整办学重心、优化办学结构

学校采用大力发展研究生教育、积极发展华文教育、稳定本科

教育、不办专科教育等措施，提高办学重心，优化办学结构。

12. 在世界五大洲设立报名点

为使境外学生便于报考我校，在全世界华侨华人多的国家和地区建立报名点，方便学生咨询和报名。

13. 扩大影响，增强力量

学校加入世界大学校长联盟。另外，加强董事会工作，提出增加港澳董事和海外董事以及增设国家卫生部、外交部、港澳事务办公室、台湾事务办公室领导任副董事长的措施，使得学校扩大影响，增强力量。

14. 缩短硕士研究生学习年限

考察国际名校后，学校决定减少硕士生学习年限，减为2年。

15. 深入改革预科教育

从2001年开始，学校停止预科内招生，并根据海外和港澳台学生的实际情况，将原有的一年制预科改为三种学制：半年制、一年制和三年制，增强了预科教育对海外及港澳台学生的吸引力。

16. 成立实行全英语教学的国际学院

为适应国家经济的高速发展，适应海内外学生学习的需要，从1996年开始要求有条件的专业课程可用英语专业教材或用英语授课。2001年，在国内率先成立全英语教学的国际学院。该学院开设了临床医学、药学、国际经济与贸易、会计学、食品质量与安全和行政管理等六个专业。

17. 在世界五大洲建姊妹学校

为使大学走向国际化、现代化，学校已同世界五大洲26个国家和港澳地区的72所高等院校与文化机构建立了学术交流关系，使暨南大学的文凭在世界名牌大学中普遍得到承认。

18. 实行交换生制度

为了更好地培养国际化、现代化人才，培养精英人才，暨南大学实行交换生制度。我校学生只需交纳国内学费，便可到姊妹学校接受1年的教育。截至2006年1月，已有200余名学生到国外的姊妹学校留学1年。

19. 建立校史馆

1996年，校史馆开始筹建，终于在两年后建成。校史馆既展现了博大精深的中华文化，又展现了学校的辉煌成就，以在潜移默化中培养内地（大陆）学生、港澳台学生和华侨华人学生的爱国爱校精神。

20. 注重学科建设

在"211工程"和国家、省部级重点学科建设中，将优势力量集中、组合，并投入大量的资金和人力，采取许多有力措施，终于形成了暨南大学的学科优势。

21. 大力鼓励老师从事科学研究

从1996年开始，学校用"教学、科研"双中心目标取代了过去单一的"教学中心"目标，要求教师都要从事科学研究并对教师的科研成果进行量化考核，将考核结果直接与校内工资挂钩。使学校的科研项目、科研经费、科研论文、成果推广快速增长，同时也促进了教学质量的提高。

22. 深入改革人事分配制度

学校制定了全新的量化考核指标和管理方法，实行新的分配体制，即校内工资制度，以便优劳优酬、多劳多酬，充分发挥个人潜能，调动教师教学科研积极性，被媒体称为"暨大模式"。

23. 努力提高师资力量

我初到暨大工作时，全校老师中仅有8位获博士学位的老师，师资力量很差。于是全力引进有博士学位的教师和学科带头人，大力提升教师水平。

24. 实行奖勤罚懒制度

每年表扬考核最优秀的老师10人，给予升工资一级奖励，并在全校张榜表扬。同时对两次考核不合格的老师，要送到校人事处的人才交流中心待业，经考核合格后才能重新上岗。对不合格的干部和职工亦进行同样处理。

25. 稳妥地调整教职工比例

为实现工作效益最大化，需增加教师在教职工数量中的比例。经过多年调整，在学校有教职工4000人规模下，专职教师、教辅人员、党政干部的比例达到6∶2∶2。

26. 有计划地对教师进行培训

为提高教师水平，学校每年划拨一定经费选派有培养潜力的老师到国外进修。同时，学校还准许每年有15%的教师攻读更高一级的学位。

27. 集中进行财务管理

1996年开始，学校把各院系和各部处资金集中起来，实行一级财务管理。奖金全由学校统一发放，对各单位的账户进行了清理。加大了监管力度，不准做假账，禁止搞"小金库"，实行"收支两条线"，既有助于廉政建设、保护干部、预防腐败，又使学校的办学经费大幅增加。

28. 稳步进行机构改革

本着"精简、效能、统一"的原则，学校先后进行了两次大规模的机构改革，裁减了11个部处和一些科级机构，原则上不进行政干部，而注重引进专业教师，使教师数量比重增大。尽管学生数量大大增加，但教职工总数仍保持不变。

29. 全面推进校园信息化建设

学校的网络线接入了所有教室、教职工和学生宿舍、办公场所，每间教室均装有多媒体教学设备，各校区之间也实现了联网，并且是广东省第一所接入世界互联网的高校。逐步提升校园的网络化管理程度，积极倡导无纸化办公。同时，大力加强电化教学和多媒体资源库建设，并一直走在全国高校前列。学校在信息化建设方面取得的突出成绩引起了社会的广泛关注，自2004年10月校园网站改版后，日平均访问量和浏览量分别达到1.5万人次。

30. 大力推进依法治校

学校10年间制定的有关教学、科研和行政管理制度327个，已编纂成《暨南大学文件汇编·行政管理卷》《暨南大学文件汇编·教学科研卷》，作为学校日常管理的主要依据。

31. 重视提高干部的管理水平

2004年，学校组织部处和直属单位的主要负责人赴美国威斯康星大学等高校进行管理培训和经验交流，成效显著。2005年，学校又组织各学院院长到澳大利亚格里菲斯大学进行管理培训。

32. 实行干部轮岗制度

实行干部轮岗制度不仅大大激活了干部的活力和创造力，有利于干部的全面发展和工作的开拓创新，而且有利于让年轻有为的干部脱颖而出、发挥才干，为学校的发展培养高素质的干部队伍。

33. 推选优秀干部到校外任职

重视人才培养，重视干部职务提升，给干部晋升机会，推选优秀干部去其他高校和上级机关任职。10年中，先后有10多位干部去外校当校长、书记，以及到省市，甚至国家机构领导岗位任职，使他们能为国家发挥更大的作用。

34. 面向海内外招聘10个学院院长

2005年，学校面向海内外招聘10个学院院长，其中海外4人，国内3人，校内3人，充分表明了学校容纳国际人才和不同文化的信心与胸襟。

35. 实行政企分开

为进一步突出学校的教学科研中心，简化职能，并且进一步增强学校的科技成果转化能力，学校成立了后勤集团、科技产业集团、使学校发展有了坚实的后勤保障，进一步增强了学校为社会服务的能力。

36. 开展联合办学和异地办校

学校于1993年得到香港中国旅行社等企业资助，在深圳开办了全国第一个旅游学院，开校企联合办学的先河；1998年与珠海市政府合作办学，成立珠海学院，成为珠海经济特区第一所高等学府，成为大学异地办校的先驱。2004年，学校又与广东省知识产权局签订合作协议，共同创办了华南地区首所集教学和科研于一体的知识产权学院。

37. 实行校医联合办学

从1996年开始，在深圳、珠海、广州、清远、江门等地先后与地方医院合作，共建了7所附属医院，其中5所是国家三甲医院，为学校医学院改善了办学条件。

38. 加强图书馆、实验室、出版社和档案建设

来到暨大后，看到学校图书馆书刊少、管理落后；实验室设备差，连本科一些基本实验也开不出来；出版社管理混乱；档案工作也做得不好。为此，我在这些方面增加经费投入和调入专业人员的同时，提出了许多改革措施，实现了图书馆的现代化管理，合并了分散的实验室，建立了全校的开放实验室，加强了出版社的财务和业务管理，完善了档案的科学管理。采取这些措施后，相关方面的工作得到很大好转。

39. 抓好校园建设工作

来暨大工作后，我发现校园内商业店铺林立，房屋陈旧，为此，采取了系列措施，关闭全校众多商店，建立了集中的商业服务中心；清理了校内的许多外来工程队；对校园进行规划，筹集资金，兴建教学楼、行政楼、图书馆楼、学生和教师宿舍、学生食堂、中小学和幼儿园楼；改变了过去校园用土地换房屋的思路。在我任职

期间，不但未丢失一寸土地，校园土地还增加了。同时，也抓好了校园绿化工作，成为广州市绿化先进单位。

40. 稳步加大基建筹资力度，加强基建工作

10年中，学校共计划筹集基建资金16.01亿元，其中国家基建拨款6.14亿元，学校自筹基建资金9.87亿元。到位的基建资金10.39亿元，其中国家基建拨款3.38亿元，学校自筹基建资金7.01亿元。学校实际支出基建资金10.35亿元，其中国家基建拨款3.39亿元，学校自筹基建资金6.96亿元，有力地支撑了学校大规模基础建设工作的进行。

由于"211工程"建设成绩优异，国家发改委向我校投入5.1亿元建设经费，到校1.3亿元，仍有3.8亿元建设经费可供使用。

41. 采取多种措施全面反腐倡廉

1996年，设立学校信访办公室，并实行每周校长接待日制度，接受群众监督，解决实际问题。为进一步加强对财务、招生、基建和设备采购等方面的审计监督，切实做好反腐倡廉工作，学校在2002年与广东省检察院签订了《共同预防职务犯罪协议书》，成为全国第一个与省检察院合作、共同预防职务犯罪的高校，受到上级领导和多方面好评。

二、暨南大学改革后取得的成绩

采用以上改革措施后，与改革前的1995年相比，暨南大学取得了以下令人振奋的进步，成功实现了跨越式发展。

1. "211工程"建设成功

2002年，学校"九五""211工程"通过项目验收，评价为优秀，这在全国"211工程"高校中也属少见。在"十五""211工程"建设阶段，鉴于"九五"建设的优异成绩，国家发改委为我校投入5.1亿元专项建设资金，国家"211工程"协调办公室也为我校投

入2800万元专项资金，广东省政府对我校的资金投入也由"九五"的5000万元增加到"十五"的8000万元。2006年1月11日，学校"十五""211工程"项目再一次以全优的成绩通过验收。

2. 对海外及港澳台学生的吸引力增强

以2003年至2005年为例，学校每年的对外招生工作均取得骄人成绩，分别是3814人、4910人和4281人。报考并被学校录取的海外及港澳台学生数，均大于全国其他高校的总和。

3. 国际化特色更加鲜明

1995年，在校的海外及港澳台学生仅为1982人。

2006年1月，在校的海外及港澳台学生突破万人大关，达到10 609人，占全日制学生比例由1995年的20%增长到45%，特别是在校攻读博士和硕士学位的海外及港澳台研究生达843人，约占全国总数的1/4。1995年，只有16个国家的学生在校学习，2005年在校学生来自世界五大洲71个国家。

4. 办学规模扩大

在校各类学生由1995年的13 012人增加到2006年1月的32 284人，是1995年的2.5倍。全日制学生由8824人增加到23 892人，是1995年的2.7倍。2006年1月，来自世界五大洲71个国家和港澳台3个地区的各类学生10 609人，是1995年的5.4倍，数量为全国高校之冠。

5. 办学层次提高

学校的博士和硕士研究生由1995年的615人增加到2006年1月的6074人，是1995年的10倍。研究生与本科生之比由1995年的1∶8.74上升到2006年的1∶2.7，专科生由2472人减为零。

6. 学生素质提升

连续几年，学校本科学生就业率均达90%以上。2000年，在全国最受欢迎的大学评比中，学校名列第18位。学生的科技创新能力有了较大提高，在2004年中国科技创业计划大赛中，共有来自美国、加拿大、英国、法国的留学生和国内20个省市大学生的869个项目参赛。我校报送的5件作品全部进入了复赛。其中《暨鹰生物股份有限责任公司创业计划》获得国家新秀创业计划奖。在历届"挑战杯"科技创新大赛中，学校均取得优异成绩，如在第八届"挑战杯"全国大学生课外学术科技作品竞赛中，我校报送的6件作品获得了3个二等奖、3个三等奖，总成绩位居广东高校第2名、全国高校并列第15名，并成为下一届"挑战杯"竞赛的发起高校。学生的信念、责任和服务意识也有了显著增强。2001年我校Warm Touch青年志愿者服务队被共青团中央、中国青年志愿者协会授予"全国百个优秀青年志愿服务先进集体"荣誉称号。在中央电视台举办的2004年"泰豪杯"全国大专辩论会中，我校辩论队获得亚军。作为一所体育强校，1996年以来，学校运动员在国际国内比赛中共荣获金牌290余枚，其中国际比赛金牌56枚，令全国瞩目。

7. 师资队伍结构改善

经过10年努力，到2005年底，在学校教师队伍中，博士生导师127人，硕士生导师482人。具有博士学位的教师634人，是1995年的近8倍，在专职教师中的比例达到1/3，超过全国设有研究生院高校1/4的平均水平。算上双聘院士，在学校工作的中国科学院和中国工程院院士7人，实现了零的突破。

8. 科研实力提高

学校科研经费连续三年超过亿元，2005年达到1.5亿元，是1995年的38倍。2005年，学校教职工发表的各类论文及撰写的科研报告总数有3000多篇，是1995年的5.6倍，其中被三大索引（SCI、EI、ISTP）收录的论文297篇，是1995年9篇的33倍。

9. 学科建设水平提升

本科专业由30个增加到61个，是1995年的2倍。硕士学位授权学科由50个增加到133个，是1995年的2.7倍。博士学位授权学科由7个增加到54个，是1995年的7.7倍。博士后站实现零的突破，达到6个。实现了国家重点学科、国家工程中心、国家重点基地零的突破。教学系由21个增加到44个。学院数由7个增至20个，涵盖了文、史、经、管、法、理、工、医、教育九大学科门类。学校还成为招收和培养高级管理人员工商管理硕士、工商管理硕士、会计学硕士、公共管理硕士、临床医学硕士、口腔医学硕士、工程硕士试点学校。

10. 综合实力提高

学校在不同机构的综合实力排行榜中的位置不断上升，连续4年在全国1577所高校中位居前50所名校之列。2002年，学校被《中国高等教育评估》杂志评为77所研究型大学之一，名列第53位；2004年名列第46位。在中国网大的中国大学综合实力排行榜中，学校在1998～2005年的排名依次为87位、72位、60位、40位、37位、36位、51位、42位。

11. 校园面积和建筑面积扩大

校区由原来的3个增加到4个，新增了珠海学院，面积577 032.19平方米，是珠海市政府无偿赠送给学校的土地，使学校的校园面积增加50%，达到1 744 302平方米。校园原有建筑面积46万平方米。不计折旧建新的建筑面积，校园建筑面积增加到107万平方米，增长到原来的2.3倍。新建的校舍面积达83.81万平方米，其中，1995年底以前动工、1996年竣工的校舍建筑面积13.73万平方米，1995年底以后动工的校舍建筑面积70.08万平方米。校本部教学区的旧建筑大部分被拆除，改建为新的教学楼、行政大楼、礼堂、图书馆、科学馆大楼、医学院大楼、管理学院大楼、理工学院大楼、文科大楼、土木工程实验楼、成教大楼、校友楼、学生食堂、学生宿舍、附中楼、附小楼、幼儿园和教职工住宅，加上珠海学院与华文学院的新建筑校舍，全校焕然一新。尤为可贵的是，除了珠海学院的建筑工程采用贷款之外，学校其余建筑工程施工均未欠账，这在国内高校中也十分少见。

12. 硬件设施改善

学校固定资产总值由1995年底的2.7亿元增至2006年1月的17.2亿元，是1995年的6倍多。图书藏量由135万册增至278.5万册，是1995年的2倍多。教学科研仪器设备由4985万元增至2.33亿元，是1995年的近5倍。

13. 办学效益更加优良

全校的教职工和专任教师人数变化小。1995年底，分别为3601人和1036人，2006年1月分别为4003人和1484人，且学校所获上级经费并未大幅增长，但学校完成的任务却成倍增加，显然办学效益更加优良。在2002年广东管理科学研究院中国"211工程"大学教师人均效率排名中，我校在全国高校中排名第41位。

14. 海内外声誉进一步提高

伴随学校整体实力的提升，学校声誉迅速提升。2001年8月，珠海市政府自愿将5800亩珠江边的土地提供给我校办新校区，并提供了1亿元经费支持。2005年9月，深圳市政府委托深圳市教育局向我校提出在深圳建立校区的动议，深圳市政府将无偿向我校提供大鹏湾4.79平方公里的土地（拥有海岸线4公里），并且为学校建好相关基础设施。另外，泰国有关方面也邀请我校开办曼谷学院。

2005年11月7日至11日，我校还承办了第一届亚洲大学生田径锦标赛，这是国际大学生在我国举行的首次国际大学生比赛，更是第一次由一所高校承办的国际性体育赛事。整个比赛以高水平、无作弊、无投诉、无意外、无伤病的圆满结局赢得了与会人员的高度评价。特别是，我校运动队以14枚金牌、9枚银牌、7枚铜牌的优异成绩位居亚洲大学之首。

三、暨南大学对祖国统一大业的贡献

作为香港、澳门地区爱国爱港力量及治港治澳人才的重要培养基地，暨南大学为港澳的顺利回归和社会稳定做了积极贡献。自1978年复办至2006年1月，我校在港澳台地区招收各类学生22 010人，其中研究生1314人，本科生12 917人。长期以来，从我校毕业的许多学生曾经或正在港澳社会的主要部门担任要职，是港澳地区爱国爱港澳的中坚力量，港澳地区爱国群众团体的领袖绝大多数是我校校友。尤其是在澳门，我校有1000多名校友在政府任公务员，其中，处级领导300多人，副局级以上高层领导有30多人；澳门工联和街坊联合会的主要领袖为我校毕业生；在澳门的医疗卫生系统中，约70%的医务人员均毕业于我校。澳门立法会有5人、行政会有2人是我校的校友；澳门地区的全国人大代表、全国政协委员中，有5位毕业于我校；在澳门首届特区政府推选委员会中，有17位委员是我校校友；在澳门特区第二届行政长官选举委员会中，我校有7位校董、18位校友当选。第一任特首何厚铧历任我校董事、副董事长。我校董事会的主要董事都集中在港澳地区，他们绝大部分都任职港澳乃至国家领导部门，是我校联络的另一支爱国爱港澳的重要力量。

我校招收和培养港澳台及海外学生的规模一直位居全国高校榜首。2006年1月，学校共有港澳台和海外学生10 609人，其中香港学生5137人（博士生42人，硕士生235人，本科生3876人，预科生694人，继续教育学生290人）；澳门学生3023人（博士生21人，硕士生199人，本科生1950人，预科生86人，继续教育学生767人）。这些数据表明，暨大实际上是为香港和澳门办了一所培养爱国、爱港澳人才的大学。

这几年来，为台湾地区培养高层次人才，为台湾顺利回归祖国准备爱国力量,已成为我校对台办学的方向和工作重点。2006年1月,在校台湾地区学生615人,其中,博士生108人,硕士生157人,本科生309人,预科生41人。

自2001年以来,由我校华文学院与香港警察队员佐级协会、香港警察本地督察协会合办的香港警务人员普通话训练班已连续开班50期,培养学员1175人,包括总警司1名,高级警司1名,警司5名,总督察20名,高级督察45名,督察8名,探长315名。为了更好地团结香港警察队伍,我与他们开会商定,成立了暨南大学香港警察同学会,我还亲自担任他们同学会的名誉会长。

我校除成立暨南大学香港校友会以外,为了加强新闻战线工作,有利于香港社会稳定,还专门成立暨南大学新闻与传播学院香港同学会。

总之,服务于国家统一大业和侨务事业是学校的中心工作。

四、师生员工生活工作环境、学习条件的改善

在倡导教师爱岗敬业、乐于奉献的同时,学校更注意从工作、生活方面关心广大教职工。

1. 教职工的住房条件有了大幅改善

自1995年以来,学校兴建了总面积23.8万平方米的教工住宅。1995年,校本部教职工家庭住房总面积为169 775平方米,人均住房面积为13.5平方米。2005年,校本部教职工家庭住房总面积为320 343平方米,人均住房面积为23.74平方米。与1995年相比,上述两项面积分别增长89%和76%。

2. 我校财政总收入和教职工的工资待遇不断增长和提高

1995年,全校财政收入2.2613亿元。2005年,全校财政收入达到13.0011亿元,是1995年的5.7倍。10年间,学校财政年年有余,仅2004年出现过赤字,而且是上级的经费投入推迟所造成的。我

任职的最后一年，2005年，尚盈余2431万元，留给继任领导班子使用。

从1995年至2005年，我校教职工人均年收入分别为8254.12元、12 545.69元、20 210.31元、22 354.60元、26 710.35元、35 157.82元、43 734.80元、65 694.57元、78 000元、88 000元、88 900元，2005年与1995年相比增长近11倍，平均每年增长26.83%。

3. 教职工子女读书条件改善

我校增办了高中，建成了附中、附小、幼儿园的新校舍，教学质量有了较大提高，加上对教职工子女上大学读书的照顾，进一步解决了教职员工的子女教育问题，解除了大家的后顾之忧。

4. 教职工的工作、医疗和生活条件得到改善

为了改善教师的工作条件，全校实施教授有单独工作室、副教授有半间工作室，讲师、助教有工作间的计划。将校医室划给我校华侨医院（三甲医院）直接管理，提高了医疗水平。在校内，建商业中心，有超市、银行、商店，满足师生员工日常需求。

5. 教职工住宅区的物业管理工作得到加强

学校努力为教职员工创造一个安静、安全、舒适的生活环境，积极进行住宅小区物业管理工作，并拨出专款补贴教职员工的物业管理费用，以使广大教师员工享受到专业的物业管理服务。

6. 学生的学习和生活条件有了较大改善

1995年，学生住宿面积为81 686平方米，2005年的学生宿舍面积为282 564平方米，是1995年的3.5倍。本科生4人1间宿舍，硕士生2人1间宿舍，博士生1人1间宿舍，博士后1人1小套住房，外招本科生2人1间宿舍。每间宿舍有单独卫生间，有热水供应。

同时，新的教学大楼、图书馆建设工程正在积极进行，重点实验室数目、实验仪器设备总值和计算机数量也在稳步增加，同学们的学习条件得到大大改善。

值得欣慰的是，在我任校长的10年间，由于学生们的学习和生活条件逐渐改善，加之学生工作管理的加强，校园内未发生过学生伤亡事件，这在全国高校中也十分少见。

2006年1月14日9时，学校召开大会，国务院侨务办公室刘泽彭副主任代表国务院侨务办公室宣布我卸任的决定，同时，肯定了我的工作，特别赞扬我廉洁奉公，与我交往10年，从未巴结过他、送过他一次礼品，连茶叶也未送过。接着，省委组织部林华景副部长代表省委省政府讲话，称赞我："为暨南大学做了巨大贡献，8300万广东人民永远不会忘记他。"省教育厅郑德涛厅长讲话，再次重申省人大卢钟鹤主任过去对我的评价："你是一条汉子！将一个'花花公子大学'办成一所名牌大学，广东人民感谢你！"最后，我致感谢词，感谢国务院侨务办公室和广东省委省政府的正确领导，感谢校领导的合作共事，感谢全校师生员工的大力支持。同时，也提到暨大失去了几个好的发展机会，就成事之难，讲了几点遗憾，希望新的校领导班子能把工作做得更好。最后衷心祝愿暨南大学的明天更美、更辉煌，能为国家现代化和侨务工作做出更大贡献。

第二十九章
任重道远

第一节 工程力学

从校长岗位退下来，回到教师岗位上，我反而特别高兴，因为我一直想念纯做教学科研的日子，回到应用力学研究所和力学与土木工程系任教，终于有时间做业务了！为了避免利用校长职务扩大自己学科而招致非议，直到1999年11月，我当选中国工程院院士后，才开始办工程力学专业。由于当时力学教师仅有几个人，故先申办工程力学硕士学位点，于2001年获得批准后，再申办工程力学博士学位点，并于2003年获得批准。之后我才申报工程力学本科专业学位点，于2004年获得了批准。到那时，我才申请成立力学与土木工程系，才形成工程力学专业"本科—硕士—博士"完整的高层次人才培养体系。2012年我又成功申请力学专业博士后流动站。成立力学与建筑工程学院的申请拖了很久，直到2016年才获得学校批准。到这时为止，力学教师也才不过14人，是国内最小的力学专业。

经过王璠教授、王志伟教授、马宏伟教授和黄睿书记以及同事们的共同努力，尽管只有十来位力学教师，2003年，我们的工程力学学科获批国务院侨务办公室重点学科。2007年，重大工程灾害与控制教育部重点实验室批准成立，这是华南地区唯一与力学学科相关的重点实验室，也是暨南大学第一个教育部重点实验室；2010年，工程力学专业获批国家级特色专业；2013年，工程力学专业获批广东省攀峰重点学科；2015年，工程力学学科入选广东省高水平大学重点建设学科；2017年，力学一级学科博士学位点获批成立。

为了纪念我国近代力学的奠基人之一钱伟长先生的卓越贡献和爱国情怀，培养具有更多创新精神的工程力学精英人才，我经过几年努力，终于在2016年获得学校批准，创办了工程力学钱伟长创新班。

每年，我为力学专业研究生讲授板壳非线性力学课程，指导研究生完成学位论文，总共培养工程力学博士生6名，工程力学硕士生6名，固体力学硕士生1名。同时，先后完成国家自然科学基金重点项目"纤维增强先进复合材料及其结构失效机理的多尺度力学研究"，中国科学院长春光学精密机械与物理研究所关于神舟飞船设计研究的项目"高级航天光学遥感器自由振动的模态分析"，中国航空工业集团沈阳飞机设计研究所关于我国第一艘航空母舰的歼15B舰载机设计研究的项目"带缺陷碳纤维复合材料层合矩形板力学行为的理论研究与数值模拟技术"，株洲南车时代电气股份有限公司项目"高速列车表面风载研究及牵引变流器动态响应特性分析"，中国特种设备检测研究院项目"应对技术性贸易措施检测标准研制"，国家教育部高等学校博士学科点专项科研基金项目"表面形态对生物材料与细胞相互作用影响机制的力学研究"，广东省科技厅科技项目"广东省城市生命线工程应急技术研究中心建设"，自然科学基金项目"焦炭塔变形机理分析及剩余寿命的预测"，教育部高等学校博士学科点专项科研基金项目"深海采矿软管集矿机系统动力特性和空间形态研究"，工业和信息化部电子第五研究所项目"基于力学特性影响的典型电子元器件可靠性研究"，等等。

2007年12月，为工程力学专业的博士生讲授板壳非线性力学课程

2008年10月，为完成我国第一艘航空母舰的歼15B舰载机相关的设计研究项目，前往我国最大的飞机设计研究所飞机实验室（沈阳601所）

  我在理论研究方面，主要是继续做复合材料层合板壳的非线性力学问题的研究，先后在国内外发表十余篇论文，引起国内和国际学术界的重视，邀请我们为《力学学报》撰写国际复合材料力学研究进展的综述文章，并参加国际学术会议作主题报告。同时又承担

重要的工程应用课题，为我国神舟飞船的研制和我国第一艘"辽宁号"航空母舰的歼15B舰载机的机身设计做相关研究。同时，在精密仪器仪表弹性元件和压力容器的研究方面则继续深入，也获得很好的成果。此外，还在海洋工程、高铁工程、生物力学、电子元器件可靠性等领域开展了一些研究，获得了有意义的成果。从2006年以来，共发表了学术论文56篇，其中英文论文28篇。出版了专著5部。

（1）《精密仪器仪表弹性元件的设计原理》（暨南大学出版社，2006年）。

（2）《复合材料层合板壳理论探索》（暨南大学出版社，2006年）。

（3）《夹层板壳非线性理论分析》（暨南大学出版社，2007年）。

（4）《网壳结构的非线性弯曲、稳定和振动》（科学出版社，2011年）。

（5）《压力容器和压力管道的分析与计算》（科学出版社，2014年）。

获奖如下。

2006年，"复合材料基本力学问题的理论和研究"获广东省科学技术奖一等奖。

2006年，暨南大学终身贡献奖。

2011年，"弹性元件国内外发展概况"获中国仪器仪表学会仪表元件学会和广东省仪器仪表学会2011年度学术会议优秀论文一等奖。

2013年，"典型板壳结构的理论与计算"获广东省科学技术奖二等奖。

2015年，广州市城市管理委员会授予"广州垃圾分类公益形象大使"称号。

2016年，广东省青少年科技创新大赛组委会授予"广东省青少年科技教育荣誉奖"。

2018年，因"餐厨垃圾的治理"获广州市委宣传部、广州市科技创新委员会和广州日报报业集团联合颁发"广州创新英雄"称号。

2019年，香港国际智慧城市研究院、广州城市矿产协会和澳门绿色环保产业联盟授予"2018年度粤港澳大湾区城市矿产领域领军人物"称号。

2022年，广东省委宣传部、广东省科学技术协会、广东省科技厅、广东省生态环境厅、中国科学院广州分院、广东省科学院和广东省国防科学技术工业办公室授予"广东最美科技工作者"称号。

同时，我还担任教育部高等学校力学教学指导委员会主任委员、中国工程院机械与运载工程学部常委、中国振动工程学会理事长、中国力学学会副理事长、中国复合材料学会副理事长、中国仪器仪表学会常务理事和仪表元件学会理事长、广东省仪器仪表学会理事长、广东省压力容器学会理事长、广东省非开挖技术协会理事长等职。

2018年2月，中国工程院机械与运载工程学部常委会在武汉举行，前排左4起为院长周济、党组书记李晓红（后任院长）、刘人怀

第二节 部实验室

经过艰辛努力，我们申办的"重大工程灾害与控制"教育部重点实验室于2007年2月12日得到教育部发文批准同意立项建设。2015年1月，通过教育部组织的重点实验室建设评估，被教育部批准正式成立。这是我校第一个教育部重点实验室，来之不易！

2007年，暨南大学"重大工程灾害与控制"教育部重点实验室获批成立。2015年教育部组织专家来校验收合格，与专家合影。前排左7起为方岱宁院士、刘人怀

重点实验室涵盖暨南大学力学、光学工程、信息工程、包装工程、材料学、土木工程和建筑学等学科，形成交叉融合，优势互补。拥有学科平台如下。

（1）广东省高水平大学重点建设学科：工程力学学科组团（2015年）。

（2）广东省攀峰重点学科：力学一级学科（2013年）。

（3）广东省重点学科：工程力学（2003年）、光学工程（2013年）。

（4）博士后流动站：力学（2012年）。

（5）一级学科博士点：力学（2017年）、光学工程（2017年）。

（6）硕士学位点：力学（2005年）、结构工程（2005年）、光学（1984年）、光学工程（2003年）、包装工程（2013年）。

（7）工程硕士专业学位点：建筑与土木工程（2008年）、光学工程（2011年）。

（8）本科专业：工程力学（2004年）、土木工程（2000年）、建筑学（2006年）、信息工程（1994年）、光电信息工程（2007年）、包装工程（2005年）。

重点实验室的建设目标是通过严格的科学管理，营造浓厚的学术氛围，凝聚一支高水平的学术团队，培养造就多名科研业务熟练、学术水平高超、在国内外有一定影响力的学术带头人，保持创新研究的活力，建立华南地区重大工程灾害与控制的重要研究平台和人才培养基地，成为国家重大工程灾害控制与研究的平台之一，努力建设成为国家重点实验室。

重点实验室的建设内容以重大工程结构（板壳结构、大跨度网壳结构、管道结构、高层建筑、大型桥梁、城市生命线工程等）和重大工程装备（高温发动机、航空发动机、核电装备等）为研究对象，应用先进的非线性力学理论，结合材料科学和工程技术的最新成果，对工程结构和装备的灾害进行机理分析、状态监测、诊断和智能控制，研究并解决重大工程结构和重大装备的灾变机理及其控制的关键理论与技术问题。

重点实验室主要研究方向如下。

1. 重大工程结构的非线性分析及安全风险评估

主要研究课题包括：①大型结构的非线性稳定性研究、安全评估和应急处置；②带缺陷板壳结构的损伤和疲劳研究及残余寿命预测；③含损伤复合材料结构的多尺度力学破坏机理分析；④含损伤工程结构剩余强度预测；⑤包装工程结构的非线性动力响应。

2. 重大工程装备的事故预警与控制

主要研究课题包括：①装备关键部件材料强度性能的微纳观机理；②装备关键材料在多场耦合复杂环境中的性能演化；③材料建模与结构强度及安全评估的统一直接途径；④多场耦合复杂环境中的材料性能测试与表征技术；⑤复杂环境中重大工程装备安全状况的预警控制集成化技术。

3. 重大工程结构的损伤检测与健康监测

主要研究课题包括：①结构损伤动态检测、监测及评估；②结构荷载识别及其评估；③用于结构健康监测的光纤传感技术与信号快速传输技术；④基于大数据分析的重大工程结构灾害预警；⑤含损伤工程结构的加固理论与修复技术。

4. 岩土力学与重大工程地质灾害

主要研究课题包括：①现代岩土力学理论及其工程应用；②重大工程地质灾害快速识别与防控；③深基坑支护变形，地基承载力和沉降计算；④软土地基沉降与边坡渐进破坏研究。

实验室主任由我担任，中国科学院方岱宁院士任学术委员会主任。每年开一次学术委员会会议，我向大家汇报工作，请委员们提出意见。

我们重点实验室现有研究人员77人，其中院士2人，博导22人，教授30人，长江学者1人，杰青1人，海外高层次人才1人，教育部新世纪优秀人才1人。每年科研成果都很多。例如，2019年获批纵向项目25项，科研经费4481万元；横向项目获批39项，科研经费3142万元。发表论文80篇，其中SCI检索论文47篇，EI检索论文10篇。申请及授权发明专利23项。出版专著2部。我们既重视理论创新成果，也重视工程应用成果。在航天工程中，为神舟飞船设计进行了相关研究。在航海工程中，为航空母舰舰载机的设计进行了相关研究。在高铁工程中，为高速列车的运动进行了特性分析。我们实验室是长江以南区域中唯一的一个关于力学的教育部重点实验室，我们一定要将它办好！

第三节　奉献管科

　　我既是力学专业的教师，也是管理科学专业的老师。卸任校长后，我也应该回到管理学院任教。因为历史的缘故，在学院内既为企业管理和旅游管理两个专业指导博士研究生，又为旅游管理的博士生讲授"旅游工程管理"课程，还在MBA中心和EMBA中心指导研究生。但是，却没有具体的依靠单位。为此，我向学校写了一份报告，要求成立战略管理研究中心，以便我在管理学院教师的岗位上为学校多做一些贡献。报告上去后整整1年，才在2007年9月得以批准。从此，我用此单位作为依靠，进行学术研究，培养管理学科研究生，参加管理科学研究有关活动。

　　同时，我担任着中国工程院工程管理学部副主任和首席咨询专家，中国工程院院士广州咨询中心主任，教育部科技委员会管理学部主任、科技委员会委员、战略指导委员会委员、学风建设委员会委员，国家标准化管理委员会中国标准化科学家、中国标准化专家委员会委员、特种设备安全技术委员会副主任委员，广东省人民政府科技咨询委员会委员，广东省科技协会副主席，广东省人民政府参事、综合组名誉组长，广东省行政管理学会副会长，广州市人民政府决策咨询专家和广州市突发事件应急管理专家等职，需要用管理科学的理论研究问题的机会较多。

　　此外，得到中国科技新闻学会批准，创办《科技创新与品牌》

期刊，任总编辑。

这一时期，我先后完成广州市人民政府决策咨询专家研究项目"关于城市基础设施建设投融资体制改革研究"；广东省连平县人民政府项目"广东省连平县科学发展规划纲要"，中国工程院和国家自然科学基金委员会联合项目"中国工程科技中长期（2010—2030）发展战略研究"（任综合组副组长和子课题"公共安全相关工程科技中长期（2010—2030）发展战略研究"组长），中国工程院工程管理学部项目"东水西调工程研究"，中国工程院工程管理学部项目"中国餐厨垃圾无害化、资源化、减量化治理战略研究"，中国工程院工程管理学部项目"以人工智能技术提升粮食流通的治理能力和粮食安全水平的战略研究"，中国工程院工程管理学部项目"强制分类背景下城市生活垃圾治理和评价机制研究"，中国工程科技发展战略广东研究院重大项目"广东省智能制造发展战略与实施路径研究""广东省'一核一带一区'的产业布局研究""广东省高档数控机床和智能制造装备关键核心技术和产品国产化替代研究"等。

我总共培养了企业管理博士26名，管理科学与工程博士2名，旅游管理博士22名，工商管理硕士3名，物流管理硕士1名、高级工商管理专业学位硕士25名、MBA专业学位硕士34名。在国内外发表管理科学文章245篇，其中英文文章9篇。

出版专著6部。

（1）《一个大学校长的探索》（高等教育出版社，2011年）；

（2）《旅游工程管理研究》（科学出版社，2014年）；

（3）《工商管理研究》（科学出版社，2015年）；

（4）《工程管理研究》（科学出版社，2015年）；

（5）《教育与科技管理研究》（科学出版社，2016年）；

（6）《现代管理的中国实践》（科学出版社，2016年）。

主编著作4部。

（1）《国际化视野与本土化关注：MBA战略管理案例精选集》（科学出版社，2011年）。

（2）《20世纪中国知名科学家学术成就概览·管理学卷》第一分册（科学出版社，2013年）。

（3）《20世纪中国知名科学家学术成就概览·管理学卷》第二分册（科学出版社，2013年）。

（4）《中国管理科学的研究与实践·第四届中国管理科学论坛论文集》（科学出版社，2019年）。

获奖如下。

（1）2006年，为中国教育技术协会普通高等学校体育专业委员会做出重大贡献获感谢状。

（2）2006年，"关于允许市民在重大节日有条件燃放烟花爆竹的建议"获广东省人民政府参事室优秀议政奖。

（3）2007年，"在推进和谐社会建设中切实解决'农民工'身份问题"获广东省人民政府参事室优秀议政奖。

（4）2008年，"关于将清明节设为国家法定节日的建议"获广东省人民政府参事室优秀议政奖。

（5）2009年，"新形势下金融风险防范对策的思考"获广东省人民政府参事室优秀议政奖。

（6）2010年，"大规模引进和培训人才为广东产业结构优化升级服务"获广东省人民政府参事室优秀议政奖。

（7）2010年，"关于将香港、澳门特别行政区的所有的统计数据纳入全国性统计数据的建议"获广东省人民政府参事室优秀议政奖。

（8）2012年，"关于实行九年一贯制办校的建议"获广东省人民政府参事室优秀议政奖。

（9）2013年，因对学院的贡献，获上海大学管理学院杰出贡献奖。

（10）2016年，《用中国的阴阳协调观点认识劳动冲突》(《国际冲突管理学报》，2015年，第26卷第3期）[Understanding labor conflicts in Chinese manufacturing: a yin-yang harmony perspective, *International Journal of Conflict Management*, 2015, 26（3）] 获该刊杰出论文奖。

（11）2018年，"《中国社会经济转型中极其重要的管理问题——对战略和创新的多种科学展望》(《中国管理研究》，2017年，第11卷第1期）[Critical management issues in China social-economic transformation: multiple scientific perspective to strategy and innovation, *Chinese Management Studies*, 2017, 11（1）] 获英国期刊《中国管理研究》高赞美奖。

第四节　从教50年

2013年4月20日，学校在国际会议厅为我从教50周年举行庆祝大会。广东省宋海副省长，国家标准化管理委员会陈刚主任，中国工程院院士、中国力学学会理事长、北京理工大学胡海岩校长，兰州大学原校长李发伸教授，北京大学力学系王敏中教授，中国工程院海翠英副司长和广东省教育厅罗伟其厅长等领导和嘉宾以及我的学生们参加了大会。领导、朋友和学生在会上纷纷向我祝贺，最后我致答谢词，感谢祖国和人民的培养，感谢领导和老师的谆谆教诲，感谢50年来大家对我的帮助和支持。今后仍与从前一样，多做好事，多做善事，不做坏事，做一名好老师。会前，我的学生和助手袁鸿、王志伟、王璠、饶敏、马宏伟等人筹编我的从教50周年庆贺文集，一些国家领导人和朋友们纷纷为我题词祝贺。例如，第十一届全国人大常委会周铁农副委员长书写"人怀报国志，一卷留青史"，第九、第十届全国人大常委会何鲁丽副委员长书写"从教50载，书倾报国情"，第八届至第十一届全国政协马万祺副主席书写"笃志育才，博学求真"，第十届全国政协副主席、中国工程院原院长徐匡迪书写"读天下书，友中外士"，第九、第十届全国政协罗豪才副主席书写"辛勤耕耘五十载，桃李芬芳溢满园"，第九届全国政协王文元副主席书写"教书育人桃李芬芳，科技创新勇攀高峰"，中国科学院院士、中国力学学会理事长、北京理工大学校长胡海岩书写"教书育人为师表，治学治校作楷模"。中国工程院院士、中国振动工程学会名誉理事长、哈尔滨工业大学原校长黄文虎书写"力学精英，教育巨星，创业暨南，中外蜚声"，中国工程院院士、中国复合材料学会理事长、哈尔滨工业大学原副校长杜善义书写"学为人师，行为世范"，中国工程院院士、中国仪器仪表学会理事长庄松林书写"学高为仁师，德馨做示范"，中国工程院院士、兰州大学周绪红校长书写"办学治学有良方，传道授业结硕果"，兰州大学原校长李发伸书写"勇攀高峰，爱育英才"，中国科学院院士、中国科学技术大学侯建国校长书写"重德重才育人，严谨严格治学"，上海大学罗宏杰校长书写"春风化雨育桃李，高校改革敢为先"，暨南大学胡军校长书写"呕心沥血，作育英才"，暨南大学党委书记蒋述卓书写"丹心育人，桃李争艳"，暨南大学校友总会会长、澳门昌华行企业投资有限公司董事长马有恒书写"学而不厌，诲人不倦"等。许多领导、朋友和学生还写文章向我表示祝贺，如《广东参事文史通讯》2013年第5期刊登了广东省人民政府参事室周义主任的"立身有道，文德双馨——贺刘人怀院士从教50周年暨应用力学研究所成立20周年"，他写道：

"欣闻刘人怀院士从教50周年及应用力学研究所成立20周年庆典将至，我谨代表广东省人民政府参事室向贵校及刘人怀院士表示热烈的祝贺。

"暨南大学是中国第一所由国家创办的华侨学府，是中国第一所招收外国留学生的大学，是中国大陆国际化程度最高的大学，被誉为'华侨最高学府'，为中国华侨教育做出了巨大的贡献。

"著名的教育家、科学家刘人怀院士，潜身科学研究五十年，研究成果体现了当代国际板壳理论领域科学工作现状的最高水平，对实际工程有十分重要意义；奉献高等教育五十年，培养博士、硕士一百七十余人，为国家高等教育的发展做出了积极贡献；实践科学管理五十年，曾任暨南大学校长、澳门科技大学常务副校长等职，强调务实、认真和严格，在管理科学理论与应用方面进行了不懈的努力。

"刘人怀先生自2004年1月被聘任为省政府参事以来，发挥优势，勤勉工作，恪尽职守，认真履行参政议政、建言献策、民主监督等职责，以时不我待的工作紧迫感和使命感投入到落实省委、省政府的各项工作部署以及室（馆）的工作安排中，撰写了一批有价值、高水平的参事建议和调研报告，为推动我省经济社会发展做了大量卓有成效的工作，取得了有目共睹的成绩，得到了省委省政府的充分肯定以及社会各界的普遍认可。

"刘人怀院士立身有道、文德双馨，在高等教育战线勤恳工作整整五十年，勤奋务实，尊重科学的良好作风，忘我工作、追求卓越的崇高精神，正派谦和、严于律己的人格魅力值得我们学习。希望通过此次活动对刘人怀院士从教实践，深入挖掘，认真总结，以资后学。希望刘人怀院士再接再厉，为我省经济社会的科学发展做出更大的贡献！"

第三十章
勇毅前行

第一节　领　导　接　见

　　在年幼的时候，我兄姐皆喜爱艺术，三哥喜欢绘画写字，小姐姐喜欢唱歌，四哥喜欢雕刻印章，加上初中时遇到优秀的音乐老师庹瑶庭老师，特别是舅舅杨家序常带我去看川剧，多次观看川剧著名表演艺术家陈书舫的演出，养成我从小喜爱听地方戏、喜爱音乐演出、爱看博物馆展览的习惯，加之后来在合肥和上海工作生活，培养了对黄梅戏和越剧的爱好。

　　越剧已有100年悠久的历史，深受人们喜爱。2006年10月16日，中国第一届越剧艺术节在浙江省绍兴市举行。受到朋友的热情邀请，我也前来观剧。当天下午3点后，我到达杭州，受到绍兴文理学院王建华院长的热情接待。下午5点多，我在绍兴市咸亨酒店二楼的咸亨殿参加中国越剧艺术节招待酒会，许多领导都到会。随后我接到通知，时任浙江省委书记的习近平同志要单独接见我。我当时分析，大概因为我是院士，且是唯一到场的科技专家，引起了习书记的特别重视。7点左右，我到接待室受到习书记的亲切接见。习书记待人亲切，说话和蔼。我首先表示了对中国第一届越剧艺术节成功举办的祝贺，这是国家对地方戏的重视，实际上是重视文化、重视艺术，这是大好的事，有助于民族精神和国民素质的提高，有助于人民的生活幸福、快乐。习书记十分赞同我的意见，然后又关心我的工作情况，我向他做了简要汇报。我们两个人的交谈持续了近半个小时。他对地方戏剧的关怀和对科技的重视，让我感动，激励我今后要更好地工作，为国家做更多的贡献。这次会见让我终生难忘。

接见后，在绍兴歌剧院参加了艺术节隆重的开幕式。中央政治局常委、国务院副总理李岚清，文化部陈小艺部长等领导出席。接着，演出开始，17位百花奖获奖者都参加了演出，两个半小时的表演十分精彩，美不胜收。

第二节 力学论坛

从1998年至2014年，我连续在中国力学学会第六届、第八届和第九届理事会担任副理事长职务并分管力学教育工作。从2005年至2014年，我又在教育部高等学校力学教育指导委员会担任主任委员。从2003年至2013年，我还任中国振动工程学会理事长。从2002年至2013年。我还在全国高等学校教学研究会担任副理事长。这几个社会团体的任职，使我更加关注全国力学专业的教育工作。

从1999年高校扩招学生以后，几年的时间，已使我国高等教育快速进入了国际公认的大众化发展阶段。在这个阶段，高校教学质量已经成为全社会关注的焦点，而课程建设是保障高校质量的基础。在这个背景下，经高等教育出版社倡议，有关的教育出版社与全国高等学校教学研究中心、全国高等学校教学研究会、教育部有关学科教学指导委员会、有关学术团体以及有关高校，共同设立了大学基础课程系列报告论坛。从2005年10月开始，已经举办了首届大学物理、大学数学、大学计算机、电工电子、化学化工、机械类基础课程等6个报告论坛。由我任力学课程报告论坛组委会主任，在全国高等学校教学研究中心常务副主任杨祥的热情帮助下，得到洪嘉振、苏先樾、袁驷和叶志明等教授的支持，首届力学课程报告论坛于2006年11月3日至5日在大连理工大学举行。

首届论坛主题是"力学学科的发展与高校力学课程教学改革"。

全国300多位力学专家和教师参加了这次论坛。我在论坛开幕式上致辞后，又做大会的第一个报告《我国力学专业教育现状与思考》。我是我们国家首批力学专业毕业生，又是我国第一个力学专业、北京大学力学专业5位发起人之一的叶开沅先生的大弟子，还曾受教于我国第一位将力学专业从美国带到中国的力学大师钱伟长先生，并在钱学森大师任系主任的中国科技大学近代力学系任教，对力学专业在我国的办学历史有深刻的理解与认识，于是我就我国的力学专业教育状况与力学创新人才培养等工作进行了阐述。首先论述了全国高等教育面临的任务与挑战，其次对我国力学学科的发展历史与力学专业教育的状况进行了分析，总结了力学专业人才培养的若干特点。最后，针对存在的问题，提出了创新力学专业人才培养与力学专业教育改革发展的总体思路，并就力学教育质量监控、力学教材建设、青年师资培养、力学实验教学与优秀力学教育资源共享等具体问题提出了相应的工作措施。

接着，钟万勰院士和程耿东院士作了精彩的学术报告，从更高层面上论述了力学学科和整个力学课程战略的发展。然后，北京大学武际可教授、清华大学范钦珊教授、上海交通大学洪嘉振教授、清华大学袁驷教授、上海大学叶志明教授和浙江大学张土乔教授做了大会报告，从力学学科发展、力学课程教学改革发展历程与国家精品课程建设成果等方面，就我国力学基础课程发展的方向和存在的问题进行了深入分析和研讨。在分会场报告中，有36位教师就力学课程体系、教学模式改革、教学资源建设、力学实验改革、力学教学与工程实践等方面的教学成果和经验进行了广泛交流与深入研讨。

为了更好地总结和推广报告论坛取得的成果，又编辑出版本届论坛的论文集，共收录论文118篇。这些文章的内容涵盖了固体力学、流体力学、一般力学、工程力学等多个力学分支学科领域，包括了理论力学、材料力学、结构力学、弹性力学、流体力学、工程力学、水力学和建筑力学等多门力学课程，反映了近年来我国力学课程教学领域在人才培养体系、课程体系、教学内容、教学方法和教学手段等方面取得的主要进展和成果。

作为新中国首批力学专业学生，多年在力学等学会中工作，我见证了新中国力学的发展。此次报告论坛，深入地从教学和课程上讨论力学的发展，就全国来说尚属首次。报告内容精彩，集中了精华，体现了大师们和专家们毕生的体会，为中国力学的发展打下了广泛而深厚的基础。

2007年12月14日至16日，第二届力学课程报告论坛在暨南大学召开。参加的人更多、范围更广，来自全国26个省（自治区、直辖市）的200多所高校、400多位力学老师参加了这次大会。这届论坛的主题是"质量工程实施中的力学课程教学内容和方法的改革与创新"。中国科学院院士、浙江大学校长杨卫教授（后任国家自然科学基金委员会主任）作了题为《案例式教学：固体力学的前沿应用》的专题报告。杨桂通教授、王敏中教授、姜弘道教授和王璠教授等在会上作了精彩的报告。会后，将11篇大会报告和99篇论文汇集成册，予以出版。

2008年11月21日至23日，第三届力学课程报告论坛在南京航空航天大学召开。这届论坛的主题是"力学教学方法创新与教学质量提高"，来自国内外近200所高校的400多位专家学者和教师参加了大会，最后，将大会报告论文和遴选出的论文以文集形式出版。

2009年和2010年，我们又先后在西安交通大学和西南交通大学举办了第四届和第五届力学课程报告论坛。一年一届的论坛周而复始，一直得到广大力学课程教师的积极响应与大力配合，论坛都取得圆满成功。每次论坛都有来自不同地区、不同类型、具有不同特色学校的教师展开充分的交流和研讨，相互启发，由此延伸开来，以点带面，共同促进力学课程教学质量的持续提高。

第三节　澳门体验

我从小就喜欢读历史和地理书籍，深为旧中国的积贫积弱而感到痛惜，知道澳门是我国的一块领土，几百年前就被葡萄牙占领。此事是我们中华民族的奇耻大辱！1981年3月，我出国留学到西德哥廷根市歌德学院学习德语时，还为澳门这两个字闹过一次笑话。西德的老师为训练我的听力，在课堂上用德语向我提问"Wo ist Macau？"（澳门在哪里？）。因为我不知道在境外澳门被称为"麻考"，所以就回答"我不知道"，引起全班同学哄堂大笑。他们来自不同国家，都是年轻人，而我在班上是唯一一个过40岁的人，而且是中国教授，竟然不知道自己国家的澳门。此事让我丢丑，也让我深深记住了澳门，与澳门开始有了缘分。

1991年底来到暨南大学工作，恰好学校的办学方针是"面向海外，面向港澳"，为此经常去澳门出差，深深认识到澳门的重要性，因而与澳门的联系更加紧密。我让学校尽量多招澳门学生，为澳门培养大批爱国人才，以便让祖国完成统一大业，使澳门顺利回归。

1999年12月20日，澳门终于回归祖国，这是中华民族的大喜事，我和大家一样欢欣鼓舞。

过了1年，在回归祖国后的澳门土地上，澳门科技大学诞生了。这是澳门回归后，由澳门同胞自己办的第一所私立大学，我为此高兴。在澳门科技大学建校庆祝之时，于11月29日欣然题词"作育英才，春华秋实"，表示祝贺。

2007年12月15日，我因受聘担任澳门大学校长遴选委员会委员，前往澳门大学开会，选聘新校长。会后，暨南大学两位校董马有恒先生和廖泽云先生借机前往酒店看望我。廖先生以澳门科技大学校监和董事会主席的身份，非常热情地邀请我前往澳门科技大学担任校领导，马先生也从旁大加鼓励。本来，我从"烦人"的校长岗位上退下来后正自得其乐。许多名校如华中科技大学、复旦大学、同济大学、重庆大学等都聘任我去工作，我都一一婉拒。但是面对廖、马两位先生，都曾经热情支持我的工作，让我在暨南大学这块办事难的地方得以成功，我不忍心拒绝他们的邀请，便答应前往澳门科技大学任职，为澳门的发展做贡献。只是要求他们同意，我尚未在暨南大学退休，还需要经常返回暨南大学任教，完成自己的工作任务。

因办理赴澳门工作许可证需要较长时间，他们先聘我为校监顾问。翌年5月26日，我便去澳门科技大学熟悉校情。7月1日，廖泽云校监、主席在校、院长联席会议上宣布任命我为澳门科技大学常务副校长，大家热烈欢迎我来校工作。来这所学校前，我不认识校内任何一位教职员工，对这所学校只有少许了解。建校时，校内创办了四所学院，资讯科技学院、行政与管理学院、法学院和中医药学院。可颁授高等专科文凭、学士学位、硕士学位和博士学位。很快又会增设国际旅游学院、人文艺术学院、健康科学学院和持续教育学院等四所学院，并成为澳门学生最多的大学。我经过调研，发现这所大学教师数量偏少，许多教师每周上课太多，无暇顾及科研。加之学校管理较弱，教风和学风都亟待改进。校长让我分管学校拓展、筹资、行政与管理学院、科研、校友会等事务，我都尽力去办，希望把这所大学办成一所名校。

对于学校拓展之事，我先后多次回内地联系。最后，得到重庆一所大学支持，愿意加入我校，成为内地一所分校。珠海市以及横琴的领导对我们的要求也很关照，同意在横琴先办澳门科技大学研究院，后办校区。可惜这些事都未办成，成为遗憾。由于学校招生违背内地招生规则，被批评，为此我还数次前往北京，找部领导汇报工作、解释原因、请求得到领导的鼓励和关怀。看到学校附属医院缺院长，便推荐暨南大学附属华侨医院的著名教授杨冬华院长前来任职。为使学风、教风变好，我常去课堂听课，与老师和同学讨论。我鼓励老师们不仅要做教学优秀的老师同时还要积极进行科研。总之，学校有什么需要，我都尽力去做，努力把澳门科技大学建设好。

同时，我还向学校申请建立一个研究院，以发挥我的学术优势，为澳门科大和澳门特区多做一些贡献。当时我正带领同济大学航空航天与力学学院和暨南大学应用力学研究所老师进行世界上首架50座地效翼船的研制，是原始创新的成果，非常有前途，故打算放在澳门科技大学研制并在澳门试制。接着我又向澳门基金会申请旅游管理方面的科研项目，基金会吴志良主任接受我的申请。他说，为了支持澳门科技大学，他们决定一次性整体拨给澳门科技大学5000万元，用于当年的科研项目拨款。

工作空闲时，我便开展科学研究。我潜心研究了精密仪器仪表中一个世界性难题，即膜盒基体的力学分析和研制，论文写好后，我专门交给澳门科技大学自己的学报《澳门科技大学学报》2009年第3卷第1期发表，以提高我们学校的科技影响力。此外，我还写了一篇英文论文《夹层环形版的大挠度问题》，这是此问题国际上第一篇论文，我将它送给国际著名刊物《力学和微机电系统学报》（Journal of Mechanics and MEMS），发表在该刊2009年第2期。此外还发表了35篇管理领域的文章，如"爱低碳生活 创绿色校园"等。

同时，我还受到澳门特别行政区政府的重视，聘我担任澳门特别行政区科技委员会委员，能够经常参加政府会议，为政府建言献策。澳门特首何厚铧先生专门接见我，给我鼓励和关怀，欢迎我来澳门工作，并特别嘱咐，有事可直接找他。他还在2009年3月10日接待暨南大学老领导访问澳门代表团之时，特别赞扬我说："刘人怀院士是大好人！"这是上级领导又一次使用同样的语句公开赞扬我，虽然我未参加这次会见，也令我感慨万分。

到2010年7月时，我已70岁，便卸任回到内地。

2019年7月22日，回访澳门科技大学留影

第四节 两岸交流

由中国力学学会、周培源基金会以及台湾力学学会共同主办的"2008年海峡两岸力学交流暨中学生力学竞赛夏令营"活动于2008年7月14日至21日在台湾举行。中国力学学会让我担任团长，率团30人参加此次交流活动。访问团中教师15人，学生15人，分别来

2008年7月，任中国高校力学大学生赴台湾访问团团长，率团在新竹台湾清华大学合影留念，二排左9为刘人怀

自北京市、上海市、湖南省和西安市。为便于管理，我将团员划分为5个组：北京组、上海组、西安组、长沙组和南京组。7月14日从香港起飞，1.5小时后，我们便顺利抵达台湾高雄机场，受到活动承办单位新竹的台湾清华大学和台湾力学学会的热烈欢迎。

7月15日上午10点半，"2008年海峡两岸力学交流暨中学生力学夏令营"活动开幕式在屏东科技大学孟祥体育馆报告厅隆重举行。台湾力学学会秘书长、成功大学郑金祥教授和我互赠礼品。然后，他代表台湾力学学会致开幕词。首先，他对远道而来的大陆访问团师生表示热烈欢迎，对海峡两岸力学界的这种交流给予高度评价。他说，海峡两岸共同举办力学交流与中学生夏令营是两岸力学学会沟通的一个很好的渠道，有利于提升、推广力学学术与技术交流，增长了两岸学生的知识，增进情感互动。目前，两岸交流活动已成为两岸力学学会最重要的年度工作之一。新竹台湾清华大学叶铭泉副校长在发言中表示，希望两岸力学工作者尤其是年轻学生通过活动，增进了解和友谊，加强联系，有利于未来事业的发展。接着，我代表中国力学学会向活动的承办单位新竹台湾清华大学表示衷心感谢，对两岸力学学会进一步交流合作寄予厚望，同时以自己长期从事力学工作的体会，畅谈力学对人类发展的重要性，鼓励两岸中学生热爱力学，将来为科学事业的发展做出贡献。我们代表团的副团长清华大学附属中学王殿军校长也在会上讲话，海峡两岸共同举办这一活动，其意义不仅在于办学交流，更是教育和情感的交流以及两岸深层文化的融合与共鸣，希望两岸师生之间的交流能长久。

这是我们之间的第12次交流，1996年是第1次。

在台期间，我们访问团参观了屏东科技大学、高雄科学工艺博物馆、新竹台湾清华大学和云林县虎尾高中，两岸力学工作者以及中学老师就两岸的力学科普、力学教育与科研国际化交流模式、中学教育模式以及人才培养等方面进行了广泛的交流与座谈。台湾的教育理念、教育手段和设施给我们留下了深刻的印象，双方增进了了解，并从中获得一些有益的借鉴。

中学生夏令营是交流活动非常重要的一个组成部分，参加本次中学生力学夏令营活动的两岸高中生共46人。按照惯例，在活动中安排了两岸高中生的力学理论竞赛笔试和趣味实验竞赛。这次笔试内容较以往难，共有9道填空题，3道论述题；而动手实验竞赛则以组为单位进行，且两岸学生混合编组，每组只交一份答卷，共有两套试题：称水果重量和按照要求制作啄木鸟，竞赛的成绩评判着重的是解题思路。竞赛后，大陆学生共获得：笔试部分——金牌3枚、银牌3枚、铜牌9枚；实验部分——金牌3枚、银牌3枚、铜牌9枚。两岸学生在比赛中结下了深厚的友谊，加强了了解。

在访问期间，我还与台湾力学学会秘书长郑金祥教授和科普委员会主任江国宁教授就两岸力学学会进一步密切合作以及下一届两岸力学交流及中学生力学竞赛夏令营举办的有关问题等进行了磋商。双方一致认为，这样的交流形式非常有意义。同时又商定，2009年海峡两岸力学科普交流与中学生力学夏令营活动将于当年7月在南京市进行，由河海大学和江苏省力学学会具体承办。

"2008年海峡两岸力学交流暨中学生力学竞赛夏令营"闭幕式及颁奖大会在高雄科技工艺博物馆隆重举行。我参加了颁奖仪式，为理论竞赛一等奖获得者颁发金牌。邬萱老师代表下一届承办单位向本次活动的承办单位表示感谢，并诚邀台湾力学同仁及学生第二年到南京参访。我们代表团的中学生代表、西安交通大学附中田博在发言中表示，两岸这种形式的交流，使他们在获取知识、迎接挑战的同时，增进了相互间的友谊和了解，希望活动能够长久地办下去。本次交流活动在热烈友好的气氛中落下了帷幕。

整个活动自始至终充满了友好的气氛，两岸代表共诉同根同源的情谊，相约第二年在南京再相会。

在台湾期间，我曾指导培养的台湾博士张伯章（国民党高雄市党部总干事）、王盛节（台湾新竹市新丰社区大学主任）、傅崐萁（亲民党台湾地区立法机构党团负责人、花莲县长）、唐震（致理技术学院资讯管理系主任）、李心强（致理技术学院讲师）等前来看望我，并在7月20日晚为我举行庆生日活动，令人万分感动。

2009年7月12日至19日在南京举办"2009年海峡两岸力学交流暨中学生力学夏令营"。我继续担任夏令营营长，河海大学副校长关凯龙教授任组委会主任。中国力学学会科普工作委员会副主任、江苏省力学学会常务副秘书长邬萱任组委会秘书长。由台湾力学学会秘书长郑金祥教授带队的台湾师生一行共28人，大陆方由来自北京、上海、江苏、湖南、黑龙江和海南等各省市60余名力学工作者以及优秀中学生师生代表组成，共同参加此次交流活动。

为期1周的夏令营，开展了力学知识竞赛、力学科普交流和参观访问等活动，在力学知识竞赛中，学生们从笔试、动手制作、趣味力学、知识问答等多种形式中感受到了力学的乐趣，也因此增进了彼此间的友谊。同时，两岸力学工作者以及中学教师就力学科普教学与科研等方面进行了交流座谈，大大促进了两岸之间的了解。

第五节 中国管理

自人类诞生以来,管理作为实践活动就一直存在。但管理作为一门学科,从20世纪初才在世界范围内开始出现。20世纪管理科学曾经有两大强势的主流学派,一种是市场经济体制下的以美国为代表的资本主义阵营的管理学派,另一种是计划经济体制下以苏联为代表的社会主义阵营的管理学派。前者可称为美国学派,后者称为苏联学派。随着20世纪90年代苏联的解体和东欧剧变,苏联学派已不复存在,似乎世界上只剩下美国学派,实际上并非如此。自1978年底我国走上改革开放道路以来,经济一直高速发展,逐步建立健全社会主义市场经济体制,至今已成为世界第二大经济体。伴随着这样的大好形势,管理学科在高校开始设立并快速发展,管理科学研究开始受到从上而下的重视,在世界独树一帜,一种新的现代管理中国模式正在形成。

我从20世纪80年代初加入管理学科行列,开始从事教学和研究工作,特别是又成为中国工程院工程管理学部的首批院士、首席咨询专家和学部副主任,又担任教育部科技委员会管理学部主任,我更感到管理学科的重要性。同时,更体会到推动现代管理科学中国学派创建的紧迫性,这是时代的需要,中华民族实现伟大复兴的需要。

2008年,我与孙东川教授一起在《管理学报》发表一篇文章《谈谈创建现代管理科学中国学派的若干问题》。我们认为,"从1978年开始,中国实行改革开放,逐步建立健全社会主义市场经济体制。现在,一个新的学派——现代管理科学的中国学派出现了曙光","党的十七大把中国特色社会主义伟大旗帜的科学内涵界定为坚持中国特色社会主义道路和中国特色社会主义理论体系。毋庸置疑,现代管理科学的中国学派,是这个理论体系的组成部分","国家自然科学基金委员会管理科学部在'十一五'期间的第一项战略目标就是'在未来10～20年中逐步建立管理科学中国学派的学科基础'","创建现代管理科学的中国学派是我们中国人的历史使命"。然后,我们讨论了"管理科学"与"管理学"术语,提倡学习和借鉴钱学森院士一直大力倡导和推动的系统科学与系统工程,对中国管理科学落后与否进行了辨析。我们认为现代管理科学中国学派应该有以下四个特点:①它是中国的;②它是现代的;③它是创新的、先进的;④它是世界的。创建这个学派的基本途径是洋为中用,古为今用,近为今用,综合集成。

接着,我和孙东川教授以及孙凯博士又发表了几篇文章《再谈创建现代管理科学与中国学派的若干问题》(《中国工程科学》,2008年),《三谈创建现代管理科学中国学派的若干问题:四条定义与三点建议》(《中国工程科学》,2009年),《大平台、聚义厅及其他——四谈创建现代管理科学中国学派的若干问题》(《管理学报》,2009年)和《〈学科目录〉第12学科门类与管理科学话语体系——五谈创建现代管理科学中国学派的若干问题》(《学位与研究生教育》,2010年)。

越研究就越有兴致,我便想扩大这一研究,想到自己是教育部科技委员会管理学部主任,就提出以该机构名义组织"中国管理科学论坛"。得到大家同意后,考虑到这项研究也与香港、澳门、台湾和海外华侨有关,故将第一届中国管理科学论坛安排在澳门举行。主办单位是教育部科技委员会管理学部,承办单位是我任执行会长的中国(澳门)综合发展研究中心,支持单位是中国工程院院士广州咨询活动中心、暨南大学战略管理研究中心和广州生产力促进中心。论坛主题是"中国的管理科学研究走到了哪里?该去向何方?"。

2012年12月12日,论坛开幕,近百名学者参加。我担任会议主席,致开幕词,欢迎来自内地(大陆)和港澳台以及海外的专家学者与会。我强调,1840年以来,中华文明的发展在历史合力的作用下,经过几代人的努力,发生了巨大的转折和变化,一度在西方资本主义冲击下衰落的中华文明,今天已经走上了伟大复兴之路。面对实践,中国的管理科学研究走到了哪里?该去向何方?为此,请大家畅所欲言,共同切磋学术,进行探讨。

接着,我带头作了大会第一个主题报告《现代管理科学中国学派研究综述》。中国工程院郭重庆院士、陈清泉院士、汪应洛院士、李京文院士和铁道部总规划师郑健等分别作了大会报告。会议开得隆重热烈,相约下次会议继续研讨。

2012年12月,澳门,任首届中国管理科学论坛主席,作大会报告

经过认真筹备，第二届中国管理科学论坛以"面向实际的中国管理科学"为主题，于2014年10月31日～11月2日在四川省成都市举行。这次论坛仍由教育部科技委员会管理学部主办，中国工程院院士广州咨询活动中心和暨南大学战略管理研究中心协办，承办单位为西南交通大学经济管理学院，并得到《科技创新与品牌》和《科技管理研究》等杂志的积极支持，100余名专家学者到会。我作为大会主席致开幕词，再次欢迎学者们一起进行学术交流，只要大家持续努力，我们就一定能将现代中国管理学理论与应用研究做得越来越好，这必将为中华民族伟大复兴做出贡献！

接着，第三届中国管理科学论坛于2016年5月7～8日，以"'互联网+'生态下的中国管理科学"为主题，在浙江省杭州市举行。从本届起主办单位仍都是教育部科技委员会管理学部，承办单位是杭州电子科技大学创新与发展研究院。第四届中国管理科学论坛于2017年10月21～22日，以"创新驱动竞争力：中国转型背景下的宏观与微观管理"为主题在杭州市举行，承办单位是杭州电子科技大学创新与发展研究院。我作为会议主席致开幕词，许庆瑞院士、丁烈云院士和杨善林院士以及100多名专家学者出席会议，有40篇论文作大会主题报告和分论坛报告。最后，挑选31篇论文汇编入论文集《中国管理科学的研究与实践》，于2019年由科学出版社出版。

第五届中国管理科学论坛于2018年8月22～24日，以"新技术革命与产业变革下的中国管理"为主题，在吉林省长春市举行。承办单位是杭州电子科技大学创新与发展研究院和吉林大学管理学院。第六届中国管理科学论坛于2019年10月24～26日，以"数据赋能，创新管理"为主题，在上海市举行，承办单位是杭州电子科技大学创新与发展研究院和上海大学管理学院。第七届中国管理科学论坛于2020年12月5～6日，以"全球疫情下经济转型与管理创新"为主题，在广西壮族自治区南宁市举行，承办单位是杭州电子科技大学创新与发展研究院和广西大学商学院以及发展战略研究院。

每一届论坛都办得很认真，专家学者都发表了真知灼见，围绕国家经济建设和社会发展中的重点、难点和热点问题，开展战略性、前瞻性研究，提供咨询建议；围绕科技发展趋势和学科前沿，进行国家顶层设计，提出学科发展的重大问题，推动新兴学科和交叉学科发展，以建成具有中国特色和中国气派的现代管理科学，完成中国海峡两岸暨香港、澳门管理学专家的基本共识和共同使命。

鉴于中国的现代管理科学理论研究起步较晚，出版的期刊未能进入国际视野，亦即国内没有进入国际管理科学期刊社会科学引文索引（Social Science Citation Index，SSCI）之中，造成我国学者的论文大多无法进入国际管理科学界内。为此，我想为改变这一状况做点努力。我的想法在获得杭州电子科技大学领导的支持后，让杭州电子科技大学管理学院院长和战略与发展研究院执行院长王核成教授代表学校同英国爱默瑞德出版集团（Emerald Group Publishing Limit）协商，于2016年5月25日签订了合作协议。该集团成立于1967年，是国际著名出版集团，专注于管理科学等领域期刊的出版。至今出版了300多种学术期刊、2500多部书。在全世界120个国家设有12个办公室，有超过4000多个国际管理学院客户。按照协议，该集团与杭州电子科技大学合作出版爱默瑞德出版集团旗下著名国际期刊《中国管理研究》（*Chinese Management Studies*）。该期刊创办于1967年，为SSCI收录期刊。在合作期间，刊物封面内页上标注"杭州电子科技大学官方刊物"文字，封底还有杭州电子科技大学的介绍。我任该刊顾问编辑，王核成教授任副编辑，覃大嘉博士在编辑咨询委员会任职。特别是，我们在2017年主编了这本期刊的特刊，即2017年第11卷第1期。为了办好这一特刊，筹集高质量稿件，我们在2016年举行第三届中国管理科学论坛之时，增加一个英文演讲的中国管理科学论坛，全国许多知名学者都来进行演讲，大大提高了杭州电子科技大学的声誉，能使更多贴近中国国情的本土研究走入国际视野，推动中国管理科学理论与应用的发展。

特刊的社论标题是《中国现代管理科学学派的研究》，由我和孙凯、孙东川合作完成。这里的"管理"（汉语拼音为GUANLI）二字是我们中文的管理，其含义是英文几个有关管理词汇的综合，即

GUANLI=management+administration+governance+⋯

接着，我们进一步阐述与中文的管理二字相关的词汇，讲中国管理科学理论模式与学派，建设连接中西管理科学的学术体系，介绍我们已有的研究成果。

社论的主要目的就是推出中国的"管理"二字的原有含义，使国际上对中国的管理有正确的理解。

由于这一时期《中国管理研究》英文期刊主编改为澳大利亚莫纳什大学一位华人教授，我们主动热情邀请她来中国商谈刊物编辑之事，她不仅不来，而且散布对我们中国权威管理机构著名学者的不友好言论，而爱默瑞德出版集团又无法解决这一矛盾，故我们只好接受英方意见，将合作刊物改为另一本著名国际期刊《国际冲突管理学报》（*International Journal of Conflict Management*）。

该刊从合作日期起，在每期刊物封面上标注"杭州电子科技大学官方刊物"文字。我和斯晓夫教授作为特刊主编，随即主编了该刊2020年特刊，即2020年第31卷第3期。我们将这期特刊的主题确定为"企业家职业中的冲突管理"。为此，我们于2019年10月在上海举办第六届中国管理科学论坛之时，又专门为这期特刊征集优秀稿件而举办一个英文演讲的中国管理科学论坛，以使中国管理科学研究国际化。

该刊本期社论标题为《新经济时代下企业家职业的冲突管理》。我们强调，这期特刊就是为学者和管理者对企业家职业的冲突管理提供新的洞察力与新的视野。

从此，我们可以逐渐走向世界，让世界同行了解我们中国管理科学的理论与实践。

第六节 答大师问

著名的"钱学森之问",就是著名科学家钱学森先生晚年提出的问题:为什么我们的学校总是培养不出杰出人才?其实,钱学森先生自己已有答案。2005年7月30日,钱先生向温家宝总理进言:"现在中国没有完全发展起来,一个重要原因是没有一所大学能够按照培养科学技术发明创新人才的模式去办学,没有自己独特的创新的东西,老是'冒'不出杰出人才,这是很大的问题。"

钱先生之问和钱先生之答,振聋发聩!他指出了中国高等教育存在的严重问题。对此,担任教育部科技委员会管理学部主任和广东省政府参事职务的我理应尝试回答"钱学森之问"(《中国高教科技》,2011年,第10期)。

我先分析了我国高等教育的现状和问题。截至2011年,新中国成立已经62年了,国家进入了昌盛时代,高等教育也取得了辉煌成就,大学生数量已位居世界第一。但是,我国只是教育大国,还不是教育强国。高等教育仍存在一些问题,特别是没有世界一流大学,缺乏杰出人才。究其原因,我认为存在以下两方面的问题。

一是高等教育自身的问题。教育革命和改革频繁,未能形成科学的、稳定的教育体系,缺乏杰出人才的成长环境;学校缺乏办学自主权,办学千篇一律,一些高校办学无特色;各级政府对高校管理、评估和考核名目繁多,基层穷于应付,有的学校甚至用弄虚作假来应付；学校厅、处、科级干部太多，行政干涉学术过多；一些校长未把主要精力和时间用在学校管理上；许多教师无法静下心来从事学术研究，做学问浮躁；高校教师学术不端行为和学术腐败现象愈演愈烈，不仅涉及知名学者，还涉及党委书记和校长，事发后惩治既慢又不严；在教学和科研的评奖以及科研项目申请中，有时出现公正性缺失，制约了杰出人才成长；许多学校从上到下搞创收，教师无法专心做学问；在高校科研中，过分强调产业化，削弱了基础科学研究；学生考试作弊现象比较严重；学生撰写学位论文常有学术不端违规行为；学生愿意学软学科专业，不愿意学硬学科专业，刻苦读书的学生少了；许多学生毕业后以做大官、挣大钱为目的，不愿意从事学术研究工作；许多工人和农民的孩子由于收入低上大学困难；社会和学校往往人治大于法治，师生办事常常要找关系才能办成，使杰出人才成长受限；对民办学校限制又太多，使之沦为"二等公民"等。

二是高等教育经费投入不足。我国高等教育经费投入严重不足。以教育总投入来说明，我们不但与发达国家有较大差距，也低于印度、印度尼西亚等国家。在G20集团的国家中，我国教育经费占GDP百分比多年平均数据为2.91，排名倒数第二。即使我国在2012年完成投入4%的目标，排名也只处于第14位，仍处于G20集团的中下游水平。在联合国教科文组织统计网站所公布的216个国家或地区中（其中有数据的为179个，无数据的为37个），1999年至2008年的平均数据为4.75，我国排名在倒数序列中，为第143位，仅相当于世界平均数字的62.3%。如果我国在2012年能完成4%的目标，仍将低于平均水平，排名仅在第106位。显而易见，我国教育投入与我国GDP总量居世界第二的地位很不相称。

为解决我国高等教育所存在的问题，我向政府提出以下两条建议。

（1）建立可持续发展的教育体系。首先，应进一步提高各级领导的素质。其次，要重视基础教育。中小学生学业负担太重的现象需要尽快克服，让青少年在快乐中学习和成长。同时，要重视家庭教育。最后，要营造良好的人才成长社会环境，用好的激励方法让学者静下心来做学问，强调诚信，强调公平竞争，严厉惩处各种学术不端行为。

（2）优化大学管理体制和方法。一是全国高等院校一律改为省（自治区、直辖市）管理，使各种评估减少，使每个学校集中精力办好自己的学校，不用跑"部"前进，有利于一流大学和基础人才涌现。二是建立学费分类制度。按公立和民办学校类别，按理工文科专业不同，按办学优良类别，分别收取学费。公立学校收费低，民办学校收费高；医、工、管等热门专业收费高，其他学科专业收费低；再将大学分为四个等级——一流大学、重点大学、一般大学、大专学校，由高到低收取学费。三是建立更好的奖学金制度，对优秀学生加大支持力度。建立有效的勤工助学和助学贷款制度，以利于家庭困难学生入学。还可对农学、师范等专业实行免学费入读。四是学校领导班子应少而精，副校长一至三人即可。同时，校长要职业化，以便集中精力管好学校。五是对公办和民办的高校实行科学的评级制度。实行政府评议和社会第三方评议相结合的高效评级制度。六是实行从严治校，坚决打击学术腐败现象，杜绝考试作弊现象，让讲诚信、讲真话、追求真理成为高校师生必备的基本品质，以利于杰出人才涌现。七是高校中要建立良好的人才培养机制，要选拔伯乐型人才担任校、院、系、部、处领导职务，要选拔伯乐型人才担任科研团队负责人，只有伯乐济济的环境，杰出人才才会脱颖而出，最后才会有大师型人才出现。八是各级政府尽快加大教育经费投入，特别是经济第一大省广东，更应走在全国前列，先使教育投入占GDP的百分比达到世界平均水平4.75，随后逐年上升。九是禁止高校搞创收，让教师们集中精力做学问，不能用科研经费发放奖金，而是实行更好的工资制度，让他们能体面生活，无后顾之忧，全身心投入学术工作中去。十是建立科学的、公正的、多样化的人才考评机制。考评时要重视科研成果质量，要允许科研工作中的失败，要避免考评烦琐，要高度重视基础科学研究。当务之急，对评奖和科研项目申请，一定要建立严格的评审制度，保证公平，这样才有可能形成杰出人才生存的环境和条件。

百年大计，教育为本；高等教育大计，校长和教师为本。"钱学森之问"引起了全国思考，这正是中国高等教育转型的征兆，正是高等教育的希望，希望我们的高校办出特色，办出水平，培养出杰出的创新人才，不辜负国家和人民的希望！

第七节　百年追梦

2013年2月23日，我应邀前往海南三亚市，参加中国科技协会的全国科学道德和学风建设宣讲教育专家研讨会。参加会议的专家仅有北京大学原校长、国家自然科学基金委员会原主任、中国科学院陈佳洱院士，中国科学院数学与系统科学研究院原院长、中国科学院杨乐院士和中国地震局地球物理研究所原所长、中国科学院陈运泰院士和我等4人。

会议由中国科技协会陈希书记（后任中央政治局委员、中共中央组织部部长）主持，中国科技协会张勤副书记也参加。

陈希书记强调，中国梦是中国共产党第十八次全国代表大会召开以来，习近平总书记所提出的重要指导思想和重要执政理念。习近平总书记把中国梦定义为"实现中华民族伟大复兴，就是中华民族近代以来最伟大的梦想"，并且表示这个梦"一定能实现"[①]。中国梦的核心目标可以概括为"两个一百年"奋斗目标，即到2021年中国共产党成立100周年和2049年中华人民共和国成立100周年时，逐步并最终实现中华民族的伟大复兴，具体表现是国家富强、民族振兴、人民幸福，实现途径是走中国特色的社会主义道路、坚持中国特色社会主义理论体系、弘扬民族精神、凝聚中国力量，实施手段是政治、经济、文化、社会、生态文明五位一体建设。最后，陈

[①]《习近平：中国梦归根到底是人民的梦》，http://jhsjk.people.cn/article/27369918[2015-07-28]。

书记希望专家们在全国各地宣讲中国梦,并在会后写发言稿。我们听了他的讲话后,都非常高兴,表示愿意参加。会后,我搜集整理材料,写好"百年追梦,科技兴国"报告稿。经领导审查后,获得好评和通过。

报告稿分为下面7个部分。

1. 灿烂的古代中华文明

科技推动人类文明的发展,中华民族是全世界四大人类文明中唯一延续至今的民族。而且,全人类从古至今50%以上的科技发明都属于中国人。作为中国人,我们应该感到自豪。

2. 屈辱的中国近代史

从1840年第一次鸦片战争开始,直到1949年新中国成立之前,中国被称为"东亚病夫",沦为半殖民地半封建社会。这一时期,共与外国签署了1182个不平等条约,平均每个月签一个不平等条约;仅在清朝就赔给外国16亿两白银,割让土地达数百万平方公里;仅1937年至1945年抗日战争中就有3000多万中国人伤亡。

3. 现代自然科学推动人类社会的迅速发展

从15世纪下半叶开始,现代自然科学开始在欧洲产生和发展,促进了科学技术和工程科学的发展,使得英国、德国和美国先后成为强大国家。20世纪和21世纪与以前人类社会相比,发生了翻天覆地的变化,

4. 李约瑟之谜

英国科学家李约瑟(1900~1995年)的名著《中国科学技术史》展示了中国古代科技的辉煌历史,但留下了一个末尾结论未写,即著名的"李约瑟之谜":"中国为什么没有发展出现代自然科学?"

我为此查资料写文章尝试解答"李约瑟之谜"。

我认为这是从元朝以来,知识分子被贬为"老九"的历史所致。从此,知识分子和知识在我国不受尊重,科技发展严重受挫。

导致自然科学未能在我国发育成熟，导致我国一直贫弱。

5. 中华民族在中国近代时期科技领域的奋斗和探索

从清朝至新中国成立前，我国有识之士一代又一代出国留学，学习西方科技，发奋图强，希望拯救落后的旧中国。

6. 中华民族在新中国时期科技领域的奋斗和探索

1949年10月1日，新中国成立了，中国人民站起来了！在中国共产党的英明领导下，经过前30年的努力奋斗，我国从一个十分衰弱的烂摊子，到1978年国内生产总值增长12倍，自主研制出"两弹一星"，震惊世界。

接着，在改革开放后的34年（1978年至2013年）间，由于邓小平同志于1978年3月18日在第一次全国科学大会上讲话，提出两个著名的论断，"知识分子是工人阶级的一部分"和"科学技术是生产力"；后来他又讲，科学技术是"第一生产力"，使"尊重知识"和"尊重人才"成为国策。34年中，我国科技大发展，推动经济高速发展，国强民富，出现几百年来第一次太平盛世。2010年，我国国内生产总值排世界第二。

7. 中国梦鼓舞中华民族扬帆奋进

权威的国际机构纷纷预测，到21世纪20年代结束时，中国的GDP总量可能超过美国。

同年5月24日，我应邀参加在贵阳市举行的第15届中国科技协会年会，并在专项活动"中国科协弘扬科学道德践行'三个倡导'奋力实现中国梦"的报告会上作《百年追梦、科技兴国》演讲。报告结束时，听众以热烈的掌声表达共鸣。会前，全国人大常委会副委员长、中国科协主席、中国科学院韩启德院士亲切接见，给予鼓励。在我担任暨南大学校长时，韩启德院士也曾于2004年到暨南大学视察工作。

10月18日，中国科技协会徐延豪书记带领我们到沈阳市参加

"奋力实现中国梦"辽宁报告会，大会由辽宁省委许卫国副书记主持。由钱学森先生之子钱永刚以及中国载人航天工程总设计师、中国工程院周建平院士和我三个人作报告，听众近千人，反响热烈。

11月21日，中国科技协会陈章良书记带领我们到济南市参加"奋力实现中国梦"山东报告会，山东省张超超副省长主持会议，听众500多人。报告人是钱永刚先生、我国第一位进入太空的航天员杨利伟和我三人。听众热烈欢迎我们的报告。陈章良书记告诉我，这一年已在全国举行了13场报告会，反响非常好。

2014年5月6日，"奋力实现中国梦"青海报告会在西宁市举行。中国科技协会徐延豪书记带领钱永刚、中国铁路经济规划研究院覃武凌副院长和我到会作报告。大会由青海省委常委、宣传部部长吉狄马加主持。上午和下午分别举行了两场报告会，听众约2000人，我们每人讲了两场，都受到热烈欢迎。会后我又受青海大学校长、中国科学院王光谦院士的邀请前往该校作了"创新路上的感想"报告，师生们听了热烈鼓掌欢迎。他也当场对别人说，这是他一年来听到的最好的一场报告。隔了不久，在北京，他在中国力学学会常务理事会上发言，中间举例，重复用了上面的话。听了王光谦院士的称赞，让我很受鼓舞，更加认真地作宣讲。此外，王院士是水利学科的院士，他也赞扬我的东水西调工程设想。吉狄马加是著名诗人，也是我的四川老乡，他曾在四川省文联任主席。我的小姐夫李伍丁是作家，在他手下工作，他十分熟悉，加之我喜爱文学，他也特别热情、厚道，所以会后，我和他畅谈甚欢。

10月14日，中国科技协会党组成员、中国科技馆束为馆长带着我们参加"奋力实现中国梦"新疆维吾尔自治区报告会。自治区常委、宣传部部长李学军主持了在乌鲁木齐市举行的第一场报告会，钱永刚，神舟飞船首位总设计师、中国工程院戚发轫院士和我作了报告，听众1000多人。第二天又前往石河子市，由新疆生产建设兵团副司令员宋建业将军主持第二场报告会，还是我们三人作报告，听众1000多人，两场报告都得到大家热烈欢迎。

11月6日，"奋力实现中国梦"海南报告会在海口市举行。我们三人（钱永刚、戚发轫和我）由中国科技协会副主席书记陈章良带领出席了报告会。省委常委、宣传部部长许俊主持大会，我们三人作报告，听众1000余人，反应热烈。

12月16日，中国科技协会程东红副主席带队，钱永刚，我国第一代核潜艇总设计师、中国工程院黄旭华院士和我参加了"奋力实现中国梦"内蒙古自治区报告会。自治区区委李佳副书记主持了在呼和浩特市举行的报告会，我们三人作了演讲，听众1000多人，大家热烈鼓掌。这是第36场也是全国最后一场报告会，圆满结束。我总共做了8场演讲。

在这近两年的巡回演讲期间，我深感中国梦的伟大事业将大大推进我们国家的高速发展，中华民族伟大复兴的时代已经到来！

第八节 参事建言

2003年底,接到广东省委组织部通知,请我担任广东省人民政府参事室参事,我感到震惊。因为政府参事室是人民政府所属的民主党派和无党派人士为主体的参政咨询机构。这是党的统一战线理论政策在国家政权建设方面的生动体现。中央把参事参与政府工作的基本职责概括为16字,即参政议政、建言献策、咨询国事、统战联谊。我作为共产党员当参事,大概是最早的一例。

2004年1月14日,广东省人民政府参事室举行政府参事迎春茶谈会,黄华华省长亲自为我颁发聘书,我代表新任参事、馆员讲话。我向领导表示,绝不辜负省委、省政府对我们的期望,认真履行职责,恪尽职守,坦诚建言,为我省率先基本实现社会主义现代化和发展社会主义民主政治而努力奋斗!

此后,直至2014年2月,我先后在参事室经济组和综合组任名誉组长,共向省委省政府建言17次,都受到领导重视。由于回答"钱学森之问"已在前面叙述过,"关于改善我国北方水资源缺乏的建议"也将在下一章具体论述,现在将其余15次建言简要叙述如下。

(一)关于尽快制定国家统一法的建议(2004年)

国家统一是中华儿女的共同愿望。前几年,港澳已顺利回归,但台湾现状却不容乐观。我建议尽快制定统一法，以从根本上防止"台独"的分裂活动。法律条文应写明，搞分裂者，就是中华民族的千古罪人！统一法将保护祖国的完整和尊严，将对搞"台独"之流产生巨大的威慑力！

（二）关于允许市民在节假日有条件燃放烟花的建议（2005年）

源于中国且已有2000多年历史的烟花，已走向世界。我在改革开放之初，于1981年春天去当时的西德留学。当时整个欧洲未见到燃放烟花。十多年后，我再访东西德统一后的德国，看到当地人向中国学习，在节假日燃放烟花，而我国许多城市却从那时开始将其列为禁品。燃放烟花爆竹，既可以满足多数市民的愿望，让市民在辛苦工作一年后，置身快乐幸福的节日气氛，同时还可以推动经济的发展，增加就业岗位。我们应该在加强管理、规范经营、安全教育、有条件燃放等方面下功夫，而不是一味去禁止。

（三）在推进和谐社会建设中切实解决"农民工"身份问题（2006年）

伴随中国改革开放和工业化、城镇化进程的深入，在我国产业队伍中涌现出一支新型的由农村到城镇工作的劳动大军，他们为城市繁荣、农村发展和现代化建设做出了重大贡献。2004年，全国进城务工就业的"农民工"总数已超过2亿人。但是，"农民工"问题十分突出，主要是：工资偏低，拖欠工资现象严重；劳动时间长，安全条件差；缺乏社会保障，职业病和工伤事故多；培训就业、子女上学、生活居住等方面也存在诸多困难，经济、政治、社会权益得不到有效保障。这些问题引发不少社会矛盾和纠纷，在一定程度上影响到改革发展的稳定和建设社会主义新农村的进程。我们首先应解决的是"农民工"身份问题。

1. 建立"农民工"身份转换制度

用配额制的方式，以在城市工作达到一定工作年限为主要条件，给予农民工城市户籍，从而逐步转换农民工身份。

2. 实行居民证制度

对户籍人口以及在城市有房产、有正当职业或有其他合法居住资格的外来人口，将统一发放居民证，持有者享受"市民待遇"。

3. 用新称谓取代"农民工"一词

在有些省市下发的有关文件中，已抛弃了"农民工"的称谓，统称为"外来务工人员"。建议广东省学习。

（四）关于改善财政宏观调控深化分税制财政体制改革的调研报告（2006年）

2006年4月至10月，我和周裕新、何问陶带领经济组先后前往广东省地税局、广东省财政厅、江门市、汕尾市和潮州市政府及财税单位进行调研，重点就"1994年实行分税制财政体制以来，市、县级地方政府的事权、财权和财力三者是否统一？有何矛盾？矛盾如何解决"等若干相关问题进行座谈、研讨，现将调研情况汇总如下。

1. 实行分税制财政体制的成果

通过这次改革，基本理顺了中央与省的财政分配关系，调动了中央与省双方理财的积极性，初步建立起与市场经济相适应的财政体制。

2. 现行分税制财政体制存在的问题

我国省以下财政体制还没有真正进入分税制轨迹，存在的主要问题表现如下。

（1）政府职能缺乏科学界定，财权层层上收，事权层层下放，造成省以下政府财权与事权严重分离。

（2）现行分税制财政体制是一种权力主导性的分税制，缺乏公共财政民主化与公共参与的机制。

（3）分税制改革未能从深层次上解决社会收入分配不公的差距，甚至还扩大了社会收入分配差距。

（4）现行的转移支付制度存在不少问题。

（5）市县政府历史债务沉重，金融风险、企业债务风险及社会债务已经转嫁为财政风险。

3. 改革取向与建议

（1）必须按照市场经济的客观要求，加快政府职能的转变。

明确政府职能范围。政府职能包括社会管理职能和经济管理职能。随着向市场经济体制的转变，应该收缩经济管理职能，强化社会管理职能。

将政府职能转换重点放在实现由经济建设型政府向公共服务型政府转变。

（2）推进依法治税，对税收立法权限做出统一规定。

制定《税收通则》，对税收立法权限做出统一规定。加强税收立法，建立健全税收法律法规体系。赋予地方对某些地方税种一定的税收立法权。

（3）配套改革：压缩政府规模，减少政府层次，节约行政成本。

（4）完成政府转移支付制度。

科学界定转移支付目标，合理确定转移支付计算依据，简化转移支付方式，优化转移支付结构，清理整合专项转移支付项目。

（5）尽快地解决地方政府历史债务，特别是对贫困地区的历史债务应根据有关政策，重新进行一次彻底的清理。

（6）国地税机构合并的可行性分析与建议。①国地税机构分设的弊端：征管效率低，征税成本高，分头管理、分庭抗衡现象突出，隶属关系不同导致利益分配不均。②两套税务机构合并的有利条件：实行分税制10多年了，打下了比较坚实的经济基础。信息化建设取得了突破性进展，监管方式实现了根本性变革。③国地税的两套税务机构合并建议：要建设廉价高效的税务机构，构建税收监督制约机制，税务机构的设置要打破行政区域的限制，整合信息化资源，加强干部队伍建设，提高税务人员素质。

（五）关于将清明节设为国家法定假日的建议（2007年）

清明节在中国诸多传统节日中有着鲜明的特色，它既是二十四节气中唯一具有人文气息的节日，同时也是整合了寒食节的一个大节日，其习俗活动之丰富足以和春节一比高下。同时，通过清明祭祖，在一定程度上有利于和谐社会的构建。追忆先辈，可激励青年一代进一步发扬艰苦奋斗精神。将清明节列为法定节日，有利于更好地保护并弘扬民族文化。

（六）发展"乡村旅游"，促进广东新农村建设（2008年）

这是我和何问陶教授一起提出的建议。

1."乡村旅游"已成为创新型旅游的重要组成部分

随着工业化、城市化进程的加速，休闲、旅游、度假已成为城市人生活不可或缺的组成部分。旅游消费也成了经济增长的重要助推器之一。除传统主流旅游模式以外，近年来，一种休闲度假、联谊交友、阖家团聚、体验采风、回归自然、丰俭由人、时间自由的乡村旅游正在兴起，旅游中的"农家乐"已作为一种品牌在全国取得共识。

2."乡村旅游"在广东发展相对滞后及其原因

广东有发展"乡村旅游"的自然资源，但这种创新方式并未很好地铺开，其原因是村镇规划落后，环境脏乱差，缺乏吸引力；农村住房设施不配套，特别是浴室和卫生间达不到旅客要求；农村的文化、娱乐、体育活动，现代化服务欠缺；其他配套的特色或生态旅游项目跟不上，难以留住旅客。广东人不善于与陌生人交往，农户主动发展"乡村旅游"的意愿不强。虽然广东也有很多地方具备开展乡村旅游的条件，但缺乏引导推广。

3. "乡村旅游"发展对策及注意事项

建议由省旅游局或旅游协会牵头，对省内外"乡村旅游"状况进行调查研究，提出广东发展"乡村旅游"的初步规划或指导性意见。同时，在珠三角、粤东、粤西、粤北各选一个条件比较成熟的村镇作为"乡村旅游"试点，总结经验，加以推广。各级财政要加大对村镇的基础设施建设和公共服务的投入，营造适宜"乡村旅游"发展的大环境。村镇政府要组织和引导农户自觉搞好卫生，同时，维护社会治安，有利于发展旅游。引导农民根据所在地的人文历史，发展传统民间工艺和旅游产品。旅游主管部门应严格审查、加强管理。让银行为农户提供"乡村旅游"小额贷款，支持"乡村旅游"。鉴于"乡村旅游"本身收费较低，房产属农民自己，劳动力价格又低，加上营业时间不稳定，建议对这一旅游项目免收承办农户的税收，放水养鱼。

（七）新形势下金融风险及防范对策的思考（2008年）

这是我和何问陶教授一起提出的建议。

1. 金融形势的新特点

2007年下半年以来，美国次贷危机及其影响日益浮出水面，原本以为新兴国家和地区金融市场相对独立和封闭，受次贷危机冲击会小一些，没想到恰恰是这些国家和地区证券市场震荡更剧烈。2008年1月、2月在全球十大股市下跌排行榜中，中国A股市场竟名列前三，而美国和欧洲却居后。把握新形势，应变新局面显得尤为重要。

（1）全球经济处于新周期的拐点，具有复杂性、多变性和难以预测性。

（2）这次危机发端于美国，又主要集中于金融领域，其灾害性影响更具扩散性和恐慌性。

（3）次贷危机爆发后，美国政府充分发挥自我调控能力缓解矛盾，同时也在向外转嫁危机。

（4）中国面临复杂多变的国际国内环境以及难以预期的突发性事件，经济形势敏感而严峻。

2. 我国可能发生金融风险的行业和领域

美国次贷危机所引发的这场经济动荡本质上是一场金融危机。中国深受其害。

（1）从宏观层面上看，物价，特别是居民消费物价持续攀升，通货膨胀，货币贬值。

（2）楼价下跌、利率上升，商业银行住房贷款呆坏账率提高、流动性降低。

（3）原本脆弱的股票市场在经济敏感期可能出现恐慌性抛售形成灾难。

（4）人民币汇率及自由兑换、外汇储备及结构调整、境外投资时机和项目选择都会遇到金融风险。

3. 防范和化解金融风险对策的思考

（1）建立金融风险预警、协调和处理机制。

（2）面对新形势，宏观经济政策应特别注重及时、透明、灵活、协调和针对性。

（3）对于物价上涨、通货膨胀，应分析其结构性特征，对于不同行业和领域采取不同政策。

（4）楼市和股市在稳定市场、稳定信息的前提下调整，商业银行应加强不良资产和表外业务的监管，增强透明度。

（5）在国际金融市场上，重点关注美国的同时，盯住欧洲，适时调整国际金融战略，保卫金融安全。

（八）关于控制物价和抑制通胀的调研报告（2008年）

为了探求控制物价和抑制通胀的有效方法，我们经济组先后前往国家统计局广东调查大队、广东省物价局和茂名、湛江、惠州、汕头等市进行专题调研，完成此调研报告。

1. 本轮物价大幅上涨的主要原因

农副产品供求失衡，成本推动价格上涨，境外通胀输入，流动性过剩。

2. 广东省各地控制物价和抑制通胀的经验与做法

要充分发挥价格调节基金的作用；大力发展粮食与农副产品生产，增加有效供给；要采取积极措施，鼓励和推动农民组织规模生产；建立粮食储备制度，确保粮食供应充足；加强市场与价格监管，严查哄抬价格行为。

3. 控制物价和抑制通胀的建议

继续建立与完善价格调节基金制度；加快建立健全战略物资和重要商品储备体系；建立价格预警与应急机制，实施临时价格干预措施；增加人民收入，及时落实对低收入群众的补助；严格控制粮食、重要的农副产品和石油出口，适当增加国内紧缺产品和重要消费品的进口。

（九）提高废旧塑料资源的利用水平，促进我省循环经济发展（2008年）

为了促进广东省循环经济的发展，加快可再生资源的开发与利用，推动资源节约和环境保护工作提高到新的水平，我们经济组就全省废旧塑料再生资源回收利用的情况进行调研，先后走访了广东省经贸委、广东省环境保护局和湛江市、茂名市、惠州市、汕头市等有关政府管理部门，并对部分典型的有代表性的废旧塑料资源化企业的生产状况进行调查，完成了调研报告。

（1）广东省废旧塑料资源的利用状况：广东省作为一个资源贫乏又高速发展的大省，有回收处置废旧塑料的传统，并逐渐形成一些区域性的废旧物资集散地。为了控制进口废旧塑料加工利用行业的污染，2007年，省环保局制定实施了有关规范，提高了进口废旧塑料加工利用企业的准入门槛。同时，广东省经贸委从管理上采取积极的引导措施。

广东省已成为我国进口废塑料加工利用的大省。

（2）各级地方政府积极采取管理措施，初步改变了废旧塑料回收、进口和加工的落后局面。影响广东省废旧塑料资源利用的主要问题为缺少先进的废旧塑料专业管理体系，环保意识比较薄弱，没有建立废旧塑料加工产业化制度，缺少大型危险物资检测中心和环境安全防控及处理措施。

（3）建议进一步加强广东省废旧塑料资源化利用行业的管理；制定优惠的经济政策；加大科技投入，依靠科技进步，改变废旧塑料资源化过程中的脏乱差现象；建立合格园区。

（十）关于争取广东省成为高考制度改革试验区的建议（2008年）

在纪念恢复高考制度30周年的背景下，为贯彻省委解放思想、实践科学发展观的战略部署，我们参事室组织调研组就高考制度改革进行专题调研，分别到重点大学、一般大学、民办大学、高职高专院校以及有关部门进行调研，完成了这次调研报告。

改革开放30年，高等教育规模达到空前的水平，在世界各发展中国家处于领先地位，某些方面已经赶上发达国家的水平。

实行的高考制度有其优势：能基本上体现"高考面前人人平

等"的社会公平公正原则；形成了竞争机制；作为中小学教育与高等教育的连接点，起到了贯通平衡作用；有利于教育部门和学校工作机制的运作；对于社会稳定与和谐有一定的维护和促进作用。

高考制度存在的问题：考试分数成为决定人生命运的最高主宰，学生、家长、教师、学校乃至民众舆论都表现出对考试分数的狂热追求，学生的思维被僵化了，分数标准的指挥棒作用导致学校极端重视最能获得"分值"的知识教育，不可能实现学生综合素质的提升。因此，高考制度应进行改革。

进行高考制度的改革，关系到党的素质教育方针的落实，关系到教育质量水平的全面提升，关系到全体青少年的健康成长，关系到中华民族的伟大复兴。

为了顺利进行高考制度改革，应先建立试验区进行试验，而且我们广东应争取成为高考制度改革的试验区。

（十一）大规模引进和培训人才为广东产业结构优化升级服务（2009年）

在国际金融危机对广东经济社会影响不断深化之际，在广东省委十届五次全会召开前夕，2009年7月13日，省委、省政府举办了"省政府参事决策咨询会"，中央政治局委员、省委书记汪洋同志和省长黄华华亲临会议，听取14位参事的专题调研汇报，我撰写的报告也在其中，简要内容如下。

改革开放30年后，广东在经历了多年的快速发展之后，正处在一个前所未有的关键时期。广东未来如何走的问题迫切需要寻找创新的思路，广东传统的以劳动密集型产业为龙头的经济发展格局已经走到了重要的转折点，更为棘手的问题是由于多年来在科技开发与教育投入方面欠账过多，使得广东省的人力资源开发能力与速度不仅远远落后于国外先进国家，而且还落后于国内部分先进省市，难以满足广东未来经济发展的需要。

为此,要开展多方位创新,实施广东"人才储备"新战略。首先要转变广东省传统的人力开发观念,即"人才能用钱买来"的观念。提倡战略性人才开发观念,这一观念的核心是将人才看作通过培养与开发可以增值的人力资本,并同等关注人的经济需要与精神需求。要树立人才平等观念,摒弃"外来的和尚好念经"与"学历至上"的错误思想。同时,选择紧跟经济需要、超前筹划的人才资源持续开发战略。

同时,要改善与创新广东省人才引进的相关机制。坚持政府主导、创新人才引进工作机制,完善引进高层次创业创新人才的产业平台,完善面向企业的人才引进与培养机制,建立既符合国际潮流、又有广东特色的人才评价机制。

同时,推进产学研合作,开创广东"人才培养"新模式。建立战略层面的人才培养咨询与管理机构。以高校为主体,全面建立广东人才培养综合体系。要继续加大工作力度,办好大学城,即广州大学城、深圳大学城、珠海大学城、东莞大学城,创建汕头大学城和湛江大学城。要深化国际合作,提升全省高等教育办学水平。要围绕现代化产业体系建设的需求,着重培养引领行业发展的高素质人才。要建立地区产业人才培养基地。

(十二)关于将香港、澳门特别行政区的所有统计数据纳入全国性统计数据的建议(2009年)

我翻阅《中国统计年鉴》,发现全国性统计数据中未包含香港、澳门特别行政区的数据,深感不妥。

从统计角度来看,《中国统计年鉴》是一部全面反映中华人民共和国经济和社会发展情况的资料性年刊,如果全国性统计数据未计入港澳特区的各项统计数据,就不能说明全面反映了国家整体的经济和社会发展情况。

从政治影响来看，港澳特区虽然是独立的关税区，但港澳特区的统计是构成国家统计总体的一部分。《中国统计年鉴》已将其行政区划、区域面积和森林资源纳入全国性统计数据，那么港澳特区的其他相关统计数据也应纳入全国性统计数据。

从法律规定来讲，中华人民共和国港澳基本法的有关原则规定：港澳与内地作为相对独立的统计区域，独立进行统计工作。而在全国性统计数据中纳入港澳统计数据与此工作原则并不违背。

（十三）关于完善我省应对台风灾害预防措施的建议（2010年）

我国疆域辽阔，山脉多，海岸线长，地质构造和地理环境复杂，自然灾害频繁，是世界上遭受自然灾害影响最严重的国家之一。灾害种类多，分布区域广，发生频率高，造成的损失严重。

面对这些常常发生的灾害，我们国家已积累了许多应对方法。但是，主要的方法还是应急处理，尚缺乏预防措施。如果事前预防措施得力，必将大幅度减少人员伤亡和财物损失。为此，我提出以下建议。

先将各种自然灾害分类，根据历史上的已积累数据，以严重、中等和一般三个等级，划分可能发生灾害的地区，然后针对每一地区制定该地区进行工程建设的规范和设计标准。同时，在可能发生严重自然灾害的地区，编写相应防御和应对灾害对策的教材，列入初中或小学高年级教学必读课程，使每一位公民在少年时代就掌握应对灾害的知识和能力。这样年复一年，我国所有人就都具备了防灾的本领。当灾害来临时，就可以将人的生命和财物的损失减少到最低程度。

先在省内沿海的城乡初中或小学高年级开设应对台风课程，应是明智之举。在粤东地震带内的城乡中小学，还应加开预防地震灾害的课程。

（十四）关于实行九年一贯制办校的建议（2012年）

教育是民族振兴和国家富强的基石。百年大计，教育为本。基础教育承担着培养国民素质的重任，是建设创新型国家的基础。

我国的义务教育是九年，即小学六年、初中三年。现有的办学模式继承着过去的传统方法，基本上仍是初中与小学独立办学。这种办学模式存在以下六大弊端。

（1）不利于社会的稳定。全国小学升初中"择校热"高烧不退，形成新的教育不公平现象。

（2）不利于社会和谐。在"择校热"背后，大量的辅导机构、托关系的请客送礼等，对社会和谐造成了影响。

（3）不利于人才的健康成长。由于"择校热"，小学教育应试行为严重，小学生苦不堪言。造成孩子们从小没有创新意识，没有独立思考意识，因而使素质教育落空。

（4）不利于教育教学模式的延续，不利于教育循序渐进的发展。

（5）不利于政府办学，造成政府办学费力不讨好，群众意见大。

（6）不利于学校的发展，造成新的教育布局不合理。

小学与初中合并后，就不再有小学升初中的问题，这就从根本上解决了"择校热"的问题，而且更能提高人才培养的质量，保证人人有学上，确保起点公平。

（十五）我省地方性商业银行发展现状调查报告（2012年）

我和综合组专题调研组的参事们走访了广东省银监局、广东省金融办和东莞银行等单位，通过实地考察、开座谈会和函调，就广东省地方性商业银行发展情况进行了调研，完成了如下调研报告。

1. 广东省地方性商业银行经营状况

截至2012年,广东省地方性商业银行共有五家,即广州银行、东莞银行、广东南粤银行、珠海华润银行和广东华兴银行,机构数达297家,从业人员达8705人。

金融网络已初见规模,各项指标增长较快。省内地方性商业银行以城市信用社改制而来为主,已成功摆脱历史包袱,走向健康发展之路。服务地方社区和居民,支持当地经济发展。

2. 广东省地方性商业银行发展存在的主要问题

总体上说,广东省地方性商业银行在全国地方性商业银行中,仍处于落后的地位。创新能力不足,缺乏核心竞争力。公司治理不健全,股权结构不合理。信用体系设施不成熟,信用风险依然存在,针对性监管指标体系缺失,上市政策限制较多。

3. 促进地方性商业银行健康发展的建议

明确市场定位,制定有经营特色的发展战略。采取强有力的人才引进措施,营造良好的金融创新氛围。完善内控管理,改进激励机制。加快信用体系建设,提高风险防范能力。增加针对性监管指标,建立多元化股权结构。

第三十一章
敢想敢干

第一节　东 水 西 调

从1958年到兰州读大学开始，我亲身体会到甘肃省缺水的严重问题。以后，又去过内蒙古、陕西、新疆、青海、宁夏、山西、河北、河南、山东等缺水地区。特别是2000年以后，参加三峡工程和南水北调工程的考察，使我对我国缺水问题更加了解。于是在2003年任广东省人民政府参事后，向国家提出东水西调工程建议，以改善和解决我国北方广大地区缺水问题。接着，在2009年，我又向中国

2010年4月，应邀参加九三学社中央、院士、专家湖北潜江市关于南水北调工程调研，前排左8为刘人怀，左10为贺铿（全国人大常委会财经委副主任、九三学社中央副主席），右6为刘秀晨（国务院参事）

工程院工程管理学部申请并得到支持，申请对"东水西调工程"项目进行系统研究，在孙东川、孙凯和刘泽寰等教授的协助下，于2012年完成了项目，现将项目内容简略介绍如下。

1. 我国水资源情况

我国是一个严重缺水的国家，淡水资源总量为28 000亿立方米，占全球水资源的6%。人均水资源量只有2300立方米，仅为世界平均水平的1/4，位居全球109位，是全球人均水资源最贫乏的国家之一。

我国不仅水资源贫乏，地区分布也很不平衡。长江流域及其以南地区，面积只占全国的36.5%，人口占53%，耕地占35%，GDP占55%，其水资源量占全国的81%。长江流域以北地区，面积占全国的63.5%，人口占47%，耕地占65%，GDP占45%，其水资源量仅占全国的19%。

然而，我国又是世界上用水量最多的国家。2008年，全国淡水取用量达到5910亿立方米。大约占世界年取用量的13%，其中，生活用水占12.1%，工业用水占22.8%，农业用水占63.4%，生态环境用水占1.7%。

我国已成为世界少数几个最缺水的国家之一。全国600多个城市中，有2/3城市处于缺水状态，其中严重缺水城市114个，北方城市71个，南方城市43个。有16个省区市人均水资源量（不包括过境水）低于1000立方米严重缺水线，有6个省区（宁夏、河北、山东、河南、山西、江苏）人均水资源量低于500立方米极度缺水线。特别是，京津冀人均水资源量仅有305立方米。

随着北方地区经济的发展，对水资源的需求日益强烈。由于河道长期干枯，被迫大量超采地下水。例如，河北省1990年至2010年超采了1000亿立方米地下水，地下水位大幅下降，只有打500米左右的深井才能出水。山西省也面临同样的问题。而且，在海河流域，形成了16个地下漏斗，总面积达2.85万平方千米，生态环境日益恶化，严重制约经济社会发展。

我国的中西部地区，由于多年大兴水利开垦农田及过度放牧，造成大量内陆河流断流，形成大量的干盐湖，周围土地沙化和盐碱化，沙漠范围不断扩大，形成的沙尘暴每年对北方城市造成严重的威胁。

同时，在水资源中，78%的淡水污染物超标，40%的水源已经不能饮用，50%的地下水被污染。因此，治理污染、保护水资源、维护生态平衡已到了刻不容缓的地步。

水资源长期的超额使用，已打破了原来的生态平衡。尽管国家实施了一系列大型的调水工程，特别是南水北调工程，但还不能从根本上解决问题。考虑到我国淡水也不丰富，故提出从东边海洋取海水和从长江口取淡水的东水西调工程方案。

2. 调水规模

东水西调工程的用水地区包括北京、天津、河北、内蒙古、山西、陕西、甘肃、宁夏及新疆九个省区市，工程水源地位于河北、天津、山东、辽宁沿海以及江苏省长江入海口北岸地区。

用水地区的用水状况如下。

北京，2008年，35.10亿立方米，其中，南水北调10亿立方米。

天津，2008年，33.33亿立方米，其中，南水北调中线10亿立方米，东线10亿立方米。

河北，2007年，201.83亿立方米，其中，南水北调中线60亿立方米，东线10亿立方米。

内蒙古，2004年，170.70亿立方米。

山西，2007年，44.49亿立方米。

陕西，2004年，75.53亿立方米。

甘肃，2005年，122.97亿立方米。

宁夏，2008年，74.18亿立方米。

新疆，2003年，483.42亿立方米。

总计，一年用水1241.55亿立方米，其中南水北调100亿立方米。用水中，工业用水94.56亿立方米，农业用水1034.78亿立方米，生活用水82.69亿立方米，生态用水29.52亿立方米。

要彻底解决九个省区市缺水问题，使用东水西调工程就可以完成任务。我国东部水源丰富，一是长江口的淡水，每年流出淡水9600亿立方米，调取12.93%就有9个省区市一年用的水1241.55亿立方米，这将会使我国整个北方经济更好发展，人民生活更加舒适，且不会影响长江口的生态环境。另外，我国东部海洋水资源丰富，也可抽取海水，淡化后送往9个省区市，解决淡水缺乏问题。

第一阶段工程，每年调水规模为80亿～135亿立方米，然后再用第二阶段工程调更多的水。

根据情况，第一阶段将9个省区市分为三组。

第一组包括北京、天津、河北，其共同特点是人口密度大，大部分城市都在海拔200米以下，离海岸线近，且地势平坦，没有大的山脉阻隔，调水所用的能源较小。

第二组包括内蒙古南部地区、山西、陕西、甘肃和宁夏五省区，其共同特点是均为内陆省区，地域广大，人口密度较低，离海岸线较远，海拔大都在1200米左右，需要长距离、高扬程输水。

第三组包括新疆及内蒙古北部地区，其特点是地域广阔，多为沙漠及干旱地区，人烟稀少，海拔大多在1000米以上。输水距离长，需用能源多。

考虑工程规模、成本效益及技术条件，建议先解决工业和生活用水。第一期供水范围是第一组地区，调水规模20亿立方米到35亿立方米。第二期供水范围是第二组地区中的山西和内蒙古（鄂尔多斯高原为主），调水规模20亿立方米到35亿立方米。第三期供水范围是第二组地区中的陕西、甘肃、宁夏，调水规模30亿立方米到50亿立方米。远期规划供水范围是第三组地区中的新疆和内蒙古（鄂尔多斯高原以外的大部分地区），调水规模25亿立方米到40亿立方米。

3. 调水路线规划

东水西调工程的调水路线分为两类，第一条线路为长江口取水线路，自江苏启东境内，邻近长江北入海口处取水。直接送水至北京、天津、河北。或再经过四条分线输往山西、陕西、宁夏、甘肃等省区。这四条分线为近期规划的海水淡化后的线路，其中第一条分线自渤海取水，第二条分线自黄海取水。第二条线路为远期规划线路，从渤海取水。工程计划全线采用管道输送的方式输水，这将减少土地占用，工程难度低，工程量较小，不存在冬季结冰问题，输水损失小，输水保证率高，便于维修，便于远程控制，维护经费低。

4. 工程投资

工程分阶段进行，在未计入工程征地费用、银行贷款利息情况下，从长江口取水时，第一期至第三期工程分别需要投资960亿元、1410亿元和3015亿元，共计5385亿元。海水淡化取水一期至三期工程，分别需要投资664亿元、1750亿元和3705亿元，共计6119亿元。

显而易见，采用长江口取水的投资总额减少约为12%，较海水淡化取水方案具有优势。

在研究期间，我曾面见水利部胡四一副部长，得到他的支持。同时，又会见中国科学院院士、青海大学校长、清华大学水沙科学与水利水电工程国家重点实验室主任、著名水利学家王光谦，他也十分赞同我的建议。

我真诚地希望东水西调工程能尽快实施，以使我国首都北京和北方缺水问题能够得到彻底解决。

第二节　地效翼船

因为同济大学原副校长、著名力学家翁智远教授对我一直信任关怀，早在1992年就聘任我为同济大学兼职教授，任博士生导师，招收培养固体力学专业博士生。2008年3月18日，中国科学院院士、同济大学校长裴钢又聘我为同济大学顾问教授，做航空航天与力学学院学术带头人。随后，在仲政院长陪同下参观学院实验室，同老师们见面。21日上午，参观地效飞行器实验室，让我特别感兴趣。我觉得这种创新研究很有意义，应该作为学院的核心科研项目认真去做。

航空发展的初期，人们就发现了地效作用，飞机接近地面时升力增大，利用这一因素，早在第二次世界大战前，芬兰就有人开始了地效飞行器的实验。

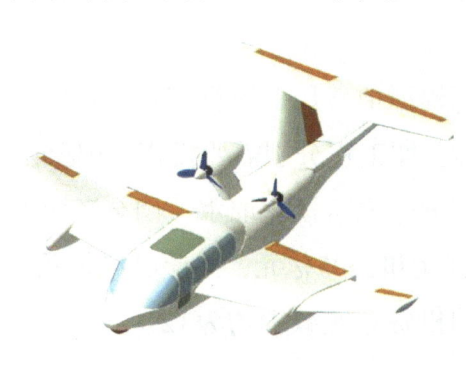

地效翼船

1963年，按照苏联海军的要求，阿列克谢耶夫中央设计局开始建造大型地效飞行器，长106.1米，翼展40米，起飞重量495吨，是一架庞然大物。

应五角大楼的要求，美国波音公司也在研制名叫"鹈鹕"的地效飞行器运输机。机身长110米，翼展152米，载重量为1270吨。

德国、日本、英国、澳大利亚、韩国和加拿大等国家也在研制地效飞行器。

我国于20世纪60年代末，也开始了地效飞行器研究，但只研究12座以下的地效飞行器。

迄今为止，国内外尚无规模化生产地效飞行器企业，因此市场前景广阔。

地效飞行器是集飞机的高速性和船舶的大承载且比飞机更安全、比船舶更舒适的现代新型的高速运输工具。为便于推广使用，我们先研制水上的地效飞行器。按照国际海事组织（International Maritime Organization，IMO）有关文件以及中国船级社认定，这种地效飞行器属于船舶，因此我们将它命名为地效翼船。目前，全世界尚无产品进入市场。因此，本项目研制成功将会有巨大的市场价值。

地效翼船的研制是一项新的技术，具有以下优越性。

1. 航速快

航速可与飞机速度相比。平时在水面上0.5～4米的高度飞行，也可升高至500米以上高空飞行，最大速度可达400～500千米/小时，是普通船速的10倍以上，气垫船速的3倍以上，任何船舶都望尘莫及。

2. 承载率高

比普通飞机有更高的承载力。例如，著名的波音747飞机有效承载只有自重的20%，而地效翼船有效载重可达自重的50%以上。

3. 经济性好

由于安全和适航性要求的降低，极大地降低了地效翼船的研制成本。同时，无需跑道、机库等地面设施，节省了大笔建设费用。

4. 舒适度高

由于离开水面飞行，航行非常平稳，不受船舶颠簸之苦。加之采用复合材料结构，具有良好的降噪特性，舱内工作生活环境更为舒适。

5. 非常安全

由于地效翼船在水面上飞行,任何时候只要海情允许都可以降落,这一点是飞机无法比拟的。

6. 节能环保

对水质和水下的生态系统的影响很小。由于承载率高,与飞机相比,其废气的排放也小。复合材料船体的制造工程,消耗很少的能源,产生的废物也少。

7. 隐蔽性好

地下翼船掠海飞行,长时间处于岸基雷达、舰载雷达和潜艇声呐的盲区。

8. 用途广

除可用作客、货运输外,地效翼船还可以用于海上救援、海关缉私、渔政海盐、水警边防、海上石油开发等方面。在军事上,则可用于海上快速运输、救护、支援、突袭作战等方面,特别是对我国黄海、东海、南海的国家主权维护等方面,将发挥特别重要的作用。

我和仲政院长商讨,集中精力先研制一架50座地效翼船。随后,再研制其他型号地效翼船以及生物燃料发动机。目前,国内外尚无本项目产品公开销售,我们的产品属原创性,可用于以下领域。

(1)海港之间交通。

(2)海上轮渡。

(3)海域管理。

(4)海上抢险救资。

(5)海上资源勘探开采。

(6)水上运动。

(7)个人消费。

(8)驾驶员培训。等等。

50座复合材料地效翼船产品规格如下。

总长：31.5米。

翼展：18.8米。

起飞重量：20吨。

人员：50人。

巡航速度：260千米/小时。

绩效高度：0.5米到3米。

最大飞行高度：＞500米。

起飞滑行距离：300～400米。

航程：1200～1500千米。

结构：全复合材料。

适应海况：起飞三级，巡航四级。

第一架50座复合材料地效翼船的研发投资估算为7350万元，需时间一年半。试制完成后，即可扩大生产。每架销售价格为8000万元到12 000万元，毛利占80%以上，具有巨大的经济效益和社会效益。

首先，我将暨南大学应用力学研究所与同济大学航空航天与力学学院联合起来，共同研发这一产品。随后，我又计划在澳门科技大学建设专门的研究院，在南海边建基地生产。接着，重庆大学林建华校长又要聘我担任重庆大学航空航天学院首任院长。任重庆大学校长前，他曾任北京大学常务副校长，我在担任教育部评审北京大学重点实验室专家时，开始与他认识，因而熟识起来。他特别信任我，曾对他周围的人讲："刘院士是真正的正人君子。"因此真诚希望我到重庆大学创办航空航天学院。我考虑自己年纪大了，不宜做院长，答应只做名誉院长。我想将重庆大学航空航天学院也拉进来参加地效翼船的研制与开发。此外，我还在南京航空航天大学担任兼职教授，指导博士生，而且我培养的博士生王永亮正任副校长、朱金福担任民航学院院长。如果需要，还可请南京航空航天大学参加研发。应该说，研发的力量不缺乏，关键是找经费、找地方。

　　我与仲政院长商定后，就开始找地方、找经费，先与澳门科技大学商议建研究院，同时向澳门基金会寻求经费支持。接着，又找珠海市领导，寻求支持。然后，又找中航科工集团、佛山市、宁波市、舟山市、唐山市、中山市、青岛市、莱州市的领导和企业家等寻求帮助。特别令人感动的是，佛山市市长陈云贤（后任广东省副省长），下大力气拿出土地，并召集数十位企业家，动员他们来投资此产品的开发。遗憾的是，都未成功，核心是无人愿意投资。要将原始创新的科研成果进行转化太难了！但是我仍未死心，仍在继续寻找机会。

第三节　城市矿产

从2003年担任广东省人民政府参事以后,我开始注意环境问题。2008年8月19日,在广东省产学研结合高端论坛暨院士专家云浮行活动开幕式上,应邀作专题报告。我强调,世界经济的迅速发展,加之人口的迅速增加,使资源消耗和环境污染日益加剧。因此,可再生资源开发利用与环境保护成为21世纪各国政府及科学家和经济界共同关注的焦点问题。工业垃圾和餐厨垃圾处理与开发问题,刻不容缓。

同年,我任广东省参事室经济组名誉组长,会同余庆安、周宇新、何问陶、蔡明招等十位参事进行调研,提出"提高废旧塑料资源的利用水平,促进我省循环经济发展"调研报告,开始研究塑料垃圾问题。

2009年3月,我受邀担任广东省科普志愿者协会会长。最初会员有5万多人,很快达到25万人。这一协会由广东省科技协会直接领导,成立的目的是动员各方面力量,为提高公共素质服务。协会副会长、秘书长由省科普中心郑文丰主任兼任,他工作非常认真。

这时,广州市面临"垃圾围城"的困境,正好要贯彻落实《国务院批转住房城乡建设部等部门关于进一步加强城市生活垃圾处理工作意见的通知》(国发〔2011〕9号)及《广州市城市生活垃圾分类管理暂行规定》(广州市人民政府令第53号)的精神,切实提高城市生活垃圾处理减量化、资源化和无害化水平，改善城市人居环境，倡导绿色健康生活方式，促进城市可持续发展。我们协会便围绕"垃圾减量、垃圾分类，低碳生活"的主题，开发集成一批适合青少年及社区居民喜爱的"垃圾分类，从我做起"科普漫画、宣传挂图、科普漫画宣传折页、科普漫画拼图、科普漫画扑克牌、科普漫画闪现游戏、科普漫画活动手册、垃圾桶分类模型及日常生活垃圾模型等科普资源；同时，成立垃圾分类科普志愿者宣讲队，推进"垃圾分类，从我做起"科普宣传公益活动进校园、进社区。此事得到中央政治局委员、广东省委书记汪洋，广东省省长黄华华，常务副省长朱小丹，副省长宋海以及广州市委张广宁书记的大力支持，活动开展得很成功。我也抽时间去现场参加宣传活动。由此，我很快发现，尽管志愿者和城市居民积极进行生活垃圾分类，但分类末端又被环卫工人将分好的垃圾混在一起了。我再深入调查，才发现，这是垃圾处理存在问题所致。当时，广州市一天的生活垃圾有21 000吨，其中一半是干垃圾，一半是湿垃圾，即餐厨垃圾。对于干垃圾部分，将废金属、废纸、废塑料、废木头等挑出来后，剩余的泥土、砖块易于处理。餐厨垃圾，极难处理，危害又大，其严重性促使我开始高度关注。

1. 我国餐厨垃圾情况

我国城市年产餐厨垃圾近亿吨，占生活垃圾约一半，而且每年以10%的增量不断增加。同时，全国城市还存在大量的有机余料，分布在农贸水果市场、海鲜肉类市场、大型超市、食品粮油企业和物流冷链企业。国内一线城市，如北京、上海、广州、深圳等已处于垃圾围城状态。餐厨垃圾成分复杂，其特点有七个。

（1）含水率高，可达75%～85%，不适合焚烧和填埋。

（2）富含油脂、淀粉、蛋白质、纤维素等有机成分物质。

（3）盐分含量偏高，不适合直接生产肥料。

（4）偏酸性。

（5）富含氮、磷、钾、钙及各种微量元素，营养充分。

（6）存在细菌、病毒、寄生虫等病原微生物。

（7）易腐烂、变质、发臭，滋生蚊蝇。

2. 餐厨垃圾的危害

1）地沟油的危害

在餐厨垃圾成分中，有6%～15%油脂分离出来，俗称地沟油。那时，全国每年共产生约631万吨地沟油。这种油脂是过氧化值、酸价、水分严重超标的非食用油，含有砷、铅、黄曲霉素、苯并芘等毒素，尤其是其中的黄曲霉素是国际卫生组织划定的一类致癌物，毒性比砒霜大68倍。一旦食用地沟油，就会破坏人体的白细胞和消化道黏膜，使人中毒、致癌，包括胃癌、肠癌、肾癌、乳腺癌和卵巢癌。因此，只能把这种油脂用作生物柴油，或用于制造精细化工产品，如肥皂、洗涤剂、环保增塑剂、高碳脂肪醇等。这是可再生资源，特别是能源的主要原料。但是，由于利益驱使，每吨油价值约5000元，虽然国家对地沟油进行严格监督，每年仍有60%的地沟油，约378万吨回到人们的餐桌上。全国平均每人每年要吃2.8公斤地沟油，即每人每月要吃近半斤地沟油，这就是许多人生病甚至患上癌症的缘由。

2）用餐厨垃圾做饲料的危害

按照我国传统习惯，几千年来，一直将餐厨垃圾直接用于饲养动物，特别是用来喂猪，这种猪现在又被俗称为垃圾猪。经研究，这种饲养方法是错误的方法。

餐厨垃圾含有大量的可引起人畜共患传染病的病原体、病毒、寄生虫和虫卵。同时，在收集和运输中，容易滋生许多有害微生物，如黄曲霉素等有害物质。动物直接食用后容易感染和诱发各种疾病，治病后会加大抗生素类药物的残留。人们食用这些动物的肉，积累到一定程度，就会导致肝脏、肾脏、脾脏的病变，严重时可致癌。

餐厨垃圾富含动物蛋白，若未经无害化处理，直接给同类动物食用，可能导致同源性污染，容易形成一种特殊的蛋白病毒朊病毒感染，造成类似疯牛病、疯羊病等动物疫情。人若吃了这种未煮熟的患病动物，可出现痴呆或神经错乱症状，甚至死亡。1986年，英国发生疯牛病，波及十几个国家，恐慌弥漫全球。

3）渗滤液的危害

餐厨垃圾堆放场和填埋场中将会产生大量的垃圾渗滤液，它们将直接渗入土地直至地下水。垃圾渗滤液含有多种有毒有害的无机物和有机物，有机污染物有上百种，其中22种已被中国和美国国家环保署列为重点控制名单，一种可直接致癌，5种可诱发致癌。此外，渗滤液还含有难以生物降解的萘、菲等非氯化芳香族化合物和氯化芳香族化合物等。垃圾渗滤液中的重铬酸盐指数COD_{cr}和5日生物需氧量BOD_5的数值，可高达数千至几万，远高于城市污水的浓度。渗滤液将导致地下水严重污染，破坏土地微生物的正常生存环境，还造成重金属污染。

4）二噁英的危害

将餐厨垃圾混在生活垃圾中焚烧，若燃烧不充分，极易产生二噁英，使大气受到污染。二噁英是一种无色无味、毒性严重的脂溶性物质，毒性极大，是砒霜的900倍，有"世纪之毒"之称。万分之一甚至亿分之一克的二噁英，就会给人类健康带来严重的危害。除了致癌外，还具有生殖毒性和遗传毒性，直接危害子孙后代的健康和生活，已被国际上列为人类一级致癌物。

3. 餐厨垃圾处理技术简介

国内外处理餐厨垃圾的技术可归纳为以下五种方法。

1）填埋

填埋处理是一种简单而且普通的垃圾处理方法，但浪费了资源，且占用大量土地，污染环境，臭气冲天，易产生渗滤液污染地下水。

2）焚烧

通过餐厨垃圾焚烧产生的热量进行发电。由于餐厨垃圾含水多，影响炉温，既增加成本，且又易产生二噁英等剧毒致癌物质。炉温达到1300℃，二噁英才能被除掉99%。而许多城市焚烧炉为节省能源，炉温才800℃，产生的二噁英较多。

3）饲料

我国几千年以来的传统习惯是将餐厨垃圾直接喂猪，由于有害微生物分泌的毒性物质和同源性蛋白污染等隐患，容易产生"垃圾猪"。近年来肆虐的"非洲猪瘟"也能通过餐厨垃圾喂猪传播，危害巨大。

4）好氧堆肥

依靠自然界广泛分布的好氧微生物，在人工控制条件下，把餐厨垃圾转变为有机复合肥，其缺点是盐分高而易盐化土地，耗时又长，臭味污染严重。

5）厌氧发酵

厌氧工艺是指利用垃圾产生沼气并将其转化为电能和燃气，对厌氧消化罐中产生的残渣进行二次发酵堆肥处理。其缺点是占地大、耗时长、过程不好控制，而且沼泥量大、含盐高，污染土地。

上述五种方法都未能将餐厨垃圾处理完善，弊端很多，经济效益亦很差。

自有人类以来，每一个人每天都在产生餐厨垃圾。5000年来一直未处理好这个问题，这是世界难题，与人类健康有关，与可再生资源有关。鉴于问题的严重性，我先与身边的小儿子刘泽寰讨论餐厨垃圾处理问题。他从事分子生物学研究，是中山大学博士、教育部新世纪人才、暨南大学生命与健康研究院副院长、分子生物研究中心主任、教授、博士生导师。他与我一样特别喜欢科研。这时，他正好完成了农林废弃物的处理研究。我便问他，能否用生物技术来处理餐厨垃圾问题。他立即表示有兴趣，同时迅速开展了这一问题研究。经过近三年的艰辛努力，通过遗传育种的方法筛选出一株多功能的酵母菌，我们把它命名为"噬污酵母"，能在36小时内直接对餐厨垃圾的复杂成分进行降解，变废为宝，转化为乙醇、工业油脂和酒糟酵母蛋白粉等终端产品，而且完全消除了污染。因为这种乙醇是从垃圾里转化提取的，因此可以节约从粮食中酿酒的消耗，因此称作"非粮乙醇"。整套工艺我们将之命名为"联合生物加工技术"。

2013年，受到广州市陈建华市长的热情邀请，我们组建了一个团队，成立广东利世康低碳科技有限公司，作为第一个院士项目进入广州开发区进行中试。寻找中试经费十分困难。最后，终于得到我们学校高级工商管理硕士林则璇等几位学生的支持，集资1000万元得以开始中试。经过三年的辛勤工作，用我们的联合生物加工技术完成100多个批次不同地区餐厨垃圾处理，实现工艺设备、菌种发酵的稳定运行，设计建设了一套高度资源化、无害化和减量化的餐厨垃圾处理新工艺以及配套的每日处理5吨餐厨垃圾产业化示范线。

我们的"噬污酵母"能分解各类餐厨垃圾，耐高盐、耐辛辣、耐恶臭，拥有极强生命力，能够同步降解餐厨废弃物中的淀粉、多糖、动植物蛋白等成分，将它们转化成非粮乙醇、酒糟酵母粉、工业毛油等高附加值产品。从环境指标来看，我们的技术可在36小时内完成对餐厨垃圾的全程处理，实现迅速的减量化和完全的无害化，并充分回收和转化其中的再生资源。这是绿色低碳处理技术，使得处理过程达到迅速的减量化和完全的无害化，杜绝二次环境污染。同时，变废为宝，实现充分的资源化。每吨餐厨垃圾可产生30公斤左右的非粮乙醇、50公斤以上的工业毛油、30公斤以上的酒糟酵母蛋白粉以及50公斤左右的垃圾衍生燃料棒。每吨垃圾产生的收益高达600元以上。

我们拥有近70项专利,包括中国、美国、欧盟和日本的专利,我们的学术论文发表于国际生物质领域权威学术期刊《生物资源技术》(Bioresource Technology)。与其他餐厨垃圾处理技术相比,我们的技术无疑是当代国际上最先进的技术。

中试完成后,我们立即进行产业化推广。先后联系广东、北京、江苏、浙江、安徽、陕西、四川、内蒙古、黑龙江、山东等省市,很多领导和企业家虽然认可我们的技术,但是却不敢承担风险。经过万般努力,最终在我的故乡,遇见成都市新都区委许兴国书记和新都区兴城建设投资有限公司郭山鑫董事长,在他们的热情支持下才使得该项目落地成功。我们和兴城建设投资有限公司于2018年成立合资公司,命名为四川利兴龙环保科技有限公司,产业扬帆也从成都市新都区开始。2020年7月,全球第一座日处理100吨餐厨垃圾生产非粮乙醇的示范工厂终于建成并成功运行,中央电视台进行了专门报道。特别令人高兴的是,在示范工厂周围,我们做到了园林化环境,无垃圾臭味,改变了大家对垃圾处理的印象。

2020年7月,经过10年的艰苦奋斗,全球第一座日处理100吨餐厨垃圾示范工厂建成。图为位于成都市新都区的四川利兴龙环保科技有限公司

值得高兴的是，最近，刘泽寰教授又研发出新一代"噬污酵母"，能在一天时间内将餐厨垃圾里的有机物全部转化为资源，效益提高了近一倍。

餐厨垃圾治理的总体市场前景良好，仅国内就是一个万亿元级别的产业领域。因此，今后餐厨垃圾将不再是有害于人类的废物，而是有益于人类的城市矿产资源。餐厨垃圾治理产业不仅包括餐厨垃圾处理，还包括衍生产品，有关工艺设备和专用运输车辆的制造业，前景十分广阔。

为保护人类健康，实现美丽中国，我们会继续努力把产业化工作做好。

第三十二章
义不容辞

第一节　院　士　中　心

为加强中国工程院与广州市人民政府的合作，促进广州市经济和科技快速发展，2003年2月25日，中国工程院与广州市人民政府商定，在广州市建立中国工程院院士广州咨询活动中心。同年6月18日，举行挂牌仪式，200多人参加仪式，中心正式成立。中心设在广州市科技局领导的广州生产力促进中心。中国工程院任命我为中心主任，广州生产力促进中心主任薛峰同志为中心办公室主任。中国工程院邬贺铨副院长、广州市张广宁市长、广州市林元和常务副市长、全国人大常委会委员刘大响院士、广东省科技厅谢明权厅长等出席会议并讲话。我代表中心向各位领导、专家表示感谢，并表示，力争将中心建成为双方开展合作和交流服务的平台，做好五项工作：①对广州市重大项目、重大工程开展决策咨询；②引荐适合转化和产业化的科技成果；③对技术难题进行攻关；④开展学术交流与研讨；⑤加强与在穗工程院、科学院院士的联系，做好为在穗两院院士的服务工作。

此时，在广东工作的中国工程院院士仅有14人，所以我把中国科学院院士以及外国院士也列为我们中心的服务对象，以便更好为广东服务。接受主任任职后，我决心将中心建设成为中国工程院与广州市合作的一个重要桥梁和纽带，为推动科技与经济的紧密结合做出应有的贡献。薛峰同志工作积极热情，使中心工作顺利开展。

为了增进院士与专家之间、院士与政府和企业之间的了解和沟通，请院士为广州经济和科技活动提供咨询和建议，我们经常举办院士沙龙。

2003年6月，广州，中国工程院院士广州咨询活动中心成立，领导与院士合影。二排左4起为林元和、张广宁、邬贺铨、刘人怀

2004年4月23日，我们举行第一期院士沙龙，共有19位中国工程院和中国科学院院士参加。广州市常务副市长林元和以及市科技局、计委、经委、交委、环保局、规划局的领导，有关高校和企业的代表出席。我先讲明举办沙龙的意义和当天沙龙的主题，然后由科技局王旭东副局长介绍"广州'十一五'科技发展规划"。接着，院士们发言研讨。会后，大家认为这样办沙龙很有意义。于是，我们就接连办下去。

第二期院士沙龙由华南师范大学刘颂豪院士主讲，题目是《广州光电子材料与器件的研究及产业化》。

从2004年至2014年，我们总共举办了38期沙龙，效果很好。

同时，我们每年举行院士讲座，宣传技术创新和科学普及，提高公众意识。听众为行业工程技术人员、相关部门管理人员及社会各类人员（包括大专院校学生），每期参加人数均在500人以上.

2004年3月9日，我们在广州市政府礼堂举行第一次院士讲座。我带头作首次讲座。报告的题目是《绿色化——中国制造业的必由之路》。

我认为，制造业是我国国民经济的主要组成部分，但是环境的污染和资源的匮乏是我们国家制造业必须面对的两大问题。因此，绿色化就成了中国制造业的必由之路。

制造业在任何国家都占主导地位，是经济基础。在我国，制造业工业产值占了GDP的三分之一，同时三分之一的国家财政收入来自制造业。8000多万个就业岗位在制造业。

但是，制造业在其辉煌的同时，也在侵蚀污染着我们赖以生存的环境。世界银行估计，环境污染给中国带来相当于3.5%～8%的GDP损失。

而且，我国制造业的劳动生产率为年均3.82万元/人，非常可怜，仅是美国的4.38%，日本的4.07%，德国的5.56%。这些数据显示了我们跟发达国家的差距，并且我们国家制造业单位产品能耗平均比国际先进水平高出20%～30%。

虽然我国制造业有了巨大的发展，但仍然没有走出资源型的经济增长模式，不可能长期维持下去。环境污染和资源匮乏是悬在我国制造业头上的两把利剑。只有通过绿色制造这个路径，才能使我国生态和经济协调发展，我们刚刚起步，任重道远。

大家听了我的报告，均反映很受启发。于是，我们举行了第二场院士讲座，由北京航空航天大学李伯虎院士主讲，题目是《提高制造企业竞争力的系统工程》。

从2004年至2014年，我们先后举办了54场院士讲座，每场讲座都很受欢迎。

其次，我们举行"院士行"活动。我们请院士们参加工程技术和交流活动，通过了解研究院所、企事业单位的技术难题，为广州市的科研院所、企事业单位的科技发展献计献策。

首次"院士行"活动，由中国科学院上海生命科学研究院杨胜利院士和暨南大学姚新生院士前往白云山药业集团参观实验室，提出了很好的建议。

从2004年至2014年，我们共组织了28次院士行活动，很受政府和企业欢迎。

为了不断提高我们的工作水平，完善管理，丰富院士活动内容和形式，宣传报道在穗院士的工作生活，更好地做好服务工作，我们非常重视与中国工程院外地院士机构的联络和学习。

2004年，我们前往上海市中国工程院院士咨询与学术活动中心访问，中心主任翁史烈院士与我早就认识，他热情接待我们，向我们介绍了该中心的工作情况。他们中心工作开展得很成功，值得我们学习。随后，他们又来广州回访。之后，我们就经常往来，经常交流。

同时，我们利用出席"两院院士大会"、《院士通讯》年会等机会，向全国各地的院士活动中心取经，开展交流。与会期间，我们及时向中国工程院领导汇报工作，并听取他们的指导，使我们视野更加开阔，思路更加清晰、服务能力得到提升。

我们中心始终强调服务意识，要将中心建成真正的"院士之家"，主动做好对院士的服务保障工作。每年的春节和中秋佳节我们都组织院士新春联谊会和中秋联谊会。在了解到有院士患病在医院治疗的消息，中心必派出人员前往探视问候。根据中国工程院及上级部门的安排，我们还协助做好外地院士来穗交流访问的接待工作。

2015年市领导批示，将中心划给市科协领导，市科协领导又另外成立院士办公室，造成两条线管理，使中心逐渐淡出了舞台。

第二节 院士联合

在中国工程院院士广州咨询活动中心成立后，我了解到，在深圳市已建立深圳中国工程院院士活动基地，在佛山市顺德又建有中国工程院顺德院士咨询活动中心。直到2013年，我们广东省还有18个地级市没有建院士中心。在广东省工作的中国工程院院士仅有19人，加上中国科学院院士12人，总共才31人，与广东省作为中国经济最强省份的地位不相称。我认为广东省应该有更多的院士来支持，为此，应建立面向全省的科技智库，组建广东省院士联谊会就是一个好办法。联谊会成员的条件设计为：在本省工作的两院院士，故乡是广东省的院士，正在广东兼职工作的双聘院士，外国科学院和工程院院士。我周围的朋友都赞成这一办法，认为可以大大弥补广东省院士少的状况，有助于全省经济的快速发展。此事马上得到省委马兴瑞副书记、陈云贤副省长和中国工程院周济院长等领导的大力支持，得到广大院士们的支持和拥护。经过报批，顺利得到广东省民政厅的正式批准，我们广东院士联谊会成立了，并于2014年6月11日，借中国科学院和中国工程院召开院士大会之机，在北京会议中心会议厅举行了第一次会员大会，有81位院士参加。周济院长和受广东省朱小丹省长委托到会的陈云贤副省长都致辞，热烈祝贺广东院士联谊会成立。

2014年6月11日，在北京会议中心，举行广东院士联谊会第一次会员大会，选举首届理事会。图为理事会成员合影。前排左7起为会长邬贺铨（中国工程院副院长）、周济（中国工程院院长）、执行会长刘人怀

周济院长指出，广东院士联谊会第一次会员大会召开，是院省双方加强合作、落实中央领导在国际工程科技大会、两院院士大会讲话精神的一项重要行动。广东院士联谊会是顺应形势的要求，也是院士们服务社会主义现代化建设的具体行动。在产学研活动中，平台建设的作用日渐突出，受到越来越广泛的重视，广东院士联谊会是产学研合作平台的成功引擎。今后，院、省双方可充分发挥广东联谊会的平台作用。

陈云贤副省长说，广东经济目前处于"爬坡过坎"阶段，省委、省政府正在思考产业转型升级、改革创新发展新路径。广东的下一步转型发展有赖于院士们充分发挥中流砥柱的作用。

大会选举中国工程院原副院长邬贺铨为广东院士联谊会会长，我为执行会长。

邬贺铨院长在当选会长后讲话。他指出，广东院士联谊会是国家创新体系中面向广东的一个节点。联谊会将着力于更高层次的促

进科技与经济结合，着力于更高效率地加快本土高端科技人才的培养，着力于更高水平地打造广东科技智库以及着力于打造充满生机活力的科技社团。联谊会将重点办好集决策咨询、科研成果展示、技术对接、学术研讨于一体的广东院士高峰年会。

我发起成立广东院士联谊会，就是希望有更多院士来为广东经济和社会服务，并希望这个团体由省委、省政府指定的部门直接主管。哪知，不仅未能找到直接主管单位，而且还招致了广东省科协个别领导的反对。2015年2月27日，广州市政府马军副秘书长找我到市政府见面，才知道他们挨了批评，不能支持广东院士联谊会在广州举行广东院士高峰年会。我们的联谊会刚成立，靠广州市政府出资支持，才能举办首届广东院士高峰年会，如果他们撤销支持，我们的联谊会自然就办不下去了。看到马副秘书长为难，我只好耐心解释我们办院士联谊会的意义，是为了广东的发展，为了国家的发展。我的一番话语终于感动了马副秘书长，他答应继续支持，而且还增加办会经费，由原来仅支持20位参会院士的费用增至全体到会院士的费用。我真诚感谢广州市政府领导的支持，才使我们渡过了这一难关。事后，我还得知马兴瑞副书记也曾为这件事主持公道，让我十分感动。

2015年3月28日至30日，在广州市政府支持下，我们在广州市白云国际会议中心主办了首届广东院士高峰年会。3月28日晚，广东省委马兴瑞副书记专程到会看望大家，支持我们的工作。

29日上午举行了年会开幕式，共有70位院士出席。徐德龙副院长代表中国工程院到会祝贺年会召开。他说，广东院士联谊会是产学研合作平台的一种形式，为促进技术链与产业链的对接提供了保障机制，是加强产学研合作的良好平台，是开展院地合作的有效形式。首届广东院士高峰年会召开，标志着双方合作进入常态化阶段。接着，陈云贤副省长代表广东省人民政府致辞。他说，广东院士联谊会是实施创新驱动发展的重要力量，首届广东院士高峰年会的召开，既有助于广东产业的转型升级，也有助于广东进一步落实推动创新驱动战略的实施，更有助于广东科技事业迎来新一轮的春天。然后，广州市陈建华市长代表广州市委、市政府致辞，他说，广东院士联谊会聚集了在粤及国内外粤籍院士的强大力量，是联通创新要素的平台，这一平台必将成为广州实现创新驱动发展战略的重要依托。最后，我代表广东院士联谊会发言。首先，对自广东院士联谊会发起筹备、成立以来，给予关心和帮助的中国科学院、中国工程院、广东省委省政府表示衷心的感谢，对为首届广东院士高峰年会顺利召开给予大力支持的广州市人民政府表示由衷的谢意。党的十八大报告中提出了创新驱动发展的国家战略，广东院士联谊会将致力于团结和凝聚国内外广东籍及在广东工作院士的力量和智慧，并以此平台通过"院士引院士、院士团队"汇聚国内外高端创新要素，更高层面地促进科技与经济结合，更高水平地促进广东科技智库的建设，更高效率地加快本土高端科技人才的培养，为广东创新驱动发展提供有力的科技和人才支撑！这是广东院士联谊会全力打造广东院士高峰年会这一学术品牌活动的目的和意义所在。

开幕式后，我们首先请两院院士、第十一届全国人大常委会副委员长、中国科学院院长路甬祥作《创新设计与中国制造》的特邀报告。接着，请中国工程院院士、中国工程院副院长徐德龙作《治污染降霾工程技术之我见》的特邀报告。然后，请中国工程院院士、华中科技大学原校长李培根作《中国制造2025》的特邀报告。三个报告都很精彩，受到大家的热烈欢迎。

听了大会特邀报告后，还组织院士们参加四个学术分论坛和十多场名企、名校院士行活动，促进院士们的科技成果转化和创新思想的传播，我参加了陈建华市长主持的创新驱动战略咨询会，提出了建议。

2016年，我们得到深圳市委马兴瑞书记的大力支持，在深圳市建立了广东院士联谊会办事处，并于5月24日至26日，在深圳市五洲宾馆召开了第二届广东院士高峰年会，共有72位院士出席。中国工程院徐德龙副院长、广东省蓝佛安副省长、深圳市许勤市长和我在开幕式上先后讲话，然后路甬祥院士作《科技与产业创新的新特色》特邀报告，徐德龙院士作《推进绿色制造建设幸福家国》特邀报告。同时，组织院士们参加12个大项学术活动和42项专项学术活动。我主持了城市垃圾资源化处理技术研讨会，由暨南大学生命与健康研究院副院长刘泽寰教授代表我的院士团队作了《餐厨垃圾联合生物加工技术》学术报告，我们全力推动新一代餐厨垃圾治理技术的研发工作，搭建了一套高度资源化、无害化和减量化的餐厨垃圾联合生物加工新工艺及配套的工业化装备线，为提高城市的环境质量而努力奋斗。

2017年5月12日至14日，得到佛山市人民政府的支持，我们在佛山市中欧中心举办第三届广东院士高峰年会，共有52位院士参加。中央政治局委员、广东省委书记胡春华，中国工程院院长周济院士，广东省省长马兴瑞，国家知识产权局局长申长雨院士，中国科学院副院长张涛院士，国家自然科学基金委员会副主任姚建年院士，广东省委秘书长江凌，广东省副省长袁宝成，省政府秘书长李锋，中国科学院学部工作局局长李婷，香港中联办教科部部长李鲁等领导接见了邬贺铨会长和我们。胡春华书记称赞广东院士联谊会团结和凝聚院士们的智慧与力量，在汇聚国内外高端创新要素、提升广东自主创新能力方面发挥了积极作用。中国工程院周济院长指出，广东院士联谊会是产学研合作的重要平台，开创了院地合作的新模式，是开展院地合作的有效形式。中国工程院积极支持建设好这个平台。广东省马兴瑞省长认为，广东院士联谊会对地方政府，对地方经济发展，特别是对科技创新驱动、人才培养非常有帮助。

中国科学院张涛副院长表示，广东院士联谊会是院士群体发挥战略咨询作用的一个重要方式。

第三届广东院士高峰年会以佛山打造面向全球的国家制造业创新中心为切入点，以"开放引领、创新驱动、智造未来"为主题。先由周济院长和申长雨局长分别作《智能制造：新一轮工业革命的核心技术》和《知识产权与创新》特邀报告，然后，组织了"问计院士咨询会"等12个大项、42场专项活动。

5月12日下午，召开了"问计院士——佛山市打造面向全球的国家制造业创新中心"咨询会。佛山市朱伟市长讲话后，我发言，介绍了我们的餐厨垃圾治理新技术，零污染、零排放、资源化，已经中试结束，正在进行产业化推广。佛山一天产生垃圾8000吨，建议应用我们的技术进行治理。

鉴于原定的名称不能适应新的形势，我们向广东省民政厅申请更改团体名称，于2018年2月13日得到批准，将广东院士联谊会变更为广东院士联合会。

2018年5月27日，全国两院院士大会召开前夕，广东院士联合会第二次会员大会在北京会议中心会议楼举行，120多位院士参加。会议审议了《广东院士联合会理事会工作报告》《广东院士联合会理事会财务报告》《广东院士联合会章程（修正案）》，并选举产生第二届领导机构，我被大家选为会长。

中国工程院周济院长、中国工程院党组书记李晓红、广东省副省长黄宁生、中国工程院三局易健局长、三局高战军副局长、广东省组织部郑庆顺副部长、广东省民政厅王长胜巡视员、广东省科技厅杨军副厅长等院省及相关部门领导出席了大会。

李晓红书记在致辞时，高度评价了广东院士联合会取得的成绩和发挥的作用，并说，广东院士联合会会员有230多人，占中国科学院和中国工程院院士总人数1500多人的1/6，可见对院士的吸引力特别大。

黄宁生副省长在讲话时，也盛赞广东院士联合会几年来的杰出表现，为院士们在广东创新创业提供了一个重要平台，发挥了积极的不可替代的作用。

我作为会长也在会上讲话，首先感谢院士们对我的信任，感谢中国工程院和中国科学院、广东省委和省政府对我们的关心与帮助，感谢胡春华副总理、马兴瑞省长、周济院长、李晓红书记、陈云贤副省长、黄宁生副省长一直以来对我们的支持。然后谈了今后的重点工作，是要面对广东经济发展的大好形势，助力院士重大科技成果转化，要努力在粤港澳大湾区和广深科技创新走廊建设中有所作为，要努力在院士之家建设中有更大的作为。

2018年11月1日至3日，应东莞市人民政府邀请，我们在东莞市会展国际酒店举办第四届广东院士高峰年会，共有61位院士、103位高端科技人才、30余位省、市、企事业单位负责人，共2000多名代表参加院士峰会相关活动，内容十分丰富。

2018年11月，在东莞市主办2018年粤港澳大湾区院士峰会暨第四届广东院士高峰年会。前排左11起为邬贺铨、王佛松、马兴瑞、周济、邹铭、何镜堂、黄宁生、刘人怀

广东省省长马兴瑞，中国工程院原院长周济，中国科学院原副院长王佛松，中共广东省委常委、组织部长邹铭，广东省副省长黄

宁生，省政府秘书长张虎，中国科学院学部工作局局长李婷，省科技厅厅长王瑞军，省科协党组书记郑庆顺等领导出席了开幕式。

开幕式上，马兴瑞省长讲话，院士峰会以"拥抱新时代，抢抓新机遇，激发新动能"为主题，汇集了61位院士、100多名高端科技人才，共商科技创新成果转化、产业发展大计，必将对广东省创新发展起到重要的促进作用。

我在开幕式上致辞强调，本次峰会在往届的基础上有了进一步提升，特别是首次同期举办粤港澳大湾区院士峰会，将广东院士高峰年会融合到粤港澳大湾区战略发展中，将院士峰会的影响力辐射到粤港澳大湾区学术界、科技界、产业界，切实办成了一届具有新时代粤港澳大湾区鲜明特色的高端科技盛会。

接着，我和东莞市委副书记、市长肖亚非签署了广东院士联合会和东莞市人民政府的战略合作协议，双方将聚焦东莞，全面推进国家创新型城市建设，加快实现城市发展由要素驱动向创新驱动全面转变，打造粤港澳大湾区先进制造业中心，建立长效合作机制，在引进和培养高端科技人才、重大科技成果转化、关键核心技术攻关等方面开展合作，助力东莞实施创新驱动的发展。截至2018年底，广东院士联合会已经与广州、深圳、佛山、东莞、梅州等地建立了战略合作关系。

随后，周济院士、邬贺铨院士、松山湖材料实验室主任汪卫华院士、香港中文大学段崇智校长和百度研究院王海峰院长分别作了《新一代智能制造》《5G赋能智联汽车》《松山湖材料实验室的使命》《再生医学未来发展》《人工智能助力实体经济发展》特邀报告，报告内容十分丰富，受到大家热烈欢迎。

2日下午，我在东莞松山湖实验中学为学生们作《创新路上的感想》报告。晚上又在东莞理工学院松山湖校区，先种了一棵友谊桂花树，然后给学生们作《创新无止境、阔步新征程》报告，两次报告都是讲我一生做创新的经历和体会，供同学们借鉴。

2019年11月27日至29日，应东莞市人民政府盛情邀请，我们在东莞市继续举办"2019年粤港澳大湾区院士峰会暨第五届广东院士高峰年会"，有58位院士、208位高端科技人才和30多位国家部委、省、市以及相关企事业领导，总共5000多名代表出席了年会有关活动。

国家功勋奖获得者黄旭华等6位广东籍"90后"院士发来祝福视频，盛赞院士高峰年会："这是大湾区的，更是世界的；这是院士的，这是全体科学家的，更是政产学研共同参与的科技盛会、人才盛会、学术盛会。"本届院士高峰年会以"智领新时代，智慧大湾区"为主题，开展了七大板块14个大项50场专项活动。

中国工程院原院长周济，中共广东省委常委、组织部部长张义珍，广东省副省长覃伟中，中国科学院原副院长王佛松，中国工程院原常务副院长潘云鹤，中国工程院原副院长邬贺铨，东莞市委书记、市人大常委会主任梁维东，东莞市长肖亚非，东莞市委常委、组织部部长郑林，东莞市委常委、副市长白涛，东莞市副市长刘炜，东莞市政府党组成员陈仲球，东莞市委秘书长吴志刚等出席了开幕式。

首先，梁维东书记在欢迎词中表示，很幸运争取到从2018年起，连续三年的院士高峰年会都在东莞举办，我们将充分发挥广东院士联合会广泛密切联系院士的优势，全力支持联合会在东莞开展工作，为广大院士在东莞创新创业提供更好的服务保障。接着，邬贺铨原会长致开幕词，周济原院长致祝词。周济指出，广东院士联合会有力地团结和凝聚了一批国内外广东籍和在广东工作或与广东有合作的院士专家，是支撑广东高质量发展和粤港澳大湾区建设的重要力量。

开幕式后，举行了大会特邀报告会。周济院士、潘云鹤院士、王坚院士和腾讯马斌副总裁分别作了题为《以智能制造为主攻方向加快建设制造强国》《我国工业经济智能化的模型分析》《5G时代技术体系的几点思考》《AI+5G助力产业互联网数字化转型升级》的大会特邀报告，受到大家热烈欢迎。

我虽然组织了这届院士高峰年会，不幸的是，大会期间患病住院，未能亲自到场，至为遗憾。

翌年11月2日至4日，在疫情防控期间，我们采用严格管理方式，在东莞市松山湖凯悦酒店举办了"2020年粤港澳院士峰会暨第六届广东院士高峰年会"，57位院士参加了大会，开展了七大板块13个专项活动。大会主题为"科学引领，跨界创新，融合发展"，广东省王曦副省长在2日晚专门到会看望大家。

在开幕式上，东莞市市长肖亚非先致欢迎词。接着，我代表广东院士联合会致开幕词。我说，广东院士联合会是全国唯一的由我们院士自主发起、由院士自愿组成的科技社团。成立以来，我们一直坚守初心，充分发挥社会组织优势，用心用情团结和凝聚广大在粤工作及在外工作粤籍院士的力量，不断拓展广东的高端创新资源。截至目前，我们会员院士已经达到278名。我们坚持面向全省、服务大湾区，协助院士团队重大科技成果对接产业资源和资本，推动成果落地粤港澳大湾区转化，努力做好决策咨询、技术对接、成果转化、学术交流、人才培养之事。这次，57位院士、超百位高端科技人才汇聚松山湖科技城，就是突出大湾区综合性国家科学中心先行启动区建设。我们相信，广东院士联合会一定能够为高水平建设粤港澳大湾区国际科技创新中心，为打造国家科技产业创新中心和科技创新强省，为实现中华民族伟大复兴的中国梦做出更多更大的贡献。

开幕式后，举行特邀报告会。王恩哥院士、杨宝峰院士、美国国家工程院孙勇奎院士和香港中文大学（深圳）讲座教授郑永年分别作了题为《科技创新和产业革命》《创新与转化》和《新药究竟是从哪来的？》《深度开放，建设大湾区世界科技大平台》的特邀报告，受到大家热烈欢迎。

接着，我出席东莞理工学院战略研讨会，听取马宏伟校长的汇报，参与该校发展战略研讨。然后，参加广东院士联合会东莞中心揭牌仪式。最后，去东莞垃圾处理公司参观考察，向他们介绍了我们团队治理餐厨垃圾的新技术，他们表示出很大的兴趣。

回顾广东院士联合会成立6年多来，会员增加了170名，达到278名，密切联络院士超过500位。联合会拜会院士308人次，接待莅粤院士625人次，为院士送出生日祝福、节日问候2980人次，探望重病院士35人次。结合加快本土高端科技人才培养，联合会服务延伸至院士团队，核心成员1308人，其中南粤百杰21人。

2021年1月7日，我和广东省人民医院余学清院长签署了《院士专家医疗保障合作备忘录》，为广东院士联合会281名院士会员及其配偶在广州就诊看病带来方便。

院士峰会成功举办六届活动，有1万多名来自政产学研金代表出席，签约合作26项。第十一届全国人大常委会副委员长、中国科学院原院长路甬祥，中央政治局委员、广东省委书记胡春华，中国工程院原院长周济、广东省省长马兴瑞、国家知识产权局局长申长雨院士等领导出席或多次出席院士峰会。胡春华书记说，"广东院士联合会连续举办三届院士高峰年会，团结和凝聚院士们的智慧和力量，在汇聚国内外高端创新要素，提升广东自主创新能力方面发挥了积极作用"，路甬祥院长称赞说，"安排紧凑，效率高，效果不错"，马兴瑞省长指出，"院士峰会对地方政府来讲非常有帮助"。

广东院士联合会作为广东科技智库，为广东的发展积极献计献策，提供建议，根据广州市需求，组织了"问计院士——广州市'十三五'科技发展规划咨询会"，邀请了23位院士专家开展咨询，凝练了13条建设性意见，其中有8条被采纳；根据佛山市需求，组织了"问计院士——佛山市打造面向全球的国家制造业创新中心咨询会",29位院士参与咨询,提出了"制造业创新中心需夯实制造业科学中心、工程中心、管理中心等基础性支撑力量"等一系列建议,得到了佛山市委、市政府的高度重视。"问计院士"也得到了胡春华书记的高度评价:"这个品牌应该作为广东院士联合会的第一品牌。"

另外,联合会还承接了广汕铁路汕尾区间选线方案研究、梅州市创新发展战略咨询、广东储能产业发展可行性评估、深圳坪山生物医药产业发展战略咨询等课题。同时,还积极配合完成了院士承担的转基因动物制药产业化战略研究、低维度人工微结构及其界面和表面科学学科发展战略等战略咨询课题在广东的调研、咨询及会务安排。

联合会与广州、深圳、佛山、东莞、梅州等城市签署战略合作协议。基于深圳市委、市政府给予联合会的特别帮助,联合会扎根深圳,聚焦深港科技、人才合作,先后成功举办了粤港澳科技成果转化研讨会、深港院士专家座谈会,有效地凝聚了深港院士的智慧和力量。基于广州市委、市政府对联合会的信任,以中国创新成果交易会为平台,举办了中国工程院2017医学前沿论坛·花城科技论坛暨生物医药峰会、花城科技论坛暨国际建筑师峰会、广东院士团队科技成果展。6年来,组织了院士专家广州行、深圳行、中山行、佛山行、东莞行、粤东粤西行,从1036家企业梳理了122个企事业单位技术、人才需求,走进企业、高校73场次,261个院士团队参加,共促成了68个院士团队与广东企事业单位开展合作。

联合会为院士科技成果转化努力铺设前进之路,与松禾资本、粤科金融、华汇资本、院联科创、中创孵化器、哲力知识产权、碧桂园、佳兆业、天安数码等技术转移服务、投资机构建立了战略合作关系。梳理了81项创新领先性强、产业化前景明确的重大科技成果，并进行协助推进。例如，使曾溢滔院士"转基因动物制药产业化项目"落地转化，协助唐本忠院士AIE荧光材料项目在深圳注册了公司——深圳艾伊金生物科技有限公司。

广东院士联合会成立6年来，得到了周济院长、马兴瑞省长的关怀和帮助，我们才从筚路蓝缕，终于走上了正常发展的轨道。同时，秘书长卢育辉同志十分尽责，带领联合会秘书处的同志们努力工作。在2016年度的广东省社会组织评选表彰中，广东院士联合会获评"高成长性社会组织"。

第三节　湾区联盟

广东的中心地区是珠江三角洲,属于粤港澳大湾区,既是地理中心,更是经济和社会的中心。香港和澳门在20世纪末回归祖国之后,粤港澳联系更加紧密,为全面贯彻习近平新时代中国特色社会主义思想,深入贯彻中共中央、国务院2019年2月文件《粤港澳大湾区发展规划纲要》精神,我们广东院士联合会一直期待加强粤港澳院士专家交流合作,打造粤港澳院士专家联动的特色科技智库,以促进院士专家科技成果转化、高端科技人才培养,加快建设粤港

2019年4月21日,在广州市南沙区喜来登酒店举行粤港澳院士专家创新创业联盟成立大会,前排右7为任咏华(香港),右9为刘人怀,二排左5为刘良(澳门)

澳国际一流湾区。香港澳门的院士专家也与我们一样，期望建立粤港澳院士专家联盟，于是在2018年12月成立了联盟的筹备组。2019年3月，筹备组拜会了香港中联办和澳门中联办领导，汇报联盟筹备情况，得到领导大力支持。同时，专门向中国科学院、中国工程院、广东省人民政府有关部门作了汇报，得到了广泛支持。

2019年4月21日，在广州市南沙区喜来登酒店举行了粤港澳院士专家创新创业联盟第一次主席团会议，出席会议的包括中国科学院院士5人，其中香港院士2人；中国工程院院士5人，英国皇家工程院院士1人、俄罗斯工程院院士1人，广东专家12人，香港专家5人，澳门专家2人。先由筹备组作工作报告，然后通过《粤港澳院士专家创新创业联盟章程》，最后选举领导班子成员。会议一致推选我和任咏华（中国科学院院士、香港大学教授）、刘良（澳门科技大学校长）为联盟主席。另外，还选举了8位副主席。

来自以下发起单位的负责人为主席团成员：中国科学院广州分院、广东省科学院、中山大学、华南理工大学、暨南大学、华南农业大学、广东工业大学、广东药科大学、南方科技大学、南方医科大学、深圳大学、广东省人民医院、广东院士联合会。

然后，举行粤港澳院士专家创新创业联盟成立大会。广东省委常委、广州市委书记张硕辅，广东省科协党组书记、副主席郑庆顺，中国工程院三局副局长高占军，广东省科技厅副厅长杨军，香港中联办教科部副巡视员刘志明，澳门中联办经济部副部长徐俊，广州市委常委、秘书长潘建国，广州市委常委、南沙区委书记蔡朝林，南沙区区长董可参加了大会。

首先，由张硕辅书记向我们三位联盟主席颁发证书。然后，他在致辞中强调，联盟不同于技术创新联盟，也不同于产业联盟，而是人才单位的联盟，是支撑院士专家创新创业的联盟，助力院士专家科技成果转化的联盟。希望联盟推动粤港澳科技及产业深化合作，推动更多的重大科技成果在广州落地和转化。热切期盼院士专家多到广州考察交流合作，共享大湾区建设重大机遇，共创美好明天。

接着，郑庆顺书记讲话，指出成立粤港澳专家创新创业联盟，将汇聚更多的机构资源，有利于深化粤港澳科技及产业合作，推动更多院士专家重大科技成果在粤港澳大湾区落地转化，助力粤港澳成为国际科技创新中心和国际一流湾区。

最后，我作为联盟主席致辞。首先，代表联盟感谢中国科学院、中国工程院、广东省委省政府、中央人民政府驻香港特别行政区联络办公室和中央人民政府驻澳门特别行政区联络办公室对联盟成立的大力支持。然后强调联盟成立的必要性，我们的联盟是跨区域、跨单位的联盟，有利于充分发挥三地的地缘人缘优势，协同粤港澳政产学研金力量，搭建院士专家重大科技成果转移、转化合作的大平台，加快建设粤港澳大湾区国际科技创新中心，共建广深港澳科技创新走廊，携手港澳建设国际一流湾区。

8月20日，在广州市香格里拉大酒店召开了粤港澳院士专家创新创业联盟第一届第一次主席办公会，审议联盟未来三年规划、2019年重点工作规划。会议同意联盟与广东院士联合会合作，每年原定召开的广东院士高峰年会改名为"粤港澳大湾区院士峰会暨广东院士高峰年会"。11月27日至29日，在东莞市举办了"2019年粤港澳大湾区院士峰会暨第五届广东院士高峰年会"。次年11月2日至4日，尽管是在疫情防控期间，我们采取严格管理方式，仍然在东莞市成功举办了"2020年粤港澳大湾区院士峰会暨广东院士高峰年会"。

附录 一
大事年表

1940 年

7月20日，出生于四川省新繁县繁江镇（现为四川省成都市新都区新繁街道）。

1944 年

9月，入新繁县繁江镇第二小学读书。

1945 年

3月，转至新繁县繁江镇第一小学读书。因患眼疾，休学半年。

1946 年

秋天，因患病，再休学近一年。

1947 年

获四川省新繁县小学竞考优胜奖。

1948 年

再次获四川省新繁县小学竞考优胜奖。

1951 年

被选为新繁县繁江镇第一小学学生会副主席。

1952 年

7月，小学毕业，考入新繁第一初级中学读书。

12月9日，加入中国少年儿童队（1953年改名为中国少年先锋队）。

1953 年

学校授予优秀生称号。

被选为四川省八一建军节慰问荣誉军人代表团成员，在省长带领下慰问荣誉军人。

1954 年

被选为学校少先队大队长。

再次被选为四川省八一建军节慰问荣誉军人代表团成员，在省长带领下慰问荣誉军人。

1955年

初中毕业，考入温江中学留苏预备班。

1956年

11月13日，加入中国新民主主义青年团（后改名为中国共产主义青年团）。

1957年

被选为班长。

1958年

高中毕业，考入兰州大学数学系数学专业。

参加兰州大学有关国家"581工程"（即中国第一颗东方红人造地球卫星项目）的研制小组，任组长。

1959年

3月13日，加入中国共产党。

国庆十周年，获学校共青团委员会"兰州大学红专旗手"称号。

1960年

获学校党委和校务委员会"兰州大学一九六〇年先进工作者"称号。

任党小组长，负责数学力学系58级和59级学生工作。

带领全班60名同学到陇西县文峰人民公社推广华罗庚先生的优选法。

9月，转入固体力学专业第一班读书。

任政治辅导员、负责数学力学系60级学生工作。

1961年

被选为兰州大学学生会主席，并任兰州大学校务委员会委员。

1962年

进行毕业论文《球面扁薄圆壳的稳定性问题》研究工作，指导老师为叶开沅先生。

任兰州地区大学生纪念"一二·九"学生运动大会主席。

获"兰州大学优秀学生"称号。

1963年

在北京中国建筑科学研究院结构研究室实习,导师是著名建筑工程大师何广乾先生。

大学毕业,留校在数学力学系力学教研室任教,任叶开沅先生助手。

负责"板壳理论"课程辅导工作。

担任63级力学专业的政治辅导员。

到清华大学照澜院16号拜访钱伟长先生,聆听教诲。

到兰州135厂调研,接受研制被我国击落的美国P2V低空侦察机高度表的核心元件——波纹膜片的任务。

1964年

编写"扁壳理论"讲义,为60级同学讲课。

1965年

在国内顶级学术期刊《科学通报》第2期和第3期连续发表论文3篇:《在对称线布载荷作用下的圆底扁薄球壳的非线性稳定问题》《圆底扁薄球壳在边缘力矩作用下的非线性稳定问题》《在内边缘均布力矩作用下中心开孔圆底扁球壳的非线性稳定问题》。

任定西县葛家岔公社葛家岔大队农村社教工作队领导小组成员和岘口梁生产队农村社教工作组组长。

1966年

任榆中县马坡公社农村社教工作队办公室机要秘书、工作队共青团团委书记和工作队机关共青团支部书记。

6月,"文化大革命"开始,被批斗为"反革命修正主义苗子",关入"牛鬼蛇神棚"长达两个月之久,随后获平反。

1967年

与甘肃省中医院诸凤鸣医生结婚,后有两个男孩,刘昊和刘泽寰。

1968年

编写"弹性力学"讲义,为63级力学专业学生授课。

到泾川县黑河公社马槽生产队当农民。

1969年

到黑河公社兰州大学五七干部营任秘书。

在兰州汽车修配厂当工人。

接受校军宣队命令,前往兰州石油化工机器厂二分厂,为试制产品进行科研。

1970年

完成"'9091'产品封头内接管间焊缝的应力计算"、"尿素合成塔底部球形封头开孔的应力计算"、"高压聚乙烯反应器径向开孔的应力计算"、"换热分离氨组合设备中水冷却气管板的应力计算"和"换热分离氨组合设备三角垫密封圈的近似计算"等课题,分别为我国第一台生产航空煤油和润滑油的铂重整装置反应器、第一台大型尿素合成塔、第一台最高压力(2300大气压力)高压聚乙烯反应器和第一台换热分离氨组合设备试制成功提供了依据。

1971年

到兰州大学一条山农场劳动。

患病住院治疗,前后一年之久。

1972年

参加在兰州举行的全国换热器技术经验交流会,经过申辩,保护了"高压固定式热交换器厚管板弯曲理论"成果。

1973年

论文《高压固定式热交换器管板的应力计算——复变元圆柱函数的应用》发表在《数学的实践与认识》第1期。

兰州大学出版《科技专刊》，专门发表在兰州石油化工机器厂完成的3篇论文。

1974年

编写"材料力学"讲义，为72级力学专业学生授课。

继续为兰州石油化工机器厂服务，完成"加氢反应器双锥面密封中螺栓的受力分析"课题，为我国第一台大型加氢反应器试制成功提供了依据。

1975年

完成"加氢反应器顶部厚壁球形封头大孔边缘的应力分析"课题，使我国第一台大型加氢反应器试制成功。

完成"500万吨/年常减压装置减压塔的截头圆锥壳的稳定性和下端部分壳体的应力分析"课题，为我国最大的洛阳炼油厂的减压塔试制提供了依据。

1976年

编写"板壳力学"讲义，为73级力学专业学生授课。

1977年

完成铁道部兰州第一设计院的"中国最高铁路大桥——陕西白水河铁路大桥近百米高桥墩的强度和刚度计算"课题，为白水河大桥的建成提供了依据。

完成"双层套箍式厚壁压力容器环沟部位的应力状态"课题，为我国第一台大型加氢反应器试制成功提供了依据。

1978年

3月，受邀调入中国科学技术大学近代力学系飞行器结构力学教研室任教，校长是郭沫若先生，系主任是钱学森先生。

到校后几天，临时奉命要求讲授"数理方程"课程，助学校渡过难关，受到《中国科学院简报》通报表扬。

经过14年多的压制后，论文《波纹圆板的特征关系式》终于在

"文革"后恢复的《力学学报》第1期发表。接着，受邀到上海参加第五届全国仪器仪表弹性元件学术会议作特邀报告，论文被评价"达到了国际水平"。

升任讲师，并被选为教研室副主任。

1979年

《中国科学院简报》第64期发文《中国科技大学讲师刘人怀在基础理论研究方面取得新成果》，通报全院表彰。国务院副总理方毅亲笔批示"应予表扬"。

任《应用数学和力学》（中、英文版）编委。

1980年

升任副教授。

1981年

作为西德洪堡基金会挑选的中国首批8名洪堡学者之一，前往西德留学。行前，中国科学院钱三强副院长专门接见，给予鼓励。

3月，先到西德哥廷根市歌德学院分校学习德语。8月，到波鸿市鲁尔大学结构工程研究所任客座教授，所长是著名力学家策纳教授。

1982年

专程到特里尔市和巴尔门市拜谒伟大导师马克思和恩格斯的故居。

在波恩市西德总统官邸受到卡斯滕斯总统接见，次日西德《总报》刊载总统接见的大幅照片。

在中国驻西德大使馆受到中国科学院卢嘉锡院长（后任全国人大常委会副委员长）和著名数学家吴文俊先生的亲切接见。

波鸿市鲁尔大学中国同学联合会成立，被选为首任会长。

受邀前往希腊亚里士多德大学讲学。著名力学家帕纳格奥托朴洛斯教授高度赞扬学术报告："这些工作能够体现当代国际板壳理论领域里科学工作现状的最高水平"。

鲁尔大学伊普森校长专门宴请，表扬为鲁尔大学做了有益的事。学校负责外事工作的热赫女士代表学校正式邀请留在鲁尔大学任教，予以婉谢。

台湾地区派人邀请赴台工作，当场拒绝，并立即向中国驻西德大使馆汇报。

"弹性元件的理论研究"成果获中国科学院重大科技成果奖二等奖。

1983年

以鲁尔大学中国同学联合会名义，主持春节庆祝活动，邀请校长、教授等近100人出席，表达中国留学生的谢意。次日，《鲁尔消息报》专门报道、赞扬。

在鲁尔大学工作期间，共完成5篇英文论文，随后陆续发表。

英文论文《双层金属旋转扁壳的非线性热稳定问题》发表在国际非线性力学顶级期刊 International Journal of Non-Linear Mechanics（《国际非线性力学学报》）1983年18卷5期。美国科学院院士、《国际非线性力学学报》主编纳什教授评价："是原创新成果"，使用的"修正迭代法"是"优美的数学方法"。

4月，告别西德，返回祖国。

1984年

英文论文《中心载荷作用下波纹圆板的大挠度问题》发表在英文国际期刊《国际非线性力学学报》1984年19卷5期。

英文论文《具有平面边缘区域的波纹圆板的大挠度问题》发表在国际固体力学权威期刊 Solid Mechanics Archives（《固体力学汇刊》）1984年9卷4期。此论文被《固体力学汇刊》列为该刊十年来发表的最优秀论文之一。

论文《波纹环形板的非线性弯曲》发表在我国顶级学术期刊《中国科学》A辑（中文版）1984年第3期和（英文版）1984年第6期。

论文《在复合载荷作用下波纹环形板的非线性弯曲》发表在《中

国科学》A辑（中文版）1984年第6期和（英文版）1985年第9期。

任中国科学技术大学学术委员会委员。

受安徽省杨纪珂副省长的邀请，受聘为省长顾问，并兼任安徽省政府新办的远东工程咨询公司的副总经理（后兼任总经理）。向省政府提出黄山旅游规划等建议，并参与规划研讨。

1985年

升任教授，任近代力学副系主任和《中国科学技术大学学报》副主编。被选为安徽省力学学会首届副理事长，接着任代理事长。任《应用数学和力学》中英文版常务编委，珠海市人民政府咨询委员。

到上海参加国际非线性力学大会，作大会报告《在均布荷载和中心集中荷载联合作用下波纹圆板的非线性弯曲》。

学校授予"中国科学技术大学先进工作者"称号。

1986年

2月，受钱伟长先生邀请，前往上海工业大学及上海市应用数学和力学研究所工作。继续兼任中国科学技术大学教授。在研究所内，任钱伟长先生助手，指导力学博士生，承担国家"七五"科技攻关第51项子课题"波纹管与膜片设计"。

5月，在市中心恒丰路创办上海工业大学经济管理学院，任首任院长，并兼任预测咨询研究所所长。

6月，任上海工业大学副校长，分管研究生教育工作，一年后又增加后勤和基建管理工作。

在安徽九华山举行第三届华东固体力学学术讨论会，任大会主席。

完成中国石化总公司北京设计院课题"新型储油罐网格顶盖的设计计算"。

"波纹圆板和双金属扁壳的非线性弯曲理论"成果获中国科学院科技进步奖三等奖。

1987年

中华人民共和国李先念主席在上海视察,受到接见。

被选为上海市力学学会常务理事。创办上海旅游工程学会,任首任会长。

全国近代数学和力学讨论会在上海举行,任执行主席。

承担上海市科委重大科研项目"浦东新区建设工程"。作为顾问,参与完成上海市科委项目"崇明县2000年经济、科技、社会发展战略规划研究"。

英文论文《对称线布载荷作用下夹层圆板的非线性弯曲》发表在英文国际著作 Progress in Applied Mechanics（《应用力学进展》）,荷兰马提勒斯·尼霍夫出版社出版。

文章《有效利用外资 扩大对外开放》发表在《国际商务研究》第6期。

1988年

上海市朱镕基市长（后任国务院总理）来校看望钱伟长先生,陪同接待。

被选为上海高校管理学院院长联谊会首任会长、上海市总工程师联谊会首任会长、上海市技术经济和管理现代化研究会副理事长、中国行为科学学会创办的中国公共关系专业委员会首届副主任和中国仪器仪表行业协会传感器分会首届理事会常务理事等,任《上海力学》副主编。

承担上海旅游事业管理局科研项目"上海旅游交通研究"。

9月,受著名复合材料力学家贾春元邀请,前往加拿大卡尔加里大学土木工程系,任访问科学家,承担加拿大国家科学基金课题"复合材料层合扁球壳在均布载荷作用下的非线性稳定分析",后来完成的论文《考虑横向剪切的对称层合圆柱正交异性扁球壳的非线性稳定问题》,发表在《中国科学》A辑（中文版）1991年第7期和

（英文版）1992年第6期。11月底，提前完成任务，返回祖国。

1989年

任《仪表技术与传感器》编委会副主任，被选为上海市旅游教育研究会副会长。承担上海市对外经济贸易委员会科研项目"上海华亭集团旅游宾馆摆脱当前困境的对策研究"。

英文论文《波纹圆板的非线性弯曲和振动》发表在英文国际期刊《国际非线性力学学报》1989年第3期，英文论文《轴对称分布载荷作用下开顶扁球壳的非线性稳定问题》发表在英文国际期刊《固体力学汇刊》1989年第2期。

"板壳非线性问题的理论与计算"成果获国家教育委员会科技进步奖二等奖。

获国务院侨务办公室和中华全国归国华侨联合会的"全国优秀归侨、侨眷知识分子"称号以及上海市精神文明建设活动委员会、中共上海市委宣传部、上海市妇女联合会的"上海市五好家庭"表彰（上海市闸北区仅有一户）。

1990年

任国务院第四批博士生导师，被选为中国力学学会理事、上海市旅游协会（学会）首届副会长。

专著《板壳力学》和《工业企业管理岗位要素设计》由机械工业出版社出版。

文章《上海旅游交通的症结与对策研究》发表在《旅游学刊》第2期。

获人事部"国家有突出贡献中青年专家"称号，英国国际人物传记中心国际荣誉奖和国际学者名人奖。

1991年

到加拿大多伦多出席第十八届世界名人会议。

受邀到京接受国务院侨务办公室廖晖主任（后任全国政协副主

席）召见，接受邀请前往暨南大学工作。8月27日，任暨南大学校副校长。因病住院，迟至11月27日才到任，分管行政、档案、外事和图书馆，联系经济学院。年底，又被选为学校工会主席。

被选为中国仪器仪表学会仪表元件学会理事长，任南京航空航天大学兼职教授，承担国家自然科学基金项目"复合材料板壳的非线性理论和计算"。

英文论文《计及高阶影响的复合材料矩形板非线性弯曲的简化理论》和《方形网格扁球壳的非线性稳定理论》发表在英文国际期刊《国际非线性力学学报》1991年第5期。论文《夹层矩形板的非线性振动》发表在《中国科学》A辑（中文版）1991年第10期和（英文版）1992年第4期。

主编著作《旅游工程原理与实践》由上海百家出版社出版。

获国务院政府特殊津贴，美国传记协会的国际终身杰出成就金像奖和国际杰出导师奖。

1992年

帮助暨南大学企管系申报工商管理专业硕士学位点（MBA），得到批准。

增加分管工作：后勤和基建，并负责深圳旅游学院的筹建。

被选为广东省力学学会副理事长、广东省复合材料学会副理事长、广东省高校价值工程研究会会长，任同济大学兼职教授。

获上海市总工会、《新民晚报》、上海电视台二台、《现代家庭》杂志社授予的"上海十佳现代好丈夫"称号。专著《板壳力学》获机械工业出版社优秀图书一等奖。

1993年

鉴于群众意见，校领导重新分工，分管本科、专科、成人教育、预科、研究生理工医科、政治理论课和德育课的教学管理工作及教务处、体育部、外事处、电教中心、现代管理中心、综合档案室。参加筹办旅游学院和华文学院，联系经济学院。

任兰州大学兼职教授，被选为兰州大学校友总会副会长。

经国务院侨办批准，成立暨南大学数学力学研究所，任所长。

年底，接受德国洪堡基金会盛情邀请，以高级洪堡学者身份再赴德国鲁尔大学静动力学研究所从事科研工作，承担洪堡基金会课题"复合材料层合扁壳的非线性稳定与振动问题"。

英文论文《复合载荷作用下具有刚性中心和光滑边缘的波纹环形板的非线性弯曲》发表在英文国际刊物《国际非线性力学学报》1993年第3期。专著《夹层壳非线性理论》由机械工业出版社出版。

1994年

在德国期间，完成两篇英文论文：《考虑剪切影响的对称层合圆柱正交异性扁锥壳的非线性屈曲》《考虑剪切影响的对称层合圆柱正交异性开顶扁球壳在均布压力作用下的非线性屈曲》，都发表在英文国际期刊《国际非线性力学学报》1996年第1期。

3月底，完成任务，提前返回祖国。

8月，带领校学生运动队前往济南，参加第三届全国大学生田径锦标赛。仅开幕式后半天比赛便获得了5枚金牌。经受磨难，受到国家教委关怀，次年5月批准我校为全国53所试办高水平运动队的大学。

受饶芃子副校长委托，前往国务院侨办和国家教委申报暨南大学中文系，成为全国第一批国家文科基础学科人才培养和科学研究基地。虽有波折，但最终申请获得通过。

上述两件事情的成功，是暨南大学国家教委重点学科零的突破。

被选为中国力学学会常务理事和中国复合材料学会理事，任西南交通大学兼职教授。

"夹层板壳的非线性理论与计算"成果获国务院侨务办公室第一届科技进步奖一等奖。

1995年

12月28日，任暨南大学校长。

英文论文《边缘均布力矩作用下圆底夹层扁球壳的非线性屈曲》和《夹层扁锥壳的非线性振动》先后发表在英文国际期刊《国际非线性力学学报》1995年第1期和第2期。

专著《夹层壳非线性理论》获机械工业出版社优秀图书一等奖。

1996年

2月，兼任暨南大学董事会副董事长、秘书长。

前往国家教委拜会领导，正式提出暨南大学成为"211工程"重点大学的申请。经过艰辛努力，终于同意申请。回校后立即召开全校教职工大会，要求大家全力以赴，迎接"211"工程预审。6月14日，国家"211工程"专家组予以通过，学校成为"211工程"重点大学。

6月15日，暨南大学90周年校庆，双喜临门！

党和国家领导人江泽民总书记、李鹏总理、乔石委员长、李瑞环政协主席等领导纷纷亲赐墨宝祝贺，钱伟长政协副主席、廖晖主任、卢瑞华省长还亲自到校庆贺。

年底，被选为校党委书记，又任广东省科技协会副主席。

"全面深化教学改革，严格教学管理，促进校风、教风、学风建设"成果获广东省教育教学成果奖一等奖。

广东省教育工会授予"优秀职工之友"称号。

1997年

向国务院侨办和广东省教育厅的暨南大学"211工程"立项可行性论证专家组汇报7个建设项目立项事宜，获得批准。学校投入1.96亿元，正式启动"九五""211工程"建设。

为解决学校医学院办学困难，得到深圳市政府批准，使深圳市人民医院成为我校第二附属医院，开创大学和地方联合办医的先河。

接着，又将珠海市人民医院、广州市红十字会医院、清远市人民医院、江门市五邑中医院、深圳华侨城医院和深圳市眼科医院建成学校的附属医院。

应邀参加广州市委市政府召开的"广州市领导与穗港澳地区12所高校校长恳谈会"，发言题目为《实施城市管理系统工程建设，开创广州可持续发展新格局》，被林树森市长（后任贵州省省长）评价为"会议最好的发言，非常有启发，非常有针对性"。

年底，参加中国赴葡萄牙大学校长代表团去里斯本访问，受到桑帕约总统的热情接待，友好交谈。

被选为中国海外交流协会常务理事和广东省海外交流协会副会长。

承担学校"211工程"重点学科子课题"传感器的理论研究与应用"和辽河石油勘探局课题"大直径扩孔钻头受力分析及计算机模拟研究"。

3篇英文论文《夹层壳的非线性理论：Ⅰ中厚度壳的精确运动学》《夹层壳的非线性理论：Ⅱ近似理论》《具有边缘大波纹的波纹环形板的非线性弯曲》，发表在英文国际期刊 Applied Mechanics and Engineering（《应用力学和工程》）1997年第2期。英文论文《考虑横向剪切的对称层合直线型正交异性椭圆板的大挠度弯曲》发表在英文国际期刊 Archive of Applied Mechanics（《应用力学汇刊》）1997年第7期。

"板壳非线性理论与计算"获广东省自然科学奖一等奖。

1998年

创办暨南大学邓小平理论研究中心，任主任。任全国邓小平思想研究会顾问，承办由全国邓小平思想研究会主办的邓小平理论与改革新发展理论研讨会，乌杰会长（国家经济体制改革委员会原副主任）亲自主持会议。

在中共广东省委组织部和广东省党的建设学会主办的"纪念党的十一届三中全会20周年广东党的建设理论研讨会"上，作报告《在高校党的建设中贯彻落实邓小平"从严治党"的思想》。

应邀参加在台湾暨南国际大学举行的"华侨教育学术研讨会"，作主题报告《暨南大学兴办高等华侨教育的历史回顾与展望》。

8月，与珠海市政府签署《共建暨南大学珠海学院协议》。接着，在珠海市唐家湾校区举行隆重的开学典礼，开创国内异地办学的先河。2年后，平白无故遭难，被迫迁往珠海前山办学。

经过艰辛努力，在暨南大学创办管理学院。

被选为中国力学学会副理事长、中国振动工程学会常务理事和全国高等学校教学研究会理事。

承担国务院侨办科技基金项目"精密仪器仪表弹性元件的非线性理论与计算"。

英文专著 Study on Nonlinear Mechanics of Plates and Shells（《板壳非线性力学研究》）由科学出版社和暨南大学出版社在美国纽约发行。英文论文《对称层合圆柱正交异性扁球壳的非线性动态屈曲》发表在英文国际期刊《应用力学汇刊》1998年第6期。

"复合材料结构的分析与计算"成果获国务院侨务办公室第二届科技进步奖一等奖。获国务院侨务办公室"优秀教师"称号。因对海外中文教育事业和全美中文学校协会工作的大力支持和帮助，获全美中文学校协会感谢奖。

1999年

专程到京拜访中华人民共和国原副主席、暨南大学董事会名誉董事长荣毅仁先生，汇报学校工作。

创办生命科技学院。

应邀到京参加建国五十周年庆祝活动。

发起组织国家"211工程"项目101所大学校长第一次聚会，在暨南大学进行经验交流。

暨南大学加入世界大学校长联盟，到比利时布鲁塞尔出席世界大学校长联盟第12届大会，与世界各国大学校长进行交流。

应邀到香港参加1999年香港研究生教育会议，作主题报告《面向21世纪的研究生教育》。

年底，广东省高教厅和国务院侨务办公室组织专家组对学校"211工程"项目进行中期检查，认为学校办学水平显著提高，上了一个台阶。

任日本新世纪中文电视学校校长，教育部科技委员会数理学部委员。

承担辽河油田勘探局课题"增程抽油井受力分析计算"。

获广东省教育厅"南粤教书育人优秀教师"称号，英文专著《板壳非线性力学研究》获中国出版社协会学术著作一等奖。

11月20日，收到中国工程院宋健院长来函，获知当选为中国工程院机械与运载工程学部院士。

12月31日晚，在广东省肇庆市举行"全球大学生跨世纪大联欢"文艺晚会，迎接新世纪来临。来自30个国家和地区的2000多名大学生和嘉宾到会，任会议主席。

2000年

2月15日，国务院侨务办公室宣布，继续任暨南大学校长，不再兼任党委书记。

年中，参加中国工程院第五次院士大会，党和国家领导人江泽民主席等接见、合影，并做指示。在机械与运载工程学部会议上，作学术报告《板壳分析与应用》，汇报37年来的学术成果。

中国工程院第五次院士大会批准成立工程管理学部，经过评审，9月28日，被中国工程院主席团选为工程管理学部首批院士。

组织100多位两院院士编写科普作品，汇成"院士科普书系"，

第一辑25部书由暨南大学出版社联合清华大学出版社发行。

承担国家自然科学基金项目"双层网格扁壳的非线性理论及稳定性分析",中国工程院咨询项目"工程科学技术在社会生产力发展中的作用和地位研究"和教育部21世纪初高等教育教学改革项目"高等学校学分制管理制度的改革与实践"。

英文论文《夹层扁锥壳的非线性稳定性》发表在英文国际期刊《应用力学和工程》2000年第2期,英文论文《变厚度U型波纹管的非线性变形分析》发表在英文国际期刊《应用力学汇刊》2000年第5期。主编文集《应用力学研究与实践》由科学出版社出版。文章《转变观念 量化考核 优劳优酬:暨南大学教学科研人员考核与分配体制的改革》发表在《高教探索》第1期。

中共广东省委、省政府授予"广东省劳动模范"称号。澳大利亚格里菲斯大学授予名誉教授。

被选为广东省压力容器学会理事长。

2001年

创办全英语教学的国际学院。创建药学院、信息科学技术学院、新闻与传播学院、外国语学院和法学院。

鉴于原有校庆存在不足之处,进行改革。谱写新校歌,并将校庆时间改为11月16日。为增强凝聚力,设立万国墙,记录1978年以来学生来源国家;塑立伟大思想家孔子和伟大科学家爱因斯坦塑像;在暨南大学办学原址南京鼓楼公园芳草地塑立暨南大学纪念碑。

党和国家领导人荣毅仁副主席,钱其琛副总理,钱伟长、霍英东、马万祺副主席等为暨南大学95周年校庆题词致贺。钱伟长、马万祺副主席等领导出席校庆大会。

任教育部高等学校力学教学指导委员会副主任委员,中国科技协会全国委员会委员,广东省政府教育咨询小组成员,广东省政协常委。

承担广州白云国际机场公司课题"广州新白云国际机场主航站

楼钢结构强度、稳定性校核计算"和珠海市香洲区前山镇政府课题"珠海市前山镇（街）转型与社区建设研究"。

工程力学硕士点开始招收硕士生。

"暨南大学学分制改革的实践与研究"成果获广东省教育教学成果奖一等奖。

获日本创价大学最高荣誉奖。

2002年

10月，国务院侨务办公室和广东省政府组织专家组对学校"九五""211工程"建设项目进行整体验收，给予优秀评价。

接着，国务院侨务办公室和广东省政府又组织专家组对学校"十五""211工程"建设项目进行立项论证，给予批准。

被选为全国高等学校教学研究会副理事长、广东省非开挖技术协会首届理事长和广东省机械工程学会副理事长。

承担广州市荔湾区政府科技局项目"以价值工程方法全面提升荔湾区商旅核心竞争力"。

著作《20世纪我国重大工程技术成就》由暨南大学出版社出版。

为暨南大学达到科技事业单位"国家二级"档案管理标准做出突出贡献，获国家档案局荣誉证书。

2003年

为加强反腐倡廉，与广东省检察院张学军院长签约，共同开展预防职务犯罪。

任广东省政协常委和教科文卫体委员会副主任，广东省政府参事室参事和经济组名誉组长，中国工程院院士广州咨询活动中心主任。被选为中国振动工程学会理事长，中国复合材料学会副理事长，中国仪器仪表学会常务理事。任《振动工程学报》主编，《复合材料学报》副主编。

承担教育部科研重点项目"大型建筑网壳结构在强台风作用下

的非线性稳定分析与设计应用"，国务院侨办重点学科建设项目"工程力学重点学科建设"，中国石化茂名炼油化工公司课题"螺纹锁紧环损伤分析"，中共广东省委、省政府重点项目"广东省信息化调研"。

工程力学博士点开始招收博士生。

文章《广东省发展高新技术的若干意见和建议》发表在《政协广东省第八届委员会委员建言选编》（广州）。

2004年

面向世界公开招聘10位学院院长，共有9个国家和地区的93位学者应聘。

创办知识产权学院。

国家邮政局发行《侨乡新貌·暨南大学》特种邮票，是全国第二所上榜邮票的大学。

出席九省二区泛珠三角区域合作与发展论坛，演讲题目《泛珠三角：推进科技、教育和文化的区域合作》。

出席在英国伯明翰举行的欧洲华侨华人社团联合会第十二届年会，演讲题目《积极服务海外华侨华人社会》。

出席在上海举行的世界工程师大会，向大会汇报"发展中国家的工业化道路"论坛讨论情况。

"工程结构故障诊断"广东省高校科研型重点实验室获批成立，任主任。工程力学专业开始招收本科生。

任教育部科技委员会管理学部主任，广东省政府科学技术咨询委员会委员，西安交通大学兼职教授。被选为中国工程院工程管理学部常委，广东省行政管理学会副会长。

承担国家自然科学基金项目"焦炭塔变形机理分析及剩余寿命的预测"，教育部全国教育事业"十一五"规划研究项目"加强教育对外开放与合作交流的对策研究"，广东省委省政府专题战略研究项目"现代服务业科技发展问题研究"。

文章《标准学分制的研究与实践》发表在《中国大学教学》第3期,《中国制造业的生存哲学》发表在《科技中国》创刊号。

因在中国学位与研究生教育学会建设中做出显著贡献获建设贡献奖。

2005年

创办暨南大学艺术学院。

受教育部推荐,亚洲大学生体育联合会将第一届亚洲大学田径锦标赛交给暨南大学承办。任大赛总指挥。11月7日晚,开幕式隆重举行,19个国家和地区的300多名运动员出席。全国政协副主席钱伟长,亚洲大学生体育联合会主席、教育部副部长章新胜,国务院侨办副主任刘泽彭,世界大学体育联合会会长佐治桥霖等领导和嘉宾到会。经过3天比赛,进行了男子22项、女子20项角逐,完美闭幕。暨南大学获金牌14枚,亚洲第一。章新胜和佐治桥霖对比赛给予高度评价:"组织工作卓越,为亚洲树立了榜样!"

成立暨南大学100周年校庆筹委会。宣布百年华诞将在2006年11月16日举行。

任教育部高等学校力学教学指导委员会主任委员,国家科技奖(国家自然科学奖)评审专家和广州市政府决策咨询专家。

为国家神舟飞船研制,承担中国科学院长春光学精密机械与物理研究所课题"高级航天光学遥感器自由振动的模态分析"。另外,还承担教育部高校博士学科点专项科研基金项目"深海采矿软管集矿机系统动力特性和空间形态研究"和广东省教育厅项目"工程结构故障诊断重点实验室建设"。

英文论文《波纹扁球壳的非线性稳定性》发表在英文国际期刊《国际应用力学和工程学报》(*International Journal of Applied Mechanics and Engineering*)2005年第2期。主编文集《中国制造业企业国际化战略》由暨南大学出版社出版。

"深化教学改革，优化培养模式，造就高质量海外和港澳台人才的探索与实践"成果获广东省教育教学成果奖一等奖和国家级教学成果奖二等奖。获香港理工大学"杰出中国访问学人"称号。

2006年

组织专家组进行学校"十五""211工程"6个重点学科建设项目和2个公共服务体系建设项目的验收工作，均以优秀的成绩通过验收。

1月14日，不再担任暨南大学校长，回到应用力学研究所和管理学院任教。在全校中层干部大会上致谢词，感谢领导和全校师生员工大力支持，得到他们的支持才做出了令人欣慰的成绩：使学校由一般学校成为国家"211工程"重点大学，在全国高校网大排名升为42位。学生由13 012人增至32 284人，研究生由615人增至6074人，海外和港澳台学生由16个国家和港澳台3个地区的1982人分别增至71个国家和港澳台3个地区的10 609人。停办了专科，博士点由7个增至54个。实现国家重点学科零的突破。学校的年收入由2.26亿元增至13亿元，校园土地由112.3万平方米增至174.4万平方米，建筑面积由46.4万平方米增至107万平方米。教职工年均收入由8000元增至88 900元，教职工人均住房由13.5平方米增至23.74平方米。建立了高中，为附中、附小和幼儿园建设新校园，解除大家的后顾之忧。学生的学习和生活条件得到极大改善。

被选为全国科技大会代表，出席大会，听取胡锦涛总书记讲话。

10月16日，应邀到浙江省绍兴市，参加2006年中国越剧节开幕式。会前，受到中共浙江省委书记习近平（后任中共中央总书记）单独亲切接见。

被选为中国工程院工程管理学部副主任，广东省政协历届委员联谊会名誉会长，中国力学学会副理事长，全国力学课程报告论坛首届组委会主任。

专著《精密仪器仪表弹性元件的设计原理》和《复合材料层合

板壳理论探索》由暨南大学出版社出版。文章《关于尽快制定国家统一法的建议》和《关于改善我国北方水资源缺乏的一个建议》刊登在《参事建言（2004～2005年）》，中国评论学术出版社出版。

"复合材料基本力学问题的理论研究"成果获广东省科学技术奖一等奖，"关于允许市民在重大节日中有条件燃放烟花爆竹的建议"获广东省政府参事室优秀议政奖。为中国教育技术协会普通高校体育专业委员会做出重大贡献，获感谢状。学校授予"暨南大学终身贡献奖"。

2007年

获教育部批准，"重大工程灾害与控制"教育部重点实验室（暨南大学）立项建设，任主任。

成立暨南大学战略管理研究中心，任主任。

任澳门大学校长遴选委员会委员，《科技创新与品牌》总编辑，广东省仪器仪表学会理事长。

专著《夹层板壳非线性理论分析》由暨南大学出版社出版。文章《工程管理：管理对国民经济的深度介入》发表在《中国工程管理环顾与展望：首届工程管理论坛论文集锦》，中国建筑工业出版社出版。文章《我国力学专业教育现状与思考》发表在《中国大学教学》第1期。

"在推进和谐社会建设中，切实解决'农民工'身份问题"获广东省政府参事室优秀议政奖。

2008年

国家质量监督检验检疫总局和国家标准化管理委员会授予"中国标准化科学家"称号，并任中国标准化专家委员会委员。

任沈阳仪器仪表研究院顾问，同济大学顾问教授，华中科技大学兼职教授，合肥工业大学兼职教授。

受澳门科技大学校监和董事会主席廖泽云的热情邀请，先任澳门科技大学校监顾问，从7月1日起任澳门科技大学常务副校长。

承担中国特种设备检测研究院课题"应对技术性贸易措施检测标准研制"和广州市政府决策研究专家研究项目"关于城市基础设施建设投融资体制改革研究"。

文章《浅谈高等学校科学管理"三"字经》发表在《科技创新与品牌》第10期和第11期，《谈谈创建现代管理科学中国学派的若干问题》发表在《管理学报》第3期，"再谈创建现代管理科学中国学派的若干问题"发表在《中国工程科学》第12期。

"关于将清明节设为国家法定假日的建议"获广东省政府参事室优秀议政奖。

2009年

任教育部第六届科技委员会委员、管理学部主任、战略指导委员会委员、学风建设委员会委员，中国工程院工程管理学部首席咨询专家，国家质量监督检验检疫总局特种设备安全技术委员会副主任委员，澳门特区政府科技委员会委员，澳门科技大学董事，广东省科普志愿者协会首任会长。

为我国第一艘航空母舰"辽宁号"歼15B舰载机的研制，承担中国航空工业集团601研究所课题"带缺陷碳纤维复合材料层合矩形板力学行为的理论研究与数值模拟技术"。

另外，还承担中国工程院工程管理学部咨询项目"东水西调工程研究"。

英文论文《夹层环形版的大挠度问题》发表在英文国际期刊《力学和微机电系统学报》（Journal of Mechanics and MEMS）第2期，《考虑横向剪切的对称圆柱正交异性层合截头扁锥壳的非线性稳定》发表在英文国际期刊《国际应用力学和工程学报》第3期。论文《膜盒基体的理论与设计》发表在《澳门科技大学学报》第1期。《三谈创建现代管理科学中国学派的若干问题：四条定义与三点建议》发表在《中国工程科学》第8期。

"新形势下金融风险及防范对策的思考"获广东省政府参事室优秀议政奖。

2010年

2月8日，广东省委省政府领导：中央政治局委员、省委书记汪洋（后任中央政治局常委，全国政协主席），省长黄华华，省人大常委会主任欧广源，省政协主席黄龙云等接见院士专家，作首席发言《大力推动'政产学研金'合作创新，为广东省经济社会发展作贡献》，受到汪洋书记赞赏。

任《澳门商报》顾问委员会名誉主席。

6月底，卸任澳门科技大学常务副校长职务。

承担"211工程"三期建设国家级重点建设项目"重大工程结构的非线性力学问题"。另外，还参加中国工程院和国家自然科学基金委员会联合项目"中国工程科技中长期（2010—2030）发展战略研究"，并负责子课题"公共安全相关工程科技中长期（2010—2030）发展战略研究"。为国家高铁工程服务，承担株洲南车时代电器公司课题"高速列车表面风载研究及牵引变流器动态响应特性分析"。

文章《工程管理信息化的内涵与外延探讨》发表在《科技进步与对策》第19期。

"大规模引进和培训人才为广东产业结构优化升级服务"和"关于将香港、澳门特别行政区的所有统计数据纳入全国性统计数据的建议"均获广东省政府参事室优秀议政奖。

2011年

任中国澳门综合发展研究中心首任执行会长，全国第二届科学技术名词审定委员会委员，广州市突发事件应急管理专家。

承担国家自然科学基金重点项目"纤维增强先进复合材料及其结构失效机理的多尺度力学研究"，教育部高校博士学科点专项科研基金项目"表面形态对生物材料与细胞相互作用影响机制的力学研究"和广东省科技厅科技项目"广东省城市生命线工程应急技术研究中心建设"。

专著《网壳结构的非线性弯曲、稳定和振动》由科学出版社出版，《一个大学校长的探索》由高等教育出版社出版。主编文集《国际化视野与本土化关注：MBA战略管理案例精选集》由科学出版社出版。

文章《试答"钱学森之问"》发表在《中国高校科技》第10期，论文《弹性元件国内外理论发展概况》发表在《仪表技术与传感器》第9期。

2012年

被中国科技协会聘为"科学道德与学风建设宣讲团专家"，先后在呼和浩特、包头、广州、西安、宁波等地为高校学生作"献身科学，追求真理"报告。

为推动中国管理科学的创建与发展，于12月12日，在澳门发起和组织由教育部科技委员会管理学部主办的第一届中国管理科学论坛，海峡两岸暨香港、澳门近百位专家学者出席，任论坛主席，作主题报告《现代管理科学中国学派研究综述》。

中国人民解放军总政治部和中国工程院组织院士军营行，受到中央军委委员、空军司令员许其亮上将（后任中央军委副主席）和空军政委邓昌友上将的热情接待。

经国务院侨办批准成立"城市生命线工程结构安全"国际联合实验室，任主任。

任武汉大学质量发展战略研究院学术委员会主席、东北大学兼职教授、工业和信息化部电子第五研究所兼职专家。

文章《全力推动协同创新工作开展》发表在《中国高等教育》第20期。

"关于实行九年一贯制办校的建议"获广东省政府参事室优秀议政奖。

2013年

2月,在海南三亚参加中国科技协会党组书记陈希(后为中央政治局委员,中央组织部部长)主持的全国科学道德和学风建设宣讲教育专家研讨会,接受任务,在"中国科协弘扬科学道德践行'三个倡导'奋力实现中国梦"报告会上宣讲。这一年,先后在贵阳、沈阳、济南作《百年追梦,科技兴国》报告。同时,在贵阳为贵州省党政领导建言"以创新推动贵州绿色崛起"。

任重庆大学航空航天学院名誉院长,西南交通大学特聘专家,中国仪器仪表学会名誉理事。

著作《20世纪中国知名科学家学术成就概览·管理学卷》第一分册和第二分册由科学出版社出版,文章《传统文化基因与中国本土管理研究的对接:现有研究策略与未来探索思路》在《管理学报》第2期发表。

上海大学授予杰出贡献奖,"典型板壳结构的理论与计算"成果获广东省科学技术奖二等奖。

2014年

继续执行中国科协任务,先后在西宁、乌鲁木齐、石河子、海口和呼和浩特作《百年追梦,科技兴国》报告。

参加云南党政领导与院士专家座谈会,作首席发言《充分发挥桥头堡作用,推动孟中印缅经济走廊建设》。

为促进广东科技发展,发起组织广东院士联谊会。第一次院士会员大会于6月在北京会议中心举行,81位院士参加,被选为执行会长。

10月,以"面向实际的中国管理科学"为主题,在成都西南交通大学举行第二届中国管理科学论坛,任论坛主席。

被选为中国工程院机械与运载工程学部常委。任国家发改委国家信息中心旅游研究规划中心学术委员会主席，天津市院士专家工作发展促进会顾问，国家自然科学奖评审委员会委员。

专著《压力容器和压力管道的分析与计算》和《旅游工程管理研究》由科学出版社出版。文章《"技工荒"困扰中国高尔夫球具代工产业》发表在《香港信报财经月刊》第4期。

2015年

教育部批准，"重大工程灾害与控制"教育部重点实验室（暨南大学）正式成立，任主任。

广东院士联谊会和广州市政府联合主办第一届广东院士高峰年会，70位院士出席，任会议主席。院士会员已有186名。接着，又在东莞举行广东院士团队科技创新成果展示暨院士专家东莞行。

任上海大学特聘专家，杭州电子科技大学创新与发展研究院院长，兰州大学管理学院战略委员会主席。

承担广东省高水平大学重点学科建设项目"非线性力学及其工程应用"。

专著《工程管理研究》和《工商管理研究》由科学出版社出版。

广州市城市管理委员会授予"广州垃圾分类公益形象大使"称号。

2016年

5月，经过艰辛努力，暨南大学力学与建筑工程学院终于获批成立，形成"本科—硕士—博士—博士后"完整人才培养体系。

第三届中国管理科学论坛在杭州电子科技大学举行，会议的主题为"'互联网+'生态下的中国管理科学"，海峡两岸暨香港、澳门100多位专家学者到会，任论坛主席。同时，为主编英文国际期刊《中国管理研究》（Chinese Management Studies）的特刊，使中国管理科学的声音走出国门，特在论坛中加设英文论文论坛。

由广东院士联谊会和深圳市政府联合主办的第二届广东院士高峰年会在深圳举行，会议的主题是"聚焦未来，创新驱动，绿色发展"，任会议主席，共组织了12个大项、42场专项活动。

任南京航空航天大学直升机旋翼动力学国家级重点实验室学术委员会主席，中船海洋与防务装备公司专家顾问。

专著《现代管理的中国实践》和《教育与科技管理研究》由科学出版社出版。

广东省科技协会、广东省教育厅、广东省科技厅和广东省知识产权局授予广东省青少年科技教育荣誉奖。

英文论文"用中国的阴阳协调观点认识劳动冲突"发表在英文国际期刊《国际冲突管理学报》（*International Journal of Conflict Management*）2015年第26卷第3期，获该刊杰出论文奖。

2017年

由广东院士联谊会和佛山市政府联合主办的第三届广东院士高峰年会在佛山举行，会议主题为"开放引领，创新驱动，智造未来"，53位院士出席，任会议主席。中央政治局委员，广东省委书记胡春华出席，高度赞扬广东院士联谊会："年会主题充分体现了习近平主席的要求，完全符合广东实际。"

第四届中国管理科学论坛在杭州电子科技大学举行。论坛主题为"创新驱动竞争力：中国转型背景下的宏观与微观管理"，海峡两岸暨香港、澳门100多位专家学者参加，任论坛主席。为纪念和总结论坛的成功举行，特将论坛的优秀论文汇成文集出版。

被选为广东省老科学技术工作者协会会长，广东省政府智能制造专家委员会委员。

主编英文国际期刊《中国管理研究》（*Chinese Management Studies*）2017年第11卷第1期特刊，正式发行。英文文章《现代管理科学中国学派的研究》和《中国社会经济转型中极其重要的管理问题——对战略和创新的多种科学展望》在本期发表。论文《复合材料层合板壳非线性力学的研究进展》在《力学学报》第3期发表。

2018年

5月，广东院士联合会第二次会员大会在北京会议中心举行，120位院士会员出席，选举了第二届领导，被选为会长。广东院士联合会院士会员已达230人。

第五届中国管理科学论坛在长春吉林大学举行，论坛主题为"新技术革命与产业变革下的中国管理"。海峡两岸暨香港、澳门150多位专家学者出席，任论坛主席，作主题报告《关于改善我国北方水资源缺乏的建议》。

广东院士联合会和东莞市政府联合主办的第四届广东院士高峰年会在东莞举行，会议主题是"拥抱新时代，抢抓新机遇，激发新动能"，61位院士出席，任会议主席。

发起和组织中国工程院工程管理学部论坛"城市矿产前沿技术论坛"在重庆举行，100多位专家学者出席，任论坛主席，作大会主题报告《保护人类健康，实现美丽中国》。

任中国工程院科技发展战略广东研究院学术委员会主席。

承担中国工程科技发展战略广东研究院重大咨询研究项目"广东智能制造发展战略与实施路径研究"。

广州市委宣传部、广州市科技创新委员会和广州日报报业集团颁授"广州创新英雄"称号。

英文论文《中国社会经济转型中极其重要的管理问题——对战略和创新的多种科学展望》获英文国际期刊《中国管理研究》（Chinese Management Studies）高赞美奖。

2019年

为推进粤港澳大湾区建设，发起组织粤港澳院士专家创新创业联盟，成立大会于4月21日在广州南沙举行，被选为联盟主席。

由广东院士联合会、粤港澳院士专家创新创业联盟和东莞市政府联合主办的"2019年粤港澳大湾区院士峰会暨第五届广东院士高峰年会"在东莞举行，58位院士出席，任会议主席。会议主题为"智领新时代，智汇大湾区"，共举行了14个大项50场专项活动。

第六届中国管理科学论坛在上海大学举行。论坛主题为"数据赋能，创新管理"，近200名专家学者参加，任论坛主席。为主编英文国际期刊《国际冲突管理学报》，增加英文论文论坛。

承担中国工程科技发展战略广东研究院重大咨询研究项目"广东省'一核一带一区'产业布局研究"，中国工程院工程管理学部咨询研究项目"中国餐厨垃圾无害化、资源化、减量化治理战略研究"和"以人口智能技术提升粮食流通的治理能力和粮食安全水平的战略研究"。

主编著作《中国管理科学的研究与实践：第四届中国管理科学论坛文集》由科学出版社出版。文章《绿色再制造的探索》和《珠三角城乡生活垃圾统筹治理战略研究》载入书中。

香港国际智慧城市研究院、广州城市矿产协会和澳门国际绿色环保产业联盟授予"2018年度粤港澳大湾区城市矿产领域领军人物"称号。

2020年

7月，四川利兴龙环保科技有限公司以"联合生物加工技术"为核心的餐厨垃圾处理项目在四川省成都市新都区工业东区兴能路正式投产运行，每日处理100吨餐厨垃圾，能使餐厨垃圾在36小时内转化成非粮乙醇、工业油脂、酒糟酵母蛋白粉等高附加值市场产品，零污染、零排放，不再影响人类健康。作为问题发现者，十年前组织工程团队。核心技术是世界领先创新技术，由教育部新世纪人才、暨南大学生命与健康研究院副院长刘泽寰教授培育出"噬污酵母"，拥有近70项专利，包括美国、欧盟和日本专利，研究论文发表在国际生物权威刊物《生物资源技术》(Bioresource Technology)。父子同心，经过10年艰苦卓绝的努力，得到新都区委区政府和兴城建设投资有限公司的大力支持，才使创新技术成果转化成功。目前，正在推广中。最近，刘泽寰又研发了新一代"噬污酵母"，效益提升了一倍。

年底，由广东院士联合会、粤港澳院士专家创新创业联盟和东莞市政府联合主办的"2020年粤港澳院士峰会暨第六届广东院士高峰年会"在东莞举行，大会主题"科学引领，跨界创新，融合发展"，57位院士出席，2000多人参加，任会议主席。目前，联合会拥有院士会员278位。

第七届中国管理科学论坛在广西南宁广西大学举行。论坛主题"全球疫情下经济转型与管理创新"，海峡两岸暨香港、澳门近200名专家学者出席，任论坛主席。

承担中国工程院工程管理学部咨询研究项目"强制分类背景下城市生活垃圾治理和评价机制研究"。

主编英文国际期刊《国际冲突管理学报》(International Journal of Conflict Management) 2000年第31卷第3期特刊，正式发行。英文论文《关于杂乱的技术和创新的展望——探索经济中出现的冲突特征》发表。

2021年

代表广东院士联合会和广东省人民医院签署合作协议，使广州市九所医院都能直接为院士会员和配偶就诊看病带来方便。

7月，出席在贵阳举行的"2021生态文明贵阳国际论坛"，作报告《保护人类健康，实现美丽中国》。

接着，在成都参加"学习习近平总书记'七一'重要讲话精神报告会"暨2021年中国工程院院士四川行活动，介绍利兴龙项目，受到大家关注。

年底，2021粤港澳院士峰会暨第七届广东院士高峰年会仍在东莞举行，因病未能出席。

任广东制造强省建设专家咨询委员会副主任和国家市场监管总局特种设备局安全委员会顾问。

2022年

5月30日，广东省授予"广东最美科技工作者"称号。

截至2022年，共出版学术著作15部（力学8部，管理科学7部），主编著作8部（力学1部，管理科学7部），发表学术文章625篇（力学203篇，管理科学422篇）。培养博士71人（力学19人，管理科学52人），其中，澳大利亚3人，中国香港1人，中国澳门3人，中国台湾9人；培养硕士143人（力学22人，管理科学121人）。

2023年

自传出版。

附录|二|
主要论文著作目录

一、力　学

著作：

1. 刘人怀. 板壳力学. 北京：机械工业出版社，1990.

2. 刘人怀，朱金福. 夹层壳非线性理论. 北京：机械工业出版社，1993.

3. Liu Ren-huai. Study on Nonlinear Mechanics of Plates and Shells. New York，Beijing，Guangzhou：Science Press and Jinan University Press，1998.

4. 刘人怀. 精密仪器仪表弹性元件的设计原理. 广州：暨南大学出版社，2006.

5. 刘人怀. 复合材料层合板壳理论探索. 广州：暨南大学出版社，2006.

6. 刘人怀. 夹层板壳非线性理论分析. 广州：暨南大学出版社，2007.

7. 刘人怀. 网壳结构的非线性弯曲、稳定和振动. 北京：科学出版社，2011.

8. 刘人怀. 压力容器和压力管道的分析与计算. 北京：科学出版社，2014.

主编文集：

刘人怀. 应用力学研究与实践. 广州：暨南大学出版社，2000.

学术论文：

1. 叶开沅，刘人怀，平庆元，李思来. 圆底扁薄球壳的非线性稳定问题——Ⅰ. 在对称线布载荷作用下的圆底扁薄球壳的非线性稳定问题. 科学通报，1965，（2）：142-145.

2. 叶开沅，刘人怀，张传智，徐一帆. 圆底扁薄球壳的非线性稳定问题——Ⅱ. 圆底扁薄球壳在边缘力矩作用下的非线性稳定问题.科学通报，1965，（2）：145-147.

3. 刘人怀.圆底扁薄球壳的非线性稳定问题——Ⅲ.在内边缘均布力矩作用下中心开孔圆底扁球壳的非线性稳定问题.科学通报，1965，（3）：253-255.

4. 刘人怀.高压聚乙烯反应器筒体径向开孔的应力计算.国家第一机械工业部和化工部联合设计小组项目研究报告，兰州，1970-07-27；压力容器和压力管道的分析与计算，北京：科学出版社，2014：80-96.

5. 刘人怀，陈山林.尿素合成塔底部球形封头开孔的应力计算.科技专刊（兰州大学），1973，（1）：1-13.

6. 刘人怀，陈山林.椭球封头中心开孔接管的强度问题.科技专刊（兰州大学），1973，（1）：14-28.

7. 刘人怀.有限元法及其在薄板弯曲问题中的应用.化工炼油机械通讯，1973，（6）：22-34.

8. 刘人怀，王凯.500万吨/年常减压装置减压塔下端部分壳体的应力分析.压力容器，1975，（3）：1-28.

9. 刘人怀.在轴向压力与均匀外压力共同作用下薄壁截头圆锥形壳的稳定性.兰州大学学报，1975，（2）：16-25.

10. 刘人怀.加氢反应器顶部厚壁壳体的应力分析.化工炼油机械通讯，1975，（6）：40-59.

11. 刘人怀.双层套箍式厚壁压力容器环沟部位的应力状态.兰州大学学报，1977，（4）：9-25.

12. 刘人怀.在边缘载荷作用下中心开孔圆底扁薄球壳的轴对称稳定性.力学学报，1977，（3）：206-212.

13. 刘人怀.波纹圆板的特征关系式.力学学报，1978，（1）：47-52（"文化大革命"后第一期）.

14. 刘人怀.具有光滑中心的波纹圆板的特征关系式.中国科学

技术大学学报（纪念校庆20周年文集），1979，9（2）：75-86.

15. 刘人怀．厚壁球壳的弯曲理论及其在高压容器上的应用．化工炼油机械通讯，1980，（3）：1-10.

16. 刘人怀．在边缘力矩作用下夹层圆板的非线性轴对称弯曲问题．中国科学技术大学学报，1980，10（2）：56-67.

17. 刘人怀，魏俊．厚管板的设计．化工炼油机械通讯，1980，（4）：1-12.

18. 刘人怀．双层金属截头扁锥壳的热稳定性．力学学报，1981，（2）：172-180.

19. 刘人怀．夹层圆板的非线性弯曲．应用数学和力学，1981，2（2）：173-190.

Liu Ren-huai. Nonlinear bending of circular sandwich plates. Applied Mathematics and Mechanics，1981，2（2）：189-208.

20. 刘人怀，双层金属中心开孔扁球壳的非线性热稳定问题．中国科学技术大学学报，1981，11（1）：84-99.

21. 刘人怀，施云方．夹层圆板大挠度问题的精确解．应用数学和力学．1982，3（1）：11-23.

Liu Ren-huai and Shi Yun-fang. Exact solution for circular sandwich plate with large deflection. Applied Mathematics and Mechanics，1982，3（1）：11-24.

22. 刘人怀．固定式厚管板的弯曲问题．力学学报，1982，（2）：166-179.

23. Liu Ren-huai. Non-linear thermal stability of bimetallic shallow shells of revolution. International Journal of Non-Linear Mechanics，1983，18（5）：409-429.

24. 刘人怀．波纹环形板的非线性弯曲．中国科学（A辑），1984，（3）：247-253.

Liu Ren-huai. Nonlinear bending of corrugated annular plates. Science in China, Series A, 1984, 27(6): 640-647.

25. Liu Ren-huai. Large deplection of corrugated circular plate with a plane central region under the action of concentrated loads at the center. International Journal of Non-Linear Mechanics, 1984, 19(5): 409-419.

26. Liu Ren-huai. Large deflection of corrugated circular plate with plane boundary region. Solid Mechanics Archives, 1984, 9(4): 383-406.

27. 刘人怀. 在复合载荷作用下波纹环形板的非线性弯曲. 中国科学（A辑），1985，（6）：537-545.

Liu Ren-huai. Nonlinear analysis of corrugated annual plates under compound load. Science in China, Series A, 1985, 28(9): 959-969.

28. Liu Ren-huai. Nonlinear bending of corrugated circular plate under the combined action of uniformly distributed load and concentrated load at the center. Proceedings of the International Conference on Nonlinear Mechanics, Beijing: Science Press, 1985: 271-278.

29. Liu Ren-huai. The study on nonlinear bending problems of corrugated circular plates. The Symposium of Alexander von Humbodt Foundation, Shanghai, 1987.

30. Liu Ren-huai. On large deflection of corrugated annual plates under uniform pressure. The Advances of Applied Mathematics and Mechanics in China, Vol. 1. Beijing: China Academic Publishers, 1987: 138-152.

31. Liu Ren-huai. Nonlinear bending of circular sandwich plates under the action of axisymmetric uniformly distributed line loads. Progress in Applied Mechanics, Dordrecht: Martinus Nijhoff Publishers, 1987: 293-321.

32. 刘人怀，成振强. 集中载荷作用下开顶扁球壳的非线性稳定问题. 应用数学和力学，1988，9(2)：95-106.

Liu Ren-huai and Chen Zhen-qiang. On the nonlinear stability of a truncated shallow spherical shell under a concentrated load. Applied Mathematics and Mechanics，1988，9(2)：101-112.

33. 刘人怀，李东. 均布载荷作用下开顶扁球壳的非线性稳定问题. 应用数学和力学，1988，9(3)：205-217.

Liu Ren-huai and Li Dong. On the nonlinear stability of a truncated shallow spherical shell under a uniformly distributed load. Applied Mathematics and Mechanics，1988，9(3)：227-240.

34. 刘人怀. 复合荷载下波纹圆板的非线性分析. 应用数学和力学，1988，9(8)：661-674.

Liu Ren-huai. Nonlinear analysis of a corrugated circular plate under combined lateral loading. Applied Mathematics and Mechanics，1988，9(8)：711-726.

35. Liu Ren-huai and He Ling-hui. On the nonlinear stability of a truncated shallow spherical shell under axisymmetrically distributed load. Solid Mechanics Archives，1989，14(2)：81-102.

36. Liu Ren-huai and Li dong. On the non-linear bending and vibration of corrugated circular plates. International Journal of Non-Linear Mechanics，1989，24(3)：165-176.

37. 刘人怀，朱高秋. 夹层圆板大挠度问题的进一步研究. 应用数学和力学，1989，10(12)：1041-1047.

Liu Ren-huai and Zhu Gao-qiu. Further study on large deflection of circular sandwich plates. Applied Mathematics and Mechanics，1989，10(12)：1099-1106.

38. 刘人怀，聂国华. 板壳非线性力学研究的最新进展. 上海力学，1989，10(3)：19-32.

39. 刘人怀，何陵辉. 四边简支对称正交层合矩形板的非线性弯曲问题. 应用数学和力学，1990，11（9）：753-759.

Liu Ren-huai and He Ling-hui. Nonlinear bending of simply supported symmetric laminated cross-ply rectangular plates. Applied Mathematics and Mechanics，1990，11（9）：801-807.

40. 刘人怀，李东. 波纹圆板的非线性弯曲和振动. 上海工业大学学报，1990，11（4）：283-294

41. 刘人怀，何陵辉. 轴对称分布载荷作用下开顶扁球壳的非线性稳定问题. 上海工业大学学报，1990，11（5）：407-419.

42. 刘人怀. 板壳非线性力学. 自然科学年鉴（1989），纪念创刊十周年专辑，上海：上海翻译出版公司，1990，371.

43. 刘人怀. 考虑横向剪切的对称层合圆柱正交异性扁球壳的非线性稳定问题. 中国科学（A辑），1991，（7）：742-751.

Liu Ren-huai. Non-linear stability of symmetrically laminated cylindrically orthotropic shallow spherical shells including transverse shear. Science in China，Series A，1992，35（6）：734-746.

44. 刘人怀，吴建成. 夹层矩形板的非线性振动. 中国科学（A辑），1991，（10）：1075-1086.

Liu Ren-huai and Wu Jian-cheng. Nonlinear vibration of rectangular sandwich plates. Science in China，Series A，1992，35（4）：472-486.

45. Liu Ren-huai and He Ling-hui. A simple theory for non-linear bending of laminated composite rectangular plates including higher-order effects. International Journal of Non-Linear Mechanics，1991，26（5）：537-545.

46. 刘人怀. 新型跳跃薄膜的研究. 仪表技术与传感器，1991，（3）：10-11.

47. 刘人怀. 波纹膜片理论的研究（一）. 仪表技术与传感器，

1991，（5）：9-11；刘人怀. 波纹膜片理论的研究（二）. 仪表技术与传感器，1991，（6）：9-11.

48. 刘人怀. 对称圆柱正交异性层合扁球壳的非线性稳定性问题. 应用数学和力学，1991，12（3）：251-258.

Liu Ren-huai. On the nonlinear stability of symmetrically laminated cylindrically orthotropic shallow spherical shells. Applied Mathematics and Mechanics，1991，12（3）：271-278.

49. 刘人怀，邹人朴. 复合载荷作用下具有刚性中心和光滑边缘的波纹环形板的非线性弯曲. 江西工业大学学报，1991，13（2）：163-171.

50. 刘人怀，聂国华. 网格扁壳的非线性弯曲理论. 江西工业大学学报，1991，13（2）：186-192.

51. 刘人怀，聂国华. 网格扁壳的非线性自由振动分析. 江西工业大学学报，1991，13（2）：193-198.

52. 刘人怀，何陵辉. 层合圆薄板的轴对称弯曲问题. 江西工业大学学报，1991，13（2）：199-205.

53. Liu Ren-huai, Li Dong, Nie Guo-hua and Cheng Zhen-qiang. Non-linear buckling of squarely-latticed shallow spherical shells. International Journal of Non-Linear Mechanics，1991，26（5）：547-565.

54. 刘人怀，胡㶿. U型波纹管非线性变形的刚度和应力分析理论. 全国第九届弹性元件学术会议主题报告，广州，1992-03-20.

55. Liu Ren-huai and Zou Ren-po. Non-linear bending of a corrugated annular plate with a plane boundary region and a non-deformable rigid body at the center under compound load. International Journal of Non-Linear Mechanics，1993，28（3）：353-364.

56. 刘人怀，成振强. 简支夹层矩形板的非线性弯曲. 应用数学和力学，1993，14（3）：203-218.

Liu Ren-huai and Chen Zhen-qiang. Nonlinear bending of simply supported rectangular sandwich plates. Applied Mathematics and Mechanics, 1993, 14(3): 217-234.

57. 刘人怀. 对称层合圆柱正交异性复合材料扁球壳的大挠度方程. 应用数学和力学, 钱伟长八十寿辰祝寿文集, 北京和重庆: 科学出版社和重庆出版社, 1993, 279-284.

58. 刘人怀, 钟诚. 考虑横向剪切的对称层合圆柱正交异性中心开孔扁球壳的非线性屈曲. 暨南大学学报, 1994, 15(1): 1-12.

59. 刘人怀, 翟赏中. 均布载荷作用下波纹环形板的非线性弯曲. 华南理工大学学报（自然科学版）, 1994, 22, 1-10.

60. 刘人怀. 波纹管的制造与理论研究概况. 全国首届管道技术与设备学术会议大会特邀报告, 南京, 1994-10-14.

61. Liu Ren-huai and Cheng Zhen-qiang. On the non-linear buckling of circular shallow spherical sandwich shells under the action of uniform edge moments. International Journal of Non-Linear Mechanics, 1995, 30(1): 33-43.

62. Liu Ren-huai and Li Jun. Non-linear vibration of shallow conical sandwich shells. International Journal of Non-Linear Mechanics, 1995, 30(2): 97-109.

63. 刘人怀, 徐加初. 中心受载下具有平面边缘区域的固支波纹环形板的非线性分析. 暨南大学学报, 1995, 16(1): 1-13.

64. 刘人怀, 张小果. 均布载荷作用下具有硬中心的开顶扁球壳的非线性屈曲. 工程力学学报, 1995, (3): 1839-1844.

65. Liu Ren-huai. Non-linear buckling of symmetrically laminated, cylindrically orthotropic, shallow, conical shells considering shear. International Journal of Non-Linear Mechanics, 1996, 31(1): 89-99.

66. Liu Ren-huai. On non-linear buckling of symmetrically

laminated, cylindrically orthotropic, truncated, shallow, spherical shells under uniform pressure including shear effects. International Journal of Non-Linear Mechanics, 1996, 31（1）: 101-115.

67. 刘人怀，王志伟. 变厚度U型波纹管非线性变形分析. 管道技术与设备, 1996, （1）: 1-4.

68. 刘人怀. 复合材料层合扁锥壳的非线性稳定问题. 第九届全国复合材料学术会议论文集. 北京：世界图书出版公司, 1996: 249-255.

69. 刘人怀, 王璠. 复合材料层合扁球壳的非线性振动屈曲. 第九届全国复合材料学术会议论文集. 北京：世界图书出版公司, 1996: 256-261.

70. 刘人怀, 王志伟. 复合材料面层夹层板中转动一致有效理论. 上海力学, 1996, 17（3）: 222-228.

71. 刘人怀, 梅魁银. 中心开孔扁球壳在均布载荷作用下的非线性屈曲. 暨南大学学报, 1996, 17（5）: 1-7.

72. Liu Ren-huai and Zhu Jin-fu. Nonlinear theory of sandwich shells, part I—Exact kinematics of moderately thick shells. Applied Mechanics and Engineering, 1997, 2（2）: 213-240.

73. Liu Ren-huai and Zhu Jin-fu. Nonlinear theory of sandwich shells, part II—Approximate theories. Applied Mechanics and Engineering, 1997, 2（2）: 241-269.

74. Liu Ren-huai, Xu Jia-chu and Zhai Shang-zhong. Large deflection bending of symmetrically laminated rectilinearly orthotropic elliptical plates including transverse shear. Archive of Applied Mechanics, 1997, （7）: 507-520.

75. Liu Ren-huai and Yuan Hong. Nonlinear bending of corrugated annual plate with large boundary corrugation. Applied Mechanics and

Engineering, 1997, 2(2): 353-367.

76. 刘人怀, 王璠. 复合材料层合扁球壳的非线性强迫振动. 力学学报, 1997, 29(2): 236-241.

77. 刘人怀, 朱金福, 张小果. 夹层环形板的非线性弯曲. 暨南大学学报, 1997, 18(1): 1-11.

78. 刘人怀, 肖潭. 双层正交正放网格扁壳结构的非线性弯曲理论. 现代力学与科技进步（庆祝中国力学学会成立四十周年学术会议论文集第三卷）. 北京: 清华大学出版社, 1997: 1212-1215.

79. Liu Ren-huai. The effect of the Gottingen school on investigation flexible plates and shells in China. The Symposium on International Scientific Cooperation for Developing Countries, Boon, Germany, 1997-04-15.

80. Liu Ren-huai and Wang Fan. Nonlinear dynamic buckling of symmetrically laminated cylindrically orthotropic shallow spherical shells. Archive of Applied Mechanics, 1998, (6): 375-384.

81. Liu Ren-huai and Li Dong. A new approach to nonlinear vibration of orthotropic thin circular plates. Proceedings of the International Conference on Vibration Engineering, Shenyang: Northeastern University Press, 1998: 248-252.

82. 刘人怀, 肖潭. 矩形底双层网格扁壳的非线性弯曲. 暨南大学学报, 1998, 19(3): 1-5.

83. 刘人怀, 肖潭. 矩形底双层网格扁壳的非线性屈曲. 暨南大学学报, 1999, 20(1): 1-6.

84. 刘人怀. 板壳分析与应用. 中国工程科学, 2000, 2(11): 60-67.

85. Liu Ren-huai and Wang Zhi-wei. Nonlinear deformation analysis of a U-shaped bellows with varying thickness. Archive of Applied

Mechanics, 2000, (5): 366-376.

86. Liu Ren-huai and Li Jun. On nonlinear stability of shallow conical sandwich shells. Applied Mechanics and Engineering, 2000, 5(2): 367-387.

87. 刘人怀, 王志伟. 考虑横向剪应力连续的复合材料面层夹层壳非线性一致有效理论//刘人怀. 应用力学研究与实践. 广州: 暨南大学出版社, 2000: 1-12.

88. 刘人怀, 王璠. 浅谈我国生物力学的研究近况. 暨南大学学报, 2001, 22(1): 59-63, 69.

89. 刘人怀. 多姿多彩的板壳结构. 高校招生, 2002, (7): 1.

90. 刘人怀, 王璠. 波纹扁球壳的大挠度方程//周哲玮. 钱伟长教授九十华诞祝寿文集. 上海: 上海大学出版社, 2003: 15-22.

91. 刘人怀, 张卫, 王璠, 徐加初, 郭葆锋. 广州新白云国际机场主航站楼结构的动态分析. 华南理工大学学报, 2003, 31(S1): 7-9.

92. Liu Ren-huai and Wang Fan. Nonlinear stability of corrugated shallow spherical shell. International Journal of Applied Mechanics and Engineering, 2005, 10(2): 295-309.

93. 刘人怀, 李东, 袁鸿. 正交异性扁薄球壳的非线性轴对称振动. 振动工程学报, 2005, 18(4): 395-405.

94. 刘人怀, 宁志华. 焦炭塔鼓胀与开裂变形机理及疲劳断裂寿命预测的研究进展. 压力容器, 2007, 24(2): 1-8.

95. 刘人怀. 膜盒基体的理论与设计. 澳门科技大学学报, 2009, 3(1): 111-116.

96. Liu Ren-huai. Large deflection of annular sandwich plates. Journal of Mechanics and MEMS, 2009, (2): 145-156.

97. Liu Ren-huai and Su Wei. Nonlinear stability of symmetrically

laminated cylindrically orthotropic truncated shallow conical shells including transverse shear. International Journal of Applied Mechanics and Engineering, 2009, 14(3): 769-790.

98. 刘人怀, 袁鸿. 弹性元件国内外理论发展概况. 仪表技术与传感器, 2011, (9): 1-8.

99. 刘人怀, 薛江红. 复合材料层合板壳非线性力学的研究进展. 力学学报, 2017, 49(3): 487-506.

100. Ning Zhi-hua, Liu Ren-huai(通讯作者), Rani F. Elhajjar, Wang Fan. Micro-modeling of thermal properties in carbon fibers reinforced polymer composites with fiber breaks or delamination. Composites Part B: Engineering, 2017, 114: 247-255.

二、管 理 科 学

著作：

1. 刘人怀, 斯晓夫. 工业企业管理岗位要素设计. 北京: 机械工业出版社, 1990.

2. 刘人怀. 一个大学校长的探索. 北京: 高等教育出版社, 2011.

3. 刘人怀. 旅游工程管理研究. 北京: 科学出版社, 2014.

4. 刘人怀. 工商管理研究. 北京: 科学出版社, 2015.

5. 刘人怀. 工程管理研究. 北京: 科学出版社, 2015.

6. 刘人怀. 教育与科技管理研究. 北京: 科学出版社, 2016.

7. 刘人怀. 现代管理的中国实践. 北京: 科学出版社, 2016.

主编文集：

1. 刘人怀. 旅游工程原理与实践. 上海: 百家出版社, 1991.

2. 常平, 刘人怀, 林玉树. 20世纪我国重大工程技术成就. 广州: 暨南大学出版社, 2002.

3. 郭重庆, 刘人怀. 中国制造业企业国际化战略: 第五届中国青年科技企业家管理论坛文集.广州：暨南大学出版社，2005.

4. 刘人怀.国际化视野与本土化关注：MBA战略管理案例精选集.北京：科学出版社，2011.

5. 王礼恒，刘人怀，郭重庆，王基铭.20世纪中国知名科学家学术成就概览·管理学卷.第一分册，北京：科学出版社，2013.

6. 王礼恒，刘人怀，郭重庆，王基铭.20世纪中国知名科学家学术成就概览·管理学卷.第二分册，北京：科学出版社，2013.

7. 刘人怀，丁烈云.中国管理科学的研究与实践：第四届中国管理科学论坛论文集.北京：科学出版社，2019.

文章：

1. 刘人怀.欢迎新同学们.中国科学技术大学开学典礼代表教师的讲话.合肥，1979-09-01.

2. 刘人怀.谈谈课堂教学中的几个问题.中国科学技术大学简报，（103），1979-09-27.

3. 刘人怀.谈谈大学的学习生活.中国科学技术大学近代力学系新生会讲话.合肥，1980-11-03.

4. 刘人怀，史乐毅.有效利用外资——扩大对外开放.国际商务研究，1987，（6）：1-5.

5. 刘人怀.谈谈科研中的几个问题.高教研究，1987，1（2），15-20.

6. 刘人怀.领导用人标准.在上海市委党校学习时的读书报告.上海，1987-11-13.

7. 刘人怀，于英川等.浦东新区建设工程.上海市人民政府科学技术委员会重大科研项目总报告，1989.

8. 刘人怀，斯晓夫.如何防治公共关系庸俗化.公共关系，1989，（4）：10.

9. 刘人怀，于英川，王怡然，王荣璃，汪正元.上海旅游交通的症结与对策研究.旅游学刊,1990,5(2):10-14,47.

10. 刘人怀.城市政府工作目标管理与治理整顿、深化改革.学习与实践,1990,(11):35-36.

11. 刘人怀.领导科学与领导技术.上海工业大学经济管理学院讲稿,1990-05-28.

12. 刘人怀,厉无畏,范家驹,钱幼森,姜文豹,郑琦.上海华亭集团旅游宾馆摆脱当前困境的对策研究.上海市人民政府对外经济贸易委员会重大科研项目报告,1990.

13. 刘人怀.前进中的经济管理学院.工大三十年,上海:上海工业大学校刊编辑室,1990:129-134

14. 刘人怀.人才开发是搞好企业管理的关键.上海管理科学,1991,(1):6.

15. 刘人怀.上海——旅游业的春光与希望//刘人怀.旅游工程原理与实践.上海:百家出版社,1991:1-6.

16. 刘人怀.旅游工程学的提出.日本神户商科大学演讲.神户,1993-04-20.

17. 刘人怀.根据侨校特点改进侨校工作,采取有效措施提高教育质量.暨南教育,1994,(2):1-8.

18. 刘人怀.提高认识,办好成人教育.暨南教育,1994,(2):9-12.

19. 刘人怀.认真抓好基础教学,努力提高教学质量.暨南教学,1995,(42):12-31.

20. 刘人怀.发挥优势 深化改革 保证重点 改善条件 提高质量——暨南大学校长任职仪式讲话.暨南大学校报,1996-01-15.

21. 刘人怀.在"211工程"预审总结会上的讲话.暨南教育,1996,(2):12.

22. 刘人怀.弘扬暨南精神,创办一流大学.中国高教研究,1996,(6):28-30.

23. 刘人怀. 开拓创新 共建附属医院. 暨南大学和深圳市卫生局共建暨南大学医学院第二附属医院签约仪式讲话，深圳，1997-01-25.

24. 刘人怀. 发挥侨校优势，培养高素质人才. 学位与研究生教育，1998，（1）：12-13.

25. 刘人怀. "科学技术是第一生产力"的趋势与我国高新技术发展的战略. 暨南学报，1998，20（4）：6-11.

26. 刘人怀. 实施城市管理系统工程建设，开创广州可持续发展新格局. 羊城科技报，广州，1998-02-08.

27. 刘人怀. 高举邓小平理论伟大旗帜 加强我校党建工作和党建研究. 暨南大学1998年党建工作研究会论文集. 广州，1998-04-11.

28. 刘人怀. 面向21世纪的研究生教育. 1999香港研究生教育会议论文集. 香港，1999：51-53.

29. 刘人怀. 在高校党的建设中，贯彻落实邓小平"从严治党"思想. //中共广东省委组织部，广东党的建设学会. 新的伟大工程：纪念党的十一届三中全会20周年广东党的建设理论研讨会论文集. 广州：广东经济出版社，1999：436-442.

30. Liu Ren-huai. Successful internationalization in Jinan University. Proceedings of XIIth Triennial Conference for The International Association of University Presidents，Brussels，1999-07-11，100.

31. 刘人怀. 举行全国100所"211工程"学校赠书仪式致辞. 广州，1999-11-08.

32. 刘人怀. 日本新世纪中文电视学校致辞.（日本）中文导报，2000-03-16.

33. 刘人怀. 同质同水平异地办学. 暨南大学校报，2000-05-15.

34. 刘人怀. 暨南大学国际化之路. 暨南大学与圣马丁大学合作签约仪式讲话. 利马，2000-05-25.

35. 刘人怀. 转变观念　量化考核　优劳优酬：暨南大学教学科

研人员考核与分配体制的改革.高教探索，2000，（1）：5-8.

36. 刘人怀.面向新世纪的创新教育.海峡两岸面向21世纪科技教育创新研讨会论文集，华中科技大学和台湾大学主办，武汉，2000，15-18.

37. 刘人怀.开启思想的眼睛//何振翔，郑海天.MBA案例，广州：暨南大学出版社，2000：1-2.

38. 刘人怀.本科教学是基础.暨南教学，2001-04-09.

39. 刘人怀.狠抓办学质量，走"侨校＋名校"之路.暨南高教研究，2001，（2）：10-19.

40. 刘人怀.突出侨校特色 推进创新教育.中国高等教育，2001，（19）：38-39.

41. 刘人怀.质量——命中靶心，一次就把事情做好.中国青年科技企业家管理论坛文集.深圳，2002，30-35.

42. 刘人怀.全球化进程与华侨高等学府的重要使命.中国高教研究，2002，（9）：33-36.

43. 刘人怀，王学工.对某跨国公司绩效考评系统的评价.暨南学报，2002，24（1）：29-33.

44. 刘人怀，张永安等.珠海前山镇（街）转型与社区建设研究.珠海市香洲区前山街道工委和街道办事处科研项目报告.珠海，2002-04-05.

45. 刘人怀.广东的治安状况与投资环境.广东省政协各界委员代表座谈会发言.广州，2003-01-12.

46. 刘人怀.广东省发展高新技术的若干意见和建议.政协广东省第八届委员会委员建言选编.广州：政协广东省委员会办公厅，2003，289-297.

47. 刘人怀.坚决反对和防止腐败是学校重大的政治任务.广东省人民检察院与暨南大学开展同步预防职务犯罪工作协议签约仪式

讲话.暨南大学校报,2003-04-30.

48. 刘人怀,张永安等.以价值工程方法全面提升荔湾商旅核心竞争力.广州市荔湾区人民政府课题报告.广州,2003.

49. 刘人怀.寄语中层干部.暨南高教研究,2003,(2):1-8.

50. 刘人怀.办好院士之家.中国工程院院士广州咨询活动中心亮牌仪式讲话.广州,2003-06-18.

51. 刘人怀,叶向阳.公司治理：理论演进与实践发展的分析框架.经济体制改革,2003,(4):5-8.

52. 刘人怀.标准学分制的研究与实践.中国大学教学,2004,(3):41-43.

53. 刘人怀.积极服务海外华侨华人社会.欧洲华侨华人社会联合会第十二届年会演讲.伯明翰,2004-04-16.

54. 刘人怀.泛珠三角：推进科技、教育和文化的区域合作.泛珠三角区域合作与发展论坛演讲录.澳门,2004-06-02.

55. 刘人怀.中国制造业的生存哲学.科技中国,2004,(6)(创刊号):56-57.

56. 刘人怀.加强基础研究 实现科技强省.科技管理研究,2004,24(5):1-3.

57. 刘人怀.关于"发展中国家的工业化道路"论坛的讨论.世界工程师大会,上海,2004-11-05.

58. 刘人怀.广纳贤才,全球招聘院长.暨南大学校报,2005-01-21.

59. 刘人怀.学会普通话 走遍天下都不怕.香港民政事务总署公务员普通话研习班开学典礼讲话.广州,2005-03-21.

60. 刘人怀.激励民办专科学校升为本科院校.向广东政协提交的建议.广州,2005.

61. 刘人怀.关于高考的一点浅见.科学中国人,2005,(9):13.

62. 刘人怀,姚作为.关系质量研究述评.外国经济与管理,

2005, 27（1）：27-33.

63. 刘人怀，纪宗安，等. 加快我国高等教育进入世界先进行列. 全国教育事业"十一五"规划研究课题报告，2005.

64. 刘人怀，陈万鹏，等. 大力发展高中阶段教育. 政协广东省第九届教科文卫体委员会向政协常委会提交的专题议政材料，广州，2005-10.

65. 刘人怀. 亚洲 青春 竞争. 第一届亚洲大学生田径锦标赛开幕词. 广州，2005-11-07.

66. 刘人怀. 喜获丰硕成果 笑迎百年华诞. 暨南大学第六届教代会暨第十届工代会第二次会议报告. 广州，2006-01-13.

67. 刘人怀. 衷心祝愿暨南大学的明天更美好. 离任暨南大学校长会上的讲话. 广州，2006-01-13.

68. 刘人怀. 绿色创造与学科会聚//潘云鹤，朱经武. 学科会聚与创新平台：高新技术高峰论坛. 杭州：浙江大学出版社，2006：15-18.

69. 刘人怀. 关于改善我国北方水资源缺乏的一个建议. 参事建言（2004~2005年）. 香港：中国评论学术出版社，2006：229.

70. 刘人怀. 关于允许市民在节假日有条件燃放烟花的建议. 参事建言（2004~2005年）. 香港：中国评论学术出版社，2006：518-519.

71. 刘人怀. 关于尽快制定国家统一法的建议. 参事建言（2004~2005年）. 香港：中国评论学术出版社，2006：538.

72. 刘人怀. 工程管理：管理对国民经济的深度介入//中国工程管理环顾与展望：首届工程管理论坛论文集锦. 北京：中国建筑工业出版社，2007：260-262.

73. 刘人怀. 我国力学专业教育现状与思考. 中国大学教学，2007，（1）：30-32.

74. 刘人怀. 黄石应该在建设特色城市中脱颖而出. 同舟行，

2007，(5)．

75. 刘人怀．在推进和谐社会建设中切实解决"农民工"身份问题．参事建言（2006年）．香港：中国评论学术出版社，2007：312-315．

76. 刘人怀，袁国宏．从CSSCI旅游研究文献看旅游学学科发展．人文地理，2007，22(4)：77-81．

77. 刘人怀．关于将清明节设为国家法定节日的建议．参事建言（2007）．香港：中国评论学术出版社，2008：327-329；刘人怀．关于将清明节设为国家法定节日的建议．广东政协，2007，(6)：10-11．

78. 刘人怀，何问陶．发展"乡村旅游"增进广东新农村建设．参事建言（2008）．香港：中国评论学术出版社，2008：197-200；刘人怀，何问陶．发展"乡村旅游"增进广东新农村建设．广东政协，2008，(3)：21-22．

79. 刘人怀，孙东川．谈谈创建现代管理科学中国学派的若干问题．管理学报，2008，5(3)：323-329．

80. 刘人怀．浅谈高等学校科学管理"三"字经．科技创新与品牌，2008，(10)：14-17；刘人怀．浅谈高等学校科学管理"三"字经．科技创新与品牌，2008，(11)：10-13．

81. 刘人怀，孙东川．再谈创建现代管理科学中国学派的若干问题．中国工程科学，2008，10(12)：24-31．

82. 刘人怀，龙先东．文化生产力：管理的视角．生产力研究，2008，(7)：54-56

83. 刘人怀．创新路上的感想．科技创新与品牌，2009，(1)：10-16；刘人怀．创新路上的感想．科技创新与品牌，2009，(2)：8-11．

84. 刘人怀，孙东川，孙凯．三谈创建现代管理科学中国学派的若干问题：四条定义与三点建议．中国工程科学，2009，11(8)：18-23．

85. 刘人怀. 关于城市基础设施建设投融资体制改革研究. 决策与咨询，2009，（5）：1-6.

86. 刘人怀，孙凯，孙东川. 大平台、聚义厅及其他——四谈创建现代管理科学中国学派的若干问题. 管理学报，2009，6（9）：1137-1142.

87. 刘人怀，孙凯，孙东川. 大型工程项目管理的中国特色及与美苏的比较. 科技进步与对策，2009，26（21）：5-12.

88. 刘人怀. 关于将香港、澳门特别行政区的所有统计数据纳入全国性统计数据的建议. 广东省政府参事建议，（82），2009-10-09.

89. 刘人怀. 大规模引进和培训人才、为广东企业结构优化升级服务. 民主与决策，香港：中国评论学术出版社，2010，126-140.

90. 刘人怀，王礼恒等. 关于我国公共安全工程的研究. 中国工程院课题报告，北京，2010.

91. 刘人怀，孙东川.《学科目录》第12学科门类与管理科学话语体系——五谈创建现代管理科学中国学派的若干问题. 学位与研究生教育，2010，（8）：67-73.

92. 刘人怀. 关于完善我省应对台风灾害预防措施的建议. 广东省政府参事建议，（81），2010-12-20.

93. 刘人怀，孙凯. 工程管理信息化架构研究. 中国工程科学，2011，13（8）：4-9.

94. 刘人怀，郭广生，徐明稚，陈劲，陈德敏. 试答"钱学森之问". 中国高校科技，2011，（10）：4-7，14.

95. 刘人怀. 现代管理科学中国学派研究综述. 首届中国管理科学论坛. 澳门，2012-12-12.

96. 刘人怀. 献身科学，追求真理. 中国科学技术协会2012年度科学道德与学风建设宣讲报告会的主题报告. 广州，2012-10-30.

97. 刘人怀. 百年追梦，科技兴国. 中国科学技术协会2013年度弘扬科学道德、践行"三个倡导"、奋力实现"中国梦"报告会的主题报告.贵阳，2013-05-24.

98. 刘人怀.充分发挥桥头堡作用，推进孟中印缅经济走廊建设加快面向西南开放步伐的建议.云南省党政领导与院士专家座谈会院士专家发言提纲汇编.昆明，2014-05-25：1-3.

99. Liu Ren-huai, Sun Kai, Sun Dong-chuan. Research on Chinese school of modern GUANLI science. Chinese Management Studies, 2017, 11(1): 2-11.

100. 刘人怀.绿色再制造的探索//刘人怀，丁烈云.中国管理科学的研究与实践：第四届中国管理科学论坛论文集.北京：科学出版社，2019：1-10.

后　记

后记

20世纪和21世纪在人类历史上是非常伟大的时代。特别是我们中国，从黑暗走向了光明。新中国成立前，我们被蔑称为"东亚病夫"，受尽了屈辱。我出生在1940年，小时候就目睹了国家的贫穷落后和屈辱的情景。新中国成立以后，在伟大的中国共产党领导下，国家不再受欺凌，终于走上了繁荣富强之路。特别是1978年改革开放以来，国家突飞猛进，经过四十多年奋斗，成为世界第二大经济体，引起全世界震惊，引起全世界羡慕！作为一个中国人，我感到无比自豪。

我出生在一个教师世家，祖父参加辛亥革命，父亲参加抗日战争，三哥参加党的地下斗争，四哥参加抗美援朝，父兄们的革命和爱国精神深深感染了我。父母的善良、勤劳和诚信品格传给了我。自小学起，就听老师的教导，做一名好学生，遵守校纪，认真读书，从不与人争吵，从不害人，常常帮助别人。从小到大一直如此，因此，我将"多做好事，多做善事，不做坏事"作为自己的座右铭。进入大学后，18岁加入中国共产党，更得到党的培养，决心一辈子都要听党的话，党叫干啥就干啥。特别是18岁时，还参加过兰州大学有关"581工程"（即中国第一颗东方红人造地球卫星项目）的科研工作，得到了特别的培养和锻炼，让我走上热爱科学之路！

高中的张光汉校长要我为了国家科技发展学习理工科，让我选对了一生业务的方向。进兰州大学所学的第一个专业是数学，两年后，转入力学专业，选择正确。正如世界著名科学家达·芬奇说的，"数学是科学的皇后"，我的理论基础是数学，为我后来的工作打下了坚实的基础。接着，巧遇叶开沅先生，叶先生是钱伟长先生的大弟子，让我走上板壳力学科研之路。达·芬奇还曾说："力学是数学的天堂！"太有意义了，我从事了力学的研究。叶先生为我指定的本科毕业论文题目《球面扁薄圆壳的稳定性问题》叶先生是世界难题。钱学森先生博士毕业时和钱伟长先生获得博士后研究的也是这个题目，那是世界科技的前沿，是他们的老师国际非线性力学大师冯·卡门指明的研究方向。万分感谢叶先生的英明指引，让我走上了板壳非线性力学科研大道。在叶先生的指导下，我24岁就在国家顶级学术期刊《科学通报》发表了3篇学术论文。尽管遇到"文化大革命"的灾难，我用"忍耐"二字渡过了难关，仍然坚持在板壳非线性科学道路上前进。

在中国科学技术大学近代力学系任教后，又遇到数学系杨纪珂先生。他升任安徽省副省长后，请我担任省长顾问，开始接触行政和企业管理工作。不久，钱伟长先生又请我到上海工业大学担任副校长，并创办经济管理学院。为了完成任务，我又走上从事教育管理和管理科学研究之路。管理科学在我国是一门新学科，非常有意义。

纵观人类社会的发展史，实际上就是创新的过程，创新的历史。因此，我在从事教育管理和力学、管理科学的科研中，不断寻找创新点，以使问题得到解决。回顾八十年的人生经历，我做事的成功之处都是由于得到领导和老师的培养，加上自己工作认真，喜欢使用创新方法。现将这些经验和体会写在自传中供大家借鉴。

借此机会，我要感谢我的父亲、母亲对我的教诲，特别是要感谢我的母亲，是她的善良、勤劳的品格培养了我。同时，我还要感谢我的哥哥、姐姐、妻子、孩子对我的帮助和支持，感谢从小学到大学的校长们和老师们的谆谆教导，感谢一路上朋友们的热情帮助。

最后，在本书出版之际，我要对中国工程院的出版帮助、暨南大学力学与建筑工程学院办公室王波主任为本书出版所付出的辛勤劳动表示衷心的感谢。

刘人怀

2022年5月6日